A BIOGRAFIA
Uma história sociocultural dos precursores
da música eletrônica feita para as massas

David Buckley
em colaboração com NIGEL FORREST

Prefácio de KARL BARTOS, ex-integrante do Kraftwerk

Apresentação CAMILO ROCHA

Prefácio à edição brasileira PAULO BETO/ANVIL FX

Tradução
MARTHA ARGEL
HUMBERTO MOURA NETO

Título original: *Kraftwerk Publikation*.

Copyright © 2012 Omnibus Press. Uma divisão da Music Sales Limited.

Copyright da edição brasileira © 2015 Editora Pensamento-Cultrix Ltda.

Texto de acordo com as novas regras ortográficas da língua portuguesa.

1ª edição 2015.

Todos os direitos reservados. Nenhuma parte desta obra pode ser reproduzida ou usada de qualquer forma ou por qualquer meio, eletrônico ou mecânico, inclusive fotocópias, gravações ou sistema de armazenamento em banco de dados, sem permissão por escrito, exceto nos casos de trechos curtos citados em resenhas críticas ou artigos de revistas.

A Editora Seoman não se responsabiliza por eventuais mudanças ocorridas nos endereços convencionais ou eletrônicos citados neste livro.

Todos os esforços foram feitos para localizar os detentores dos direitos das fotos apresentadas neste livro, mas isso foi impossível para uma ou duas. Agradecemos muito se os fotógrafos envolvidos entrarem em contato conosco.

Design do livro Malcolm Garrett RDI

Pesquisa de imagens por Jacqui Black & David Buckley

Editor: Adilson Silva Ramachandra
Editora de texto: Denise de Carvalho Rocha
Gerente editorial: Roseli de S. Ferraz
Preparação de originais: Marta Almeida de Sá
Revisão técnica: Adilson Silva Ramachandra
Produção editorial: Indiara Faria Kayo
Assistente de produção editorial: Brenda Narciso
Editoração eletrônica: Join Bureau
Revisão: Vivian Miwa Matsushita

Dados Internacionais de Catalogação na Publicação (CIP)
(Câmara Brasileira do Livro, SP, Brasil)

Buckley, David

Kraftwerk Publikation : a biografia : uma história sociocultural dos precursores da música eletrônica feita para as massas / David Buckley em colaboração com Nigel Forrest; prefácio de Karl Bartos; apresentação Camilo Rocha ; prefácio à edição brasileira de Paulo Beto ; tradução Martha Argel, Humberto Moura Neto. – São Paulo : Seoman, 2015.

ISBN 978-85-5503-024-6

1. Cultura e tecnologia 2. Kraftwerk (Grupo musical) – Biografia 3. Kraftwerk (Grupo musical) – influência 4. Música – Aspectos sociais 5. Música eletrônica 6. Synthpop (Música) – Alemanha – História I. Forrest, Nigel. II. Bartos, Karl. III. Rocha, Camilo. IV. Beto, Paulo. V. Título.

15-06387	CDD-786.42166092

Índices para catálogo sistemático:

1. Kraftwerk : Banda de música eletrônica : Biografia e obra   786.42166092

Seoman é um selo editorial da Pensamento-Cultrix Ltda.

Direitos de tradução para o Brasil adquiridos com exclusividade pela
EDITORA PENSAMENTO-CULTRIX LTDA., que se reserva a
propriedade literária desta tradução.
Rua Dr. Mário Vicente, 368 — 04270-000 — São Paulo, SP
Fone: (11) 2066-9000 — Fax: (11) 2066-9008
http://www.editoraseoman.com.br
E-mail: atendimento@editoraseoman.com.br
Foi feito o depósito legal.

LOGIN

SEU NOME

SEU E-MAIL

POR FAVOR, CONFIRME QUE VOCÊ NÃO É UM ROBÔ

UMA HISTÓRIA DO KRAFTWERK EM 64 BITS

SUMÁRIO

Agradecimentos	11
Prefácio **KARL BARTOS**, ex-integrante do Kraftwerk	15
Apresentação **CAMILO ROCHA**	17
Prefácio à edição brasileira **PAULO BETO/ANVIL FX**	25
Prefácio do autor	41
Introdução **"MEINE DAMEN UND HERREN"** ["Senhoras e Senhores"]	47

EINS [Um]	ORGANISATION	51
ZWEI [Dois]	REISEN [Viagens]	81
DREI [Três]	-.- .-. .- ..-. - .-- . .-. -.-	119
VIER [Quatro]	EUROPA	145
FÜNF [Cinco]	MECHANIK [Mecânica]	179
SECHS [Seis]	KOMMUNIKATION [Comunicação]	213
SIEBEN [Sete]	BOING!	243
ACHT [Oito]	ENDLOS [Sem fim]	283

DADOS	FONTES	333
	DISCOGRAFIA SELECIONADA, com vinte músicas essenciais	338
ÍNDICE		343

KRAFTWERK

EINS ORGANISATION 1946 · 1970

[Um]   [Organisation] **51**

1.1 Midiafobia 51
1.2 "Cidades bombardeadas... Cadáveres em decomposição..." 54
1.3 A colonização do subconsciente 57
1.4 "... My name is called Disturbance..." 61
1.5 A desconstrução do Krautrock 64
1.6 A nova *Volksmusik* 67
1.7 "Solitários... Independentes" 71
1.8 Dois Kraftwerks? 76

ZWEI REISEN 1970 · 1974

[Dois]   [Viagens] **81**

2.1 Gestão de tráfego 81
2.2 Ralf se vai, depois volta 87
2.3 Sr. Kling e Sr. Klang 92
2.4 O primeiro "baterista eletrônico" do mundo? 97
2.5 Desejo de correr o mundo 101
2.6 O mundo do amanhã, hoje 108
2.7 Especial da meia-noite 111
2.8 Papai Urso se vai 115

DREI -.- .-. .- ..-. - .-- ..-. -.- 1975 · 1976

[Três] **119**

3.1 Lester Bangs *versus* Kraftwerk 119
3.2 "This Ain't Rock'n'Roll" 122
3.3 Radioterapia 125
3.4 "Meu momento *eureca*" 129
3.5 "Tomorrow Belongs to Those Who Can Hear It Coming" 132
3.6 "Cinco minutos de aplausos em pé" 135
3.7 Em movimento 138
3.8 Dentro do laboratório musical 141

Sumário

VIER EUROPA 1976 · 1977

[Quatro] [Europa]... **145**

4.1 "Sekt? Korrekt!" 145
4.2 Alemanha *cool* 151
4.3 Autons eletrônicos... 155
4.4 "In Vienna We Sit in a Late-Night Café"................................. 159
4.5 A dupla Gilbert & George alemã 164
4.6 Nocaute metálico 169
4.7 "It's so Good, It's so Good, It's so Good…" 171
4.8 A revolução de um dedo só... 175

FÜNF MECHANIK 1977 · 1979

[Cinco] [Mecânica]... **179**

5.1 Como ser um robô 179
5.2 A *"New Musick"* 185
5.3 O vale da estranheza 188
5.4 Um cabaré militar em vermelho, branco e preto..................... 193
5.5 A cidade como beleza.. 195
5.6 "RFWK" 198
5.7 O Kraftwerk da classe trabalhadora.................................... 202
5.8 Fábricas e refinarias.. 208

SECHS KOMMUNIKATION 1981 · 1982

[Seis] [Comunicação] **213**

6.1 "Eu me teletransporto para o futuro"................................... 213
6.2 Amor digital... 218
6.3 O *loop* infinito.. 222
6.4 "a", "au", "o", "u" 226
6.5 A vida no espelho 230
6.6 Baterias descarregadas.. 232
6.7 A número 1 mais importante de todos os tempos..................... 235
6.8 Planeta Kraftwerk 238

KRAFTWERK

SIEBEN BOING! 1982 · 1990
[Sete] [Boing!].. **243**

7.1 O Kraftwerk viral 243
7.2 Em melhor forma, mais feliz......................... 253
7.3 "Minha bicicleta está bem?"......................... 258
7.4 "For Those Who Heed the Call of the Machine,
We Salute You..."..................................... 262
7.5 *Upgrades* robóticos 268
7.6 Senhorita Kling Klang 272
7.7 "Eles estacionaram, e ficaram lá..."............... 276
7.8 O Jumbo que nunca decola 278

ACHT ENDLOS 1991 · 2012
[Oito] [Sem fim].. **283**

8.1 Misturar tudo e começar de novo 283
8.2 O encontro das tribos 289
8.3 Wolfgang fala, e então é silenciado............... 292
8.4 Adrenalina endorfina 297
8.5 Eletrodeuses na estrada 303
8.6 Auf Wiedersehen, Herr Klang! 309
8.7 O Kraftwerk hoje...................................... 315
8.8 Kraftwerk para sempre 329

AGRADECIMENTOS

QUANDO comecei a pesquisa para escrever este livro em 2009, não imaginava poder contar com a colaboração e a contribuição de quatro ex-integrantes do Kraftwerk. Karl Bartos não apenas ofereceu ajuda, mas também se manteve em contato regular pelo Skype. Muito do que ele me contou é assunto de caráter privado e confidencial, mas não tenho como lhe agradecer o suficiente por sua contribuição para este livro, assim como por sua amizade e seu senso de humor terrivelmente mordaz.

Em novembro de 2010, passei dois dias com Wolfgang Flür em Düsseldorf. Wolfgang foi encantador e caloroso e, ao terminar a entrevista, observou que havia sido a mais longa que já dera! De fato, a transcrição de nossa maratona resultou no assombroso total de 40 mil palavras.

Eberhard Kranemann, que foi integrante do Kraftwerk antes de a banda ficar famosa, também forneceu excelentes informações e muitas fotografias raras. Foi um privilégio conversar com Michael Rother, que também foi integrante do Kraftwerk por um breve período antes de formar o Neu! em 1971.

Em ordem alfabética (por sobrenome), meus outros entrevistados foram: Rebecca Allen, Joe Black, Henning Dedekind, Ralf Dörper, Rusty Egan, John Foxx, Malcolm Garrett, Manfred Gillig-Degrave, Ian Harrison, Andy McCluskey, Moby, Steve Redhead, Hans-Joachim Roedelius, Jon Savage, Peter Saville, John Taylor, Kristoff Tilkin, Martyn Ware e Simon Winder.

KRAFTWERK

As citações de Paul Buckmaster e John Peel são de entrevistas que realizei com eles sobre David Bowie. As citações de Chris Cross e Billy Curie, do Ultravox, de Gary Numan e de Philip Oakey são de entrevistas que fiz para a revista *Mojo*.

Meu editor, Chris Charlesworth, foi simplesmente tudo que se deseja de um editor. Ele não apenas é um excelente editor, mas também, por seus conhecimentos da história da música popular, funciona como o tão necessário "respaldo" quando se comete erros ou se esquece de coisas importantes. Minha esposa, Ann Henrickson, como fez com todos os meus livros, leu o manuscrito e fez importantes alterações. Nigel Forrest atuou como uma espécie de "gerente de projeto" e tornou prazerosa a leitura do livro, organizando e comentando as transcrições e o texto e acrescentando importantes informações. Ros Edwards, meu agente da Edwards/Fuglewicz, também deu um apoio incrível. Meus agradecimentos, ainda, a Helenka Fuglewicz, Julia Forrest e Ann Waterhouse da E/F.

O diagramador do livro, Malcolm Garrett, sugeriu que eu fizesse um livro o mais parecido possível com o Kraftwerk. Foi ideia dele chamar o livro de "Publikation" e fazer com que os títulos dos capítulos lembrassem um Kling Klang Produkt. Sem sua sugestão, eu não teria a ideia de escrever este livro em oito capítulos e 64 subcapítulos em homenagem à obsessão do Kraftwerk por numerologia e história computadorizada.

Quero agradecer também a Jacqui Black, que ajudou a rastrear os autores das fotos do livro e diagramou as seções de fotos, e a Helen Donlon, divulgadora do livro e gestora dos direitos autorais, que esperou pelo texto com tanta paciência.

As transcrições de minhas entrevistas foram realizadas com grande habilidade por Maria Stone, Helen Williams e Jackie Roper. John Ellis deu um imenso apoio durante a escrita deste livro e também criou a página *captcha*. Material essencial sobre o Kraftwerk foi fornecido por meu amigo Michael Wiegers.

Gostaria ainda de agradecer a meus amigos do Reino Unido por seu apoio: Bob e Eirwen Adkins, Mike Baker, David e Oonagh Blackshaw, John Ellis, Richard Freeman, Pete Gibbons, Richard e Ann Goosey, Robin Hartwell, Phill e Anne Humphries, Ian Craig Marsh, Jo e Rick Ord, Steve Jopson, Graham Lidster, Ron Moy e Paul Du Noyer, como também a meus amigos na Alemanha e em outras partes: Timo, Colin e Shona Andrews, Grant e Liz Coles, Matthew Hawkes, Klaus e Veronika Federa, Graham e Carol Johnstone, Simon Johnstone, Jim Lucas, Christel

Agradecimentos

Keters, Birgit e Jakob Mayr, Lisa Meinecke, Brigitte Niehues, Steve Jones, Stella Kingsbury, Renate Krakowczyk, Jim Ready, Karl Siebengartner, Steve Thornewill e Karen Weilbrenner. Gostaria também de mencionar uma grande amiga da família, Angi Andrews, que faleceu em 2010 e cuja falta é muito sentida.

Finalmente, muito amor para a minha mulher, Ann, minhas filhas, Louise e Elsa, minha mãe e meu pai, Harold e Mabel, John e Beth Buckley, Harry e Gill Buckley, Ruth, James, Hannah e Peter, Ziggy e Hoggle (que descanse em paz!).

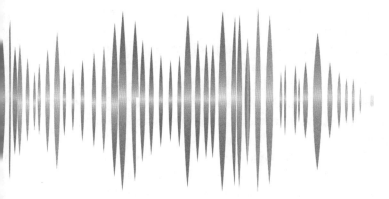

PREFÁCIO
KARL BARTOS

CERTO DIA, em abril de 2009, abri minha caixa de entrada e encontrei o seguinte e-mail:

> *Prezado Karl, estou escrevendo um livro sobre o Kraftwerk. Você se disporia a dar uma entrevista? Seria maravilhoso conversar com você, e toda ajuda que pudesse prestar-me seria enormemente apreciada. Saudações de Munique, David.*

Esta foi a minha resposta:

> *Olá, David, obrigado por entrar em contato. Por favor, compreenda que não tenho nenhuma contribuição a dar a um livro sobre o Kraftwerk. Deixei de dar entrevistas sobre esse assunto. Desejo a você, no entanto, tudo de bom. Atenciosamente, Karl.*

Pensando bem, a história deveria ter parado por aí. Mas cá estou, escrevendo o prefácio para o livro. Então, o que aconteceu?

De algum modo, nos três anos que se seguiram ao primeiro contato, David e eu continuamos trocando e-mails e conversando pelo Skype sobre vários assuntos: escrita, músicos que conhecemos ou admiramos, arte, sucesso, fracasso, coisas pessoais e, nem é preciso dizer, também

KRAFTWERK

um monte de bobagens, algo que, na realidade, tanto os britânicos como os alemães fazem muito bem.

Logo percebi quanto esse sujeito de Liverpool sabe sobre arte pop e música. Também notei como foi habilidoso para, no fim das contas, arrancar de mim algumas citações sobre o Kraftwerk, embora eu sempre tivesse o que gosto de chamar de "saída de emergência". Toda vez que a situação ficava cansativa para mim, eu simplesmente escrevia "Acabo de fechar meu departamento de citações".

Agora, na primavera de 2012, acabo de ler o rascunho do manuscrito. Para mim, este é o primeiro livro sério escrito por alguém de fora sobre a banda da qual fui integrante por quinze anos, como músico e depois como coautor. David Buckley pinta um quadro vívido do cenário social e cultural do Kraftwerk, situando a banda e sua música em um contexto detalhado, com a ajuda de numerosas entrevistas, tanto com pessoas que fizeram parte da banda e de sua história como também com observadores atentos. Com isso, ele proporciona um profundo entendimento de como essa estranha banda de Düsseldorf conseguiu produzir uma música pop que foi – e continua sendo – compreendida e apreciada no mundo inteiro.

Essa é a sensação que tenho também em meus concertos. Os fãs dos anos 1970 – quando o som do sintetizador era ainda considerado algo fora do comum – estão lado a lado com uma geração mais jovem, para a qual a música eletrônica é tão familiar quanto as redes sociais. O que une essas pessoas é o misterioso poder que a música tem de nos atingir, de ir fundo em nosso coração.

Isso significa muito para mim. E é o que me leva a fazer o que faço.

Karl Bartos, Hamburgo, 31 de maio de 2012

APRESENTAÇÃO
OS QUATRO RAPAZES DE DÜSSELDORF

"O KRAFTWERK é mais importante que os Beatles." Tempos atrás, o músico inglês Andy McCluskey, da banda *synthpop* inglesa Orchestral Manoeuvres in the Dark, lançou essa provocação em um programa de rádio britânico. Seu argumento: no DNA da música contemporânea, há muito mais traços do quarteto de Düsseldorf do que dos quatro rapazes de Liverpool.

Essa discussão rende bons argumentos de cada lado, mas talvez nunca alcance uma conclusão satisfatória para todos. Uma coisa, porém, é certa: para um grupo com sua importância, chega a ser criminosa a falta de material bibliográfico e jornalístico acerca do Kraftwerk. Pesquisas na internet acabam retornando muitas informações parecidas. Artigos repisam o mesmo percurso, reciclam as mesmas histórias. Nesse aspecto, o Kraftwerk perde feio para os Beatles: uma busca na Amazon americana revela 595 resultados para os criadores de "Trans-Europe Express". Enquanto isso, os autores de "Yellow Submarine" somam 10.114 títulos na megastore virtual.

Muito disso é culpa do próprio grupo, avesso à publicidade e acostumado a manter um fosso cheio de crocodilos com relação à mídia. Uma postura em total sincronia com o *ethos* do Kraftwerk e diferencial importante na época em que surgiu, como veremos daqui a pouco, mas que na outra ponta, deixa jornalistas e pesquisadores em apuros.

KRAFTWERK

Neste livro, David Buckley conseguiu falar com vários ex-membros do grupo, mas mesmo com todos os contatos e apresentações certas, não teve acesso nem a Ralf Hütter, a principal cabeça do Kraftwerk e líder do grupo até hoje, e nem a Florian Schneider, fundador da banda juntamente com Hütter. A ausência de palavras originais do "Lennon e McCartney" da música sintética, entretanto, não diminui em nada o deleite que é atravessar estas páginas para fãs não só de música eletrônica, mas de qualquer tipo de música. A prosa de Buckley flui e envolve, amparada por uma pesquisa sólida e, fundamental, uma preocupação em fornecer contexto o tempo todo. O que temos aqui não é apenas uma narrativa da vida e carreira do Kraftwerk, mas uma visão em *zoom out* de todo o contexto que levou quatro rapazes de classe média alemã a fundar, no fim dos anos 1960, o que viria a ser o grupo de música eletrônica mais importante da história.

Não só isso. O autor nos ajuda a entender quão radical e visionária era a proposta do Kraftwerk quando surgiu. Olhando daqui, da segunda década do século XXI, tempo do on-line eterno, do celular sempre à mão, é difícil imaginar, mas havia uma baita desconfiança no século passado em relação à tecnologia. A marcha impiedosa de carros, aviões, telefones, rádios, televisores, aparelhos, robôs industriais e computadores que invadiram o cotidiano aconteceu em um ritmo assustador. Inspirou distopias nas artes, de *Metropolis*, de Fritz Lang, à *Revolução no Futuro*, de Kurt Vonnegut, do subgênero literário do *cyberpunk* aos Exterminadores do Futuro de James Cameron. Robótico, mecanizado, artificial, sintético, automatizado, maquinal... eram todos termos de alto teor pejorativo.

"A proficiência de meios técnicos... hoje oscila absurdamente entre a produção de abundância frívola e a produção de munições genocidas", condenou o acadêmico Theodor Rozsak, autor de *A Contracultura*, livro-chave dos anos 1960, década em que *hippies* e contestadores se rebelaram contra a "tecnocracia". Em música, então, nada pior nesse tempo do que ser "mecânica". Música "de verdade", rezavam os bons costumes, requer alma, emoção, suor, músculos, carne e osso. Era o tempo de Robert Plant colocando as vísceras pra fora no palco, de Mick Jagger e seu beiço sensual, do literário Bob Dylan e de John Lennon pedindo a paz mundial.

Com sua imagem asséptica, cabelos curtos arrumados, guarda-roupa sóbrio, ausência de instrumentos convencionais, presença quase imóvel no palco, o Kraftwerk ofereceu seu sorriso metálico à tapa em tempos hostis. Suas letras nem de gente falavam, e sim de coisas. O grupo

Apresentação

parecia ter reformatado o arquivo de instruções de como ser uma banda. Esqueça o blues do Mississippi. "Éramos os filhos de Werner von Braun e Werner von Siemens", conforme a definição de Wolfgang Flür no documentário *Synth Britannia,* produzido pela BBC e disponível na íntegra no YouTube.

Quando o lendário crítico de rock e apóstolo do punk Lester Bangs entrevistou o Kraftwerk em 1975, a "música de máquina" foi tratada com sarcasmo e ironia. Ralf Hütter pareceu entrar na brincadeira, alimentando o crítico com boas aspas sobre a simbiose do grupo com seu equipamento. Para Hütter, o sintetizador "é um espelho acústico" que sabe quem o está tocando. Bangs observou que não demoraria para que as máquinas tocassem as pessoas. Hütter: "Sim, fazemos isso. É uma coisa de robô... não é mais eu ou você, é a máquina".

Imerso no mundo rockcêntrico, teria sido impossível a Bangs perceber que os quatro rapazes de Düsseldorf estavam na verdade propondo algo bem mais punk que os revivalistas do Ramones jamais poderiam sonhar em tentar.

A resenha que a *Rolling Stone* americana publicou para *Autobahn* em 1975 é prova definitiva da falta de compreensão da crítica da época. O crítico John Mendelssohn tentou fazer graça ao colocar no lugar de uma análise do disco um texto técnico que parece tirado de um manual de proprietário de automóvel. Era sua maneira de desclassificar aquilo como música e sim ruídos e emissões sonoras de máquinas. Robert Christgau, o autointitulado "decano dos críticos americanos", resume a postura em sua resenha de *Computer World*, álbum de 1981, que ele considera divertido, mas nunca funkeado. "Funk tem sangue correndo nele."

Como relata Buckley, os sinais de Düsseldorf estavam sendo captados apenas por algumas das almas mais iluminadas do rock de então. Com David Bowie, Iggy Pop e Brian Eno entre seus fãs mais ardorosos, o Kraftwerk estava muito bem de amigos. Em um trecho do livro, Iggy conta que gostava de ir dormir ao som de "Geiger Counter", faixa de abertura do álbum *Radio-Activity*. Bowie foi mais longe, incorporando texturas sintéticas sem restrição em seu álbum *Low*, gravado em Berlim com Brian Eno em 1977.

A geração seguinte abraçou os alemães com ainda mais convicção. Artistas-chave do punk e do pós-punk, de John Lydon, dos Sex Pistols, a Ian Curtis, do Joy Division, eram admiradores irrestritos dos alemães esquisitões. Enquanto Lydon só conseguiu aplicar seu gosto pelos alemães no PIL, banda que fundou depois do fim dos Sex Pistols, o Joy

KRAFTWERK

Division nasceu kraftwerkiano. A vibe industrial, a estética teutônica funcional e espartana, o uso da bateria cheia de efeitos eletrônicos, o próprio nome inicial da banda, Warsaw (referência à canção "Warszawa", do álbum *Low*, de Bowie), são elementos que comprovam a obsessão da banda de Ian Curtis pelo universo em torno dos quatro rapazes de Düsseldorf. Depois do suicídio de Curtis, os membros remanescentes do Joy Division se reinventaram como New Order e adentraram os anos 1980 em uma via expressa para *beats* eletrônicos e melodias cada vez mais sintéticas. "Blue Monday", seu maior hit e garantia de pista cheia em qualquer hora ou local, traz o mesmo coral androide de "Uranium", de *Radio-Activity*.

Bem antes de os ex-integrantes do Joy Division aderirem ao *techno-pop*, uma nova leva de músicos europeus, especialmente na Inglaterra, já havia dispensado a guitarra em favor do sintetizador, enamorados que estavam por passeios em Autobahns e a trilha sonora do filme *Laranja Mecânica*, composta em sintetizadores Moog por Walter/Wendy Carlos. Em *Synth Britannia*, músicos como Phillip Oakey, do Human League, Martin Ware, do Heaven 17, Richard H. Kirk, do Cabaret Voltaire, e Andy McCluskey, do Orchestral Manouevres in the Dark, lembram do impacto causado pelo Kraftwerk. "Eu tinha acabado de testemunhar o primeiro dia do resto da minha vida", conta McCluskey sobre o primeiro show do Kraftwerk que assistiu, em Liverpool em 1975.

Nenhum desses nomes, porém, teve o sucesso do Depeche Mode, quatro rapazes de Basildon, Inglaterra, que podiam bem ser descritos como uma versão *boy band* do Kraftwerk, com suas melodias de brinquedo e carinhas adolescentes. O Depeche foi uma descoberta de Daniel Miller, fundador do selo independente Mute Records, e ele mesmo autor de peças eletrônicas minimalistas sob os codinomes Duet Emmo, Silicon Teens e The Normal. Miller, assim como seus contemporâneos e precursores do *synthpop* britânico, trazia muito do espírito punk em sua proposta, ao buscar a simplicidade musical e operar em modo faça--você-mesmo. "Eu era fã de Ramones e Kraftwerk", declarou certa vez. O sentimento, porém, era de que o punk era um retrocesso estético, com suas guitarras altas e ligação afetiva com as raízes do rock. Só o sintetizador, que não exigia formação musical para ser tocado, era capaz de atender o ideal punk de acesso universal: "O sintetizador é o instrumento mais democrático que existe", decretou Miller.

Na virada dos anos 1980, emergiu uma influente cena em torno do clube londrino Blitz. Calcada nos pilares do punk e da nova música

Apresentação

dançante eletrônica, era um lugar onde os frequentadores investiam no exagero e na maquiagem pesada e cada um era uma estrela na pista. Essa cena, logo batizada de "new romantic", virou um celeiro de *popstars* para as paradas inglesas do início dos anos 1980: Boy George, Marc Almond, Spandau Ballet e Duran Duran. O DJ Rusty Egan garantia sempre a presença de "The Model" e "Showroom Dummies", do Kraftwerk na pista, com seu olhar irônico do universo fashionista. Ao lado do promoter Steve Strange, Egan teve sua dose de sucesso *synthpop* com o projeto Visage, com a melancólica e inesquecível "Fade to Grey".

O Kraftwerk frequentou playlists de DJs mais ousados dos anos 1970 e 1980. François Kevorkian, um dos primeiros DJs a assinar remixes, recorda que a música dos alemães tocava em clubes com propostas distintas. "Havia muito, muito poucos discos que tinham essa capacidade", segundo Kevorkian, que trabalhou várias vezes com o quarteto alemão, incluindo um clássico remix para "Tour de France". Ainda assim, não se pode dizer que a obra do Kraftwerk foi um estouro nas discotecas e clubes. A coroa da música eletrônica para dançar da época é mesmo de Giorgio Moroder, produtor nascido no Tirol italiano, região autônoma onde a maioria da população fala alemão. Através de "I Feel Love", seu hit planetário com Donna Summer, Moroder trouxe batidas eletrônicas, linhas de baixo programadas e efeitos especiais de sintetizador para os dançarinos da noite. É difícil determinar qual foi o impacto de Kraftwerk em Moroder, pois este nunca pareceu entusiasmado com o quarteto de Düsseldorf. "Gosto muito dos seus sons, pois são muito limpos, mas não gosto muito das músicas. Às vezes, acho que são meio relapsos em sua música...", afirma Moroder em uma passagem deste livro.

O sentimento era recíporoco. Buckley lembra que Florian Schneider foi irônico quando perguntaram sua opinião sobre "From Here to Eternity", um grande sucesso de Giorgio Moroder com vocais robotizados, por um tipo de vocoder que fazia a voz soar metálica, e um arranjo que desabrocha gradualmente, marcas de muitas das músicas do Kraftwerk. A semelhança estética teria levado pessoas a perguntarem se era uma música nova do grupo, de acordo com Schneider. Curioso pensar se havia alguma espécie de rivalidade entre os pioneiros eletrônicos. O que é certo é que Kraftwerk e Moroder estavam se ouvindo atentamente. A faixa "Spacelab", do álbum *The Man-Machine*, de 1978, por exemplo, é Moroder escancarado.

A reverberação do Kraftwerk fora do mundo do rock atingiu setores inesperados. Quem poderia imaginar que os moleques do devastado

KRAFTWERK

Bronx, na Nova York dos anos 1970, seriam tão afetados pelos *beats* austeros de "Trans-Europe Express"? O DJ e rapper Afrika Bambaataa, ex-membro de gangue que promovia a pacificação nas violentas comunidades da região através de festas, disse famosamente: "O Kraftwerk não fazia ideia de quão famoso era entre as massas negras". E o fato de ser funk "sem sangue", nas palavras do decano dos críticos americanos, parecia não ser um problema. Pelo contrário, os dançarinos das festas de rua e clubes *black* de Nova York conseguiram escutar que ali, de um jeito particular, eletrônico, robótico, havia sim um *groove*. "Para mim, era uma porra de um negócio estranho. Uma porra dum negócio mecânico doido e funkeado", recorda o DJ.

Bambaataa inseriu pedaços de Kraftwerk em "Planet Rock", lançada em 1982 e um estouro nos clubes. A melodia central da faixa é de "Trans--Europe Express", enquanto as batidas são inspiradas em "Numbers". Sua produção inteiramente eletrônica e arranjo espaçoso viraram de ponta-cabeça o ainda infante gênero do *hip hop*. Até então dependente de *grooves* replicados da *disco* e do *funk/soul*, a música que acompanhava os MCs ganhou com "Planet Rock" uma nova e sintética identidade. A estética ressoou entre jovens urbanos fissurados em *video games* como Space Invaders e filmes de ficção científica. Nascia o gênero conhecido como *electro*. Em questão de meses, o cenário estava tomado por meninos negros e latinos dançando e cantando como robôs e formando grupos como Warp 9, Planet Patrol, Jonzun Crew, Newcleus e Jamie Jupitor (que lançou "Computer Power"). O *beat* de "Planet Rock" não parou mais. Forneceu o chassi rítmico para incontáveis subgêneros de gueto, como o Miami bass, de artistas como 2 Live Crew e JJ Fad, e o *latin hip hop/freestyle*, de Noel e Shannon, além de servir como *template* para o funk carioca, reflexo da popularidade da faixa de Bambaataa nos bailes *black* brasileiros. Até hoje, os pancadões dos bailes no Rio sacodem ao som de *beats* descendentes de "Numbers".

De volta ao *electro*, um grupo em particular merece atenção por ter servido como ponte entre o planeta rock e o filhote de Kraftwerk seguinte. Baseado em Detroit, o Cybotron era uma parceria entre o veterano do Vietnã Richard "3070" Davis e o DJ novato Juan Atkins. Em 1984, o Cybotron compôs uma peça de *synthpop* melancólico que era diferente tanto do *electro* pós-Bambaataa quanto do som de Human League ou Depeche Mode. Mais *groove* que canção, mais abstrata que focada, "Techno City" sonhava com uma utopia urbana. É considerada o marco zero do *techno*. A nova sonoridade que se desenvolveu em

Apresentação

Detroit era informada pela *house music*, ritmo que se desenvolvia na mesma época em Chicago, mas ajoelhava no altar dos deuses sintéticos europeus. A cena de clubes de Detroit, cidade cuja indústria automobilística proporcionou uma numerosa classe média negra, tendia a ser bem aventureira em termos musicais e com uma fortíssima influência de sons ingleses, alemães e italianos.

Em Chicago, a *house music*, descendente da *disco* que se concentrava em poucos elementos e bases eletrônicas energéticas, tinha uma ligação mais direta com a linhagem da música negra. Suas referências eram múltiplas e Kraftwerk certamente estava entre os sons que tornaram sua existência possível. Lembro em particular de um dia na redação da extinta revista *BIZZ* quando toquei "Your Love", de Frankie Knuckles e Jamie Principle, para o José Augusto Lemos, diretor de redação. A faixa visivelmente o impressionou, com sua frase sintética arpejada, batida áspera e um vocalista entre o desejo e o lamento, JAL resumiu: "A mistura de Kraftwerk com música negra realmente produz coisas fantásticas".

O sucesso global da *house music* e de gêneros derivados a partir da virada dos anos 1990 (como *trance*, *drum'n'bass*, *garage*, *deep house*) disseminou a música eletrônica nos clubes, casas, carros, comerciais de TV e rádios de toda a parte. A década viu surgir uma leva de grandes artistas que utilizavam batidas sintéticas e ritmos mecanizados em suas composições e que eram capazes de lotar estádios: Prodigy, Chemical Brothers, Underworld e Daft Punk (estes últimos descendentes diretos do *look popstar*-robô do Kraftwerk).

Em outubro de 1998, o Kraftwerk veio tocar no Brasil pela primeira vez, no *Free Jazz Festival*. Foi uma verdadeira peregrinação da comunidade que curtia sons eletrônicos em pistas de dança e de fãs de décadas diferentes. A essa altura dos fatos, o mundo tinha finalmente alcançado o quarteto de Düsseldorf e dali em diante validaria cada vez mais sua visão: *beats* e timbres eletrônicos estavam em todas as vertentes da música, do rock ao *soul*, do pop africano ao reggae; o uso de computadores havia se tornado prática universal na produção musical; canções e arranjos com formatos mais rítmicos, esparsos e repetitivos se ouviam no rádio a todo momento.

Depois do show, alguns dos membros do Kraftwerk se instalaram no bar, tomando caipirinhas e dando autógrafos para uma fila de dobrar a esquina. Foi um momento surpreendente, descontraído e caloroso, que contrastou com a aura de frieza e distância cultivada ao longo das décadas. Era como se, agora que o mundo os tinha compreendido, eles

KRAFTWERK

pudessem relaxar. Ao passo que nos tornamos todos mais robóticos, o Kraftwerk podia agora se tornar um pouco mais humano.

Quase vinte anos depois dessa primeira visita ao Brasil, o Kraftwerk segue excursionando pelo mundo. Nessas viagens, já retornou ao país outras três vezes. Esteve em novembro de 2004 no *Tim Festival*, em março de 2009 no *Just a Fest* e em maio de 2012 no festival Sónar SP, substituindo Björk – que cancelou sua participação – num belíssimo show em 3D. Entre suas apresentações recentes, a temporada esgotada no MoMA, de Nova York, é uma prova da força que o nome mantém. Nada mal para um grupo com quase 50 anos de carreira, e que foi tratado como novidade passageira em seu início.

Convido agora, você leitor, a seguir viagem com David Buckley após o prefácio de Paulo Beto/ANVILFX.

Camilo Rocha, inverno de 2015.

PREFÁCIO À EDIÇÃO BRASILEIRA
KRAFTWERK, O IMAGINÁRIO POPULAR BRASILEIRO E AS ORIGENS DA MÚSICA ELETRÔNICA POP

BEM-VINDOS à pesquisa bibliográfica mais rica e séria que já foi feita sobre este grupo musical tão adorado por tantas gerações: o Kraftwerk.

Há décadas essa banda alemã provoca fascínio nos ouvintes e inspira outros artistas de várias partes do mundo. Eles realmente propuseram algo novo. Um misto de estética fria, atitude sóbria e tradicional em seu visual e a forma de se portar no palco, ou mesmo fora dele. E certamente construíram uma personalidade musical única que se consolidou totalmente ao lado oposto dos caminhos estéticos e comportamentais vigentes em sua época. Surgidos no final dos anos 1960 – um momento no qual se valorizavam os excessos de cores, cabelos compridos, maquiagem (para ambos os sexos no meio artístico) –, a complexidade de arranjos, a quantidades de notas, o virtuosismo e a exposição exagerada dos egos eram tratados como semideuses. Um momento histórico/cultural de excessos, barroco, lisérgico e libertário, no qual a contracultura *hippie/flower power* ditava as regras do meio artístico e fora dele.

Paralelamente a isso dois músicos alemães, Ralf Hütter e Florian Schneider, começaram a utilizar a tecnologia eletrônica na música não como uma ferramenta de conexão cósmica, mas como um meio de criar um estilo inspirado no funcional e utilitário, ideia que foi se tornando um dos alicerces da música popular sintética (ou *synthpop*), e posteriormente na música eletrônica feita para dançar. Mas sabemos que essa

KRAFTWERK

ideia não nasceu pronta e foram muitos e muitos anos para que eles pudessem chegar até isso.

É deliciosa e muito recomendável esta biografia para os fãs como eu, e curiosos em geral, que sempre tiveram vontade de entender melhor os primórdios da banda, quando eles ainda tinham cabelos compridos e utilizavam, juntamente com sua incipiente parafernália eletrônica, instrumentos convencionais, como bateria acústica, guitarra e flauta transversal.

Essa fase foi completa e sistematicamente renegada pela banda, pois se distingue em muito do que eles vieram a se tornar e construir como autoimagem ao longo das décadas seguintes. Não há como ficar insatisfeito com o resultado final desta biografia, porque, assim como eu, o leitor terá também a oportunidade de conhecer vários mitos e histórias folclóricas sobre a real contribuição estética que a banda deu ao mundo pop e descobrir que méritos de outras pessoas foram apagados para que a dupla Ralf & Florian se destacasse. Considerados por muitos como inventores, ou "pais" da música eletrônica pop, gostaria de discorrer brevemente sobre o que antecedeu o trabalho do Kraftwerk em termos de música eletrônica, pois sem sombra de dúvida, o grupo é sim um dos precursores da música eletrônica feita para as massas, e o que vou descrever aqui certamente foi a base, as origens, e talvez, mesmo que de forma não declarada, influenciou muito o trabalho da banda.

O pensamento recorrente na atualidade quando se fala em música eletrônica leva muita gente a visualizar o ambiente das pistas de dança e música de festas, baladas e raves. "Música Eletrônica igual a DJ." O fato incontestável é que a linguagem musical desenvolvida a partir de equipamentos tecnológicos já povoa a cultura popular desde muito antes, e sua origem está localizada no final do século XIX.

Um dos primeiros instrumentos musicais eletrônicos, o Telharmonium, foi criado em 1897 por Thaddeus Cahill para levar música popular para a casa das pessoas via linhas telefônicas em concertos com hora marcada, mediante uma inscrição paga, ou seja, o tataravô do que chamamos hoje de *streaming*. Seu som se assemelhava ao de um órgão eletrônico, e o repertório musical disponibilizado era o que havia de mais popular na época. Mas era um instrumento que pesava mais de 200 toneladas e custava algo em torno de 200 mil dólares, ou mais.

Muitas experiências nesse sentido foram feitas em busca da união das máquinas com a música, e algumas realmente se tornaram muito famosas, antes mesmo de existir o sintetizador tal como o conhecemos hoje. Talvez a mais fascinante e que ainda encanta fortemente as

Prefácio à Edição Brasileira

pessoas é o Theremin, criado pelo violoncelista e engenheiro eletrônico russo, Lev Sergeivitch Termen (ou Léon Theremin, em francês, como é mais conhecido) entre 1919 e 1922, conforme as fontes de pesquisa sobre história da música eletrônica. Esse instrumento, cuja principal característica sonora etérea e sobrenatural se reforça com a forma como é tocado – apenas pela aproximação das mãos de suas antenas – com diferentes funções na interpretação musical. Mas foi no final dos anos 1940 que as novas tecnologias aplicadas ao som começaram realmente a definir e dar asas a um novo pensamento musical.

A música acústica, em seu ambiente erudito e acadêmico, já havia ampliado barreiras e limites estéticos com novas propostas, que iam da utilização do ruído à organização do pensamento harmônico com o serialismo dodecafônico nos anos 1920 até o serialismo integral do início dos anos 1940, cuja ideia baseada na matemática de permutação previa uma forma nova de ordenar as notas, a intensidade, a duração e o timbre dos sons.

Mas havia, para esses compositores, uma necessidade de novos instrumentos que gerassem novas possibilidades de criação e de relacionamento com o som.

A resposta para isso estava na evolução tecnológica e no desenvolvimento de máquinas eletrônicas que ampliassem os horizontes, juntando o som ao ruído de forma inédita, gerando assim possibilidades de interpretação que estavam além do alcance humano e dos instrumentos convencionais.

As possibilidades de manipulação dos sons naturais (ou seja, sons musicais ou não presentes na natureza e passíveis de serem captados por microfones e registrados em fita magnética) gerou a chamada *musique concrète* ou, em bom português, "música concreta", desenvolvida na França por músicos como Pierre Schaeffer e Pierre Henry, principais expoentes desse novo conceito. Eles modificavam a velocidade do som amostrado, reordenando-o, picotando e colando em diferentes *takes*. Faziam isso fisicamente de forma primitiva, com estilete e fita adesiva, criando, dessa forma, *loops*, colagens sonoras com fita magnética para inventar uma nova narrativa, na qual estava aberto o espaço para o impossível e o absurdo.

Agora imagine uma outra concepção que se desenvolvia paralelamente na Alemanha, onde as técnicas de manipulação do som eram parecidas, mas a fonte sonora eram sons artificiais vindos de geradores de sons eletrônicos desenvolvidos na época da Segunda Guerra Mundial. Os osciladores de frequência e também os filtros – equipamentos de

KRAFTWERK

modificação do timbre – selecionavam qual parte das frequências sonoras se queria ouvir, alterando e distorcendo o som de forma inédita. Essa foi a origem da chamada *elektronische musik*, que também ficou conhecida como "música eletrônica pura".

A base dessas duas correntes criativas logo se juntou em uma só, passando a se chamar "música eletroacústica" e trazia aliada a sua estética a importância do laboratório, mais tarde chamado de estúdio. Não apenas os novos instrumentos revolucionariam a música, mas esse ambiente de trabalho se tornaria fundamental até os dias de hoje.

Muito rapidamente houve a necessidade de se trazer essa nova realidade da música ao contexto popular, até como forma de justificar tanto tempo e dinheiro investidos. Afinal, quem tinha condições financeiras de bancar esses estúdios eram os governos de cada país. Era norma que cada governo possuísse sua rádio para se comunicar com o povo e, consequentemente, divulgar a cultura que os governantes consideravam oficial. Para isso, eram necessários estúdios com equipamentos básicos de radiodifusão que também combinavam o ato da criação dessa nova música tecnológica com outros interesses práticos na elaboração de ruídos e efeitos sonoros para serem utilizados como sonoplastia em programas e nas comunicações em geral.

Com o reconhecimento do desenvolvimento dessa linguagem musical como vanguarda, alguns países investiram nesse avanço cultural no pós-guerra, acreditando que, a partir daí, teriam o futuro da música em suas mãos e que uma nova era se anunciava para a humanidade.

Na Alemanha havia a West German Radio em Colônia. Na França, na Rádio de Paris, havia o Estúdio, RTF, fundado por Pierre Schaeffer. Na Inglaterra, dentro da BBC havia o BBC Radiophonic Workshop, destinado a pesquisas sonoras. Na Itália havia o Studio di Fonologia di Radio Milano, no qual muitos compositores eruditos importantes como John Cage ou Stockhausen chegaram a trabalhar. No Japão, a NHK (Nippon Hōsō Kyōkai) em Tóquio também tinha seu setor de experimentos sonoros. O fato é que toda essa pesquisa, no final dos anos 1950 foi aos poucos alcançando as manifestações populares e interagindo com a linguagem visual do cinema e a nascente novidade tecnológica chamada televisão.

Como exemplo na TV, podemos citar a trilha sonora e os efeitos da série *Doctor Who* – que foram feitos no BBC Radiophonic Workshop –, cujo tema foi obra do compositor australiano Ron Grainer, e realizado por Delia Derbyshire, que também criou todos os ruídos para a série em

Prefácio à Edição Brasileira

1963. No mesmo ano, Matsuo Ohno chamava atenção no Japão com a criação de efeitos sonoros para o desenho animado *Astroboy*, de Osamu Tezuka, o pai do mangá moderno. Ohno se dedicava a criar novos efeitos inéditos, a partir da manipulação eletrônica do som.

Outro veículo que popularizou os sons eletrônicos e sua música inovadora foi o cinema. As possibilidades de criar climas e paisagens sonoras artificiais ou até mesmo referências acústicas a "outros mundos" fizeram os instrumentos e recursos sonoros eletrônicos brilharem nas produções cinematográficas sobre o futuro, ambientes e seres alienígenas, e situações paranormais ou de delírios.

Trilhas sonoras de filmes dirigidos por Alfred Hitchcock, como *Quando Fala o Coração* (*Spellbound*, 1945) de autoria de Miklós Rózsa, contaram com a utilização de um Theremin para pontuar os momentos de delírio do personagem principal e *Os Pássaros* (*The Birds*, 1963), composta por Oskar Sala, usou um instrumento chamado Trautonium para gerar sons e ruídos eletronicamente, que foram utilizados para emular sons de janelas, portas e o barulho de ataques dos pássaros infernais do filme. Porém, a trilha composta por Bernard Herrmann – que usou vários Theremins para compor o arranjo com o objetivo de impactar a audiência com estranhamentos sonoros para o filme *O Dia em que a Terra Parou* (*The Day the Earth Stood Still*, 1951), de Robert Wise –, e a trilha de *Planeta Proibido* (*Forbidden Planet*, 1956), dirigido por Fred M. Wilcox, com sons musicais eletrônicos compostos pelo casal Louis e Bebe Barron – considerada como a primeira trilha sonora da história totalmente produzida apenas com instrumentos eletrônicos – se tornaram marcos na utilização de técnicas e instrumentos relacionados à música eletrônica feita para as massas. Ainda que indiretamente, de certa forma, essas foram obras que abriram a imaginação do público para os sons do futuro e de mundos desconhecidos dentro das artes.

Bom, mas e na música popular feita para consumo de forma mais tradicional? O Kraftwerk foi o primeiro a introduzir a tecnologia eletrônica na música popular?

As possibilidades e características da eletrônica não inspiraram apenas o contexto do terror, da fantasia e da ficção científica, o universo humorístico, o infantil e o mundo da publicidade também foram amplamente explorados desde os anos 1950. As mesmas possibilidades técnicas que músicos como Pierre Schaeffer ajudaram a desenvolver em Paris, num contexto extremamente nobre e erudito, foram usadas por Ross Bagdasarian, que, utilizando o pseudônimo de David Seville, em

KRAFTWERK

1959 criou os Chipmunks, lançando o primeiro disco infantil com vozes distorcidas por meio de aceleração, provocando o famoso efeito de "voz de esquilinho", com a música "Let's All Sing with the Chipmunks", comercializada pelo selo Liberty. Foi um grande sucesso na época, inspirando uma série animada que, por sua vez deu origem a um filme/série de longas-metragens: *Alvin e os Esquilos*. O Kraftwerk utilizou o recurso de modificar a rotação no gravador na música "Kometenmelodie 1", do álbum *Autobahn*, o terceiro de sua carreira, lançado em 1974. Entretanto, no caso dos alemães, sua música não soou cômica. A técnica funcionou apenas para criar outro tipo de efeito em seus instrumentos, como se estivessem sob a força gravitacional de outro planeta. Vale lembrar aqui que, provavelmente, a ideia de utilizar tal efeito deve ter vindo da influência de Conny Plank, que produziu o álbum. Até porque os discos da banda Neu! trazem esse efeito em algumas faixas, e eles também foram produzidos por Plank.

Outro exemplo diferente que podemos citar, que usou a mesma técnica, mas com resultados distintos, é a música "They're Coming to Take me Away Ha-Haaa!" do enigmático artista Napoleon XIV, cujo *single* lançado em 1966 provocou alvoroço nas rádios inglesas por modificar a voz do cantor de forma progressiva em sua velocidade. A repercussão desse trabalho de Napoleon XIV, e do uso desse recurso (tecnicamente chamado de *Varispeed*) foi tão grande que a "brincadeira musical" herdada das técnicas da música concreta fez com que David Bowie utilizasse a técnica na canção "The Laughing Gnome", num compacto de 7 polegadas lançado em 1967, representando a voz de uma divertida criatura mágica da floresta. E falando em criaturas mágicas, o efeito também possibilitava distorcer a voz para o grave não natural da voz humana, provocando o conhecido efeito gutural de "voz de monstro ou demônio", algo que foi muito explorado pela indústria cinematográfica.

A partir de 1966, artistas consagrados do mundo pop da época, não apenas demonstravam grande interesse pelas técnicas da música eletrônica, como também as utilizavam e inspiravam muitos outros jovens artistas, como foi o caso dos Beatles e dos Stones. Um fato curioso dentro da mitologia sobre o Kraftwerk é a ideia de que eles teriam inventado o sequenciador (aparelho que ordena notas musicais gerando uma música automática). Não, a invenção não foi deles, e na realidade, a ideia remonta ao século IX na Pérsia, creditada aos irmãos Banū Mūsā. Vários outros experimentos também podem ser citados aqui, como o órgão de Barrel no século XV, a caixinha de música e o piano *roll* no século XIX.

Prefácio à Edição Brasileira

No que se refere ao contexto da música eletrônica do meio do século XX, o RCA Mark II Sound Synthesizer, lançado em 1957, é um ótimo exemplo dessa técnica.

Entretanto, um nome importante que eu gostaria de destacar neste contexto é o de Raymond Scott. Foi na cidade de Nova York que ele desenvolveu um aparelho com capacidade de sequenciar canções inteiras e até mesmo capaz de criá-las como "música generativa", uma espécie de inteligência artificial primitiva, a partir de parâmetros algorítmicos. Esse aparelho se chama Electronium e hoje pertence a Mark Mothersbaugh, fundador do grupo pré-punk/*new wave* Devo.

Não se sabe exatamente quando foi que Scott começou a trabalhar nessa máquina/instrumento, mas estima-se que tenha sido por volta do fim dos anos 1950 ou início dos 1960. E pasmem, Scott não pertencia a nenhum grupo de acadêmicos eruditos ligados à música eletrônica de laboratório. Era compositor, maestro por formação e um grande intérprete jazzista nos anos 1940. Ele financiava suas pesquisas produzindo trilhas sonoras para comerciais, empresas de gás ou até para a IBM. Colaborou com Jim Henson (criador do programa *The Muppet Show*) e trouxe para a televisão os curiosos sons eletrônicos que muito despertavam interesse na juventude da época. Dois dos grandes responsáveis pela criação dos sintetizadores Moog, Robert Moog e Herb Deutsch chegaram a realizar trabalhos como assistentes para Raymond Scott e com ele buscaram muitas informações para o desenvolvimento de suas próprias invenções.

O desenvolvimento e o sucesso do sintetizador Moog, entre 1963 e 1968 – que abriu espaço para a construção de muitos outros ao redor do mundo, provocou uma grande enxurrada de discos e artistas utilizando a novidade tecnológica e inédita do sintetizador, antes mesmo da primeira aparição do Kraftwerk. O grande motivo do sucesso comercial do Moog é que, além de ser uma incrível máquina de produzir sons e ruídos eletrônicos espaciais, ele também permite interagir com a música tonal tradicional, por possuir um teclado como o do órgão convencional. Certamente o nome de maior destaque dessa época foi Walter Carlos (que posteriormente tornou-se uma mulher transexual com o nome de Wendy Carlos).

Carlos, utilizando um sintetizador Moog de primeira geração, lançou a obra *Switched-On Bach* em 1968, na qual interpreta obras de Johann Sebastian Bach de forma inédita e contundente. Com o lançamento desse disco, as possibilidades eletrônicas na música deixavam então de ser mera curiosidade ou efeito de distorção. Claro que essa não

KRAFTWERK

foi a "estaca zero" sob o ponto de vista tecnológico, mas foi expressivo interpretar de forma muito inovadora as obras daquele compositor que eram até então sinônimo máximo da sofisticação da música tonal. Wendy Carlos simplesmente soava como uma orquestra, um coro ou um cravo utilizando uma máquina que parecia um computador de filme B de ficção científica dos anos 1950. O disco tornou-se um dos álbuns de música erudita mais vendidos em toda a história, e isso provocou medo e o questionamento sobre o desaparecimento do músico de orquestra tradicional. A máquina substituindo o homem, tal como o Kraftwerk haveria de sugerir nos anos seguintes. Entretanto, uma pesquisa mais a fundo mostra que a música eletrônica pop pré-Kraftwerk já havia dado as caras no cenário musical popular, por meio do trabalho de artistas como: Tom Dissevelt and Kid Baltan, White Noise/David Vorhaus, Nino Nardini, Jean-Jacques Perrey, Gershon Kingsley's First Moog Quartet, Roger Roger, Ruth White, Mort Garson, Beaver and Krause, Hugo Montenegro, Dick Hyman, Martin Denny e Daphne Oram, só para começar. Porém como banda, em sentido clássico, eles foram os precursores. Mas como foi a reverberação disso tudo no Brasil?

Num primeiro momento, foi algo que gerou apenas uma curiosidade, tal como acontecia em outras partes do mundo. Pelo fato de a gravadora Phillips (de origem holandesa) possuir uma fábrica em São Paulo, algumas experiências do Phillips Research Laboratories (1956-1963) foram lançadas em compacto por aqui. No fim dos anos 1950, um jovem carioca chamado Jorge Antunes, que tinha formação em violino, composição e regência pela UFRJ, descobriu a obra dos compositores de vanguarda erudita eletrônica e se apaixonou pelo assunto. Desenvolveu e construiu ele mesmo seus próprios geradores de som, filtros e até um Theremin.

No início dos anos 1960, ele já possuía sua primeira obra, "Pequena Peça para Mi bequadro e Harmônicos", composta em 1961, e no ano seguinte lança sua "Valsa Sideral". É necessário destacar que antes disso, no fim dos anos 1950, outro compositor brasileiro, chamado Reginaldo Carvalho, havia decidido estudar e compor música eletroacústica na França, por indicação de Villa-Lobos. Mas foi Jorge Antunes que desbravou essa experiência com recursos e curiosidade próprios em nossas terras. Antunes, nos anos 1960, até por uma questão de sobrevivência, participava de conjuntos de baile, usando órgão eletrônico e um Theremin. Mas sua primeira contribuição mais expressiva para a história da MPB, e amplamente divulgada, foi "Cavaleiro Andante", composição de

Prefácio à Edição Brasileira

Edmundo Souto e Arnoldo Medeiros para o *IV Festival de Música Popular Brasileira* da TV Record, que aconteceu em 1968. Em uma conversa que tive com ele, Antunes relatou que:

"Airton Barbosa, então fagotista do Quinteto Villa-Lobos, foi responsável pelo arranjo que foi apresentado com Beth Carvalho e Taiguara nos vocais principais, Quinteto Villa-Lobos (flauta, oboé, clarineta, trompa e fagote), Coro Momento Quatro (Zé Rodrix, Ricardo Sá, Maurício Mendonça e David Tygel) e eu conduzindo os sons eletrônicos e Theremin. A música ficou como semifinalista, mas não foi aprovada para a final. Dois registros em disco da canção podem ser encontrados: um com Beth Carvalho e Taiguara (disco 7B-346 Odeon, 1968) e outro com Joyce e Eduardo Conde (disco R765. 088L Phillips, 1968). Na internet se encontra a gravação com Beth Carvalho e Taiguara. Nos créditos existem erros. Não falam dos autores dos arranjos, e em vez de colocarem Quinteto Villa-Lobos, colocaram Quinteto Violado. Também fui convidado a improvisar com meu Theremin na gravação de "Ponteio", de Edu Lobo, mas acabou não sendo aprovado por ele, porque saiu do arranjo. Haviam boas perspectivas para a música eletrônica ganhar mais espaços na MPB, mas daí veio o AI-5 em dezembro de 1968, e tudo acabou: mandei-me então para o exterior."

Como característica de nosso país, o nacionalismo e o regionalismo sempre foram muito importantes para a cultura brasileira. Por essa razão, a vanguarda eletrônica da música não teve muito incentivo e interesse oficial na mesma proporção que nos países do primeiro mundo, ou até mesmo em alguns países sul-americanos como Chile e Argentina. Mas isso não significa que não tivemos nossos heróis por aqui. Artistas importantes como Conrado Silva, Jocy de Oliveira, Rodolfo Caesar, o próprio Antunes, entre tantos outros, foram estudar na Europa, principalmente na França e na Alemanha, e se tornaram nomes expressivos no cenário mundial da música eletrônica de vanguarda.

Voltando ao universo da música pop, os sintetizadores se tornaram mais populares por aqui graças ao chamado "rock progressivo". Todas as bandas grandes e famosas que se destacaram na primeira metade dos anos 1970 usavam o sintetizador como uma espécie de "Espada Mágica". Além de artistas autorais como Mutantes, Casa das Máquinas, O Terço e Terreno Baldio – para citar alguns –, conjuntos de bailes, como o Pholhas, por exemplo, tinham a característica de querer soar exatamente como as

KRAFTWERK

bandas que eles interpretavam ou nas quais se inspiravam. Com muita dificuldade, e claro, muito dinheiro, uma boa quantidade de sintetizadores entrou no Brasil num momento em que a importação era bastante dificultada por uma política que forçava a produção e o consumo do produto nacional. E a grande estrela era o Moog, especialmente o Minimoog, que, para a época, era bem mais prático de transportar. Entretanto, uma década depois ele já seria considerado um trambolho. Mas, naquela época, o Minimoog era uma peça-chave, e uma banda só era realmente considerada "bacana" se tivesse um.

Lá fora acontecia o mesmo fenômeno. Com exceção apenas do Emerson, Lake and Palmer – que era tão megalomaníaco a ponto de usar um gigantesco *synth* Moog modular, apelidado de "Monster Moog" –, Rick Wakeman usava dois Minimoogs, o pessoal do Gentle Giant, Genesis, Pink Floyd, Triumvirat, todos tinham... era básico, quase obrigatório, ter um Minimoog na sua banda. E com o Kraftwerk não seria diferente. De fato, esse era um dos sintetizadores-chave na produção musical dos "alemães esquisitões do progressivo", que também utilizavam um ARP Odyssey e um EMS Synthi A. Durante um bom tempo no Brasil, o Kraftwerk era bem-visto pelos fãs de rock progressivo, e até era considerado como legítimo expoente do gênero, por razões que eu pessoalmente nunca consegui entender.

Mas certamente havia "uma fator de estranhamenta" por serem alemães. Afinal, como se pronunciava o nome da banda? *Kraftwork*? Como a maioria dos brasileiros, fui apresentado ao sintetizador, e a essa estranha música eletrônica (que não era rock), pelo quarteto alemão. Minha porta de entrada para a música eletrônica foi a faixa "Antenna", do álbum *Radio-Activity*, de 1975, e *Autobahn*, o primeiro LP que adquiri deles e o primeiro que comprei em minha vida, de 1974.

Aos 13 anos, em 1978, me apaixonei pelo som da banda e por aquele estilo enigmático de música, e isso me impediu de gostar, num primeiro momento, de músicos que sacodiam a cabeleira e gritavam, acompanhados por longos solos de guitarra. Mas os alemães não eram do mal como mostravam os filmes sobre a época da Segunda Guerra Mundial? De fato, ainda havia, tanto no Brasil como em boa parte do mundo, uma significativa visão preconceituosa em relação aos alemães, herdada da época da Alemanha nazista. Entretanto, uma coisa que ninguém podia negar era a sua capacidade de disciplina e sua potência como nação. Curioso como sempre fui, eu queria conhecer mais artistas daquele estilo, mas era difícil de encontrar.

Prefácio à Edição Brasileira

Outras formas que encontrei na época para me conectar ao som dos sintetizadores foram apresentadas a mim por grupos e artistas também exóticos (para os padrões da música pop tradicional), como Vangelis e Jean Michel Jarre, ou outros alemães ainda mais misteriosos e estranhos que o Kraftwerk, como Tangerine Dream e Popol Vuh.

Conhecer todas essas bandas me dava cada vez mais vontade de me enveredar no mundo da música eletrônica, mas diante da minha condição financeira, só pude começar com a ajuda de amigos a partir de 1987, quando passei a fazer experimentos com *loops* e colagens com fita cassete e programar softwares em computadores como o MSX e em um Amiga. Desse ponto em diante não parei mais. Finalmente encontrei o caminho do que sabia ser a escolha da minha vida.

Continuando sobre uma parte importante da minha adolescência, o final dos anos 1970 foi um momento em que a música eletrônica estava presente o tempo todo na TV, mas de uma maneira bem subliminar. Comerciais, trilhas de filmes e programas como *Cosmos*, de Carl Sagan, ou mesmo em programas que nada tinham a ver com ciência e tecnologia, como o *Sítio do Picapau Amarelo*, usavam música eletrônica ou efeitos conseguidos a partir de sintetizadores. Um episódio chamado "Sítio do Picapau Amarelo Espacial", que foi ao ar em 1979, continha sons e efeitos especiais/espaciais gerados por sintetizadores. Sim, a música eletrônica pontuava a visão do futuro, da grandeza do espaço sideral.

Em seguida, na virada dos anos 1970 para os 1980, foram surgindo os artistas ingleses que faziam não apenas música só com sintetizadores e baterias eletrônicas, mas que também tinham postura e estilo tendendo para um certo minimalismo, semelhante ao Kraftwerk, consolidando o estilo *technopop* ou *synthpop*, com bandas e artistas como Gary Numan, The Human League, Ultravox, Orchestral Manoeuvres in the Dark, Depeche Mode e tantos outros. Foi curioso, porque a juventude da Inglaterra estava sendo influenciada pela estética fria da música eletrônica nascida no país que, durante tanto tempo, foi considerado como inimigo.

No Brasil, muitas dessas bandas e artistas fizeram certo sucesso, como Soft Cell, Gary Numan e Depeche Mode, que tiveram alguns de seus álbuns editados por aqui e participaram de coletâneas de sucessos populares ou de trilhas de telenovelas. O Depeche Mode estourou nas rádios brasileiras após a inclusão de "Just Can't Get Enough" como um dos temas internacionais da novela *Louco Amor*, de 1983. Mas em 1982, a música "Home Computer", do álbum *Computer World* (1981), foi usada

KRAFTWERK

pela Rede Globo como tema de abertura e pontuação dos blocos da novela *Brilhante*. Nas lojas, esse álbum era vendido com um adesivo na capa dizendo: "Contém o Tema da Novela *Brilhante*".

Na segunda metade dos anos 1980, um novo *groove* se consolidava por meio de ritmos como *rap*, *hip hop* e do *electro*, subgênero que juntava música eletrônica e ritmos oriundos da *black music* norte-americana. E claro, mais uma vez, a maior influência desses novos ritmos foi o som futurista do Kraftwerk. Embora na época a música do quarteto alemão soasse para o pessoal como fria e sem swing, foi muito bem recebida nas pistas de dança, o que os distanciava cada vez mais do universo cerebral do rock progressivo. Apenas para ilustrar, uma vez, em 1986, fui a um baile *funk* só para poder estar num lugar onde se podia ouvir Kraftwerk e ver aquilo motivar uma multidão a dançar a recém-lançada "Boing Boom Tschak"!, do álbum *Electric Café*, conhecida entre o pessoal dos bailes *black* e *funk* como "Melô do Porco"(!!!)... Aquilo enlouquecia a cabeça daqueles brasileiros. Havia brancos e negros, pobres e ricos vibrando com a música feita por quatro alemães com aparência séria e estranha, conservadora até. Aparência que antes associávamos aos "Nazistas do Mal".

De alguma maneira, sempre ouvimos muito Kraftwerk no Brasil. Mesmo que passivamente, como efeitos de fundo de propagandas ou trilha sonora, o som futurista do quarteto alemão também foi muito explorado em telejornais de várias emissoras e até numa propaganda de calçados masculinos ("Starsax, o calçado da nova geração"), que mostrava, em câmera lenta, um rapaz andando em trilhos de trem ao som da faixa "The Hall of Mirrors" do álbum *Trans-Europe Express* (1977). A música gerou um impacto tão grande entre as massas que muita gente enlouquecia tentando descobrir que artista era aquele, procurando encontrar a fonte daquela melodia melancólica, futurista e pós-moderna. Qual o nome dessa música? Quem é que faz um som assim tão diferente? Aqueles que tinham contato com a banda, e já conheciam o som do Kraftwerk desde a época do rock progressivo, se sentiram representados. Apesar de não me lembrar qual a música-tema da propaganda do relógio "Technos Marine Sky Diver", ela também utilizou o som eletrônico/tecnológico dos alemães. E no início dos anos 1990, faixas dos álbuns *The Man-Machine* e *Computer World* foram usadas em propagandas radiofônicas e televisivas para anunciar dezenas de cursos de informática e cursinhos pré-vestibulares.

Prefácio à Edição Brasileira

A partir do início dos anos 1980, os ecos do Kraftwerk já inspiravam músicos brasileiros e suas bandas, como Kodiak Bachine do grupo Agentss (São Paulo, SP), Roberto Verta e Hansen do grupo Harry (Santos, SP), Thomas Bielefeld, da banda *new wave/techonopop* Azul 29 (São Paulo, SP) e Dino Vicente (que foi da banda de *funk* progressivo Som Nosso de Cada Dia e produtor do primeiro álbum do duo *synthpop* paulistano Tek Noir em 1990). E a coisa toda não parou por aí. Em 1991, foi fundada na cidade de São Paulo a primeira gravadora brasileira de música eletrônica, a Cri Du Chat Disques, juntamente uma loja de discos exclusivamente dedicada ao gênero, a Muzik. Isso aconteceu num momento de transição do uso de instrumentos analógicos para os digitais, de *synths* para *samplers*, e o início da utilização dos softwares para a produção de músicas. Assim, surgiram bandas como Símbolo, Loop B, Volv Uncion, Individual Industry, Aghast View, Vanishing Point, Morgue e o meu antigo projeto, o Silverblood, entre dezenas de outras. Para a maioria dessas bandas, por mais que nesse momento já houvesse influências significativas de outras tendências da ME como o industrial, *dark electro*, EBM e outros, o Kraftwerk permanecia como referência primordial, e continuou a ser a mais respeitada por todos, a banda que fazia a ponte, o elo que tinham em comum, como verdadeiros mestres da arte de fazer com que máquinas produzissem música.

No final dos anos 1990, algo como um presente do universo aconteceu para nós aqui no Brasil com as vindas da banda para nossas terras a partir de seu primeiro desembarque em 1998, para participar do hoje extinto *Free Jazz Festival*, algo até então inimaginável. Um show do Kraftwerk no Brasil!

O show marcava a volta da banda e a perspectiva de lançamento de um novo álbum. Na segunda apresentação deles no Brasil, no *Tim Festival* de 2004, eles já haviam lançado o seu novo trabalho – *Tour de France Soundtracks* (2003) –, e sua apresentação foi mais fria, e centrada num grande telão triplo que impunha um respeito tecnológico sem precedentes. A qualidade do som de todos os shows era mais que impecável. Causou grande surpresa nesse aspecto. Sinceramente o repertório novo não me comoveu muito, e cheguei a pensar que já tinha tido a minha dose de Kraftwerk ao vivo, preferindo manter a recordação do primeiro show. A produção deles tinha se tornado demasiadamente digital, até como uma maneira de mascarar a falta de seus excelentes percussionistas, Wolfgang Flür e Karl Bartos. Em minhas impressões pessoais, afirmo

KRAFTWERK

que tinham perdido muito da graça inicial dos *Männer-Roboter*. Toda aquela tecnologia de ponta, megaimponente, não arranhava minha lembrança do show que vi quando o cenário, as vestimentas e a performance da banda ainda mantinham ecos da antiga turnê do álbum *Computer World*, de 1981.

O Kraftwerk conquistou mesmo o mundo com o álbum *Computer World*, de 1981, influenciando um sem-número de artistas e ritmos, tal como nos contou Camilo Rocha na apresentação deste livro. Este trabalho apontava para um novo caminho digital na questão da produção musical, que começaria a ser feita no computador, embora não tenha sido utilizado nenhum na produção do disco. De fato, o computador foi se tornando peça-chave para a criação musical de vários estilos e partes diferentes do processo, funcionando desde um simples emulador de instrumentos até a digitalização do próprio ambiente de gravação com todos os seus aparatos tecnológicos ligados a computadores. Com a transformação do computador num objeto da vida cotidiana, ele tornou-se mais acessível e hoje não mais conseguimos nos imaginar sem ele. Sob o ponto de vista do músico, tornou-se mais fácil e democrático criar música, e os *home studios* foram se tornando cada vez mais sofisticados, até que chegamos a um ponto em que começou a perder a graça, a ficar tudo muito robótico, pejorativamente falando, artificial até demais. Com isso, muitos músicos e artistas consagrados e independentes chegaram ao ponto de voltar a fazer uso dos equipamentos analógicos, utilizando velhos clássicos, como o Minimoog, ou a nova leva de *synths* e *drum machines* fabricados nos dias de hoje pelas consagradas empresas Moog, Korg e Roland, ou mesmo por empresas mais recentes no mercado. A nova prática de construir seus próprios *synths* em casa também passou a ser muito valorizada, tudo isso juntamente com técnicas digitais ou não, para dessa forma, mesmo com máquinas, produzir música eletrônica num processo e com um resultado mais "orgânico" e mais rico em termos de qualidade sonora.

Mas essa facilidade do mundo digital nos trouxe a vantagem de recuperar obras de artistas e bandas obscuras de música eletrônica underground que não vieram à luz para o grande público na época em que foram produzidas, e que, na atualidade, nos encantam em relançamentos, ou até mesmo lançamentos inéditos em tiragens limitadas de vinil, por selos como Minimal Wave, Dark Entries, Medical Records, Minimal Maximal e muitos outros pelo mundo todo, principalmente na Europa e nos Estados Unidos. Dessa forma podemos hoje conhecer muito mais bandas que beberam

Prefácio à Edição Brasileira

na fonte kraftwerkiana e conhecer trabalhos geniais de artistas como Deux (França), Oppenheimer Analysis (Inglaterra), Futurisk (EUA), Crash Course in Science (EUA), Plus Instruments (Holanda/EUA), Eleven Pound (EUA), Vocoder (Espanha), Informatics (Austrália), Kitchen and The Plastic Spoons (Suécia) ou Live of Angels (Inglaterra).

Porém, é importante destacar que essas gravadoras não se pautam por uma agenda calcada apenas em relançamentos de bandas antigas, e não se trata de um movimento saudosista, pois existem muitos jovens músicos se inspirando no passado, e no som eletrônico analógico do Kraftwerk em sua fase inicial, lançando trabalhos competentes, como é o caso de Soft Metals (EUA), Linea Aspera (Inglaterra), Cosmetics (Canadá), Streetwalker (EUA), The KVB (Inglaterra), Redredred (EUA), Sumerian Fleet (Holanda), Cute Heels (Bélgica) e muitos outros espalhados pelos quatro cantos do mundo, inclusive no Brasil, como meu projeto Anvil FX, cujos três últimos lançamentos foram em vinil recheados de *synths* analógicos clássicos. O trabalho de Arthur Joly (*Punk Analógico*, lançado em vinil em 2013), com todo o trabalho de composição baseado na construção de *synths* D.I.Y. e um forte investimento na produção local do vinil como mídia. Érica Alves e Serge Erege que optaram por arriscar com o lançamento em cassete *lo-fi*, abandonar as produções feitas no computador e usar apenas hardwares semi ou completamente analógicos. André Dessandes (Cosmorama), que muito se inspira em ritmos como *miami bass* e *big beat* e faz uso intenso de *synths* e *drum machines* analógicas clássicas. E uma série de outros entusiastas, construtores e verdadeiros mestres da síntese analógica e utilizadores de sintetizadores modulares, como Dada Attack, Daniel Teles, Vinicius Brazil, Seth Zahn, Zeno Mainard e vários outros.

É incrível pensar numa banda que, mesmo não tendo inventado a música eletrônica pop, abriu, sem sombra de dúvida, as portas de forma precursora para uma nova expressão musical que perdura e se reinventa até os dias de hoje. Expressão essa que já se metamorfoseou e se expandiu muitas e muitas vezes.

Espero que apreciem, tal como eu apreciei, essa incrível pesquisa de David Buckley, os pormenores históricos, os bastidores, a relação entre os quatro integrantes clássicos da banda, os amigos que foram injustiçados... Bem, não quero dar uma de *spoiler*. Então, desejo que aproveitem as preciosas informações deste livro e tenham uma boa leitura!

Paulo Beto/Anvil FX, inverno de 2015.

PREFÁCIO DO AUTOR

A ALEMANHA TEVE grande importância em minha vida. Tem sido meu lar há vinte anos. Ela tanto me fascina quanto me frustra. É verdade que os trens são sempre pontuais e que um comportamento correto e apropriado é esperado em qualquer ocasião (quando um amigo alemão é convidado para um jantar às 20h, espere que ele chegue na hora exata, ou até alguns minutos antes, e não com um atraso educado, como faria um britânico).

Morando no sul da Alemanha, descobri regras que encorajam um comportamento adequado e decente, como não fazer churrasco mais de seis vezes durante o verão se você mora num apartamento com sacada e jamais usar cortador de grama em um domingo. Durante o *Fasching* (a época do Carnaval, pouco antes da Quaresma), é, no entanto, esperado que você use uma peruca, pinte a cara e participe de uma folia organizada, de preferência empanturrando-se com *Krapfen* (uma espécie de *donut* recheado de geleia), regado a canecas de café forte ou de cerveja de trigo. O *Fasching* pode literalmente ser explosivo. Tem-se afirmado, embora talvez não passe de lenda urbana, que o adultério cometido durante o *Fasching* não é considerado um motivo válido em casos de divórcio. As esferas privadas e públicas da vida dos cidadãos estão ambas sujeitas ao tipo de formalidade e norma que torna a cultura alemã única e, claro, alvo de piadas no mundo todo.

KRAFTWERK

Esse senso de *Ordnung* [ordem] está na própria essência do Kraftwerk. Para eles, nada dos excessos dionisíacos do rock; em seu lugar, os limites apolíneos, pensados e estruturados, de uma música que só muito raramente soa como resultado de alguma criação orgânica. Em seus melhores momentos, a música do Kraftwerk soa tão perfeitamente pré-arranjada, seus ritmos e suas melodias são tão absolutamente perfeitos em sua simplicidade que oferecem uma quimera de ideais, formas geométricas perfeitas dos sólidos platônicos, feitos não tanto pelo homem quanto por algo menos falível, menos humano e mais sobre-humano. A música do Kraftwerk, de uma estranha maneira, parece existir puramente no plano artificial, da mecânica, da cibernética, do ciborgue. É claro que muitas das canções que você vai encontrar neste livro resultaram do acaso, da sorte, de erros e, pelo menos em um caso, de furto musical. No entanto o resultado final do que ouvimos parece muitas vezes não ter de forma alguma passado pelo crivo de uma mente humana.

Meu primeiro encontro com um alemão ocorreu quando eu tinha 18 meses de idade. Embora muitas pessoas reajam com um olhar incrédulo quando conto isso, a minha primeira lembrança é de quando eu ainda era bebê. Meu irmão, Harry, havia convidado um estudante alemão de um programa de intercâmbio para ficar em nossa casa. Acho que até dividimos a mesma cama, e posso, portanto, dizer que de fato dormi com um alemão. Ele deu a minha mãe um vidro de água de colônia. Foi na época da Copa do Mundo de 1966. Seria mentira se eu dissesse que me lembro da final.

Alguns anos depois, finalmente em idade escolar, notei que a cama de meus pais havia se quebrado (estremeço ao pensar como) e uma das beiradas havia sido escorada por um velho livro amarelado pelo tempo. Era uma edição em inglês de *Mein Kampf* [*Minha Luta*, de Adolf Hitler], um volume realmente poderoso. A capa, pelo que me lembro, havia soltado, mas ele parecia ter sido lido. Segundo as histórias de família, nos anos 1930, dois de meus tios foram, por um breve período, seguidores de Oswald Mosley, e depois um deles continuou simpatizante do inimigo, visitando a Alemanha em diversas ocasiões depois de fazer amizade com um adversário em tempos de guerra.

Na infância, fui submetido, como qualquer um nascido nos anos 1950 e 1960, a uma rígida dieta antigermânica de entretenimento leve. Claro, eu sabia o básico sobre o que havia ocorrido na Segunda Guerra Mundial. Meu pai havia servido na força aérea e minha mãe esteve no Women's Land Army em 1946. Mas esse não era um tema de conversação. Hitler, se

Prefácio do Autor

chegava a ser mencionado, era reduzido a uma figura cômica e grotesca, como a personificada por Basil Fawlty, em sua caricatura hilariante de um nazista, num episódio de 1975 do clássico seriado *Fawlty Towers*. As *Autobahns* [autoestradas] alemãs eram, no entanto, muito elogiadas, embora houvesse manifestações de contrariedade com a economia pósguerra da Alemanha Ocidental – pela forma como tinham perdido a guerra, mas conquistado a paz. No entanto a grande proximidade da guerra ficou evidenciada em termos literalmente concretos quando, numa excursão ao campo de esportes local, vi um imenso pilar triangular de concreto, perto do qual eu parecia pequeno. "É uma armadilha para tanques de guerra", meu irmão me informou. Quando criança, eu colecionava soldadinhos de plástico e montava com eles situações da Segunda Guerra Mundial. Era tido como certo que Hitler tinha um testículo a menos e que seu alto comando de guerra carecia igualmente de virilidade, e cantávamos uma música antigermânica muito popular, com o ritmo de "Colonel Bogey", que terminava com "e coitado do velho Goebbels, que não tinha nenhum". Quando, no verão, saíamos de carro para passar o dia fora, percorríamos lugares, a uns dois quilômetros de casa, que se pareciam com lagos, mas que cerca de 25 anos antes tinham sido crateras de bombas. Meu professor de inglês do primeiro ano colegial, que ainda não tinha 40 anos, contava como havia sido retirado dali quando criança, durante as hostilidades alemãs na época da guerra. Meus amigos, muitos deles judeus, tinham parentes e amigos que haviam sofrido diretamente nas mãos do regime nazista. Cresci não à sombra da própria guerra, mas com certeza numa época em que os eventos de 1939-1945 faziam parte da memória viva da maioria da população, e quando Winston Churchill, primeiro-ministro na época da guerra, que nos conduziu à vitória, era considerado por jovens e velhos, ricos e pobres, "o mais importante inglês vivo".

Na verdade, era muito difícil encontrar alguém cujos pontos de vista não estivessem de acordo com o estereótipo estritamente britânico do que era um alemão. Pete Townshend, do The Who, falou em nome de muita gente da geração *baby-boomer*, nascida logo após o fim da guerra, sobre aquilo que foi o equivalente a uma lavagem cerebral cultural: "Quando eu era jovem, cada célula do meu corpo queria pegar uma metralhadora para matar alemães. E eu não tinha absolutamente motivo algum para fazer isso. Com certeza, ninguém me convidou para fazer isso. Mas era o que eu achava ter sido treinado para fazer. E nada em minha educação tinha sido militarista". Alimentado à força com uma

43

KRAFTWERK

dieta semanal de filmes de guerra, o adolescente britânico médio da década de 1970 recebia muito pouco em termos de opiniões imparciais. Quase sem exceção, os alemães da época da guerra eram criminosos sinistros e impiedosos (os soldados) ou manipuladores frios, cruéis e desapiedados (os oficiais). Os britânicos, quando mortos, morriam de forma heroica, ou estoica, e com honra. Os soldados alemães, no entanto, muito provavelmente morriam em explosões ou da maneira mais repulsiva e desonrosa possível. Lembro-me de ter assistido, ainda criança, a um filme de guerra em que um soldado alemão era fuzilado e um carregador de balas inteiro era descarregado em seu corpo enquanto ele se contorcia em espasmos. Era preciso ter certeza de que aquele demônio estivesse morto de verdade. Uma notável exceção foi o filme *A Águia Fugitiva* (*The One That Got Away*, 1957), estrelando Hardy Krüger no papel de um ousado e atraente piloto da Luftwaffe que fugiu das garras britânicas enquanto era transferido para um campo de concentração no Canadá. No início da década de 1970, a série de TV *Colditz*, produzida pela BBC, apesar de sua popularidade e das boas atuações, emitiu sinais contraditórios sobre a retidão do alto comando alemão, enquanto *Dad's Army*, um seriado cômico que apresentava as trapalhadas da Guarda Territorial de Warmington-on-Sea, notoriamente fazia graça com a meticulosidade alemã, em especial no episódio em que a Guarda Territorial foi incumbida de vigiar, temporariamente, alguns prisioneiros alemães. O oficial alemão (interpretado por Philip Madoc) ameaça com uma futura retaliação quem se opõe a ele, incluindo-o em sua "lista", e alerta seus captores, quando mandam buscar peixe com batatas fritas, que suas batatas têm de estar crocantes, não encharcadas. O programa preferido de muitas crianças, *Dr. Who*, também incluía referências evidentes ao estilo Terceiro Reich (como descobriríamos mais tarde). O grito "Exterminate" [exterminar], dos Daleks, e seu incansável criador perverso, Davros, tinham ambos óbvias conotações nazistas. Hitler era o alvo preferido de sátiras no horário nobre da televisão nacional por comediantes como Spike Milligan e, um pouco mais tarde, Freddie Starr. Tínhamos vencido a guerra e, portanto, tínhamos o direito moral de sermos tão ofensivos, insensíveis e acríticos quanto quiséssemos.

De resto, a presença alemã na TV britânica era mínima. Andrew Sachs (cujo nome de batismo era Andreas Siegfried Sachs), que fazia o papel de Manuel em *Fawlty Towers*, na verdade era alemão, mas ninguém desconfiaria disso, tão convincente era, para os britânicos, sua atuação como o inepto garçom espanhol. O sorridente Heinz Wolf, com

Prefácio do Autor

sua gravata-borboleta, seu cabelo rebelde e seu ar excêntrico de professor maluco e distraído, falava inglês com um forte sotaque alemão nos programas infantis de TV *The Great Egg Race* e *Young Scientist of the Year*. Ele foi uma das poucas imagens positivas da identidade alemã na televisão e, mesmo assim, pode-se suspeitar que isso fosse muito ensaiado, como se o Professor Wolf estivesse representando para seu público pré-adolescente o estereótipo do cientista alemão cordial, estabanado e distraído.

Não seria de surpreender, portanto, que não tenha sido pela televisão, mas pelo rádio, que conheci meu primeiro amigo imaginário alemão, alguém bem diferente, que não era perverso nem ridículo, porém muito mais humano. Tive a sorte de crescer numa casa repleta de música. Não apenas meus irmãos mais velhos eram fãs de música pop, mas também meu pai, então com seus cinquenta e tanto anos, era amante do rock progressivo. Seus álbuns do Focus e do Pink Floyd competiam com o Genesis e o Roxy Music de meus irmãos. Eu assistia a *Top of the Pops* para ver Slade e Wizzard, Bowie e Sparks. Até minha mãe ouvia Terry Wogan tocando as canções amenas de Elton John e Simon & Garfunkel no rádio da cozinha, todas as manhãs. Num dia ensolarado do começo do verão de 1975, durante a pausa do almoço na escola, eu estava no minúsculo banheiro do andar de cima quando sintonizei o rádio na contagem regressiva do Top 30. Sentado no vaso sanitário, eu ouvia, digamos, o futuro. Eu não tinha um padrão de referência para aquela canção – ingênua, simples, quase infantil – e as palavras... Era a primeira vez que eu ouvia o alemão sendo falado ou cantado, e isso aumentava a estranheza. Aquilo com certeza não era rock, mas também não era música pop. O que era? Trinta e cinco anos depois, eu estou determinado a descobrir.

INTRODUÇÃO

"Meine Damen und Herren, Ladies and Gentlemen,
Heute abend (aus Deutschland)
Die Mensch Maschine Kraftwerk"

["Senhoras e senhores,
esta noite (aqui da Alemanha),
a Usina de Força Humana"]

DÜSSELDORF, NOVEMBRO DE 2010

ESTOU NERVOSO. Mais nervoso do que normalmente fico quando me encontro com gente do mundo pop.

Estou sendo conduzido ao Kling Klang Studio por Wolfgang Flür, ex-integrante do Kraftwerk. Wolfgang, agora com seus sessenta e poucos anos, veste calças largas de veludo cotelê marrom e uma jaqueta curta, seu cabelo que já começa a ralear está tingido de castanho e sua pele parece bronzeada. Estou mais nervoso do que o normal porque, ao contrário das pessoas do mundo pop com quem já me encontrei, Wolfgang, sem saber, está muito perto de ser um de meus ícones favoritos da música de todos os tempos. Durante treze anos ele fez parte da formação clássica do Kraftwerk. Na verdade, essa é a única formação que, até

KRAFTWERK

hoje, significa de fato o Kraftwerk para a maioria dos fãs: Wolfgang, Karl, Ralf e Florian. Por mais competente e por mais reconfortante que a atual banda seja para os fãs, Ralf, Fritz, Henning e Stefan simplesmente não parecem ter a mesma aura icônica ao seu redor.

Seguir no encalço do Kraftwerk foi complicado. Para começar, já não estava realmente claro o que ou quem era o Kraftwerk. A primeira escala, por uma questão de cortesia, seria a banda com sua composição atual. Só um dos membros originais, Ralf Hütter, continua na banda, mas ele foi e continua sendo, sem dúvida, o mais importante dos integrantes. Foi sempre a sua visão da banda que prevaleceu, e pode-se dizer que, na realidade, o Kraftwerk é o projeto de Ralf Hütter. Meus editores escreveram uma carta para Ralf, que foi passada a ele por terceiros. Algumas semanas depois, recebemos uma resposta formal de Patrick Strauch, da Sony, comunicando que entrariam em contato conosco se gostassem da ideia, mas que esperássemos sentados. Também enviei solicitações educadas a Ralf, por meio de duas pessoas do ramo, que haviam trabalhado com o Kraftwerk e em quem Ralf confiava, Paul Baines, da EMI e depois da Mute, e Stuart Kirkham, que havia trabalhado com a banda no lançamento de seu último álbum de estúdio, *Tour de France Soundtracks*. Também tentei entrar contato com o atual integrante Henning Schmitz pela via tortuosa de um integrante de seu projeto paralelo. Nenhum desses estratagemas trouxe o resultado desejado, uma entrevista com Ralf.

No entanto o Kraftwerk com certeza tem o "EX-Factor", uma vez que, até o momento, se incluirmos todos os músicos que já participaram da banda, tocando tanto ao vivo como em estúdio, veremos que são nada menos do que dezenove ex-integrantes. Desses, tanto Eberhard Kranemann, que fez parte da banda antes mesmo de ela se chamar Kraftwerk, no final dos anos 1960 e início dos anos 1970, quanto Michael Rother, mais famoso por constituir 50% do Neu!, que também passou um breve período com a banda no começo, falaram comigo. Wolfgang Flür concedeu-me a mais longa entrevista de toda a sua vida, ao longo de dois dias em Düsseldorf e entremeada por uma comida deliciosa e muitas risadas. O momento mais estranho foi com certeza quando, animado por algumas cervejas, decidi que era uma boa ideia cantar "The Model" para ele em "estilo cantor de pub" uma noite a altas horas. Achando engraçado, Wolfgang encarou com bom humor.

O simpático e maliciosamente divertido Karl Bartos, que saiu da banda em 1990, havia conversado comigo em diversas ocasiões via Skype,

Introdução

e nos tornamos amigos virtuais por e-mail e no Facebook. Karl me dissera que seu repertório de histórias sobre o Kraftwerk havia se esgotado. Ele estava cansado de responder às mesmas velhas perguntas e, além do mais, como era obrigado a falar inglês, muitas vezes ficava insatisfeito com suas respostas quando as via publicadas ou pela televisão, sentindo que careciam de nuances que ele poderia ter dado se tivesse respondido em alemão. Relutante a se comprometer de fato a cooperar com o livro, e tendo em vista que preparava suas próprias memórias, ele foi, no entanto, aberto e cordial comigo em *off* e concordou em responder a várias perguntas por escrito, em alemão, especialmente para este livro. "Escreva sobre a radiação vinda do Kraftwerk", ele me aconselhou. "Você não esteve lá na época." Havia uma história particular da banda que pude montar juntando os comentários feitos em *off* e as informações que puderam ser recolhidas num trabalho de pesquisa como parte de seu processo natural. Karl sugeriu que seria melhor que me concentrasse nessa "radiação", nas partículas radioativas liberadas, no significado, em vez de na lógica interna de seus "amigos autistas". Inclusive, Karl havia se encontrado com Florian Schneider-Esleben logo depois de o integrante fundador ter deixado a banda em dezembro de 2008. Ele parecia "feliz e tranquilo", consideravelmente mais tranquilo do que estivera em seus últimos anos na banda. Mas Karl alegou não ter nenhum telefone para contato ou sequer o e-mail dele. Wolfgang apenas demonstrou certa surpresa pelo fato de Florian estar usando um boné da última vez que o viu na TV.

De todos os integrantes antigos, Wolfgang é o que fica mais à vontade falando com jornalistas; e "parte do serviço" é uma ida até seu antigo território, seu local de trabalho por quase quinze anos, o Kling Klang Studio, em Düsseldorf. Ele me pega no hotel e, enquanto dirige, fala sobre o Kraftwerk mais abertamente do que quando o gravador foi ligado (e ele já havia sido bastante sincero até este momento). Passaram-se mais de vinte anos desde que ele deixou a banda. Ele contou que era um mero empregado, que o Kraftwerk estacou como projeto e tornou-se algo muito secundário aos olhos de Ralf, diante de seu "vício" pelo ciclismo, que ele se sentiu obrigado a sair da banda por achar que o Kraftwerk havia estacionado e que, no final da década de 1990, um encontro com Ralf, que levou a um convite para que voltasse à banda, acabou em desastre, e também que lhe parecia estranho, e um tanto constrangedor, que o Kraftwerk prosseguisse quando não tinha quase mais nada novo a dizer. Ralf, ele disse, tinha compulsão por seguir e continuar com o projeto, quando ele e Karl sabiam que este havia acabado décadas antes.

KRAFTWERK

Ele dá um sorriso ao sairmos do carro e é então que percebo claramente como ele poderia ter se tornado "o Tom Jones do pop eletrônico", nas palavras de Andy McCluskey, do Orchestral Manoeuvres in the Dark (OMD). Simpático, divertido e sorridente, ele retorna ao presente. Estaciona seu carro bem diante do que me parece ser uma *sex shop* – cafona e desmazelada. De fato, o estúdio Kling Klang fica numa rua pouco atraente, na Mintropstrasse, 16, a alguns minutos de caminhada da Hauptbahnhof [Estação Central]. Andamos uns 45 metros rua abaixo e atravessamos até o Kling Klang, ou melhor, o que *foi* o Kling Klang. Muitos anos antes, Ralf havia levantado acampamento, mudando-se para um novo Kling Klang, distante de Düsseldorf alguns quilômetros. A placa "Electro-Müller GmbH" continua lá, em vermelho vivo, com o nome do proprietário "Joachim Dehmann, Tontech" na campainha da porta. Joachim, que durante muitos anos trabalhou com o Kraftwerk, trabalha agora com Florian, que manteve o antigo local. Florian, antigo companheiro de armas de Ralf, havia deixado o grupo dezoito meses antes sem nenhuma explicação, mas alguns jornalistas especularam que somente no Kraftwerk, em que o ritmo do empenho artístico era muito lento, poderia ter levado quase quatro décadas para que os dois descobrissem que finalmente tinham divergências musicais irreconciliáveis. Eu enviei um e-mail para Joachim dizendo que iria e que gostaria de falar com ele, e perguntei, casualmente e na verdade sem muita esperança, se Florian estaria por ali. De boa vontade, Wolfgang posou com as capas de alguns vinis do Kraftwerk, álbuns e *singles* de 12 polegadas, e fingimos que estávamos tentando vender contrabando ilegal para fãs que passavam por ali.

"Ah, veja só, Florian está aqui!", diz Wolfgang. "O carro dele está no pátio. Será que ele vai gostar de você?" Enquanto a última frase é dita, a porta levadiça, quer dizer, as persianas do Kling Klang são fechadas. Olho para cima e percebo que obviamente estou sendo observado por duas pequenas câmeras de vigilância. Caio na risada, e todo o meu nervosismo se transforma numa admiração secreta por tal exemplo perfeito de territorialidade. Minha entrada no Kling Klang havia sido recusada, e com certeza a entrevista também. Eu jamais havia recebido uma recusa cronometrada com uma perfeição tão cômica. Como tantos outros antes de mim, era um caso de mostrar que "você pode vir até aqui... e não além disso".

1.1 Midiafobia

ELES QUASE sempre se recusam a dar entrevistas, divulgar seu trabalho ou deixar-se fotografar, a não ser quando têm um novo produto para promover, coisa que atualmente ocorre uma vez a cada década. Eles, claro, recusam-se a falar sobre suas vidas privadas, aparecer em programas de entrevistas, de entretenimento ou jogos. Ao longo de toda a sua carreira, recusaram-se a colaborar com nomes importantes como David Bowie (o primeiro apoiador midiático importante da banda) e até mesmo com o maior astro do planeta, Michael Jackson. Eles ainda nem lançaram um disco *"the best of"* com suas melhores músicas. Não são celebridades, não são astros do rock. Mesmo em seu país natal, só os fãs de música sabem quem eles são. Se eles chegam a ser lembrados por um público mais amplo, é apenas por duas músicas: "Autobahn", amplamente descartada como sucesso passageiro, e "The Model". "Eles ainda existem?" é provavelmente a pergunta mais comum feita sobre a banda. Um amigo meu, alemão, chegou a me perguntar "Eles são alemães?". Quando, em 2003, o canal de TV alemão ZDF promoveu uma votação pública para eleger o Top 200 dos alemães mais famosos, *Unsere Besten* [Os nossos melhores], houve lugar para gente como Herbert Grönemeyer, Nena, Hartmut Engler (da banda Pur), Heino, Marlene Dietrich,

KRAFTWERK

Peter Kraus, Campino (da banda Die Toten Hosen), Nicole, Farin Urlaub (do Die Ärzte), Udo Lindenberg, Peter Maffay e Nina Hagen, mas não para qualquer integrante do Kraftwerk. Uma seleção heterogênea do Eurovision envolvendo artistas de entretenimento leve, compositores empenhados e cantores e *hard rockers* praticamente desconhecidos fora dos territórios de língua alemã foi mais cotada do que a daqueles que, de longe, foram sua maior exportação nos últimos cinquenta anos.

Os integrantes do núcleo deste que é o mais intensamente privado dos grupos sempre conservaram o direito de manter suas vidas particulares longe do público; e quando algum fato estranho sobre suas vidas fora do palco ocasionalmente vem à tona, pode-se apenas imaginar o mal-estar que provoca. Irritado com a revelação e rejeitando a tarefa de ter de dar uma explicação, o Kraftwerk age menos como entidade pop e muito mais como um grupo de artistas performáticos. A banda tem muito mais em comum com Gilbert & George e Andy Warhol. Eles nunca tiveram absolutamente nada a ver com os aspectos de celebridades da indústria fonográfica. "Na realidade, eles são definidos por aquilo que não apoiam... e grande parte da lista é um misericordioso alívio", diz o músico eletrônico John Foxx. "Nada de vídeos de sexo nem de *blogs* confessionais sobre recuperação de vícios." O foco sempre está no trabalho da banda, em sua música como parte de um pacote cultural mais amplo, uma *Gesamtkunstwerk* – uma obra de arte universal. "Isso significa que não somos apenas músicos. Somos artistas completos", Hütter confirmou. Embora seja basicamente uma banda interessada em tecnologia e baseada em informações tecnológicas, seu próprio *site* não tem quase nenhum conteúdo, nada da história da banda, nenhuma sessão de notícias e com certeza nenhum *blog* ou *link* para alguma conta no Twitter. Seu aspecto mais desenvolvido é a loja de vendas *on-line*, que despacha produtos endossados pelo Kraftwerk com eficiência típica. O Kraftwerk é possivelmente a banda mais "midiafóbica" da história da música.

"Midiafóbicos é uma boa maneira de nos definir", diz Karl Bartos, integrante do Kraftwerk entre 1975 e 1990, período em que a banda mudou o cenário musical do planeta. "Olhando em retrospectiva, eu diria que o que realmente acontecia era que controlávamos o modo como éramos retratados pela mídia. Ralf Hütter e Florian Schneider tinham uma ideia muito boa de como queriam que o Kraftwerk fosse percebido na mídia e por ela: uma campanha por álbum... em outras palavras, só quando tínhamos uma mensagem relevante (*Botschaft*).

EINS (UM) • Organisation

E preferíamos usar nossos próprios filmes e fotos sempre que possível. O cenário midiático era completamente diferente naquela época, claro, e a internet estava longe de existir."

A entrevista de Florian para uma jornalista brasileira, em 1998, resume essa política de não cooperação com uma perfeição brutal. Falando em um idioma que não é o seu, ela entrevista Florian, que também fala um idioma que não é o dele, e embora possamos pôr a culpa na ausência total de conteúdo da entrevista e na confusão semântica de uma entrevista em inglês realizada entre uma nativa da língua portuguesa e um nativo da língua alemã, é também difícil não enxergar a arte de não cooperação como uma tática, com consequências hilariantes. A infeliz jornalista faz uma sucessão de perguntas realmente nada inspiradoras a Florian. Quando indagado sobre o Brasil é que ele se mostra mais animado: "Um país maravilhoso; ficaríamos aqui para sempre". Mais adiante, na entrevista de apenas três minutos, Florian apenas sorri e responde a todas as perguntas numa sucessão cada vez menos elucidativa de jogadas de conversação.

P: "Quais são as músicas que vocês vão tocar hoje à noite?"

R: "Todas."

P: "É verdade que vocês estão preparando um novo álbum?"

R: "É."

P: "Você gosta da nova geração de música *techno*?"

R: "*Já*." [sim]

P: "Você acha que é o pai dessa nova geração?"

R: "O que devo dizer? (risos) Não sei."

A entrevista termina com uma clássica cena de Florian limpando o suor da careca. O tempo todo, Florian não consegue deixar de rir com gosto, depois de quase todas as perguntas, para sua companheira de mesa que não é mostrada pela câmera.

Esse é o ponto crucial do sucesso da banda, claro. Por não revelarem nada, Ralf Hütter e Florian Schneider criaram uma aura mítica em torno da banda. O princípio central da criação de um mito é nunca explicar nada. Cria-se um culto mantendo-se o silêncio. O ato de explicar deve ser desnecessário. Está tudo na obra para quem tem as devidas faculdades críticas. O Kraftwerk definiu claramente seu público e quer um público com mente questionadora e culta, não um público de caçadores de sensações, passivos e entediantes.

De onde vem esse elitismo? Essa estética de gosto refinado é incomum na música popular, especialmente num grupo que, por um tempo, foi um *pop star*, mesmo que por *default*. A resposta a tal pergunta em parte está no histórico pessoal dos líderes incontestáveis do Kraftwerk, Ralf Hütter e Florian Schneider, em suas origens familiares abastadas, sua geografia emocional e suas análises sobre o que a música alemã do pós-guerra havia se tornado, e que futuro ela deveria ter.

1.2 "Cidades bombardeadas... Cadáveres em decomposição..."

Simon Winder, autor do *best-seller* sobre a cultura alemã *Germania*,[1] livro que, aliás, termina, para todos os propósitos e intentos, em 1933, fala do terrível legado emocional do período nazista: "Há uma excelente observação no livro de memórias de Thomas Bernhard sobre como, sempre que alguém era morto por um bombardeio em Salzburgo, todo mundo simplesmente fingia que a pessoa havia partido ou que nunca havia existido. Lamento um pouco pelos alemães (não pelos austríacos) por esse aspecto, pois talvez a melhor resposta para 1933-1945 seja comportar-se como um cidadão democrático, inclusivo, cooperativo com outros países, se internacionalizar, tornar-se eunuco e investir dinheiro em projetos de ajuda – tudo isso os alemães fizeram. Talvez faça pouco sentido pedir desculpas – sobretudo porque inúmeros alemães também morreram. Logo após a guerra, um grupo de eclesiásticos protestantes se reuniu e declarou que o bombardeio de cidades alemãs era válido porque o cristianismo havia fracassado em resistir ao nazismo, e aquele era o castigo de Deus. Pareceu-me que isso resumia bem a questão – centenas de milhares de nazistas convictos foram mortos, muitos mais cometeram suicídio, outros foram executados ou encarcerados (embora não o suficiente) – deve haver um ponto em que seguir adiante de novo não é uma má opção".

O sentimento dominante entre a geração alemã do pós-guerra era o de vergonha. Até hoje, o povo alemão raramente menciona, se é que o faz, o nome de Adolf Hitler. Em Braunau am Inn, seu lugar de nascimento, na Áustria, há uma grande pedra com uma inscrição contra a guerra e o fascismo:

---

[1] *Germania: a Personal History of Germans Ancient and Modern*, 2009. [N.A.]

EINS (UM) • Organisation

FÜR FRIEDEN FREIHEIT
UND DEMOKRATIE
NIE WIEDER FASCHISMUS
MIILIONEN TOTE MAHNEN[2]

Imitar Hitler, mesmo que para efeito cômico, é sempre um perigo. Sua imagem raramente é vista em pinturas, fotografias ou cartazes – se é que é vista. Seu *bunker* em Berlim nunca foi aberto ao público. A decisão do museu Madame Tussaud de incluir uma imagem de cera do *Führer* em sua exposição em Berlim foi amplamente condenada. "De um mau gosto incomparável", disse a União Democrata Cristã (CDU), de centro-direita. "Desagradável, repulsivo e de péssimo estilo", disseram os Verdes (Partido Verde). O segundo visitante à exposição furou o esquema de segurança e arrancou a cabeça de Hitler. Igualmente, a menos que seja para uso estritamente satírico ou em documentários e filmes sérios, é estritamente proibido por lei exibir a suástica. Um colecionador de moedas chegou a observar recentemente que moedas do período do Terceiro Reich (1933-1945) tiveram o símbolo da suástica obscurecido ou censurado em representações fotográficas.

E mesmo assim, apesar de tudo isso, muitos alemães nascidos no período pós-guerra e na década de 1960 ficaram horrorizados com o fato de que, mesmo com a exposição pública de culpa, muitos membros do alto escalão do Partido Nazista conseguiram de alguma maneira livrar-se do julgamento e retornaram à vida pública. Eles externaram a preocupação de que os Aliados não tivessem ido longe o bastante, ou rápido o bastante, para garantir que os culpados fossem punidos. O fato de alguns oficiais de alta patente depois terem se tornado capitães da indústria e políticos importantes levaria, nos anos 1970, a uma violenta reação da juventude. A modernidade e o poderio econômico eram ótimos... mas a que preço? "Muitas pessoas daquela época, que continuaram simpáticas à ideologia nazista, sobreviveram e conseguiram cargos no governo, nos sistemas educacional e econômico", diz o berlinense Hans-Joachim Roedelius, que nos anos 1960 era um jovem músico que mais tarde formaria as bandas Cluster e Harmonia, imensamente influentes. "Era difícil para os jovens encontrar seu próprio caminho para expressar na arte o que era necessário na época. Os jovens da década de 1960 não tinham

---

[2] "Pela paz, pela liberdade e pela democracia. Fascismo nunca mais. Os milhões de mortos não nos deixarão esquecer." [N.A.]

KRAFTWERK

nada a ver com a guerra, e a geração mais velha, que havia sobrevivido à guerra e ao caos que se seguiu, não estava muito interessada."

"O ponto-chave para a juventude alemã deve ter sido o desconforto com respeito à guerra", concorda Simon Winder. "Sempre achei que, se fosse adolescente no início dos anos 50 na Alemanha Oriental, eu com certeza seria um Pioneiro Vermelho entusiasta, ávido por apagar a vergonha do passado e criar um novo e luminoso futuro socialista. A juventude da Alemanha Ocidental não teve de fato essa oportunidade, e o conservadorismo consumista da política oficial deve ter sido um completo peso morto."

Henning Dedekind, tradutor e especialista em Krautrock,[3] recorda sua conversa com Irmin Schmidt, do Can. Schmidt nasceu na era nazista, em 1937, e a devastação causada pelos bombardeios dos Aliados deixou uma imagem indelével e brutal em sua imaginação infantil: "Irmin me contou o que significava para uma criança ver todas aquelas cidades bombardeadas e cadáveres em decomposição espalhados por todos os lados e, depois disso, não ser uma vítima, mas crescer como um pecador aos olhos do mundo, suspeitando o tempo todo de que a geração de seus pais tinha sido responsável por todos aqueles crimes horrendos e pelo terrível desfecho da guerra. Eles viram a geração considerada culpada de seus pais silenciar no final da guerra. Era uma lei tácita não falar sobre Hitler e a Segunda Guerra Mundial. Irmin e sua geração tinham a sensação de que isso era injusto e queriam falar com seus pais e professores... Assim, eles se rebelaram, porque achavam que o país inteiro estava vivendo uma mentira, como se a Segunda Guerra Mundial de repente nunca tivesse ocorrido; e eles queriam questionar, com seus sons às vezes perturbadores, às vezes escancarados ou experimentais, mostrando dessa forma uma atmosfera de paralisia cultural".

Se a Alemanha foi palco de uma complicada batalha de gerações pela alma de uma nação, ela também foi forçada a passar duas décadas reconstruindo um território cuja estrutura foi quase totalmente destruída. Isso forçou o país à modernidade, a começar pela arquitetura. A Grã-Bretanha, nessa época, estava financeiramente exaurida e, embora seu governo trabalhista tivesse se lançado a uma audaciosa reforma, na forma do Sistema Nacional de Saúde, sua solução para os

---

[3] Termo pejorativo que significa "rock feito por alemão" usado para definir o rock e a música eletrônica surgidos na Alemanha no final dos anos 1960, caracterizados pela improvisação e pelos arranjos minimalistas. [N.T.]

EINS (UM) • Organisation

efeitos de anos de bombardeios pela Luftwaffe foi mais um remendo do que uma completa reconstrução física da sociedade. "A Segunda Guerra Mundial mudou tudo", diz Andy McCluskey, cofundador do OMD (Orchestral Manoeuvres in the Dark) e um fã do Kraftwerk, nascido apenas catorze anos após o final da guerra, numa paisagem industrial que havia mudado pouquíssimo desde os bombardeios noturnos da Luftwaffe. "A Grã-Bretanha saiu da Segunda Guerra Mundial com suas estradas de ferro, suas indústrias e moradias muito mais intactas do que a Alemanha, de modo que o que tínhamos era um imenso caos, um sistema antigo e ultrapassado. A Alemanha foi destruída e depois da guerra foi reconstruída com uma atitude positiva de um futuro novo e corajoso, um admirável mundo novo, a confiança de que a ciência e a tecnologia, a medicina e a eletrônica construiriam um maravilhoso novo futuro, que também foi financiado pelo Plano Marshall. Você sabia que a Grã-Bretanha ainda estava pagando sua dívida aos Estados Unidos em 1976? Estávamos nesse gigantesco caos distópico; e, de fato, o Kraftwerk estava crescendo justamente onde? Em Düsseldorf. Mostre-me um prédio original em Düsseldorf anterior a 1945! Não há muitos deles. Acho que é aí que a música deles refletiu aquela maravilhosa visão utópica do futuro que é agora, claro, uma visão da modernidade."

A Alemanha pode ter tido a modernidade imposta a ela nas décadas seguintes a 1945. Os britânicos podem ter olhado para a modernidade alemã com certa inveja, mas o percurso rumo a aceitar e conquistar a modernidade em termos de cultura popular levaria, como veremos, muito, muito mais tempo.

1.3 A colonização do subconsciente

No período pós-guerra de reconstrução econômica e cultural, a juventude alemã voltou-se sobretudo para o Ocidente, para a música popular britânica e norte-americana, em busca de sua linguagem musical e como forma de escapismo. O cineasta alemão Wim Wenders chamou isso de "colonização de nosso subconsciente". Uma análise dos *singles* mais vendidos do final dos anos 1950 e começo dos anos 1960 revela uma variedade de canções populares confortantes, sentimentais, cópias de originais americanos e com um ou outro sucesso caseiro. No final da década de 1960, quando os integrantes do que viria a ser conhecido como Kraftwerk estavam se reunindo, a ideia dominante por trás da produção musical era fazer algo que fosse culturalmente localizado em

KRAFTWERK

termos de espaço e tempo em seu ambiente nacional. "Fomos obrigados a redescobrir o som da vida cotidiana porque ele não existia mais", revelou Ralf Hütter, o líder do Kraftwerk nos anos 1970, lembrando-nos de que, no momento em que seu grupo começou, não se podia falar de uma cultura popular alemã verdadeira. "Tivemos que redefinir a nossa cultura musical. Não apenas a musical, porém; no final dos anos 60, todos os artistas alemães tinham os mesmos problemas. Escritores, diretores de cinema, pintores... todos tiveram que inventar uma nova linguagem."

As bandas classificadas pela imprensa britânica com o termo pejorativo Krautrock, no final dos anos 1960 e início dos anos 1970, tinham uma mesma visão em comum: soltar o botão de *pausa* da cultura alemã. Por quase três décadas, a música alemã estivera paralisada. Continuava presente a afeição pela arte musical séria e pela vanguarda, na qual os alemães sempre se distinguiram, mas em termos de música popular, enquanto a juventude americana dançava ao ritmo de Little Richard e Chuck Berry e, um pouco mais tarde, enquanto a Grã-Bretanha era sacudida em suas bases pelos Beatles e Rolling Stones, a Alemanha não tinha quase nada de cultura popular própria. Na Alemanha Oriental, a música popular ocidental era censurada e as programações de rádio eram estritamente controladas. Toda música que existia, fosse jazz ou pop, só existia porque o governo comunista da Stasi[4] permitia.

A forma dominante de música popular nativa na Alemanha Ocidental era o *Schlager*. Traduzido literalmente como "sucessos", o *Schlager* passou a se referir a todos os gêneros de música popular de entretenimento e seus subgêneros; como escreve Magnus Palm em *Bright Lights, Dark Shadows*, a biografia definitiva do ABBA, em que ele explora as raízes musicais da banda sueca: "O típico *Schlager* tem suas raízes em gêneros tão diversos como as marchas militares alemãs, as operetas austríacas, a música *folk* do norte da Itália e da Europa Oriental e a *chanson* francesa". A Grã-Bretanha tinha a sua própria *Schlager*: a saudável e comportada música "Bachelor Boy", de Cliff Richard; os banais concorrentes do Eurovision Song Contest, "Puppet on a String" (Sandie Shaw), "Congratulations" (Richard) e "Boom Bang-a-Bang" (Lulu), e no fim da década de 1960 e início da de 1970, a *bubblegum music* do tipo "Chirpy Chirpy Cheep Cheep" (Middle of the Road) e "Co-Co" (Sweet). Os Estados

---

[4] A Stasi (forma reduzida de Ministerium für Staatssicherheit [Ministério para a Segurança do Estado] era a principal organização de polícia secreta e inteligência da República Democrática Alemã. [N.E.]

EINS (UM) • Organisation

Unidos também tinham seu próprio *Schlager* – a infinitamente insípida *country & western* cuspida por Nashville, as tortuosas "tragédias juvenis" (*Death Discs*) representadas por "Honey", de Bobby Goldsboro, ou o Elvis da fase pós-exército, evidentemente influenciado por sua estada em Bad Nauheim, no início de 1959. Entretanto em nenhum lugar do Ocidente o pop era tão banal, conformista, constrangedor ou tão lugar--comum quanto na Alemanha.

Abalada pela Segunda Guerra Mundial e, em parte, negando a verdadeira extensão do Holocausto comandado por Hitler, a Alemanha Ocidental recuou em direção ao mais pegajoso sentimentalismo. As canções da década de 1950 endeusavam o namoro, o casamento, a pátria e o conforto caseiro. Tomemos como exemplo (se necessário) o sucesso do berlinense René Carol, mestre em tudo o que fosse *gemütlich* [aconchegante, cálido ou agradável], com sucessos como "Rote Rosen, rote Lippen, roter Wein" [Rosas Vermelhas, Lábios Vermelhos, Vinho Tinto]. Havia também Freddy (Quinn), cujo nome verdadeiro era Franz Eugen Helmut Manfred Nidl, músico natural da Áustria, cujo repertório incluía "Heimweh" [Saudade da Terra Natal], "Dort wo die Blumen blüh'n' [Onde as Flores Vicejam], "Schön war die Zeit", versão em alemão de "Memories Are Made of This", de Dean Martin, "Ich bin bald wieder hier" [Voltarei em Breve], "Heimatlos" [Sem Lar] e "Die Gitarre und das Meer" [O Violão e o Mar]. Vendo e ouvindo a cantora de *Schlager* Dorthe, por exemplo, com seu horroroso número de 1968 "Wärst Du in Düsseldorf geblieben?" [Se pelo Menos Você Tivesse Ficado em Düsseldorf], dá para entender por que se tornou tão imperiosa, na cultura alemã do pós-guerra, a necessidade de criar um novo gênero de música. É como se o estilo *boom-bang-a-bang* tivesse ficado preso numa horrível dobra temporal "abandonamos toda a vontade de viver". Enquanto isso, de fora do mundo de língua alemã, vinham canções igualmente melosas como as de Edith Piaf, Kingston Trio, Petula Clark e Pat Boone. Num país tão dilacerado pela vergonha e pela culpa, os míticos valores fundamentais dos alemães assumiram a primazia, como que trazendo às massas em estado de choque a lembrança de um tempo menos brutal e mais civilizado.

Comparada com os Estados Unidos e a Grã-Bretanha, a Alemanha Ocidental não tinha quase nada de cultura jovem. Ela teve de esperar até o final dos anos 1970 e início dos 1980 para ver surgir algum tipo de cultura de base jovem como elemento importante da vida social. Peter Saville, nascido em 1955 em Manchester, como seu futuro parceiro

KRAFTWERK

musical Andy McCluskey, admirador do Kraftwerk, explica as diferenças culturais nos seguintes termos: "Eu acho que a Alemanha está apenas começando a se tornar uma sociedade holisticamente pop, de maneira que os alemães jovens que conheço de importantes centros urbanos como Colônia, Munique e possivelmente Hamburgo, com certeza os de 40 anos aproximadamente, só agora estão formando uma sociedade de valores pop compartilhados. Por outro lado, a Grã-Bretanha vem disseminando e compartilhando uma espécie de sociocultura pop há 40 anos, e a cultura pop foi o que se tornou a conexão entre (partes da) estrutura britânica, antes orientada pelas classes, durante o período pós-guerra, no qual a estrutura de classes da Grã-Bretanha foi completamente desmontada. O sistema comum de valores dessas classes antes desiguais, a única coisa em comum, tem sido a cultura pop, a linguagem comum da sociedade em formação na qual as pessoas cresceram. A linguagem comum das pessoas em sociedade na Grã-Bretanha é o pop... O pop em seu sentido mais abrangente de música, moda, imagem, identidade, *design* e, de modo crescente, a arte. Nós adquirimos esse tipo de sensibilidade conjunta na Grã-Bretanha; é como se a víssemos através de óculos pop".

Saville prossegue: "Na Alemanha não tem sido assim. A Alemanha adquiriu um conjunto mais estruturado de ideias políticas, culturais e acadêmicas. Eles têm valores culturais sofisticados que nós tendemos a menosprezar por motivos de classe. Você sabe, as pessoas da classe trabalhadora basicamente não quiseram saber de cultura elevada por suas associações com uma classe alta. As pessoas de classe média ficaram pendendo para um lado ou para o outro, ou numa espécie de movimento ascensional em direção à cultura mais sofisticada, mas dependendo de suas origens ela estava fora de seu alcance. O pop entrou para, de certa maneira, satisfazer a todos. A Alemanha pós-guerra, por sua vez, teve de se colocar num caminho totalmente diferente da Grã-Bretanha. Todas as noções de tradição estavam temporariamente 'canceladas'. A Alemanha seguiu em frente com seu programa cultural da mesma maneira que prosseguiu com seu programa socioeconômico e industrial. Eles levavam a cultura clássica a sério e a encaravam de forma progressista".

A arte de qualidade dominava; a música pop da Alemanha Ocidental imitou os temas anglo-americanos instituídos, suas formas e seus códigos. O que a Alemanha tinha em abundância era cultura com "C" maiúsculo. A Alemanha era excelente em literatura, poesia, ópera, música clássica e teatro. Embora o *Schlager* tenha reinado até pelo menos

EINS (UM) • Organisation

o início dos anos 1960, o campo da música experimental abstrata exibia avanços que, uma década depois ou mais, teriam influência fundamental sobre grupos como o Kraftwerk. Um marco musical de meados da década de 1950 foi *Gesang der Jünglinge* [Canção dos Jovens], gravada em Colônia por Karlheinz Stockhausen. Notável por produzir variados trabalhos inovadores de música experimental, nessa composição Stockhausen criou o que muitos críticos consideram como a primeira peça moderna de música eletrônica erudita. Stockhausen criou uma paisagem sonora única, fazendo surgir e desaparecer o som de um menino recitando um poema, cujo timbre de voz foi alterado para corresponder exatamente ao som de uma onda senoidal manipulada. O resultado foi a criação artificial de fonemas, uma linguagem feita de sons. Tais experimentos com manipulação eletrônica e de voz teriam um impacto direto sobre as bandas mais inovadoras que se formaram no final da década de 1960 na Alemanha Ocidental. O que muitas dessas novas bandas teriam em comum era uma formação clássica associada a uma paixão por todos os tipos de música anglo-americana, desde a soul music e o funk até o rock e o pop; a arte superior entraria em rota de colisão com a música de rua, e isso mudaria para sempre a importância da música popular.

1.4 "... My name is called Disturbance..."[5]

Os anos 1960 foram a época em que os *baby-boomers*, embora sem assumir o controle, começaram a fazer com que suas opiniões, seus preconceitos e seus desejos fossem ouvidos. Hoje, discute-se muito sobre essa geração, nascida, grosso modo, entre o fim da Segunda Guerra Mundial e o período entre 1955 ou 1960, dependendo dos parâmetros sociais adotados. Tem-se argumentado, com alguma razão, que essa geração foi a menos responsável e a mais mimada de todas as gerações da história da humanidade. Mesmo aqueles nascidos em relativa pobreza no Reino Unido foram beneficiados com muitos privilégios – assistência médica e medicamentos gratuitos, mercado de trabalho quase estável, educação gratuita, um estado de seguridade social relativamente sólido. Aqueles nascidos em situações mais abastadas também gozavam desses mesmos privilégios e, no entanto, pareciam aceitá-los como direitos naturais e

---

[5] Da música "Street Fighting Man", dos Rolling Stones (1969). [N.A.]
"Meu nome é Distúrbio", em português. [N. T.]

KRAFTWERK

merecidos, sem se darem conta da luta e do sacrifício que foram necessários para que suas vidas fossem as mais seguras, mais confortáveis e com o maior potencial de liberdade de expressão em todo o século XX, ou talvez eles nem se importassem com isso. Quando, amparados por tais privilégios, os *baby-boomers* chegaram ao poder nos anos 1980 e 1990, deixaram para a posteridade o ensino pago, a seguridade social em frangalhos e uma imensa pegada de carbono, legado esse que, logo de cara, confirma o egoísmo dos *baby-boomers*, no melhor dos casos, e, no pior, um hedonismo próprio de quem só se interessa por si mesmo. O fato de essa geração ter sido capaz de expressar sua sexualidade na era pré-aids também confirma que ela foi uma anomalia histórica, a mais sortuda de todos os tempos.

Claro que esta é uma simplificação extrema, e propositalmente polêmica. Nem todos os nascidos na era dos *baby-boomers* ignoravam a natureza um tanto privilegiada de sua situação, e nem todos eram gananciosos, egoístas e alheios ao sofrimento dos outros. Um traço único dos *baby-boomers*, no entanto, foi a sensação de angústia geracional sentida por tantos. Diferentemente de hoje, quando a distância entre pai e filho, mãe e filha muitas vezes é pequena em termos de interesses e opiniões, o abismo que havia entre as gerações pré e pós--guerra era imenso. A filosofia dos *baby-boomers*, bem cabeça, alternativa e otimista, se contrapunha à visão de mundo rígida, estreita e certinha de seus pais.

Os integrantes do Kraftwerk – aqueles que participaram das formações das décadas de 1970 e 1980 – pertenciam à geração *baby-boomer*. Quando estavam chegando à idade adulta, no final dos anos 1960, o cruzamento das fronteiras culturais era lugar-comum em todo o mundo ocidental. A televisão, o rádio e o cinema refletiam os avanços gigantescos nos transportes, nas comunicações e em tendências de ideias e comportamentos que saltavam de um continente a outro. Apenas Alemanha e Japão compartilharam a experiência de passar por anos de ocupação após o fim das hostilidades em 1945 e a recuperação que se seguiu – particularmente dinâmica na Alemanha Ocidental nos anos 1950 e no Japão no decorrer da década seguinte – ao trauma da experiência pós--guerra. Nesses dois países, a característica dominante da vida política e cultural, como vimos, foi o conservadorismo. No entanto este vinha misturado com um apetite por provar o que os países ocupantes tinham a oferecer em termos culturais. Resumindo, no final da década de 1960,

EINS (UM) • Organisation

a vida cultural dos *baby-boomers* alemães e de seus pais foi caracterizada por aquilo que era seguro, conservador, incontroverso (no caso da produção local) e pelo que havia disponível internacionalmente (no caso da produção de fora da Alemanha).

Ao falar da "Alemanha", estamos nos referindo à Alemanha Ocidental, claro, uma vez que a Oriental, da República Democrática Alemã, permaneceria, de forma geral, fechada a influências externas e, até a década de 1980, certamente fechada à livre expressão de ideias e às tendências culturais inovadoras por causa da patrulha ideológica que sofria. O controle da Stasi sobre as rádios e os espetáculos ao vivo sufocava a criatividade. As expressões culturais do Ocidente eram vistas como imperialistas, imorais e decadentes. O que havia de música popular nacional era produzido para distrair e educar os alemães orientais. Apesar disso, a música ocidental conseguia, claro, penetrar nos países do Bloco Oriental. Ali, até mesmo as músicas mais simples dos Beatles – uma canção como "I Wanna Hold your Hand", por exemplo – tornavam-se, nas mãos de um alemão oriental, um símbolo altamente politizado de liberdade de expressão.

Na Alemanha Ocidental, a oferta de produção cultural, em todas as suas formas, foi auxiliada pela presença do pessoal das Forças Aliadas e de suas famílias, primeiro pelas forças de ocupação – até a fundação da República Federal da Alemanha em 1949 – e depois pela forte presença da Otan, que continua até hoje, mas já em número reduzido. Um tipo de música de grande produção dentro da Alemanha Ocidental foi o *free jazz*, que iria influenciar as primeiras experimentações musicais da maioria daqueles que mais tarde estariam tanto no cerne do Kraftwerk quanto orbitando ao seu redor. Berlim Ocidental era um dos centros do movimento da contracultura; o concerto ali realizado pelo Mothers of Invention, de Frank Zappa, em 1968, que acabou em tumulto, é hoje visto como um marco. Foi também em Berlim que Benno Ohnesorg, um estudante universitário de 27 anos, de Hanover, foi baleado e morto por um policial em junho de 1967, durante um protesto contra a visita oficial do xá do Irã. Esse evento acabou levando à fundação de um movimento político e teria repercussões por muitos anos.

O ano de 1968 foi decisivo na Alemanha Ocidental e no resto do mundo. Na verdade, ele foi apontado em muitas ocasiões, mais recentemente e com mais ênfase pelo escritor norte-americano Mark Kurlansky, como o ano mais importante de todo o século. "O que houve de tão único quanto a 1968 foi o fato de as pessoas se rebelarem contra diferentes questões e terem em comum apenas o desejo de se rebelarem, ideias sobre como fazê-lo, um sentimento de distanciamento da ordem estabelecida e uma profunda aversão ao totalitarismo." Nos Estados Unidos, e por toda a Europa, a revolução estava no ar, os protestos se espalhavam... as barricadas ocupavam as ruas. "A distância entre as gerações era dramática, afetando famílias e comunidades inteiras", prossegue Simon Winder. "Mas nunca deixo de me surpreender com a forma pela qual o grande momento alemão (1968) primeiro se imobilizou, e depois se solidificou, de tal modo que, para um número imenso de pessoas, cabelos compridos e jeans desbotados continuam sendo a norma, mesmo que hoje seus defensores originais já sejam aposentados. Foi uma verdadeira apropriação, por parte da Alemanha, da cultura americana da era da Guerra do Vietnã, mas nos Estados Unidos e no Reino Unido todo mundo seguiu seu caminho faz muito tempo, enquanto a minha impressão é de que não foi esse o caso na Alemanha."

1.5 A desconstrução do Krautrock

O ano de 1968 foi também o ano zero para a música popular na Alemanha. Karl Bartos, na época um garoto de 16 anos dotado de talento para a música clássica, coloca a questão da seguinte maneira: "Não temos o *blues* em nossos genes e não nascemos no delta do Mississipi. Não havia negros na Alemanha. Assim, em vez disso, pensamos no movimento que havia ocorrido aqui na década de 1920, que foi muito, muito forte, e era audiovisual. Tivemos a escola Bauhaus antes da guerra; e então, depois da guerra, tivemos pessoas incríveis como Karlheinz Stockhausen e o desenvolvimento da música clássica e da música eletrônica erudita. Isso foi extremamente forte, e tudo aconteceu muito perto de Düsseldorf, em Colônia, e todos os grandes compositores da época foram para lá. Do fim da década de 1940 até os anos 70, todos vieram para a Alemanha; pessoas como John Cage, Pierre Boulez e Pierre Schaeffer, e todos tinham uma abordagem fantástica da música moderna, e percebemos que faria mais sentido ver o Kraftwerk mais como parte dessa tradição do que de qualquer outra coisa".

No final da década de 1960, a Alemanha não tinha nenhuma cultura pop nacional afora o *Schlager*. Mais propriamente, cenas locais se desenvolviam seguindo caminhos em geral divergentes, sem conhecer ou sem se importar com a música feita em outras partes do país.

EINS (UM) • Organisation

Munique gerou ondas culturais próprias, notavelmente com a criação do Amon Düül,[6] uma comunidade artística radical que se tornou mais conhecida como o homônimo grupo musical. Eles viajavam pelo país, com esposas e filhos a tiracolo, mudando sua formação e fomentando atividades tanto no palco como fora dele. Na terra natal do Kraftwerk, a região do Vale do Ruhr e arredores, uma revolução musical vinha ocorrendo desde os anos 1950. A figura central era Karlheinz Stockhausen, que, por sua vez, sofrera forte influência de Pierre Schaeffer. Este, nascido na Lorena em 1910, formou-se inicialmente em Engenharia, mas passou a criar música, fazendo experimentações com sons de origem natural ou industrial (de água corrente e trens, por exemplo), estilo que ficou conhecido como *musique concrète*. Esse movimento foi abraçado por Stockhausen, que havia trabalhado com Schaeffer no início da década de 1950. Ele esteve sediado durante muitos anos, nas décadas de 1950 e 1960, nos estúdios da Nordwestdeutscher Rundfunk, em Colônia. Consta que Ralf e Florian teriam estudado no Conservatório Robert Schumann, em Düsseldorf, no final dos anos 1960. "Na realidade", diz Karl Bartos, "Ralf estava estudando arquitetura em Aachen. Ele teve algumas aulas de piano em Krefeld. Florian teve algumas aulas particulares com Rosemarie Popp (ela ensinava no Conservatório Robert Schumann, que ficava bem perto de onde Florian morava, na Leo-Statz-Strasse, no norte de Düsseldorf)."

Em outras partes, "barulho" era a palavra de ordem de músicos jovens como Conrad Schnitzler, que foi membro fundador de um dos grupos mais famosos e influentes do final dos anos 1960, o Kluster (que passou a se chamar Cluster em 1971, depois que Hans-Joachim Roedelius foi convidado para participar da banda). A música deles passaria a ser chamada de "industrial". Há uma ligação perceptível com a primeira manifestação do Kraftwerk – o único LP do Organisation (banda precursora do Kraftwerk na qual Ralf Hütter e Florian Schneider tocavam), intitulado *Tone Float*. Nele, a percussão estava em primeiro plano; e era claramente distinguível do estilo de, por exemplo, Amon Düül, talvez o mais conhecido dos grupos alemães da época. O produtor Konrad "Conny" Plank, de quem falaremos muito mais ao longo da história,

---

[6] Deve-se fazer uma distinção entre Amon Düül e Amon Düül II. O primeiro foi o coletivo de artes e por um breve período uma banda que gravou alguns álbuns de forma bastante livre. O outro foi uma segunda banda, dissidente; eles se separaram totalmente do coletivo e acabaram formando a arquetípica banda de "Krautrock". [N.A.]

estava envolvido em *Tone Float* e conseguiu vendê-lo para a RCA de Londres. Curiosamente, o LP não foi distribuído na Alemanha.

Nessa época (1968/1969), muitas bandas surgiram na cena da Alemanha Ocidental. Uma das mais interessantes foi o Popol Vuh, um trio recluso originário da Bavária. Não apenas sua reclusão é um eco de como o Kraftwerk evoluiria, mas eles também estavam fascinados pelos novos instrumentos eletrônicos que começavam a surgir no mercado. Florian Fricke, do Popol Vuh, foi um dos primeiros compradores entusiastas do novo sintetizador Moog, no final da década de 1960.

Em geral, três características se tornariam obrigatórias para os grupos musicais da Alemanha Ocidental naquele período: em primeiro lugar, poucos tinham recursos financeiros para comprar instrumentos musicais de qualidade e/ou de tecnologia de ponta; em segundo, a maioria deles fazia turnês pelo país, em geral usando seus próprios carros ou vans como meio de transporte; e por último, a maioria deles tinha um alto nível de rotatividade de integrantes. Essas três características estão, obviamente, interligadas e fizeram com que a maioria dos grupos tivesse vida curta ou no máximo uma existência periférica.

A música na cena da época era chamada *Kosmische Musik* [música cósmica]. Era uma música que rompeu quase totalmente com a organização da estrutura musical anglo-americana de verso/refrão/ponte. Era uma música improvisada, livre, anárquica e sem restrições quanto à duração ou a que instrumentos podiam e deviam ser usados. John Taylor, que na década de 1980 tornou-se o baixista do Duran Duran, tinha grande interesse pela cultura alemã ocidental dos anos 1950 e 1960. "Houve, de fato, uma espécie de anarquia. A arte alemã só entra realmente em foco da metade para o fim da década de 1960. É quase como se tivesse ficado adormecida", ele diz. "Ela passa toda a década de 50 simplesmente adormecida, nada acontece de verdade, todo mundo está ali amarrado. Ninguém sabe o que aconteceu, certo? Mas, à medida que a década de 60 se inicia, e até o final dela, as coisas começam a acontecer, nas belas-artes e na música, e as pessoas começam a pensar e a expressar aquele vazio que tomava conta do imaginário alemão do pós--guerra e sua escuridão."

No entanto, para a maioria dos fãs de música, mesmo para alguns fãs da música alemã, o estilo musical era e ainda é conhecido como Krautrock. Para alguns, o termo é ofensivo, para outros, impreciso. Outros ainda consideram esse nome uma forma relativamente inofensiva de estereótipo étnico. Henning Dedekind, autor do livro *Krautrock* e

EINS (UM) • Organisation

tradutor de obras sobre músicos, incluindo o Roxy Music, tem uma qualificação incomparável para falar sobre as origens do termo. "Há várias lendas a seu respeito. Uma é que o termo foi forjado por John Peel; e há outra história que diz que Amon Düül lançou um *single*, ou uma música, com o título 'Amon Düül und ihre Sauerkraut Band'. Provavelmente é uma invenção inglesa para designar aqueles alemães e teutões doidos que fazem uma música que não se encaixa em nenhum rótulo. Tentei não tomar partido, porque tem muita lenda por aí; e, depois de tanto tempo, todo mundo afirma que inventou o termo Krautrock. Por exemplo, a banda Faust tinha uma música chamada 'Krautrock' em seu quarto álbum, porque todo mundo estava falando sobre Krautrock. Mas acho que foi mais uma reação do que uma invenção: eles devem ter reagido a esse termo comum que não era lá um elogio, acho, dando um passo à frente e dizendo 'Tudo bem, então nós somos Krautrockers. E daí?'. O termo era usado entre músicos alemães, que diziam 'Ah, isso é Krautrock, é isso que o som parece, Krautrock, quer dizer algo que não se encaixa ou que não soa bem, não soa como rock americano'. Lembro-me de um amigo da década de 90, um alemão que tocava o que ele chamava de Krautrock, e ele gostava daquilo. Significava experimental, dissonante, falta de virtuosismo, senso de ironia." Quanto às características do Krautrock, Henning comenta: "A estética... eu diria... é a vontade de experimentar e a vontade de jogar fora tudo que sempre foi um pouco falso demais. A vontade de questionar tudo e todos, de ser um pouco insolente, por assim dizer, e simplesmente experimentar qualquer coisa nova".

1.6 A nova *Volksmusik*

O som de grande parte da música cósmica era de fato o som de uma nova identidade musical que nascia, embora com alguma dor. A música de muitos dos artistas acima citados é uma música difícil, um desdobramento da música de vanguarda e decididamente não foi feita para o consumo das massas ou como forma de escapismo. O Kraftwerk surgiu desse espírito livre-pensante e caótico, mas escolheu impor-lhe uma ordem. Para Ralf Hütter e Florian Schneider, as fronteiras musicais estavam por ser redefinidas, mas jamais ao custo de sacrificar a melodia no altar da dissonância. "A Alemanha está muito aberta para a música nova", opinou Ralf Hütter em 1976. "Não é como nos Estados Unidos, onde o entretenimento é um aspecto forte. Tudo nos Estados Unidos é medido por seu valor como entretenimento... Na Alemanha, as coisas não são assim."

Como jovem músico, Hütter via claramente a missão que tinha pela frente. "A música talvez fosse a forma mais reacionária. Talvez fosse a última forma de arte a adotar o século XX, e acho que isso teve a ver com instrumentos eletrônicos dos anos 40, como o gravador." O cenário artístico promissor da Alemanha nos anos 1920 havia sido totalmente destruído com o êxodo de proeminentes cineastas, dramaturgos e músicos, especialmente para a França e para os Estados Unidos, depois de 1933. "Após a guerra, tudo foi substituído e transformado em cultura americana, com Coca-Cola, uísque e tudo mais. Portanto nós fomos de certa maneira privilegiados por viver no setor britânico, uma vez que o sistema deles era menos avassalador", é como Ralf se expressa em uma entrevista de 1981. "Temos essas duas correntes de cultura, uma modernista e uma que é mais, digamos, patética, histórica, teutônica. Ambas as correntes foram exterminadas: uma pelos nazistas e a outra pela guerra. Então descobrimos que a vida era mais do que uma casa e um Mercedes Benz para o marido e um Volkswagen para a esposa... Não temos figuras paternas e podemos muito bem fazer o que quisermos. É tudo muito aberto. É aquele antigo fascínio da Alemanha pela ciência que compartilhamos, porque somos uma mistura de música e ciência. A Alemanha não é lá grande coisa em matéria de entretenimento. Os alemães não são lá muito divertidos."

Desde o começo, eles estavam interessados em criar uma música nativa própria, uma nova música popular que fosse essencialmente centro-europeia e que refletisse a vida alemã contemporânea. A ascensão do Kraftwerk espelhou a ascensão da autoconfiança da Alemanha Ocidental após a destruição e o terror da guerra. Culturalmente, o Kraftwerk iria adquirir enorme importância para sua terra natal. Numa época em que 75% da música tocada nas rádios alemãs era cantada em inglês,[7] o Kraftwerk cantava em sua língua materna. Hütter diz: "A nossa música é eletrônica, mas nós preferimos considerá-la como a música 'étnica' da área industrial da Alemanha... música *folk* industrial". Como já vimos, eles também rotulariam seu peculiar repertório como *Kosmische Musik*. "Nós nunca a chamamos de Krautrock", Hütter faz questão de apontar. "Esse termo foi inventado pela imprensa inglesa e nunca foi usado na

---

[7] Esse número foi tirado do artigo "Kraftwerk: Robopop", de Simon Witter, publicado na revista britânica *New Musical Express*, em 1991. [N.A.]

EINS (UM) • Organisation

Alemanha." Com um cenário formado por avanços tecnológicos, a rivalidade dos Estados Unidos e da União Soviética na corrida espacial e a liberação da cultura popular pelos progressistas da contracultura, o Kraftwerk começou a fazer música numa época em que o futuro da humanidade parecia estar sendo radicalmente redirecionado.

Para muita gente, a ideia de que o Kraftwerk seja uma banda de música *folk* poderia soar contraditória. Uma música popular ou *folk* sempre implicou música feita pelo e para o povo, fácil de tocar e com instrumentos acústicos simples, e com certeza nunca a música produzida por meios eletrônicos. Mas, como sabemos, poucos dos artistas que cantam músicas tradicionais tiveram a oportunidade de enfrentar as dificuldades e privações com tanta frequência cantadas em seus versos. John Peel, o notável difusor e promotor de *leftfield music*, tinha o seguinte a declarar, em 1996, sobre a música popular: "Os marqueteiros rotulam as coisas. Quer dizer, como você poder dizer se algo é *britpop* ou popular? O tipo de música que Bowie fazia quando estava em seu melhor momento, e o tipo de música que Oasis e Blur estão fazendo hoje, sobretudo o Blur, é música popular, porque é música feita pelo povo, enquanto o tipo de música considerado *folk* é desenvolvido pelos professores de sociologia da Politécnica de Leicester".

"Eu acho que antevimos que a música eletrônica se tornaria a fase seguinte da música popular, a *Volksmusik*", disse Hütter em 1992. "As pessoas diziam que era uma música muito maluca, elitista demais, intelectual, e nós tínhamos que dizer que não, que era a música do dia a dia – carros, barulho, microfones captando música para todo mundo..."

Sem um mercado musical unificado na Alemanha do final dos anos 1960 e início dos anos 1970, as cenas que surgiam por todo o país eram bem independentes umas das outras, mas todas tinham a mesma visão questionadora. Na região de Düsseldorf, a infraestrutura comercial para gravação e divulgação, segundo Ralf, era "inexistente". "Era uma situação totalmente caótica... Em Colônia, havia o Can, Munique tinha outras bandas e Berlim tinha o Tangerine Dream; tudo estava acontecendo com diversos aspectos vindos das diferentes cidades. Nós nos encontrávamos nos festivais, sabíamos alguma coisa uns dos outros, mas estava claro que éramos da cena de Düsseldorf."

Para conseguir sequer ser ouvido, o Kraftwerk tocava em eventos multimídia, encarando seu trabalho como uma fusão de múltiplas formas de arte. "Dá para imaginar? No final dos anos 60, não conseguíamos nem mesmo um lugar onde tocar. Então, nos enfiamos no mundo

KRAFTWERK

artístico. No mundo musical, havia um monte de bandas de rock, por isso íamos a *happenings* de arte e usávamos shows de luzes e projeções", disse Hütter. "Fazíamos pequenos desenhos, quadrinhos e capas de álbuns; preparávamos projeções; trabalhávamos nas luzes; trabalhávamos nas músicas; montávamos caixas de som. Tudo no Kraftwerk era parte de nossas ideias criativas."

Em vez de tocar no circuito do rock como era a norma nos Estados Unidos ou na Grã-Bretanha, o Kraftwerk surgiu em meio à cena de *happenings* dos anos 1960 e nela pegou carona. Como o Velvet Underground na Nova York da metade da década de 1960, ele foi concebido como um evento multimídia, mas numa escala muito menor e sem o patrocínio de nenhum guru milionário das artes. O trabalho psicodélico do Pink Floyd da metade até o fim dos anos 1960 seria outra tentativa de fundir sons, ruídos e imagens. No caso deles, o uso de filmes, projeções de *slides*, iluminação e volume alto criaria uma experiência envolvente para espelhar a mente confusa de seu público usuário de ácido lisérgico. Outro grupo que seguiria um curso paralelo no Reino Unido seria o Roxy Music. Embora ele tenha se formado alguns anos depois que Ralf e Florian começaram a trabalhar juntos, havia semelhanças, em especial o desdém inicial pela rotina testada e aprovada de viajar de van para fazer as apresentações e batalhar seu espaço no circuito de shows ao vivo. As primeiras apresentações ao vivo do Roxy Music foram em festas particulares ou em *vernissages*. O mais importante era que o Kraftwerk nunca se limitou à música. Como seus contemporâneos, David Bowie, Roxy Music e até o *shock-rock* mais popularesco de Alice Cooper, a apresentação visual era fundamental. O objetivo era sempre fazer algo novo: "Começamos trabalhando com os subprodutos da mídia, de forma bastante intuitiva", diz Karl Bartos a respeito de si mesmo antes da fama, quando estudava música clássica, mas também era fascinado por cinema e televisão. "Lembro-me de uma apresentação em que um grupo de balé e nós, os músicos, estávamos dançando em volta de uma torre de televisão. Foi um *happening* eufórico e totalmente ingênuo." Essa era uma época anterior às encenações forçadas da MTV, que obrigava atrações obviamente nem um pouco fotogênicas e sem talento algum, sem qualquer interesse em artes visuais, a vestir roupas de grife, cair vítima dos estilistas e fingir serem profundas e cheias de conteúdo; uma época em que as conexões entre as várias formas de arte ainda eram feitas e exploradas com um senso de autêntica curiosidade intelectual.

EINS (UM) • Organisation

No entanto o mero ato de fazer música, conseguir que fosse ouvida e formar uma base de fãs na Alemanha do início dos anos 1970 era uma proposta difícil, pois o país carecia da superestrutura da indústria musical britânica ou americana. Com uma desconfiança natural daquele blá-blá-blá dos *gatekeepers*[8] da música e dos possíveis patrocinadores que poderiam querer influir no processo criativo em troca de apoio financeiro, desde o princípio o Kraftwerk se posicionou não tanto como uma banda pop e de rock, mas como uma empresa situada em um local fixo. Ralf Hütter diz: "Queríamos um lugar onde pudéssemos de fato trabalhar, porque na Alemanha não há uma indústria musical, ou uma estrutura na qual se possa confiar, que já exista e esteja incorporando as pessoas; um sistema de uso de recursos que pegue pessoas na rua, construa em torno delas outras situações e meios de comercialização; produtividade. E nós tínhamos a ideia de... ah... já que não tínhamos isso mesmo, e não somos... politicamente não gostamos disso, então teríamos nossa própria fábrica, nossa própria produtividade industrial. E então alugamos um espaço em uma oficina. E de fato ainda estamos no mesmo lugar, embora atualmente tenhamos ocupado outras partes do prédio, de modo que a coisa é bastante magnética. E começamos a produzir ali e começamos a fazer nossos próprios sons, fitas, com gravadores ou um aparelho Revox simples, de dois canais. E então produzimos todos os sons. E como não tínhamos dinheiro para fazer a mixagem num estúdio, conhecemos Conny Plank e ele nos ajudou. Na verdade, trabalhamos juntos, mas ele não participou da produção das músicas".

1.7 "Solitários... Independentes"

Mas quem exatamente integrava o Kraftwerk? De acordo com a história oficial da banda, o Kraftwerk foi formado em 1970 por Ralf Hütter e Florian Schneider. Mas a verdadeira história por trás da formação da banda é menos direta. Como muitos de seus contemporâneos, o Kraftwerk foi originalmente uma agregação livre de músicos. De fato, Ralf e Florian foram quase sempre o núcleo – contratando, dirigindo, demitindo –, no entanto a banda teve origem não em 1970, mas em 1967.

---

[8] No mundo da música, são equivalentes a "caçadores de talentos" e formadores de opinião, tudo numa coisa só. São os profissionais que decidem se um artista ou banda vai acontecer. São aqueles divulgadores estratégicos que têm o poder de colocar uma música na trilha sonora de um filme ou novela por exemplo. [N.E.]

KRAFTWERK

Nesse ano, o ano do assim chamado "Verão do Amor", mas que na verdade foi o prelúdio das convulsões violentas que ocorreriam no ano seguinte, Florian Schneider-Esleben (seu nome completo) começou a tocar com Eberhard Kranemann. O instrumento principal de Florian era a flauta. Eberhard, dois anos mais velho, já tocava havia vários meses com sua banda, PISSOFF. Costumavam ensaiar na casa do pai de Florian, Paul, então com cinquenta e poucos anos. Ele era um arquiteto bem-sucedido, já com várias obras importantes, incluindo a Mannesmann-Hochhaus e a torre do Commerzbank, em Düsseldorf. Na época do nascimento do Kraftwerk, Paul trabalhava num projeto enorme – o aeroporto de Colônia-Bonn.

Nesse período, Eberhard havia cultivado um vínculo verdadeiro com a arte de vanguarda. "Joseph Beuys era professor na Kunstakademie [Academia de Artes] de Düsseldorf, e a maioria dos estudantes em minha banda PISSOFF era composta de alunos dele", ele recorda, dando uma ideia real do experimentalismo de formas livres que era a ordem do dia. "Eu era aluno no curso de Rupprecht Geiger. Em geral, um professor tinha vinte alunos na universidade de artes. Rupprecht Geiger era extremamente exigente; ele tinha apenas sete. Ele só aceitava os melhores. Joseph Beuys queria aceitar todo mundo. Ele dizia que todo mundo era artista e que aceitaria quem quisesse fazer o curso. Ele teve problemas com a universidade... tinha 300 alunos! Joseph Beuys era o professor mais interessante daquela época, pois tinha interesse nos *happenings*. Ele convidou a PISSOFF para participar. Ele fundou o clube Cream Cheese, em Düsseldorf, em 1968. Na época, era o clube mais importante da cidade, um clube alternativo que juntava arte e música. Ficava em um prédio antigo na *Altstadt* [a cidade velha]. No prédio havia um salão enorme, com 20 metros de largura e 30 de comprimento, um bar perto da entrada e um palco e uma pista de dança nos fundos. Joseph Beuys fazia aí seu número de *Handaktion* [movimentos com as mãos]. Durante três horas, ele ficava lá parado num canto do salão, totalmente concentrado. Tudo o que fazia era mover um pouco as mãos diante do rosto. Era algo semelhante ao teatro, mas o teatro tem regras demais; algo como o teatro sem fala, mostrando apenas o corpo se movendo, estilo *performance avant-garde*. Assim, Joseph Beuys ficava lá movendo as mãos. Nós cinco do PISSOFF ficávamos lá fazendo ruídos, num volume muito, muito alto, muito dissonante. Era um desastre, a Terceira Guerra Mundial ou algo assim. Destruímos tudo, *kaputt*. Fazia muito calor e estava totalmente lotado; a televisão estava lá, a WDR-3, e nos filmou."

EINS (UM) • Organisation

Florian nasceu em 7 de abril de 1947, no vilarejo de Kattenhorn, perto do Lago Constança, em Baden-Württemberg. Quando tinha 3 anos, ele se mudou para Düsseldorf. Um futuro integrante do Kraftwerk e fundador do Neu!, um dos grupos mais importantes da década de 1970, Michael Rother frequentou o mesmo *Gymnasium*[9] que Florian. "Florian era um estranho no ninho", diz Rother. "O pessoal fazia piadas sobre ele, seu jeito de andar e seu nariz pontudo, e ele era uma figura que chamava atenção. Eu só o conhecia de vista. Vim a conhecê-lo melhor, claro, em 1971. Ele era mais velho do que eu. Era agressivo, mordaz."

"Conheci o pai dele em 1971", Rother continua. "Creio que a mãe dele era mentalmente muito perturbada. Acho que senti pena dela. O pai dele era odioso, famoso e rico. Foi essa a impressão que tive dele, um homem extremamente odioso. Sim, muito desagradável, intimidante. Durante o jantar na casa deles, discutíamos política e, é claro, eu era um cara jovem, com uns 20 anos e muito menos experiência do que aquele arquiteto famoso, e devia falar muita besteira. Mas a maneira como ele tratava as pessoas, me tratava e como lidava com todo mundo era repulsiva. Essa é a única forma de descrevê-lo. Acho que um histórico assim pode fazer uma pessoa se tornar uma *Menschmaschine* [máquina humana]", diz Rother.

Logo no início da banda, a casa luxuosa de Florian foi o local onde algumas das primeiras músicas foram feitas. "Florian Schneider-Esleben é filho de pais muito ricos", diz Eberhard Kranemann. "Na casa deles havia de tudo, champanhe, comida e bebida à vontade. Eu sou de uma família de classe média. Para mim, era interessante ver como outras pessoas viviam naquele mundo de riquezas. Assim, Florian cresceu com muito dinheiro e isso foi importante para o desenvolvimento do Kraftwerk, porque outros músicos não tinham nenhum dinheiro e ele tinha muito. Sua casa ficava na melhor área de Düsseldorf. Ele tinha duas irmãs mais novas; uma estudava arquitetura e a outra, *design*. Na maior parte do tempo, os pais deles não estavam em casa; havia uma mulher que trabalhava lá, uma espécie de criada. Acho que as pessoas ricas não gostam de ficar em casa; elas preferem estar em Ibiza, Mallorca, Nova York ou coisa parecida. O pai tinha muito dinheiro e a ocupação de sua mulher era gastá-lo."

Dispor de mais renda deu a Florian a possibilidade de se entregar à sua grande paixão da adolescência: a música. "Ele comprava flautas

---

[9] Correspondente ao nível secundário no Reino Unido. [N.A.]

KRAFTWERK

caras e excelentes, com os mais recentes recursos eletrônicos. Ninguém mais tinha aquilo na Alemanha, só ele", lembra Kranemann. "Ele também tinha ótimos LPs dos Estados Unidos que na época eu não conhecia. Os pais dele tinham música da Índia, Ravi Shankar, essas coisas."

Segundo Kranemann, o pai de Florian incentivava as aspirações musicais do filho e na verdade estava feliz por ele ter amigos com quem podia se divertir: "Certa vez, Florian e eu tocamos no escritório, ou estúdio, do pai dele. Ele era arquiteto e havia muitas pessoas trabalhando para ele, nos projetos de casas. Ele tinha salas e estúdios enormes nos quais trabalhava. O pai de Florian veio e tirou fotos. Ele gostava muito de que Florian me tivesse como amigo. Hoje, passados quarenta anos, sei por quê. Acho que Florian era um filho difícil. Era tímido demais. Acho que foi um jovem difícil porque não tinha família. Ele tinha, mas ela não estava presente. Eu acho que Florian era muito inteligente, mas sua forma de protestar era não se dedicar à escola e só tocar música para si mesmo. Então, seu pai tirou-o da escola e o colocou em um internato especial, no distrito de Bad-Godesberg, em Bonn, para onde todos os ricos mandavam os filhos. Era uma escola especializada em fazer os alunos serem aprovados no *Abitur*.[10] Assim, quando o conheci ele ainda morava em Bonn e só voltava para casa nos fins de semana".

"Tem outra coisa que não sei se você sabe; os primeiros cinco anos que passei no Kraftwerk foram muito bons", prossegue Kranemann. "Éramos todos amigos. O pai de Florian tinha piscina em casa. A gente ficava na piscina com garotas, todos nus, fumando maconha, umas festas e tanto. Foi uma época boa. Ficávamos todos na piscina, uns vinte ou trinta jovens, todos nus, fumando baseados, tomando LSD, bebendo champanhe e tudo mais; uma noite, o pai e a mãe dele chegaram mais cedo de uma viagem e não sabiam que havia uma festa. Eles gostaram e entraram na farra! Não houve nenhum problema; eles estavam felizes porque gente jovem estava dando uma festa na casa deles (risadas)."

A forma como Florian foi criado resultou em sua personalidade excêntrica, uma mistura de timidez e um humor sarcástico incrível. "Para mim, Florian foi, no início, o fundador do Kraftwerk", afirma Kranemann. "Ele era a pessoa mais importante do Kraftwerk. Depois, as coisas mudaram, e eu tenho a impressão de que Ralf Hütter passou a ser o líder da banda, mas no começo a ideia toda foi de Florian."

---

[10] Exame final de qualificação na conclusão do *Gymnasium*. [N.A.]

EINS (UM) • Organisation

Enquanto isso, em Aachen, perto da fronteira com Bélgica e Luxemburgo, Ralf Hütter, então estudante, era um músico talentoso em busca de parceiros com as mesmas ideias ousadas. Florian e Ralf se encontraram pela primeira vez numa "academia de jazz" de verão, em 1968, em Remscheid-Küppelstein. Florian havia ido para lá por recomendação de Eberhard Kranemann, que a havia frequentado no ano anterior.

Ralf nasceu em 20 de agosto de 1946, na cidade de Krefeld, a noroeste de Düsseldorf. Dizer que Ralf Hütter sempre fez segredo de sua criação não é exagero. Enquanto a maioria dos músicos se mostra ansiosa por revelar suas obsessões de infância, exaltar os maus-tratos por parte de pais tirânicos e negligentes ou detalhar seus problemas de adolescência, Hütter, talvez demonstrando nada mais do que o jeito alemão de ser, aquele reservado, tradicional, tão estereotipado, nunca revelou quase nada sobre seus anos de formação. Segundo Pascal Bussy, biógrafo do Kraftwerk, ele estudou piano durante vários anos. "O pai de Ralf era um comerciante de tecidos em Krefeld, acho que bem rico. Ouvi dizer que Ralf ainda mora na casa de seu pai, em Krefeld", diz Eberhard Kranemann. "Ralf era legal, mas não falava muito. Ele é um sujeito ótimo, e um músico muito bom, maravilhoso. Na época, eu falava muito com Florian, mas Ralf se mantinha reservado. Subíamos ao palco, guardávamos juntos os instrumentos no carro, e tudo bem, mas ele não gostava de falar sobre isso."

"Nós falávamos a mesma língua", disse Ralf sobre quando conheceu Florian. "Nós éramos *Einzelgänger...* solitários, independentes. Sr. Kling e Sr. Klang. Dois *Einzelgänger* resultam em um *doppelgänger.*"[11] Em entrevistas em meados dos anos 1970, Hütter e Schneider já faziam questão de declarar que o Kraftwerk teria se originado a partir de uma colaboração. O fato de Ralf ter largado a banda por algum tempo para terminar os estudos costuma ser ignorado, da mesma forma que eram omitidas as contribuições dos primeiros colaboradores, que são citadas, mas sem especificação de sua autoria. "Começamos a nos apresentar em concertos de música ao vivo com amplificadores em 1968, e isso nos levou diretamente àquilo que chamamos de *repeat music* [música de repetição]", disse Ralf à revista *Synapse*, em 1976, "e a partir de então começamos a trabalhar de forma contínua."

---

[11] Uma figura do folclore alemão que tem a capacidade de representar uma cópia idêntica de uma pessoa, ou seja, um duplo. [N.E.]

1.8 Dois Kraftwerks?

O álbum *Tone Float*, gravado pelo Organisation, precursor do Kraftwerk, não exibe quase nenhum dos temas recorrentes e das obsessões que se tornariam mais tarde a marca registrada do Kraftwerk. É cheio de improvisos, quase jazzístico, e sem absolutamente nada marcante. Era uma música de seu tempo, perfeitamente proficiente, mas sem qualquer originalidade ou brilho.

Além de provocar (não intencionalmente) o encontro de Florian e Ralf, Eberhard Kranemann trouxe para a vida deles outro personagem fundamental: "A primeira coisa é que, antes do Kraftwerk, eu fiz esse tipo de música experimental. Florian aprendeu-a comigo e depois Ralf Hütter também. Assim, por ser dois anos mais velho, eu já era um músico de estúdio, pago para fazer isso. Eu tinha contato com o engenheiro de som e produtor Conny Plank. Eu trabalhava às vezes no estúdio de Conny Plank, e assim ganhava algum dinheiro. Fiquei amigo dele porque fazíamos música juntos e percebi que ele tinha ideias diferentes, e não apenas para produções de estúdio; tinha ideias próprias sobre como fazer novos tipos de música. Às vezes eu ia até seu estúdio para falar com ele e fazer experimentações com sons. Então arranjei um emprego no Rhenus Studio, em Godorf, com gente que fazia música para o *Schauspielhaus*, um teatro novo em Düsseldorf, que seria inaugurado com a nossa música. Não era a nossa banda; era nossa música que seria tocada na inauguração do teatro. Percebemos que íamos precisar de alguém para tocar flauta. Ninguém conhecia um flautista. E eu disse 'eu conheço'. Era Florian. Aí Florian veio ao estúdio e tocou flauta comigo e com outros caras. E o teatro foi inaugurado com a nossa música. Foi a primeira vez que Florian e Conny Plank se encontraram. Depois daquilo, houve mais contato entre eles. Assim, quando Florian e Ralf fizeram as primeiras gravações, eles procuraram Conny Plank; outra vez fui eu que estabeleci o contato. Acho que sem esse contato o Kraftwerk não teria existido. Antes de *Autobahn*, o Kraftwerk era uma banda experimental normal... a mesma coisa que faço hoje. Continuo fazendo coisas experimentais e adoro fazer isso, ser livre para me expressar".

Questionado sobre *Tone Float*, o álbum lançado pelo Organisation, Eberhard Kranemann responde: "Sim, foi algo muito interessante. Também foi coisa de Conny Plank. Foi a produção do Kraftwerk feita por Conny Plank. Dez ou vinte anos depois, investiguei o que aconteceu naquela época comigo no Kraftwerk. Havia duas bandas Kraftwerk ao

EINS (UM) • Organisation

mesmo tempo. O motivo era que Florian morava em Düsseldorf, enquanto Ralf morava em Aachen, uma cidade próxima da fronteira com a Holanda. Ralf estudava arquitetura em Aachen. Por isso, Ralf morava em Aachen para estudar, e havia alguns músicos com quem ele tocava. Florian morava em Düsseldorf e também tocava com alguns músicos. Então eu fazia música com Florian em Düsseldorf; e Ralf tocava com outros músicos em Aachen. Mas Florian às vezes tocava com o Organisation, a banda de Ralf em Aachen; e Ralf às vezes tocava na banda em Düsseldorf comigo, com o órgão Hammond e flauta. Na época, eu não sabia que havia duas bandas. Eu só sabia que existia a banda na qual eu tocava, com Ralf e o baterista Paul Lovens. Paul é hoje um dos mais famosos bateristas de *free jazz* da Europa e faz turnês com o extraordinário Trio Schlippenbach, por exemplo".

Eberhard descreve aqueles primeiros tempos em que ele e Florian tocavam juntos: "Era muito simples. Nós nos reuníamos. Eu tinha uma guitarra, um violoncelo e um baixo. Florian tocava violino elétrico e flauta. Seu instrumento principal era a flauta. Ele era um músico muito bom. Acho uma pena que, nos últimos trinta anos, ele não tenha tocado flauta, apenas música eletrônica; e música eletrônica era o estilo de Ralf Hütter. Ele tinha uma enorme flauta C com efeitos eletrônicos especiais para modificar o som e tinha também duas flautas doces, uma baixo e outra tenor. Tinha também um estilo especial de tocar violino. Ele colocava o violino sobre os joelhos, no colo, e tocava de lado. Ele sempre tocava numa escala árabe, em escalas muito incomuns. Para mim, foi o começo do Kraftwerk, porque no início o Kraftwerk era um grupo experimental, em busca do que estava 'além do horizonte', de coisas novas. Em 1967, Florian e eu começamos a fazer experimentos desse tipo, e depois, em 1968, Ralf Hütter se juntou a nós e trouxe de Aachen o baterista. Assim, éramos dois caras de Düsseldorf, Florian e eu, e dois de Aachen... Ralf e o baterista, Paul Lovens. Passamos a nos reunir e tocar juntos, em Düsseldorf e na Renânia do Norte-Vestfália. Era algo parecido com jazz. Tocávamos em clubes de jazz, inclusive num famoso chamado Dum Dum. Às vezes, tocávamos no Dum Dum, outras, no Down-Town (ambos em Düsseldorf). O mais famoso tocador de órgão Hammond do mundo era Jimmy Smith, um músico negro. Ele deu um grande concerto no Tonhalle de Düsseldorf em 1968. Em geral, depois de apresentarem um concerto, os músicos costumavam ir para o mais famoso clube de jazz da cidade, que, naquela época, era o Dum Dum; e nós tocávamos lá. Ralf Hütter, Florian, eu e Paul Lovens. O interessante é que, nessa

KRAFTWERK

época, Ralf Hütter tentava tocar como Jimmy Smith. Assim, naquela noite Jimmy Smith foi ao Dum Dum quando estávamos tocando. Ele chegou com toda a sua banda para ver o que estávamos fazendo. Havia muita gente, o lugar estava lotado, fazia muito calor e a música estava animada. Nós tocamos muito bem a música de Jimmy Smith! Jimmy Smith veio, e o mais normal seria ele se acomodar para tocar o Hammond conosco. Mas ele não fez isso. Ele olhou o órgão. Como era um Hammond M-100, ele disse 'Ah, este é um órgão do Mickey Mouse. Eu não vou tocar nisso!'. O M-100 é um órgão pequeno, deve custar talvez 10 mil euros, enquanto o grande, Hammond B3, custa por volta de 100 mil euros. Então ele foi embora. Mas o guitarrista dele era muito famoso, Kenny Burrell. Ele ficou, e tocamos com ele a noite inteira".

Mas as bandas se chamavam Kraftwerk? "Não sei, não me lembro de nenhum nome. Acho que era uma banda 'sem nome'. Não tenho nenhum cartaz ou anúncio da época, e sequer gravamos aquela música. Entretanto, pouco tempo atrás, encontrei o baterista Paul Lovens num concerto e conversamos sobre os velhos tempos. E ele se lembrava de tudo. Talvez já fosse Kraftwerk, talvez não. Não sei quando o nome apareceu. No entanto para mim o nome não tinha tanta importância. As pessoas que criam juntas a música é o que importa. Para mim, o Kraftwerk começou em 1967, com o meu trabalho e o de Florian: e um ano depois, em 1968, Ralf se juntou a nós. Porém, se você visita a página do Kraftwerk na internet, você encontra como *Gründungsmitglieder* [membros fundadores] só duas pessoas, Ralf Hütter e Florian Schneider-Esleben, em 1970. Para mim, não está correto. Para mim, o Kraftwerk começou com Florian e eu, em 1967. Um ano atrás, encontrei umas fitas numa caixa de papelão esquecida no sótão de casa, que eu havia gravado com Florian na casa do pai dele, em 1967. Já soa como o Kraftwerk. Por outro lado, Ralf Hütter diz que a banda começou em 1970. Mas é interessante notar que, em 1970, Ralf Hütter nem era integrante do Kraftwerk, porque ele tinha se afastado para estudar arquitetura em Aachen, e em 1970 e no começo de 1971, Florian e eu formamos a banda."

Mas de onde veio o nome "Kraftwerk" em si? Eberhard Kranemann responde: "Eu acho que veio de Florian, porque, no início do Kraftwerk, Florian era a pessoa mais importante. Era a ideia dele, o plano dele. Ele era, como dizemos em alemão, *die treibende Kraft* [a força propulsora], o homem por trás da ideia da música. E o *design*, esse *design* do Kraftwerk, foi criado por Florian, e digo isso com 100% de certeza. Por isso, acho que o nome 'Kraftwerk' também veio dele".

EINS (UM) • Organisation

Indagado por um jornalista, em meados dos anos 1970, Ralf Hütter foi vago e impessoal quanto às origens da banda. "Sempre trabalhamos com diferentes pessoas, de acordo com a música que estivermos fazendo. Às vezes, temos seis, quatro, cinco, três integrantes. Chegamos até a fazer uma série de concertos com apenas dois integrantes." Para ele, o Kraftwerk começou com o Kling Klang, não antes. "Em 1970, criamos nosso estúdio, o Kling Klang Studio, em Düsseldorf, com apenas alguns gravadores, e esse foi o início de nossas atividades de gravação." Uma vez mais essa versão dos eventos é contestada com veemência por Eberhard Kranemann: "Em 1970, Ralf nem era integrante do Kraftwerk, porque ele estava terminando de cursar arquitetura na Universidade de Aachen. O estúdio do Kraftwerk, localizado entre a estação central e a zona de prostituição de Düsseldorf, foi alugado por Florian".

ZWEI (Dois)
REISEN (Viagens)
1970 - 1974

2.1 Gestão de tráfego

ATÉ AQUI; e não mais.

O primeiro álbum propriamente dito do Kraftwerk saiu em novembro de 1970, pelo selo Philips. Ficou muito tempo indisponível e nunca chegou a ser lançado oficialmente em CD, embora várias vezes tenham aparecido cópias ilegais à venda. Hoje ele continua desconhecido, exceto para uma minoria de fãs de Krautrock; além disso, suspeita-se que seus criadores não gostem dele. Consta que Florian chamou aquele período da banda de "arqueologia". Quando todo o catálogo do Kraftwerk foi remasterizado e relançado em 2008, ele começou não com o primeiro álbum, mas com o quarto.

O álbum em si é significativo tanto pela capa quanto pelo conteúdo musical. A pintura de um cone de sinalização vermelho e branco, diante de um fundo branco, traz a palavra "KRAFTWERK" [Central Elétrica] estampada por cima, na diagonal. Ao usar objetos do cotidiano, o Kraftwerk seguiu a tradição do dadaísmo e, mais significativamente, de Andy Warhol, que transformara tais ícones banais do capitalismo moderno, como a caixa de palha de aço Brillo e a lata de sopa, em arte. A fonte usada no nome da banda era funcional e industrial, nem mais nem menos impessoal do que um selo carimbado sobre uma carta, uma

KRAFTWERK

encomenda ou uma grande remessa de um depósito na qual foi colocado um carimbo descrevendo o conteúdo, apenas para fins de reconhecimento. Tal arte não pretende nada mais do que indicar que esse produto é funcional, produzido numa fábrica e um entre milhares de cópias idênticas. O Kraftwerk era um produto da era industrial e de um ambiente industrial.

Porém o mais interessante é o uso da imagem do cone de sinalização em si. Ele nos adverte de um perigo; ele nos desvia para outra rota. Ele nos impede de passar; talvez até coloque uma barreira entre o público e os músicos. Há aqui um eco do mais importante dramaturgo alemão do século XX, Bertolt Brecht, cujo estilo levava a marca registrada do *Verfremdungseffekt* – o efeito de distanciamento. Podemos especular sobre o significado da capa, mas a conclusão inevitável é que ela é um representante instantâneo da banda. Ao longo de toda a sua carreira, o grupo tem sido mestre no minimalismo econômico da arte gráfica.

O que estabelecia o vínculo entre a arte da capa e a música era o movimento. Nesse aspecto, no segundo álbum que Hütter e Schneider gravaram juntos, já se nota em desenvolvimento a batida contagiante que mais tarde seria chamada de "*Apache beat*", ou melhor, o *Beat Motorik*. Ela fica muito evidente na música mais bem-acabada do álbum, "Ruckzuck". A flauta em *staccato*, um pulso eletrônico insistente e o som da bateria em ritmo rápido, econômico e minimalista proporcionam a sensação de música em movimento. A palavra *Ruckzuck* significa algo como "avante" – e implica a ideia de que algo tem de ser feito imediatamente, já, *schnell*. É o tipo de coisa que os pais diriam a um filho para fazê-lo sair de casa na hora certa. Esta é uma música que ainda tem um pé nos velhos tempos – na época, os fãs de Jethro Tull e Focus a considerariam como parte do rock progressivo –, e agora que já sabemos o que viria depois, as sementes da modernidade musical estão claramente ali.

O que o Kraftwerk estava fazendo não era diferente do que fizeram todos os grandes inovadores musicais, fossem eles os Beatles, David Bowie ou qualquer outro – eles estavam copiando. Os Beatles começaram sua carreira como uma banda adolescente fascinada pelos ritmos dos negros americanos. Bowie começou como um copiador de estilos – primeiro jazz, depois *rhythm and blues*, depois *mod pop* e, finalmente, como cantor e compositor de estilo próprio. Alguns artistas atingiram grande êxito e compõem músicas fantásticas simplesmente copiando estilos – isso poderia ser dito, por mais controverso que pareça, dos

ZWEI (DOIS) • Reisen (viagens)

Rolling Stones. Porém os verdadeiros inovadores, os verdadeiros artistas pop, trabalham com base no entusiasmo juvenil e criam algo novo. Em 1970, o Kraftwerk não era um projeto inteiramente original; em 1975, isso havia mudado, e mudado radicalmente.

O álbum foi gravado com dois bateristas, Andreas Hohmann e Klaus Dinger, que logo se tornaria metade do Neu! com Michael Rother; assim como *Tone Float*, a produção foi de Conny Plank. Fundamental para o novo som da banda, Konrad (mais conhecido como "Conny") Plank foi um produtor muito admirado e um colega muito estimado cujo estúdio, em Neunkirchen-Seelscheid, a 25 quilômetros tanto de Bonn como de Colônia, produziu muitas das gravações eletrônicas mais importantes da Alemanha Ocidental da época. De extrema musicalidade, ele queria propiciar um ambiente criativo democrático para os músicos com quem trabalhava. "Sou só o coprodutor", ele disse ao jornal *Record Mirror* em 1975. "Creio de verdade no envolvimento do grupo todo, por igual, na produção do disco deles."

"Não sou músico", Plank afirmou. "Sou uma ligação entre os músicos, os sons e a fita. Sou como um maestro ou um guarda de trânsito." Em vários sentidos, Plank foi a resposta da Alemanha Ocidental a Brian Eno, "um incentivador errante", parte produtor, parte colaborador e parte homem das ideias. As pessoas que o conheceram citavam seu "carinho de Papai Urso". "Com 1,93 metro, parecendo um jogador da defesa do New York Giants, Conny dirige seu estúdio com uma serenidade búdica", escreveu John Diliberto em uma das últimas entrevistas concedidas por Plank, em 1987. "Seu entusiasmo e sua alegria (estavam) contidos atrás de um sorriso divertido."

Plank nasceu em Hütschenhausen, perto de Kaiserslautern, em maio de 1940. Como muitos músicos de sua geração, ele era fascinado pela psicodelia dos anos 1960, mas, como produtor musical, foi muito além do gênero e desenvolveu um método de gravação baseado no improviso livre e também nas técnicas de mixagem e *scratches* que estavam sendo desenvolvidas na Jamaica por gente como Lee "Scratch" Perry. Conny chamou seu estilo de "mixagem ao vivo". Ele trabalhou com o superinfluente Karlheinz Stockhausen. "Naquela época, éramos todos influenciados pela música inglesa e americana", disse Plank em 1987. "Também ouvíamos Koenig, Stockhausen, Varèse. Eu costumava trabalhar com essas pessoas entre 1967 e 1969. Mauricio Kagel compartilhou comigo muitas ideias sobre sons. Naquelas gravações, eu trabalhava com músicos bem acadêmicos que eram muito precisos ao

KRAFTWERK

produzir tais sons, que eu achava sem vida e secos. Então tentei encontrar gente que visse de forma diferente esses materiais, que tentasse improvisar com tais sons sujos, eletrônicos – para sentir o que um músico de jazz sente com seu instrumento." Plank prossegue: "Também fomos influenciados pelo Velvet Underground. Quando ouvimos o disco 'da banana' produzido por Warhol, de imediato fomos influenciados por ele. Percebemos que aquela era uma abordagem de fato nova. Eles não estavam preocupados com a beleza do som, eles simplesmente buscavam a sensação básica de uma situação real".

Segundo Eberhard Kranemann, a versão ao vivo do Kraftwerk na época incluía ele próprio e um baterista, Charly Weiss. Esses músicos não foram, no entanto, convidados a participar do primeiro disco do Kraftwerk. "Ensaiávamos muito, e passávamos dez horas por dia fazendo música, inclusive nos fins de semana. Então, um belo dia, Florian e Ralf me disseram 'Não podemos tocar com você no fim de semana. Nós não estaremos lá...'. Então eu disse 'Ok, vamos nos encontrar de novo na segunda-feira!'. Ok, Ok, então nós trabalhamos na segunda-feira e ninguém falou nada sobre o que aconteceu no fim de semana e depois o disco saiu... Eles fizeram, portanto, o disco sem mim e sem Charly Weiss ou quem quer que fosse o baterista. Isso é típico do Kraftwerk... Não, só os dois garotos fizeram tudo, e essa foi uma das razões pelas quais, mais tarde, saí da banda. Florian e Ralf são ambos homens de negócios."

"Ruckzuck", a faixa de abertura do álbum, tornou-se a primeira música do Kraftwerk a causar impacto e foi tocada como trilha sonora de um popular programa de artes da TV alemã chamado *Die Zeichen*. Uma filmagem em preto e branco da banda tocando música instrumental, feita pela WDR (Westdeutscher Rundfunk) em 1970, mostra o Kraftwerk como um trio formado por Hütter, Schneider – o músico dominante – e Klaus Dinger na percussão. O estúdio está lotado, um grupo representativo de jovens da Alemanha Ocidental, metade rapazes, metade garotas, parte sentados no chão, parte em pé. Ninguém dança; o público assiste em silêncio, parecendo apreciar. Um telão projeta imagens da banda se apresentando.

"'Ruckzuck' foi bastante tocada pelo apresentador Winfred Trenkler na estação de rádio WDR", segundo Ralf Dörper, na época um adolescente de Düsseldorf que mais tarde ficaria famoso como integrante das bandas Die Krupps e Propaganda, que assinaram com a ZTT e, por algum tempo, constituíram os maiores produtos de exportação musical da

ZWEI [DOIS] • Reisen (viagens)

Alemanha. "A Westdeutscher Rundfunk era bastante progressiva na época. E Trenkler tocava todo tipo de música eletrônica em seu *Radiothek*. Acho que o programa se manteve no ar durante uns vinte anos. Depois, ele começou a tocar só música eletrônica e passou a se chamar *Schwingungen*, cuja tradução é 'Oscilações'. Eu costumava gravar o *Radiothek* e lembro-me de uma gravação em que ele tocava Pink Floyd, seguido de uma banda alemã, acho que Amon Düül, e em seguida 'Ruckzuck'. Eu exclamei 'Uau!' (por causa da música) e 'uau' de novo quando Trenkler disse o nome da banda e da música. Eu achei ambos os nomes, 'Kraftwerk' e 'Ruckzuck', fantásticos... uma combinação perfeita. E desde então a música sempre ficou mais ou menos na minha cabeça. Foi a primeira música eletrônica que me deixou tal impressão. Depois disso, eu notei que partes de 'Ruckzuck' eram usadas na TV alemã como música de fundo para certos programas culturais e até políticos. Até ousei gravar uma versão *cover* de 'Ruckzuck' em 1991."

As origens abastadas de Ralf e Florian lhes davam uma posição privilegiada para adquirirem novas tecnologias. O maior avanço tecnológico, para Ralf, foi o surgimento dos primeiros sintetizadores monofônicos: "Antes, existiam aqueles aparelhos enormes dos Laboratórios Bell ou das estações de rádio do governo. Que um músico independente pudesse ter em mãos esse tipo de equipamento eletrônico, creio que foi a mudança mais significativa que ocorreu, por volta do final dos anos 60".

Além de "Ruckzuck", há apenas três outras faixas. "Stratovarius" é uma combinação de sons produzidos pelo órgão Hammond de Hütter com estruturas mais convencionais de rock, enquanto "Megaherz" é dissonante e estridente. "Vom Himmel Hoch" contém ruídos de avião e explosões gerados eletronicamente, quase uma década antes de o Pink Floyd explorar esse mesmo território sonoro, em seu álbum duplo *The Wall*. Embora vinda do lado vencedor, no entanto, esta é uma peça musical feita pelos derrotados.

Mais tarde, em 1981, Ralf falou sobre o trabalho do Kraftwerk no início: "Não estávamos interessados apenas em música concreta, mas também em tocar *clusters* tonais de órgão e sons de *feedback* de flauta, que acrescentavam variedade às sequências repetidas de notas que gravávamos e mixávamos em fita. Então começamos a usar diversas baterias acústicas quando passamos a nos interessar por uma música mais rítmica, e logo descobrimos que os sons da bateria amplificados com microfones de contato eram atraentes para nós, mas não eram aceitos

KRAFTWERK

com facilidade pelos bateristas. Fundamos o estúdio Kling Klang em 1970, que marcou de fato o início do Kraftwerk. O estúdio era, na realidade, apenas uma sala vazia em um prédio de oficinas situado em uma área industrial de Düsseldorf. Forramos a sala de 60 metros quadrados com material de isolamento acústico e hoje usamos outras salas adjacentes para fazer instrumentos. Quando nos mudamos para lá, começamos a gravar com gravadores estéreo e gravadores de fita cassete, como preparação para nosso primeiro disco. As fitas *master* eram então levadas ao estúdio de gravação para a mixagem final. Isso permitiu que fizéssemos uma 'produção independente' até onde era possível, na época, com nossos recursos limitados, e então produzimos mais três LPs dessa maneira. Não se esqueça de que naquela época os músicos de sucesso usavam produtores importantes para lançar e promover seus discos, mas, em nosso caso, nos ocupávamos nós mesmos de todos os aspectos da produção".

O testemunho de Ralf dá uma boa ideia de seu propósito artístico, mas, como em tantas de suas entrevistas, racionaliza muito o que deve ter sido um período difícil. O estúdio de fato se chamava Kling Klang já em 1970? Teria uma "produção independente" conseguido gerar discos com tal perfeição sonora sem a participação decisiva de Conny Plank?

Apesar de tudo, fica claro que o Kraftwerk estava se desenvolvendo, seguindo diretrizes peculiares e obstinadas. Em certos aspectos importantes, o Kraftwerk inicial, por sua determinação de manter o controle, antecipou-se meia dúzia de anos à filosofia "faça você mesmo", que se tornaria um dos lemas do movimento punk (até que, em dado momento, 99% deles, é claro, se deixaram comprar pelas principais gravadoras *majors* da época). "Na Alemanha, foi algo bem comum os grupos terem seus próprios 'estúdios caseiros', com muita ênfase na prática do 'faça você mesmo'", afirmou Ralf na mesma entrevista. "Fazíamos nós mesmos as capas dos discos, tirando fotos Polaroid e criando o *design* artístico, e nós mesmos nos administrávamos."

Apresentações ao vivo eram esporádicas – ainda não havia a possibilidade de fazer uma turnê formal. Sabe-se que a banda fez shows em Karlsruhe e Essen, em abril de 1970, e depois em julho, no Tivoli Pop Festival, no Reitstadion de Aachen. Em 26 de dezembro, a banda tocou no clube Cream Cheese, de sua cidade natal. Na época, Düsseldorf tinha uma exuberante cena artística, centrada no Kunstmuseum [museu de arte] e na Altstadt [cidade velha].

ZWEI (DOIS) • Reisen (viagens)

Eberhard Kranemann era quem criava os cartazes para o grupo: "Eu tirava as fotos e fazia a diagramação dos cartazes. Eles lembravam os *silk screens* que Andy Warhol fazia na época (de Marilyn, Elvis), mas em preto e branco, com contrastes fortes. Era algo como um 'antidesign', algo contra o *mainstream* com um gosto de *underground*, sujo como a música do Kraftwerk daqueles primeiros tempos. Não nos dava muito dinheiro. Quando fazíamos um concerto, conseguíamos talvez 50 ou 100 marcos cada um. Não era muito". Aliás, depois que Eberhard saiu da banda, os cartazes passaram a ser mais ousados. Por exemplo, o cartaz colorido que anunciava uma apresentação em Karlsruhe em julho de 1971 exibe uma loira nua de costas para a câmera, montada sobre um cone de sinalização vermelho e branco.

2.2 Ralf se vai. depois volta

O Kraftwerk estava evoluindo, em constante mudança, e chegou, em certo momento, a existir sem o homem que, com o tempo, passaria a dominar o grupo. No final de 1970 ou começo de 1971, Ralf voltou para Aachen com o objetivo de concluir seu curso de arquitetura e, dada sua importância posterior, o fato de ter saído da banda nesse período é muitas vezes ignorado. Segundo Eberhard Kranemann: "Primeiro éramos, em 1970, Florian, Charly Weiss e eu. Só três pessoas, por um bom tempo... quase um ano entre 1970 e 1971". Depois entraram Peter Schmidt e Houschäng Néjadepour. "Houschäng Néjadepour morava em Düsseldorf. Seu pai tinha uma loja de tapetes. Ele era indiano. Tocava guitarra com um toque indiano e gostava de fumar uns baseados. Era um sujeito legal, mas não era o músico certo para o Kraftwerk porque tocava guitarra solo demais, e guitarra com um toque *bluesístico* demais. Como não gostávamos disso, ele não ficou na banda por muito tempo." Segundo Michael Rother: "Houschäng era o melhor imitador de Jimi Hendrix em Düsseldorf. Ele era capaz de tocar a guitarra de Jimi muito melhor do que eu em 1968, e eu invejava esse talento dele".

Segundo Eberhard, o Kraftwerk publicou um livreto promocional. "Ele se chamava *Media News of Kraftwerk*, e foi produzido por Florian. Tinha umas dez páginas e foi produzido em janeiro de 1971. Constam quatro nomes: Florian Schneider-Esleben, Eberhard Kranemann, Houschäng Néjadepour (o guitarrista) e Karl Weiss (o baterista). Ainda guardo alguns exemplares originais."

KRAFTWERK

Eberhard confirma que, por volta daquela época, os integrantes da futura dupla Neu!, o guitarrista Michael Rother e o baterista Klaus Dinger, também estiveram no grupo. "Um dos maiores concertos da banda foi no Forum, em Leverkusen, em janeiro de 1971. Nós tocamos para mais ou menos 1.200 pessoas, num concerto que durou duas ou três horas. Michael Rother e Klaus Dinger formavam a seção rítmica. Eles faziam uma música forte, com um ritmo intenso, empolgante. E os músicos solo éramos Florian Schneider-Esleben e eu. Florian tocou flauta elétrica e violino, e eu toquei guitarra havaiana e violoncelo com manipulação de som. Eu gostava do Klaus na bateria. Ele tocava como um animal! Naquela época, eu também tocava como um animal, com força total."

"Em janeiro de 1971, fiz uma *jam* com Ralf no estúdio do Kraftwerk", Rother conta. "Um amigo meu, Georg, me apresentou a ele. Estávamos todos em uma manifestação por alguma melhoria no *Ersatzdienst*. Ele tinha sido convidado a ir a um estúdio em Düsseldorf para gravar uma música e me perguntou, porque ele também era guitarrista, se eu queria ir junto. Eu não sabia o nome da banda; Kraftwerk pareceu tolo! A próxima coisa de que me lembro é, já no estúdio, pegar o baixo e tocar com Ralf Hütter. Lembro-me muito bem disso porque o que aconteceu no estúdio foi incrível. Ralf Hütter estava ali tocando com um baterista, Charly Weiss. Peguei um baixo e toquei de improviso com Ralf. Foi naquele momento que percebi, pela primeira vez, que havia outro músico, seguindo um caminho parecido, com uma música que não tinha a influência do *blues*, com a qual eu havia crescido. Ralf estava tocando todas aquelas notas na oitava de que eu gostava e que definitivamente não era de *blues*. Florian e Klaus (Dinger) só ficaram sentados no sofá ouvindo. Umas semanas depois, Florian ligou, me convidando para participar da banda. Florian tocava coisas incríveis com sua flauta, bem rústicas, rítmicas e muito loucas... Mais adiante, sobretudo quando tocávamos ao vivo e a noite estava boa, nós três juntos fazíamos um som realmente empolgante."

Hoje, Michael Rother é um dos mais respeitados artistas alemães em atividade. Ele inspira simpatia e respeito por parte de seus colegas músicos. "Um dos melhores, ainda hoje", diz Wolfgang Flür. Um concerto de 2010, no Institute for Contemporary Arts, em Londres, mereceu comentários em tons reverentes, daqueles reservados aos que são realmente importantes e originais. No final da década de 1960, Rother, muitos anos mais jovem do que Kranemann, Schneider-Esleben e Hütter, era um novato na música, que havia estudado no Rethel-Gymnasium,

ZWEI (DOIS) • Reisen (viagens)

de Düsseldorf, o mesmo onde Florian Schneider estudara. O grupo de Michael, Spirits of Sound, costumava tocar nos bailes noturnos da escola. De 1969 até o começo de 1971, Rother serviu no *Ersatzdienst*, a alternativa civil ao serviço militar, que mais tarde passaria a se chamar *Zivildienst*. "O Spirits of Sound foi criado em 1965, como uma banda que imitava bandas como os Kinks e os Beatles", ele diz, "e um pouco mais tarde, passando para Cream, Jimi Hendrix e outros nesse estilo mais psicodélico de garagem. No fim dos anos 60, já estávamos tocando de forma mais livre, usando ideias de bandas de rock famosas só como pontos de referência para nossos próprios improvisos."

Rother, assim como Ralf e Florian, estava em busca de um novo rumo musical, algo que não pendesse nem para o *blues* nem para o jazz. O fato de ser um objetor de consciência[12] também contribuiu para formar a sua personalidade. "Por ter grande interesse em psicologia, escolhi um hospital psiquiátrico[13] para prestar o serviço civil, e vi as mentes perturbadas dos pacientes, jovens e velhos. Isso, junto às discussões com outros objetores, formou minha visão de mundo. Comecei a pensar em minha própria identidade."

O histórico e a educação de Michael Rother eram incomuns na época e, para os outros integrantes do Kraftwerk, bastante exóticos. "Morei no Paquistão de 1960 a 1963 com meus pais, em Karachi. Acho que essa foi outra experiência musical muito importante para mim. A música hipnótica que eu ouvia lá... tenho algumas lembranças muito vívidas de bandas... passando nas ruas, tocando na frente de casa. Eu as ouvia, e aquele é um tipo de música que não tem começo nem fim."

Antes de Karachi, Michael havia morado com os pais na cidade de Wilmslow, em Cheshire, na Inglaterra, na época em que seu pai trabalhou na British European Airways (BEA), que se fundiu com a British Overseas Airways Corporation (BOAC), em 1974, e se tornou a British Airways. A família havia mudado para Karachi, em 1960, porque o pai de Rother foi trabalhar para a Lufthansa.

Kranemann deixaria o grupo na primavera de 1971 para retomar os estudos na escola de artes. Seu estilo de tocar e suas obsessões musicais talvez nunca tenham sido inteiramente compartilhados com Florian e

---

[12] Pessoa que segue princípios incompatíveis com a prestação de serviço militar ou, de forma mais ampla, com qualquer procedimento contra a vida humana ou animal. [N.T.]

[13] Naquela época, na Alemanha, os objetores de consciência que se recusavam a prestar serviço militar deviam trabalhar em hospitais ou prestar outras formas de serviço comunitário. [N.A.]

KRAFTWERK

os novos integrantes da banda à época. Passaram-se mais de quarenta anos e, para ele, continua havendo um sentimento de injustiça pelo fato de as verdadeiras origens da banda terem sido ofuscadas. "Para Florian e Ralf, o Kraftwerk teve início com *Autobahn*, em 1974. Eles não falam sobre o período anterior a isso e não querem que ninguém fale. Eu não entendo. Porque nós, os primeiros músicos, somos as raízes de Florian e Ralf; e eles aprenderam muitas coisas comigo."

Por um breve período, seis meses talvez, o Kraftwerk esteve reduzido a um trio, formado por Florian Schneider-Esleben, Michael Rother e Klaus Dinger. Diversos clipes desse trio Kraftwerk estão no YouTube, e o som está mais próximo do que viria a ser o Neu! do que do Kraftwerk. Às vezes, como, por exemplo, no instrumental "Heavy Metal Kids", o som é espantosamente rústico, e quase lembra o Black Sabbath, com seus ritmos sombrios, pesados, e os *riffs* de *hard rock*. Michael Rother diz: "O primeiro álbum do Kraftwerk foi lançado em 1970 e, quando me juntei à banda, o álbum estava começando a se tornar um grande sucesso. As pessoas eram loucas por 'Ruckzuck'. Eu me lembro de Conny Plank dizendo que, na cena das drogas pesadas de Munique, ouviam o Kraftwerk o tempo todo. Todo mundo se drogava, menos nós!". Um fã dessa fase do Kraftwerk, em geral esquecida, era uma pessoa que desempenharia um papel crucial, mesmo que indiretamente, em levar o Kraftwerk para um público mais amplo: David Bowie. Em 1978, referindo-se aos primeiros álbuns do Kraftwerk, ele disse: 'Para mim, muitos de seus primeiros trabalhos são na verdade mais estimulantes do que o material posterior. Eu gostava demais da produção, que parecia ter uma estrutura mais livre... Isso foi quando o Neu! estava com eles, claro, e havia dois elementos em grande atrito um contra o outro... o Neu! ia com tudo contra o planejamento supermetódico de Florian'".

Michael Rother: "Tocávamos em festivais e fazíamos turnês pela Alemanha, aparecemos em dois programas de TV: *Okidoki* (WDR) e *Beat Club* [Radio Bremen], fizemos uma gravação de rádio ao vivo (Radio Bremen) e as gravações do segundo álbum do Kraftwerk num estúdio de Hamburgo, com Conny Plank. Nosso último concerto do Kraftwerk foi realizado em 31 de julho de 1971, num lugar chamado Langelsheim, não muito longe de onde moro atualmente, em Weserbergland. Às vezes, tocávamos com tanta intensidade e entusiasmo que a multidão ficava completamente enlouquecida. Nos grandes concertos, eu ficava em transe de tanta felicidade, mas, quando o clima não era bom, o som também não funcionava. Para mim, nas noites ruins, a coisa era terrível

ZWEI (DOIS) • Reisen (viagens)

e, fora aqueles bons momentos no palco, havia muitas discussões, especialmente entre Florian e Klaus. Eles discutiam muito. Assim, tentamos fazer as sessões de gravação para o segundo álbum do Kraftwerk no verão de 1971; mas não deu certo porque ficou muito claro que dependíamos de um clima ao vivo um tanto agitado para criarmos aquele entusiasmo. Então, foi algo natural que nos separássemos. Klaus e eu achamos que nossos objetivos eram mais próximos e que deveríamos continuar juntos. Então, retomamos o contato com Conny e, em dezembro, gravamos o primeiro álbum do Neu!".

Talvez não devesse ser grande surpresa que a formação inicial do Kraftwerk tivesse se dissipado. Na verdade, nenhum integrante da banda teve participação contínua nela. Antes de Ralf e Florian conseguirem uma banda estável que funcionasse bem, em meados dos anos 1970, eles apenas testavam pessoas fazendo *jam* com elas, sempre em busca de mentalidades musicais que coincidissem com as deles. Por exemplo, Hans-Joachim Roedelius, do Cluster, se lembra de ter tocado ao vivo com a banda. "Eu conhecia Ralf e Florian porque no começo fizemos algumas *jams* em shows, e eu era amigo da irmã de Florian Schneider." Em agosto ou setembro de 1971, Ralf voltou a se juntar a Florian para fazer o segundo álbum do Kraftwerk; nenhum músico de fora foi usado, a não ser, é claro, o coprodutor da banda, o calejado inovador do som Krautrock, Conny Plank.

"Em 1971, o Kraftwerk ainda estava sem um baterista, por isso comprei uma *drum machine* barata que já trazia ritmos dançantes pré-programados", disse Hütter em 1981. "Alterando os sons básicos com *tape echo* e filtragem de som, criamos os canais de ritmo de nosso segundo álbum. Nossos sons instrumentais foram produzidos com osciladores caseiros e um velho órgão Hammond que nos proporcionou harmonias tonais variadas com seus teclados. Manipulamos as fitas em diferentes velocidades para obter mais efeitos." Em uma entrevista posterior, Ralf dá uma ideia de como devia ser um dos primeiros shows do Kraftwerk, no momento em que as máquinas assumiam. "Eu tinha aquela pequena *drum machine*. Em um dado momento, nós a ligávamos com alguns *loops* e algum *feedback* e simplesmente descíamos do palco e íamos dançar junto com o povo." Eles ficavam dançando com o público, ao ritmo do que poderíamos chamar de uma proto-*house music*, até que o equipamento primitivo parasse de funcionar ou pegasse fogo. Superstar DJ? Vamos lá!

O segundo álbum da banda, com típica funcionalidade *industrial*, intitulado *Kraftwerk 2*, foi lançado em janeiro de 1972, também com o selo Philips, e também está fora de catálogo. Na capa, aparece o tal cone de sinalização de trânsito branco e vermelho, agora pintado de verde vivo e branco, com o número 2 estampado sob o nome da banda.

O álbum é uma exploração eletroacústica da manipulação de instrumentos convencionais e situa firmemente os músicos dentro da tradição dos pioneiros da música de vanguarda dos anos 1950 e 1960; no entanto, mais tarde, a banda se esforçaria, em entrevistas, para se distanciar da natureza estéril de grande parte da música experimental. Há *loops*, repetições, manipulação de fitas para reduzir ou acelerar a pulsação dos instrumentos; na faixa "Atem", que apresenta o som estranho e bem manipulado de uma respiração, há uma amostra do interesse posterior, e mais plenamente realizado, de Florian na modulação da voz. A faixa de abertura, de dezessete minutos, "Klingklang", que representa a estreia do ritmo ou *beatbox* de Florian, mais tarde influenciaria na decisão do nome do estúdio da banda.

Embora nunca deixe de ser interessante, esse estilo de som é decorrente de apropriação; ouvindo tanto *Kraftwerk* quanto *Kraftwerk 2*, tem-se a impressão de que esse tipo de música poderia ter sido feito, à época, por muitos jovens músicos alemães que dispusessem da tecnologia adequada. Era uma música que parecia frustrada consigo mesma, aprisionada em um modo de expressão que procurava subverter. "Nós começamos com instrumentos amplificados e depois descobrimos que os instrumentos tradicionais eram limitados demais para a nossa imaginação", diria Florian mais tarde.

Tudo isso mudaria com o lançamento do terceiro álbum da banda. De repente, essa era uma música *sui generis*, uma música que ninguém mais estava fazendo. E qual seria a razão dessa mudança de paradigma musical? A chegada do sintetizador.

2.3   Sr. Kling e Sr. Klang

O primeiro álbum clássico do Kraftwerk não é, como se costuma achar, *Autobahn*, mas seu predecessor. Gravado em 1973, e intitulado *Ralf and Florian*, ele está, como os dois primeiros álbuns da banda, atualmente indisponível na forma de lançamento oficial. Mas muitas das premissas musicais que levariam a banda a ser reconhecida no mundo todo já estão presentes. E mesmo que os instrumentos acústicos ainda sejam usados – o órgão e o piano de Ralf, a flauta de Florian, um pouco de *pedal steel guitar* e, numa das faixas, alguma percussão estilo Motorik, que

ZWEI (DOIS) • Reisen (viagens)

pode ou não ter sido produzida eletronicamente, junto com palmas e vocalizações sem palavras com um tratamento pesado em outra faixa, além de um som rudimentar de *vocoder* numa terceira faixa –, também foram usados sintetizadores Moog e EMS, e já havia uma faixa instrumental totalmente eletrônica. *Ralf and Florian* oferece pela primeira vez o sabor clássico do som do Kraftwerk. Mas como ele é?

Em 1973, Florian havia construído uma *drum machine* rudimentar a partir de uma unidade de ritmo de um órgão. Esse é o primeiro elemento do som do Kraftwerk – o começo da transformação da bateria em antiguidade. Apesar de a música do Kraftwerk ser altamente percussiva e, mais tarde, escandalosamente dançante, todo o seu ritmo é gerado eletronicamente. Assim, no álbum *Ralf and Florian*, a bela e delicada melodia de "Tanzmusik" ("Dance Music", música para dançar),[14] que poderia muito bem ser uma obra inédita de música clássica do século XIX, está emoldurada pela percussão sintética de Florian.

Isso nos leva à segunda característica do som do Kraftwerk: as melodias. Os dois primeiros álbuns do Kraftwerk, exceto por "Ruckzuck", não foram agraciados com muitas melodias distintivas. Entretanto, em 1973, os integrantes do Kraftwerk já haviam se transformado, por uma alquimia interna, em compositores pop. Em entrevistas, mais tarde, deixariam clara sua paixão pelos Beach Boys. Ralf era um grande fã de The Doors. Assim como no melhor trabalho feito por Brian Wilson para o grupo que fundou com seus dois irmãos, há uma pureza nas melodias do Kraftwerk e uma simplicidade quase infantil. As melodias são em geral muito belas e soam como se pudessem ser tocadas por um estudante de piano nível 2 ou por uma criança prodígio num xilofone de brinquedo. Ainda assim, parecem totalmente novas e, sobretudo, mas não inteiramente, sem referências.

A terceira e mais óbvia característica do som do Kraftwerk é que, apesar da admiração de seus integrantes pela música pop anglo-americana, seu estilo musical é concebido totalmente fora da tradição do rock, do *blues*, do *folk* e do *country*. Tem sido dito que, para qualquer artista ser inovador, desde os anos 1970 até hoje, sua música precisa ser o menos parecida possível com a dos Beatles. Embora os integrantes do Kraftwerk fossem, como se descobriu depois, grandes fãs dos Beatles, e

---

[14] As traduções para o inglês dos nomes dessas faixas são da versão americana do álbum, lançada em 1975 pela Vertigo. [N.A.]

KRAFTWERK

na verdade de muitos dos grandes músicos da Grã-Bretanha, sua música sempre procuraria se distanciar da linhagem do rock'n'roll.

Por fim, acompanhando essa rejeição à tradição anglo-americana de música popular, vem a rejeição à música concebida como se fosse *puramente* voltada à própria música. "As ideias refletidas em nosso trabalho são internacionalistas e também uma mistura de diferentes formas de arte", Ralf disse em 2006. "(É) a ideia de não separar a dança aqui, a arquitetura ali e a pintura lá. Nós fazemos tudo, e a união da arte com a tecnologia constituía o Kraftwerk desde o começo, mesmo que não tivéssemos as ferramentas que temos hoje... usávamos gravadores velhos, pequenas unidades de eco e distorção. Nós rompemos a barreira entre artesãos e artistas, nós éramos operários da música."

O álbum *Ralf and Florian* começa com sons graves de sintetizador em "Elektrisches Roulette" ("Electric Roulette", roleta elétrica), uma aspersão luminosa de "pó mágico" eletrônico, a motivação da flauta de Florian, antes que seja disparada uma rápida batida percussiva. Essa música não se parece com nada que a banda tivesse gravado até então. A segunda faixa, "Tongebirge" ("Mountain of Sound", montanha de som), e a quarta, "Heimatklang" ("The Bells of Home", os sinos do lar), são pastoris, quase como música ambiente instrumental, que antecipa a música ambiente posterior composta por Brian Eno. Elas evocam um sentido de lugar, uma imersão num ambiente sonoro que parece muito distante da industrial Düsseldorf e muito mais alpino no sentido de tranquilidade e solidão. "Ananas Symphonie" ("Pineapple Symphonie", sinfonia do abacaxi), com sua guitarra havaiana e rajadas de *white noise*, tende mais para o meditativo. Se tivesse sido criada dez anos depois, seria chamada de *New Age*. Mas a verdadeira visitante musical do futuro aparece na forma de "Kristallo" ("Crystals", cristais): bizarra, estranhamente disforme. A melodia de Hütter parece ser tocada no ritmo e fora dele, com um pulso de sintetizador muito mais sombrio, e se tivesse aparecido em 1995, numa faixa de *dance music* do Orbital, ninguém teria estranhado.

Sendo assim, aí temos música ambiente, *New Age*, clássica, eletrônica, *dance music*. Ouvir o manifesto *à la* Nostradamus de Ralf e Florian é uma experiência estimulante.

A arte do álbum é, como sempre, fundamental para o significado da música. No original alemão, a dobra interna da capa do disco exibe uma fotografia da dupla em seu estúdio em Düsseldorf (que ainda não havia sido batizado como Kling Klang, embora curiosamente o setor de

ZWEI (DOIS) • Reisen (viagens)

publicações do Kraftwerk já fosse conhecido por esse nome na época). Apesar de o álbum ter sido na verdade gravado com Conny Plank em estúdios de Munique, Colônia e Düsseldorf, Ralf e Florian evidentemente quiseram dar a impressão de que havia sido gravado em um só lugar, para reforçar ainda mais a ideia do "faça você mesmo". Ralf e Florian estão sentados, sorrindo, de frente um para o outro; os nomes em neon, rodeados por equipamentos.

A capa original alemã tem uma foto em preto e branco dos dois, com seus nomes em letras góticas abaixo. Ralf, de óculos, com o cabelo repartido de lado e ainda comprido atrás, forma um forte contraste com Florian, mais alto, usando terno formal, cabelo curto e com o símbolo de uma clave de sol na lapela. O olhar deles se volta para nós, mas para o nosso lado, como por timidez. O ex-membro Eberhard Kranemann ficou intrigado com a imagem. "Na foto da capa, você vê Ralf e Florian parecendo... *wie ein altes Ehepaar*... um velho casal. Florian de cabelo curto. Ele é o homem, o chefe; e Ralf com um semblante suave como o de uma mulher, com cabelo comprido." Não obstante essa análise de Kranemann, há no Kraftwerk de 1973, sem dúvida, algo de Gilbert & George[15] – uma dupla tão distanciada dos clichês comuns do rock quanto se poderia imaginar.

Na Grã-Bretanha, o álbum foi lançado com uma capa muito diferente, que acabaria servindo de inspiração para Malcolm Garrett, que nos anos 1980 desenharia algumas das capas mais icônicas da época para o Simple Minds, Duran Duran e Peter Gabriel. "Comprei o álbum *Ralf and Florian*, um álbum brilhante, com uma placa de circuito em relevo na capa."

O colega dele no curso de *design* gráfico, na Politécnica de Manchester, Peter Saville, ficou igualmente impressionado. O Kraftwerk era um portal para outro mundo: "Só recentemente consegui reconhecer que a capa de *Ralf and Florian* tem uma importância imensa em relação à abordagem intuitiva que segui na criação das capas da Factory. A capa de *Ralf and Florian* que tenho traz um diagrama de circuito na frente, impresso com tinta bronze e em relevo e a palavra 'Kraftwerk' escrita em cor fluorescente. Só a paleta de cores, a cor fluorescente e a metálica, já tem muito a ver com o meu próprio trabalho, mas há ainda outra influência fundamental que teve sobre mim. Eu estava familiarizado com

---

[15] Dupla de artistas plásticos britânicos, conhecidos por sua arte conceitual e pela *body art*, e por sua aparência e seus modos sempre muito formais. [N.T.]

KRAFTWERK

o imaginário do pop que provocava a reflexão. Ele proporcionava uma janela para outras possibilidades. Assim, as capas do Roxy Music são as que sempre uso como exemplo disso. Mas, em especial, o exemplo mais simples disso é a capa do segundo álbum solo de Bryan [Ferry], *Another Time, Another Place*. É como uma janela panorâmica que se abre para outras sociedades que eu achava fascinantes e queria conhecer melhor. Antes que eu começasse a comprar a *Vogue* italiana e francesa etc., etc., uma imagem de outros mundos me era trazida pelo Roxy Music, outros mundos nos quais eu estava interessado, e da mesma forma com as capas do Velvet Underground, de Bob Dylan e de Leonard Cohen, e capas com as quais convivi quando pequeno, por cortesia de meus irmãos mais velhos. Elas me mostravam imagens de outros mundos, mas senti que a de *Ralf and Florian* me *oferecia* um pedaço de outro mundo. A capa era uma simulação, como possuir um pedaço do Kraftwerk. O fato de estar gravada em relevo, a qualidade tátil justamente de um diagrama de circuito, era como um objeto que o próprio Kraftwerk tivesse me dado. Desse modo, aquela não era uma foto do mundo deles, embora houvesse uma foto deles na capa de trás, mas posso perdoar isso. Só recentemente percebi que muitas de minhas capas para a Factory eram bem como a de *Ralf and Florian*. Eram coisas oferecidas ao nosso público. A Factory foi para mim uma oportunidade de fazer propostas culturais, de perguntar 'Por que a cultura pop não pode ser mais amplamente divulgada?'. E a motivação e a inspiração vieram do Kraftwerk. Para mim, no final de minha adolescência, no noroeste da Inglaterra, em meados dos anos 70, o Kraftwerk foi uma porta de entrada para um mundo repleto de cultura tecnológica e europeia".

O Kraftwerk não inventou a música eletrônica. Fora das correntes mais acadêmicas, ela é mais popularmente creditada ao americano Walter Carlos, cujo álbum de 1968 *Switched-On Bach* usava o sintetizador Moog modular, da mesma forma que a trilha sonora altamente influente que ele fez para o filme *A Laranja Mecânica* (*A Clockwork Orange*, 1971) (cujas seções de marcha foram depois usadas por David Bowie e pelo Kraftwerk como música de abertura). Os trabalhos da Oficina Radiofônica da BBC para diversos programas de televisão do início da década de 1960 (dos quais o mais conhecido é o tema de *Dr. Who*) também tornaram a música eletrônica mais conhecida. Os Beatles usaram sintetizadores em seus últimos álbuns, e em 1972 foi lançada a primeira música eletrônica a chegar ao primeiro lugar nas paradas de sucesso do Reino Unido, "Son of my Father", do Chicory Tip (incluindo o futuro artista

ZWEI (DOIS) • Reisen (viagens)

eletrônico e produtor Giorgio Moroder). Bowie havia usado o Moog em seu álbum *The Man Who Sold the World*, de 1970. Em 1971, The Who uniu *loops* de sintetizador ao *hard rock* em seu álbum *Who's Next*, mais notavelmente nas faixas "Baba O'Riley" e "Won't Get Fooled Again", embora efeitos de sintetizador também pudessem ser detectados na mixagem de outras canções. E havia, é claro, um número enorme de bandas de rock progressivo – Pink Floyd, Genesis e Mike Oldfield destacando-se – que faziam música com sintetizadores, e nos Estados Unidos, também Stevie Wonder em seu trio notável de álbuns do início dos anos 1970, *Music of my Mind*, *Talking Book* e *Innervisions*. O Kraftwerk tampouco foi a primeira banda a usar uma *drum machine*. Essa honra provavelmente cabe à lenda do rock progressivo Arthur Brown e sua banda Kingdom Come.

No entanto o Kraftwerk *foi* o primeiro grupo pop a deixar os instrumentos tradicionais rumo a um padrão musical totalmente sintético e eletrônico. Eles não estavam interessados em reinterpretar os clássicos e tampouco formavam uma banda de rock que enchia linguiça com sons eletrônicos. O Kraftwerk estava a caminho de reinventar a própria música pop moderna.

2.4 O primeiro "baterista eletrônico" do mundo?

Tocar ao vivo como dupla revelou-se impraticável, em virtude do estilo altamente percussivo de sua música. Para tocar ao vivo, eles precisavam de um baterista, mas não de um que ainda estivesse obcecado pela ideia de se tornar o próximo Keith Moon. Eles queriam alguém que absolutamente não estivesse a fim de tocar bateria. Entra em cena então Wolfgang Flür.

Wolfgang Flür havia iniciado sua carreira musical com uma banda de tributo aos Beatles, os Beathovens. "Éramos a melhor banda *cover* dos Beatles em toda a região da Renânia do Norte-Vestfália", ele diz. "Fazíamos shows nas noites de sexta, sábado e domingo, todas as semanas. Ganhávamos 400, 500, 600 ou até 700 marcos por noite... sim, por noite! Isso foi na década de 1960. E nem precisávamos de dinheiro, porque éramos todos jovens e morávamos na casa de nossos pais. Éramos só estudantes. Sabe o que fazíamos com a grana? Ia tudo para a compra de equipamentos novos. Tínhamos um baixo Rickenbacker, uma guitarra Epiphone. Não tínhamos todo o conjunto de bateria Ludwig, mas a maior parte, o grande amplificador Selmer, um amplificador Vox

KRAFTWERK

Goliath para o baixo. Tínhamos amplificadores Vox para guitarra, alto--falantes Vox de reserva, microfones Shure. Tínhamos tudo. Comprávamos de um vendedor de Düsseldorf; e ele ria de nós porque toda semana chegávamos com grana para comprar mais."

Depois do fim dos Beathovens, Wolfgang tocou em dois outros grupos, The Fruit e The Anyway. "Tinha que ser 'The' este ou 'The' aquele! Então, eu toquei com o Spirits of Sound, que me recrutou. Eu adorava a música deles. Foi como conheci Michael Rother. Michael era nosso melhor guitarrista, mas nós o perdemos para um grupo semiprofissional chamado 'Kraftwerk'... o que quer que isso fosse! Era comum naquela época as bandas alemãs terem nomes em inglês. Nós seguíamos o exemplo de nomes como 'The Beatles', 'The Pretty Things', 'The Hollies', 'The Who'... 'The isso e aquilo'! Então copiávamos os nomes. Tínhamos que ser iguais a eles, aos grupos da Inglaterra ou dos Estados Unidos. Por isso, um grupo com nome alemão era muito incomum. Ter um nome inglês era moderno, futurista. Era assim para os jovens, os rapazes e as garotas. Nós copiávamos a música inglesa e americana. Naquela época, na Alemanha, só tínhamos a música *Schlager*. Era horrível; boa para a geração de nossos pais, mas não para a nossa."

Depois de concluir os estudos, Wolfgang optou pelo *Zivildienst*, a alternativa civil ao serviço militar. "Foi em Düsseldorf, num hospital para diabéticos. Ficava num belo prédio antigo no meio da floresta. Eu costumava ir de trem, eram cerca de 20 quilômetros de ida e volta de Düsseldorf. Eu tinha que voltar para ensaiar com a minha banda à noite. Foi uma época maravilhosa! No hospital, o pessoal queria me ensinar. Eu trabalhava no laboratório, analisando amostras de sangue o dia todo. O chefe do laboratório queria que eu ficasse. Ele disse: 'Podemos lhe dar um bom futuro aqui'. Eu podia ter ficado lá, trabalhando como assistente médico. Ou podia ter virado arquiteto. Ou músico. E a música era a mais incerta das três possibilidades!"

Em 1973, o Kraftwerk o procurou. "Vieram ao meu escritório na empresa de arquitetura onde eu trabalhava. Bateram à porta e alguém disse 'Olá, meu nome é Ralf Hütter e este aqui é Florian Schneider. Somos do grupo Kraftwerk. Vimos você tocando com Michael Rother em Monchengladbach (uma cidade pequena próxima a Düsseldorf) no clube Boudike. Achamos a forma como você tocou bateria muito boa, confiante e 'minimalista'. Nós gostamos e queremos saber se você está a fim de participar de uma sessão conosco.'. Eu estava sentado diante de minha prancheta, desenhando, e continuei desenhando... 'Não tenho

ZWEI (DOIS) • Reisen (viagens)

tempo', respondi. 'Não tenho tempo, de verdade.' Eles disseram 'Você não precisa de muito tempo, que tal hoje à noite?'. Respondi 'Por que eu faria isso? Meu grupo acabou porque, como sabem, vocês levaram nosso guitarrista embora. Então por que eu deveria ser amigo de vocês?'. Por outro lado, eu sabia que aquela era de fato uma banda de vanguarda promissora. As músicas deles tocavam no rádio todos os dias e isso me deixava um pouco enciumado, claro. Isso é compreensível; eu era um jovem que havia acabado de jogar fora minha carreira musical junto a minha última banda. Então disse 'não', que eu ia ser um arquiteto. Eu estava enciumado e disse 'talvez, talvez, mas não esta noite'. Trocamos telefones. Eu já tinha telefone em 1973, em meu pequeno apartamento de estudante. Era um luxo ter sua própria linha telefônica, sabe?"

Logo Wolfgang foi apresentado ao estúdio Kling Klang. "O pátio era tão horrível como o resto do prédio", ele recorda em seu livro de memórias, *Kraftwerk: I Was a Robot*. "Tudo estava pintado de marrom-escuro. Eu odiava marrom-escuro."

Wolfgang estreou no Kraftwerk no programa de TV *Aspekte*, uma prestigiada série artística veiculada pelo canal ZDF. "Eu parecia um dos quatro mosqueteiros, como D'Artagnan, com cabelo preto comprido. Eu tinha muito cabelo naquela época e um bigode enorme; ainda era *hippie*, sabe? Nos primeiros shows, eu dizia para mim mesmo: 'Tudo bem, eles estão me pagando'. Eu era jovem, era estudante e precisava de dinheiro. Eles me ofereceram 300 marcos. Era muita grana, sabe, para tocar por apenas uma hora. Mas eu não gostava muito daquilo. Eu achava 'ah, isso não é ser um baterista de verdade!'."

Apesar de certa hesitação inicial, Wolfgang aceitou mais ou menos rápido seu papel de baterista eletrônico. Em vez de ficar sentado atrás de um enorme conjunto de caixas, tom-tons, chimbaus e pratos, ele ficava em pé diante de um pedestal tocando os ritmos eletrônicos com o que parecia ser uma batuta ou uma agulha de tricô. "A essa altura, Wolfgang Flür havia se juntado a nós para tocar uma bateria eletrônica construída por encomenda e foi nosso primeiro percussionista a aceitar esse instrumento", Ralf disse em 1981. "Claro, a música eletrônica era bem recente como estilo musical no início dos anos 70, e muita gente estava só começando a usá-la, como o Can, em Colônia. Acho que fomos um dos primeiros grupos a ter um baterista eletrônico, com Wolfgang Flür. Além do console de bateria, agora temos dois conjuntos de baterias, que consistem em seis placas de metal acionadas pelo contato de varas metálicas. Elas não são sensíveis ao toque, por isso a acentuação

KRAFTWERK

e a dinâmica musical vêm de pedais de volume separados. Às vezes, conectamos um ou mais pedais para alterar outros parâmetros, como o tom ou a altura do som."

Wolfgang nasceu no dia 17 de julho de 1947, em Frankfurt. "Tenho um irmão gêmeo, só que não somos gêmeos univitelinos, mas fraternos, ou seja, de óvulos diferentes. Por isso não somos parecidos e temos personalidades diferentes." Wolfgang passou a infância na cidade de Koblenz e arredores, na confluência dos rios Reno e Mosela. Seu pai serviu no exército durante a Segunda Guerra Mundial e depois se tornou oculista. Wolfgang tinha grande afeto e respeito por sua mãe, mas nem tanto por seu pai. Com a idade, porém, o desprezo pelo pai parece ter-se abrandado, tornando-se mais um sentimento de piedade. Uma de suas lembranças mais vívidas é ter visto as famílias dos soldados marroquinos (parte do exército de ocupação francês na época) acampadas nos bosques fora de Koblenz. Com 9 ou 10 anos na época, ele fez planos de se casar com uma menina morena como as crianças marroquinas que via nos bosques durante passeios com sua família. "As crianças marroquinas eram mais bonitas do que as alemãs de pele branca que moravam em nossa rua. Víamos roupas coloridas, cabelos escuros e compridos." O pai dele, no entanto, advertiu seu filho: "Não vá fugir com os marroquinos", o que para sua família significava "não dê atenção ao que é estrangeiro". "Meu pai dizia que os marroquinos comiam suas crianças", diz hoje Wolfgang, incrédulo. "Loucura! Ele não tinha muita instrução, acho. Eu não gostava do meu pai, de forma alguma. Ele era um homem fraco. Minha mãe era diferente, ela tinha algo de especial."

Embora fosse evidente que Ralf e Florian eram de famílias ricas, Wolfgang rejeita a ideia de que fossem de outra classe social. "Éramos todos de classe média. Eles... os outros... tinham uma formação melhor. Karl e eu não tínhamos o *Abitur*; tínhamos apenas o *Mittlere Reife*.[16] O pai de Florian era um arquiteto muito bem-sucedido. Eu acredito que no início da década de 1960 ele era milionário. Florian, no entanto, não recebia muito dinheiro dele. O pai era um homem muito rígido. Ele queria que todos os filhos, inclusive as irmãs de Florian, Claudia e Tina, ganhassem o próprio dinheiro. Por isso ficou muito decepcionado pelo fato de Florian não querer assumir o império arquitetônico que ele tinha. Porém Claudia se tornou arquiteta. O problema era que o pai de

---

[16] Exame para obtenção do certificado da escola secundária – o equivalente ao Certificado Geral de Ensino Secundário do Reino Unido. [N.A.]

ZWEI (DOIS) • Reisen (viagens)

Florian tinha problemas com as mulheres, tanto com a esposa como com as filhas, Claudia e Tina."

Logo depois de Wolfgang entrar para a banda, terminou o contrato do apartamento que ele alugava. Como medida provisória, Florian o convidou para morar com os Schneider-Esleben. O casamento dos Schneider-Esleben era, segundo Wolfgang, conturbado: "Eu acho que o maior problema dela era que o marido queria largá-la, e ela estava preocupada com a possibilidade de perder seu sobrenome famoso. Ela só queria ser a Senhora Doutor Professor Schneider-Esleben. Esse era o problema dela, e ela também temia perder toda aquela grana. Ele estava sempre viajando; ela estava sempre sozinha. Desde o dia em que eu os conheci... não sei como era antes... eles não me pareceram ser uma família agradável. As crianças cresceram com jardineiros, cozinheiros e uma babá".

A primeira impressão que Wolfgang teve de Ralf foi de que ele era um músico talentoso, mas não um rapaz satisfeito com sua condição: "Quando conheci Ralf, ele era inseguro quanto a sua aparência física. Era um cara meio frouxo; não era um *geiler Junge* [rapaz atraente]. Talvez tenha sido uma das razões que o levaram a ser músico, pois os músicos são vistos de modo especial pelas garotas. Fora isso, ele é realmente talentoso, realmente notável, e não há dúvida disso. Ele é mais do que talentoso, ele é uma espécie de gênio, com certeza. Deve ficar claro que ele é a estrela, o grande herói talentoso e brilhante por trás da banda. E Ralf sempre precisou estar nessa posição. Mesmo conosco, ele queria ser o líder".

2.5 Desejo de correr o mundo

Até hoje, quando são indagados sobre seu miraculoso crescimento e sua sólida economia pós-guerra, os alemães respondem apenas: "Nós fazemos coisas". Atualmente, marcas como Siemens, Sennheiser, Hugo Boss, BMW, Bosch, Bayer e ThyssenKrupp são garantias de qualidade. Esse orgulho pelo desempenho e pela qualidade de produção não se evidencia tanto em nenhuma outra área quanto na indústria automobilística: *Vorsprung durch Technik*,[17] como dizem.

Os alemães amam seus carros e têm um orgulho justificado de produzir algumas das marcas mais importantes do mundo. Além do BMW,

---

[17] Traduzido, grosso modo, como "progresso por meio da tecnologia", o bordão fez parte dos comerciais de TV da Audi, da década de 1970 até a de 1990. [N.A.]

KRAFTWERK

há Audi, Volkswagen, Mercedes-Benz e Porsche. Sem efetivamente nenhum limite de velocidade, e com centenas de quilômetros de autoestradas para descobrir, a infraestrutura alemã está no nível das melhores da Europa. Hoje, é possível viajar a uma velocidade que impressionaria até mesmo o mais irredutível viciado em carros.

Associado a essa paixão por viagens cômodas, eficientes e rápidas está o apreço muito alemão por atividades ao ar livre. Sendo há séculos uma faceta da alma alemã, a coisa que muitos homens e mulheres do país mais amam é ter contato próximo e às vezes prolongado com a natureza. *Der Wanderer über dem Nebelmeer* [O Caminhante sobre um Mar de Névoa], quadro a óleo de Caspar David Friedrich, de 1818, retrata um homem vestindo uma longa sobrecasaca, botas e uma bengala, olhando, do ponto elevado em que se encontra, uma cadeia de montanhas envolta em dramáticos redemoinhos de névoa e nuvens. É uma das imagens mais emblemáticas do Romantismo, uma caminhada nas montanhas comparada à contemplação da natureza da existência em si.

Ao contrário do Reino Unido, onde um passeio de fim de semana a Snowdonia ou ao Lake District pode resultar em uma imitação fiel de um rato afogado, a Alemanha, em especial o sul, tem o clima apropriado para isso. O tempo ensolarado permite a caminhantes e alpinistas irem a toda parte, e a expansão da caminhada nórdica inspira pessoas de todas as idades, aparelhadas com equipamentos de caminhada e bastões como os de esquiar, a percorrerem com determinação caminhos montanhosos durante quase todo o ano. Na realidade, *Wandern* [fazer um passeio, uma caminhada longa ou perambular], seja em zona rural ou nas montanhas, é quase um pré-requisito para morar no sul da Alemanha em particular. Em muitas das regiões acessíveis dos Alpes existem montanhas com trilhas seguras; o prêmio para quem chega ao topo é uma cabana ou até mesmo um restaurante com o onipresente *Kaffee und Kuchen* [café com bolo], ou uma tigela de sopa caseira. Os alemães prezam muito as recompensas por caminharem tanto.

Para muitos alemães, seus carros, seu desempenho e a manutenção necessária, além das possibilidades que proporcionam em termos de satisfazer a sua paixão por passeios e viagens, são importantes símbolos de *status*. "Lembro-me de que meu primeiro sintetizador custou tanto quanto meu Volkswagen", disse Ralf em 2003. "Estudar e tocar no Kraftwerk era quase impossível. Mas eu o fiz assim mesmo. Eu precisava ter aquele sintetizador e queria aquele Volkswagen... ambos significavam

ZWEI (DOIS) • Reisen (viagens)

liberdade para mim." O Volkswagen cinza de Ralf seria a estrela da capa do álbum seguinte da banda.

O movimento surge como principal mecanismo ordenador na vida de Ralf e Florian. Os batimentos cardíacos do dia a dia de uma cidade industrial estão diretamente codificados na estética de ambos. Segundo Florian: "Muitos anos atrás, estávamos numa turnê e ocorreu de sairmos da estrada depois de um longo percurso, e quando fomos tocar, havia um ritmo acelerado em nossa música. Nossos corações continuavam acelerados, e todo o ritmo tornou-se muito rápido". E Ralf acrescenta: "A ideia é captar o fenômeno não estático, porque a música em si é um fenômeno não estático. Ela lida com o tempo e o movimento no tempo. Ela jamais pode ser a mesma".

Essa sensação de movimento, tempo e espaço e viagem seria assimilada à música que dominou o álbum seguinte do grupo, efetivamente seu quarto, mas para muitos, o primeiro disco a refletir de fato o som do Kraftwerk como ele é hoje mundialmente reconhecido. "Todo o processo de construção do álbum *Autobahn* ocorreu entre 1973 e 1974, no estúdio de Conny Plank e no estúdio Kling Klang", diz Wolfgang Flür. "Conny Plank tinha equipamento móvel em um caminhão que ele havia comprado; e ele instalou uma pequena mesa de som no caminhão, um gravador e coisas do tipo. Ele vinha às vezes a Düsseldorf e estacionava o caminhão no pátio de onde estávamos. Ele instalava alguma fiação elétrica e então gravávamos ali. Às vezes, eles gravavam no vilarejo onde ele morava." Nessa época, o Kraftwerk havia comprado alguns dos sintetizadores mais avançados que existiam no mercado. Além do Minimoog, havia o ARP Odyssey e o EMS Synthi AKS. Outra característica distintiva do som do Kraftwerk era o uso de vozes sintetizadas por um *vocoder* na faixa que leva o título do álbum.

A faixa "Autobahn" foi composta por Ralf e Florian, com letra em coautoria com o amigo e coordenador artístico Emil Schult. O vocal de Ralf em "Autobahn", de reconhecimento imediato, agradável, mas ligeiramente inibido, se tornaria a marca registrada de sua expressão vocal. "Isso se chama *Sprechsingen*", ele diz. "Não sei como se diz em inglês. *Sprechsingen* quer dizer 'cantar falando'. É como uma espécie de rap. Isso começou com 'Autobahn' ('Wir fahr'n, fahr'n, fahr'n auf der Autobahn').[18]

Não é nenhuma coincidência o ritmo das palavras ser praticamente idêntico à cadência de "Barbara Ann", do *single* de 1966 dos Beach

---

[18] "Nós rodamos, rodamos, rodamos pela autoestrada." [N.A.]

KRAFTWERK

Boys.[19] O Kraftwerk estava criando o equivalente alemão ocidental à "música de estrada" californiana: "Vor uns liegt ein weites Tal/Die Sonne scheint mit Glitzerstrahl" [Diante de nós há um amplo vale/o sol brilhando com raios resplandecentes]. Segundo Ralf, os Beach Boys "conseguiram concentrar o máximo de ideias fundamentais. Daqui a cem anos, quando as pessoas quiserem saber como era a Califórnia nos anos 60, elas precisarão ouvir apenas *um single* dos Beach Boys".

Até aquele momento, não havia no Reino Unido nada que equivalesse realmente a uma música de estrada, possivelmente porque as autoestradas eram famosas por serem congestionadas, com engarrafamentos de 5 quilômetros, caminhões tombados e acostamentos cheios de carros com fumaça saindo dos capôs abertos. Nos Estados Unidos, com muitos quilômetros de estradas livres, tudo era diferente, claro; desde a literatura *beat*, que incluía o romance inovador escrito por Kerouac em 1957, *On the Road* [*Pé na Estrada*], juntamente com uma grande variedade de canções de rock'n'roll, cuja razão de ser era o prazer de nada além do que, nas palavras da canção de Chuck Berry de 1964 "No Particular Place to Go", "rodar em meu automóvel". No entanto ter uma música de estrada feita por alemães, isso era algo totalmente diferente, porque uma canção sobre os prazeres de viajar de carro refletiria de volta, em algum momento, no próprio arquiteto da maioria das *Autobahnen*. Essa canção foi um ponto de referência na Alemanha, pois reafirmou o sentimento de orgulho de ser alemão, sem, de maneira alguma, negar ou esquecer o passado daquela nação. A autoestrada agora significava liberdade, modernidade, diversão.

Mais uma vez, a capa do álbum era parte integrante do produto. A capa original alemã exibia uma pintura de Emil Schult da perspectiva do motorista, uma representação literal, literal demais, diriam algumas pessoas, da jornada ao longo de uma autoestrada, tendo à frente um caminho sem fim rumo ao sol nascente, montanhas e uma grande conífera. No entanto, seria a capa criada para os mercados britânico e norte--americano que se tornaria icônica.

Na primavera de 1975, Peter Saville estava no primeiro ano da escola de artes. "Foi Malcolm (Garrett) quem me disse que havia uma versão de vinte minutos de duração no álbum deles. Eu fiquei atônito e

---

[19] Apesar de ser em geral associada aos Beach Boys, a gravação deles de "Barbara Ann" foi na realidade um *cover* do 13º lugar de uma parada de sucessos dos Estados Unidos em 1961 alcançado pela banda Regents do Bronx, com letra escrita por Fred Fassett, líder desta banda. [N.A.]

ZWEI [DOIS] • Reisen (viagens)

fascinado com aquilo e saí imediatamente para comprar o álbum. A capa britânica tinha a placa azul de trânsito que sinalizava uma autoestrada. Uma coisa muito importante ocorreu por isso. Na outra capa, havia uma ilustração pitoresca em estilo caseiro, eu realmente não gosto. Ela não tem a mesma importância que a música. Mas, aos 20 anos de idade, aquele símbolo da 'Autobahn' teve uma influência marcante, profunda e esclarecedora em mim. De certa maneira, eu diria que foi a minha primeira aula básica de semiótica... termo que eu não usaria na época, mas que hoje conheço. Eu vi a vasta paisagem do passado, do presente e do futuro da Europa desenrolar-se em minha mente. Tudo o que se ouvia em 'Autobahn' estava resumido por completo num símbolo monocromático. Dessa forma, essa capa ampliou imensamente minha noção de comunicação visual."

Mais tarde, quando Saville recebeu a tarefa de criar uma marca visual para a Factory Records de Manchester, a influência da capa do álbum *Autobahn* foi fundamental. "Em 1978, para a Factory, usei o símbolo de um protetor de ouvidos. É a consequência direta do símbolo na capa de 'Autobahn'. Foi o primeiro trabalho importante que tive a oportunidade de realizar. Eu me 'apropriei' de um símbolo que vinha admirando na porta de uma oficina da escola de artes, um sinal de alerta industrial que adorei; e eu o adorei pelo vasto horizonte de possibilidades e ideias que ele abria, da mesma maneira que a capa de 'Autobahn'. A rápida transição por meio das noções de Europa... era o que o símbolo de 'Autobahn' evocava. O símbolo do protetor de ouvido evocava o mundo industrial, a relação entre homem e máquina, o passado, o presente e o futuro da experiência industrial. Portanto o símbolo de 'use o protetor de ouvido' era para mim uma espécie de símbolo da cultura industrial e, em certo sentido, o símbolo de 'Autobahn' era um símbolo da cultura europeia, você sabe, geografia e história, como de tempo e espaço, *épocas* e lugar. Minha primeira percepção romântica do Kraftwerk, mesmo antes de eu ter ido pela primeira vez à Alemanha, era de autoestradas e uma catedral. E então, quando comecei a visitar a Alemanha, descobri um lugar em Colônia onde uma estrada elevada passa pela catedral e é puro Kraftwerk. Você atravessa um milênio em alta velocidade. Essa é a minha relação com o Kraftwerk, e tudo começou com aquele símbolo de autoestrada."

Autobahn, o álbum, foi organizado musicalmente de modo que a faixa que leva o título ocupa todo o lado 1, e o lado 2 contém uma sequência de músicas mais curtas. Esse tipo de divisão não era incomum no rock progressivo. Um lado do álbum do Genesis, *Foxtrot*, de 1972, foi quase totalmente ocupado pelo épico do rock progressivo "Supper's Ready", com mais de vinte minutos. O Yes esticou músicas nos álbuns *Fragile* e *Close to the Edge*, e Mike Oldfield estava ficando famoso com longas músicas conceituais que se estendiam por ambos os lados de seus primeiros álbuns pela Virgin. E, é claro, a música alemã contemporânea também fazia isso – o LP duplo *Tago Mago*, do Can, lançado em 1972, tinha no total 73 minutos dos quatro lados, e duas faixas, "Halleluhwah" e "Aumgn", ocupavam um lado cada uma. Num e-mail de 2009, Ralf refere-se diretamente ao fato de que a tecnologia disponível na época orientava e formava a música: "*Autobahn*... a jornada sem fim... a duração da composição resultava das possibilidades técnicas da gravação do *long-play* de vinil...".

Aquela era uma época de festas de cabeludos chapados, bandos de adolescentes em busca do sentido cósmico; e quanto mais longa a música, mais profundo seu significado, claro. Mas, ao contrário das criações infladas, inspiradas pelo excesso de cigarros Old Nick's Navy Cut, "Autobahn" não é nenhuma obra musical improvisada ao acaso. Ela é extremamente moderna, elegante e libertadora. Ela soa, até hoje, surpreendente, com sua batida e cadências *ambient* ecoando através dos anos e dizendo tanto sobre a música contemporânea dos dias de hoje. É também uma obra que confundiria e intrigaria uma nova geração de ouvintes musicais, acostumados a baixar da internet faixas pertencentes a um cânone de música popular que abrange setenta anos, desde Bing Crosby até Adele. Essa era uma música que exigia tempo para ser ouvida. Vinte e três minutos devotados não apenas a um artista, mas a uma faixa, parecem agora não só uma extravagância, mas também um esforço monumental.

As músicas mais curtas eram igualmente notáveis. "Kometenmelodie 1" [melodia do cometa 1] foi inspirada pelo cometa Kohoutek, a tão alardeada visita de um corpo celeste que no fim não passou de um borrão leitoso. A melodia sublime de "Kometenmelodie 2" [melodia do cometa 2] tem um clima quase francês e faz lembrar alguns dos trabalhos posteriores de Jean Michel Jarre. O clima fica mais sombrio na terceira música instrumental breve, "Mitternacht" [meia-noite], com sua melodia estranha, uma pegada meio tenebrosa de sintetizador e um clima gótico assustador, tipo "ele está atrás de você". A música instrumental de Bowie, de 1977, "Sense of Doubt" é sua parceira sonora, em termos psíquicos. Klaus Röder, apresentado na capa interna do álbum, foi integrante da banda por um breve período, e nessa faixa ele toca

ZWEI [DOIS] • Reisen (viagens)

violino elétrico.[20] Mas então o coração se eleva, e a tensão é aliviada. "Morgenspaziergang" [caminhada matinal] tem uma melodia de flauta doce soprano simples e adorável, e um tagarelar de cantos de pássaros produzido por sintetizador aparece em uma música que se encaixaria com facilidade, temática e musicalmente, nas incursões bucólicas de *Ralf and Florian*. Foi a última vez que o Kraftwerk fez uso de instrumentos acústicos.

Em última análise, o que *Autobahn* fez foi estabelecer uma separação entre o Kraftwerk e as outras bandas alemãs. Apesar de alguns instrumentos eletroacústicos terem sido usados no álbum, a execução e o propósito estavam agora centrados nos sons feitos a partir dos sintetizadores. Era um som que tinha muito pouco a ver com a música experimental do Can; não que tivesse havido algum dia grandes semelhanças, mas agora o Kraftwerk estava também distanciado de todos os seus pares na cena alemã. Há uma sensação de que, para alguns músicos alemães, o Kraftwerk havia então perdido seu espírito de aventura. Esta música agora não tinha mais nada da pegada de jazz ou progressivo/experimental dos trabalhos anteriores. O Kraftwerk havia jogado fora sua integridade artística, em busca de uma melodia de sucesso ou de algo que chamasse atenção.

"Havia outros músicos, possivelmente mais importantes em termos de autenticidade/originalidade", diz Hans-Joachim Roedelius. "Florian Fricke (Popol Vuh), Paul e Limpe Fuchs (Popol Vuh), Konrad Schnitzler, Asmus Tietchens e, é claro, meu próprio trabalho com o Kluster/Cluster, que não tinha nada a ver com o Kraftwerk. É outro mundo, em termos filosóficos e espirituais." Vendidos? "Em absoluto", diz John Foxx, que então era Dennis Leigh, com seus vinte e poucos anos, prestes a embarcar numa longa jornada musical, primeiro com o Ultravox em sua formação inicial, depois como artista solo e em colaboração com outros músicos, o que, até o presente momento, não dá nenhum sinal de estar perdendo o fôlego. "Parecem as acusações feitas contra Bob Dylan por ter passado para os instrumentos elétricos há muito, muito tempo. Na verdade, isso é mais honesto do que prosseguir com um punhado de ideais ultrapassados que você agora vê como ingênuos, mas não ousa abandonar por receio da desaprovação dos colegas. Isso sempre acaba

---

[20] Na verdade, a capa interna de "Autobahn" tinha originalmente uma ilustração de Ralf, Florian, Klaus Röder e Emil Schult como integrantes da banda instalados no banco traseiro de um carro. A participação de Wolfgang na formação só foi confirmada mais tarde e, então, sua cabeça substituiu o corpo de Emil na versão final da ilustração. [N.A.]

levando a uma asfixia por conta da aceitação do comodismo. A depuração que resultou no Kraftwerk em si envolveu um rápido expurgo dos elementos conflitantes, deixando a banda com aquela identidade clara, que de fato diferenciava seus integrantes de seus pares. Acho que é preciso uma dose incomum de coragem intelectual e visão para levar isso a cabo."

Na realidade, com *Autobahn*, o Kraftwerk fez uma parte significativa da música alemã soar antiquada; os dias de cabelos compridos, das pantalonas e dos *happenings hippies* estavam definitivamente contados.

2.6 O mundo do amanhã, hoje

Quando teve início de fato a música pop moderna? Em 1966, quando o tempo circular substituiu o tempo linear, com o lançamento de "Tomorrow Never Knows" dos Beatles, e de "Venus in Furs" do Velvet Underground, com músicas que rejeitavam a estrutura básica introdução/verso/refrão/ponte do pop tradicional, substituindo-a por repetições, *beats*, *grooves*, um mantra moderno? Ou será que chegamos ao pop moderno mais tarde, no verão de 1972, com *The Rise and Fall of Ziggy Stardust and the Spiders from Mars*, de Bowie, álbum sobre um fictício messias do rock que examinava todo o conceito do que era a idolatria do rock e, por extensão, rompia com o passado, dizendo que o rock era simplesmente um constructo e que uma estrela do rock podia ser apenas um *poser*, um jogador ou um ator? Também naquele verão, o álbum de estreia do Roxy Music fez musicalmente o que o álbum de Bowie havia feito conceitualmente; ele desnudou a emaranhada trama musical que constituía o rock'n'roll, por meio de uma paródia do passado, ao mesmo tempo que tocava, cortesia de Brian Eno, a trilha sonora eletrônica do futuro. Em 1972, a música popular estava se tornando paródica e autorreferente, e tem sido assim desde então.

No entanto, para muitos, a música moderna começaria realmente na primavera de 1975 com o lançamento do *single* "Autobahn".[21] Para Andy McCluskey, ela começou no banheiro. "Lembro-me muito bem de que tínhamos um rádio transistor no peitoril da janela do banheiro; eu não estava no banho, mas estava no banheiro. Talvez escovando os

---

[21] Na introdução ao artigo "From Neu! to Kraftwerk: Football, Motorik and the Pulse of Modernity", publicado em 6 de janeiro de 2010 na revista musical *on-line The Quietus*, John Doran escreve: "Quando iniciamos *The Quietus*, decidimos de maneira um tanto arbitrária que a música popular moderna teve início com o álbum *Autobahn*, do Kraftwerk, em 1974". [N.A.]

ZWEI (DOIS) • Reisen (viagens)

dentes, ou algo assim. Ouvi 'Autobahn'. Foi um pouco tipo 'Onde você estava quando atiraram em Kennedy?'. Eu me lembro bem porque ouvi 'Autobahn' e fiquei paralisado. Pensei comigo mesmo: 'Que raio é isto?'. Porque era muito diferente, e ainda assim muito melodiosa, e tinha um ritmo bom. Era tudo que um adolescente inglês em busca de algo diferente poderia querer."

A reação de John Foxx ao *single*, como a de muitos na época, foi não de rejeitá-lo, mas de classificá-lo como uma novidade musical. "Quando 'Autobahn' foi lançado, fiquei intrigado por ser eletrônico e achei isso muito engraçado... uma releitura de 'Barbara Ann', dos Beach Boys. Na hora não achei que a banda fosse algo novo de verdade... porque 'Autobahn' me pareceu uma espécie de disco único, mais a ver com The Shadows e várias correntes do Europop com que eu já havia cruzado quando viajei de carona pelo norte da Europa, em 1965/1966. Não fiz a conexão com o Neu! nem com outras bandas alemãs até meados dos anos 70 porque a música deles era bem diferente. Só quando percebi que Conny Plank havia gravado as duas bandas foi que entendi a conexão. Conny é realmente 'O Sr. Conexão'... todos os ramais da música europeia passam por essa estação. Se existe uma central, é ele. Lembro-me de ter conversado com Caroline Coon nos bastidores do Rainbow, em Londres, em 1976. Estávamos todos conversando sobre som... eu disse que estava interessado nos Futuristas e que queria que a banda soasse como um avião a jato ou algum tipo de grande máquina industrial. Caroline disse que eu devia ouvir de novo o Kraftwerk, e foi o que fiz. Foi só depois que soube, por intermédio de Conny, que os Beach Boys estavam entre as maiores influências do Kraftwerk. E então 'Autobahn' fez mais sentido como uma transposição alemã da *beach/surf music* dos Estados Unidos para a música de estrada europeia. Pelo visto, eles tinham até experimentado músicas com harmonias dos Beach Boys, usando *vocoders*. Eu adoraria ouvir isso."

Joe Black, um grande fã do Krautrock, e por muitos anos diretor de marketing da Universal Music, ouviu "Autobahn" quando menino na Escócia e a respeito disso declarou que "devo ter achado muito, muito romântica e exótica. Acho que também percebi na hora a influência dos Beach Boys. Vê-la no *Tomorrow's World* só confirmou isso. Ali estavam aqueles alemães tocando umas coisas que pareciam fogões elétricos no lugar dos instrumentos de percussão, e com agulhas de tricô como baquetas... Se há uma palavra que sempre associo com o Kraftwerk é romance. É o romance da viagem e o romance da tecnologia". Joe Black

KRAFTWERK

ecoa a experiência de muitos ouvintes de que "ela foi feita para ouvir no carro, de verdade".

A primeira vez que o público britânico viu a banda em ação foi quando ela se apresentou no popular programa de ciência *Tomorrow's World*, em 1975. A essa altura, todos os quatro integrantes do grupo usavam cabelo curto e vestiam, de forma elegante, mas conservadora, camisa social, paletó e gravata. "O Kraftwerk tem um nome para isso; eles a chamam de *machine music* [música de máquina]", informou o apresentador Raymond Baxter. A breve reportagem se concentrou nas baterias eletrônicas. "Cada disco produz um som diferente... rufares, sons de bongô, de caixa... apenas fechando o contato com os bastões de mola de aço. No próximo ano, o Kraftwerk pretende eliminar completamente os teclados e criar paletós com lapelas eletrônicas que podem ser tocadas com o contato dos dedos." Então, bem no fim da cena, surge uma das imagens mais icônicas da banda: Florian com seu sorriso largo, de cientista maluco, diante da câmera.

A essa altura, o Kraftwerk havia se tornado um quarteto, com a entrada de Karl Bartos, de 23 anos. Para Andy McCluskey, a entrada de Wolfgang e Karl Bartos foi um golpe de mestre: "Para mim eles eram maravilhosos, e acho que foi uma decisão maravilhosa, de Ralf e Florian, conseguirem dois bateristas". O fato de Wolfgang, moreno e com boa aparência, e Karl, que tem um ar jovem até hoje, aos 60 anos, serem fotogênicos e até mesmo *sexys* foi uma tremenda vantagem.

Wolfgang Flür se lembra de que os três integrantes do Kraftwerk estavam tocando em alguns clubes "idiotas" e, em particular, num clube francês, quando "pensamos, todos os três, que para uma banda éramos muito poucos no palco. Deveríamos ter mais um". Florian conhecia um professor do Conservatório Robert Schumann em Düsseldorf e o consultou. "Só pode ser Karl Bartos", respondeu o professor. "Só pode ser ele. Por quê? Porque é o melhor percussionista que conheço."

"Fui ao estúdio e nos entendemos muito bem desde o primeiro dia", diz Bartos. "Eles não sabiam na verdade que eu também havia crescido nos anos 60 e que tinha um bom conceito da música pop em geral. Comecei tocando músicas dos Beatles e de Chuck Berry... rock'n'roll de verdade. Quando tinha 18 ou 20 anos, entrei para o conservatório para estudar música e já era capaz de entender o conceito de música pop." Ele prossegue: "Naquela época, Düsseldorf ficava em território ocupado pela Grã-Bretanha, inclusive meu cunhado era soldado britânico.

ZWEI (DOIS) • Reisen (viagens)

E foi ele, Peter, quem trouxe para a nossa casa os primeiros discos de rock'n'roll, dos Beatles e dos Rolling Stones".

O que foi incomum na entrada de Bartos era que o Kraftwerk passaria a ter dois percussionistas que constituiriam metade da banda. Além do mais, Karl Bartos era, como Wolfgang admitiu com sinceridade, um músico muito superior a ele. Ainda mais desconcertante, talvez, foi o fato de ele e Karl passarem a ter *status* igual, apesar de Wolfgang já fazer parte da banda havia dois anos. No ano seguinte, Karl prestou os exames finais no Conservatório Robert Schumann e obteve seu diploma no curso avançado em percussão.

No entanto Karl e Wolfgang parecem ter se dado bem logo de cara, em parte pelo desejo comum de melhorar a música da banda. "Como eu, Karl não achava o som muito bom." O que fortaleceu o vínculo entre Wolfgang e Karl foi sua semelhança em caráter e temperamento, como também uma afinidade espiritual que fazia um forte contraste com a combinação Florian/Ralf. Embora Ralf e Florian tivessem personalidades muito diferentes uma da outra, eles eram (tanto em conjunto como individualmente) muito diferentes de Wolfgang e Karl. De certa forma, essa mistura improvável funcionou.

Para Karl Bartos, talvez com um leve toque de falsa modéstia, *Autobahn* é o álbum mais importante do Kraftwerk: "O lendário Conny Plank estava envolvido. Entrei em 1975 e fui a princípio escalado para os shows ao vivo que seriam feitos em breve nos Estados Unidos. Na época eu não fazia ideia de que seria parte da *Mensch Maschine* [máquina humana] pelos quinze anos seguintes".

2.7 Especial da meia-noite

Bartos entrou para o grupo em um momento decisivo na carreira deste, o momento em que algo muito improvável aconteceu. O álbum *Autobahn* havia entrado para a parada de sucessos da *Billboard* dos Estados Unidos. A invasão pacífica dos Estados Unidos pelo Kraftwerk começou no início de abril de 1975. O catalisador foi Ira Blacker, o diretor executivo da Mr. I. Mouse Ltd., empresa que cuidava dos interesses profissionais dos astros do rock, e 21 concertos foram agendados. Wolfgang Flür está entre os que têm lembranças vívidas daquele empresário notável. Foi isso o que lhe contaram: "O grande empresário Ira Blacker pegou um avião para Hamburgo com uma mala de dinheiro enorme, cheia de dólares, para assinar um contrato com eles, e deu a Ralf e Florian todo aquele dinheiro vivo. Deve ter sido uma quantia absurda. Não sei quanto. Eles tiveram um encontro em um hotel barato. Quando entrou, ele estava transpirando. Estava com calor e, por isso, tirou o paletó, e ele tinha um cinto com um revólver. Ele era americano, e tinha voado daquele jeito. Nos anos 1970, ninguém perguntava se as pessoas tinham armas. Ele pegou um avião de volta no mesmo dia. E assim o negócio foi fechado e eles ganharam alguns milhões de marcos ou dólares nos Estados Unidos com o álbum e depois com o *single*".

Segundo o ex-integrante Eberhard Kranemann, o produtor Conny Plank se deu mal: "Conny Plank recebeu um telefonema de um empresário americano do ramo da música (Ira Blacker), dizendo: 'Olá, Conny Plank, gosto deste disco do Kraftwerk, o *Autobahn*: mas é longo demais. Quero reduzir a faixa-título a três minutos para produzir um *single*'. Ao que Conny respondeu: 'Ok, podemos fazer isso'. Então o tal empresário quis se encontrar com Conny. Hoje eu diria que Conny Plank cometeu um grave erro ao dizer 'Estou sem tempo para encontrá-lo. Por favor, marque um encontro com Florian e Ralf.'. Conny passou o contato de Florian e Ralf. E eles marcaram um encontro com o grande empresário e assinaram um contrato com ele sem a participação de Conny. Eles chutaram o descobridor, divulgador e produtor para fora da jogada. E isso é uma vergonha. Depois disso, conversei muitas vezes em detalhe sobre isso com Conny... e ele ficou muito furioso com o ocorrido. Eles mudaram de comportamento depois de *Autobahn*. Eles passaram a se mostrar muito prepotentes. Não queriam mais falar com as pessoas, tinham advogado para cuidar de seus direitos. Se alguém dizia alguma coisa sobre o Kraftwerk que não agradava a eles, recebia uma carta do advogado, advertindo-o de que estava proibido de dizer isto ou aquilo".

Até 1975, a banda fazia um sucesso modesto, porém consistente. *Kraftwerk* e *Kraftwerk 2* estavam entre as 40 Mais na Alemanha, embora *Ralf and Florian* tivesse vendido pouco. Até 1975, o Kraftwerk havia vendido por volta de 150 mil cópias na Alemanha Ocidental, mas ainda assim sua presença na mídia de seu país natal continuava mínima. "Eles não dão entrevistas, é a resposta que se recebe, e é raro fazerem algum concerto, porque aparentemente não precisam de dinheiro de fato", é o que disse o *Record Mirror*, em maio de 1975, quando o *single* "Autobahn" estava estourando nas paradas da Grã-Bretanha e da Alemanha Ocidental. Foram os Estados Unidos, porém, que levaram a banda a sério de verdade. Era uma cena musical dominada por ganhadores de múltiplos álbuns de platina, como Elton John, Led Zeppelin, Chicago,

ZWEI (DOIS) • Reisen (viagens)

The Eagles e Jefferson Starship. Os Estados Unidos pré-punk e pré-*new wave*, por volta de 1975, eram o país em que a rádio FM reinava, e o AOR (*album-oriented rock*)[22] a mantinha com rédea curta. O sucesso de um álbum produzido a partir de sons eletrônicos radicais como *Autobahn* era, assim, ainda mais surpreendente. De certa forma, o sucesso do disco, sobretudo sua adoção pelos círculos universitários como a mais recente música interessante da Europa, colocou a banda na mesma categoria geral de David Bowie e do Roxy Music, música para os alternativos, numa época em que a música norte-americana tinha muito pouco a oferecer para esse público, sobretudo nas rádios FM.

De repente, tudo havia mudado. O *single* "Autobahn" alcançou o 11º lugar nas paradas do Reino Unido e o nono na Alemanha. Ele também estava entre os 30 mais dos Estados Unidos, enquanto o álbum atingiria as vertiginosas alturas do quinto lugar na Billboard. "Eu nem fiquei sabendo que 'Autobahn' havia sido lançado como *single*", Conny Plank disse ao *Record Mirror*. "Foi o chefão da Phonogram de Chicago quem reduziu a faixa para três minutos. Seu único propósito era a promoção nas rádios dos Estados Unidos, mas nós ficamos bastante satisfeitos quando a ouvimos, era exatamente como teríamos feito."

A turnê pelos Estados Unidos começou mal, com Wolfgang fechando a porta do carro sobre o polegar esquerdo, antes mesmo de saírem de Düsseldorf. A programação levou-os para o norte do estado de Nova York, coberto de neve, para a Flórida quente e úmida (onde Wolfgang teve problemas estomacais provocados pelo calor), para o sul da Califórnia e Nova York. A turnê também incluía apresentações na TV. "Lembro-me de uma delas", recorda-se Wolfgang Flür. "O *Midnight Special*, em Los Angeles. Foi maravilhoso. O apresentador era louco por nós. O que lembro realmente é dos Jackson Five diante de nós no palco." O Kraftwerk tocou uma versão de oito minutos de "Autobahn" no horário nobre da TV americana. Quatro jovens alemães que pareciam advogados ao lado de uma das atrações mais badaladas, exuberantes e importantes de uma produção da NBC com enorme audiência? Foi um dos momentos mais estranhos da música pop, mas também um dos mais significativos.

Como uma espécie de autoprofecia, a banda ouviu sua música pelo rádio enquanto viajava pelas *freeways* dos Estados Unidos. "'Autobahn'

---

[22] Formato de rádio FM norte-americana que se concentra nas faixas de discos de rock; ele evoluiu para a criação de um formato dos discos de rock com mais apelo comercial. [N.T.]

KRAFTWERK

conta a história de nossa música sendo tocada no rádio enquanto viajamos de carro", Ralf diz. "Isso aconteceu de verdade enquanto estávamos nos Estados Unidos. Íamos do aeroporto para o hotel e, quando ligamos o rádio, estavam tocando nossa música. A canção falava sobre aquilo, que estava sendo a realidade para nós."

Entretanto, ao contrário de muitos de seus contemporâneos musicais britânicos, para os quais os Estados Unidos representavam a terra mítica de potenciais quase ilimitados (e, claro, um mercado enorme a ser conquistado), Ralf e Florian pareceram de fato desmotivados pela superficialidade da cultura norte-americana, sobretudo pelos programas de TV. "Ah, lógico que posso assistir a *Bonanza* se não tiver mais nada para fazer", Ralf disse em 1976, "mas há uma quantidade enorme de pessoas que são acomodadas e aceitam como certo qualquer coisa que a televisão apresentar. Quando você percebe como isso é feito, e o que realmente significa, pode chegar ao ponto de não conseguir assistir por se sentir fisicamente mal. Eu me sinto mal." "Não suporto a TV americana", foi a declaração ríspida de Florian.

A estética do Kraftwerk era uma rejeição consciente de quase tudo que a cultura anglo-americana representava e, com frequência, uma interpretação espirituosa da germanidade: "Acho que há muito tempo eles perceberam a visão estereotipada que o resto do mundo tem do alemão racional e eficiente e decidiram corresponder a ela", é a análise de John Foxx. "Os ternos e cortes de cabelo que Florian introduziu parecem corroborar isso, bem como o comportamento deles em geral: imperturbável, porém empenhado, solene, preciso, indiferente, analítico, de um humor seco ou uma jocosa seriedade propositalmente exagerada, ou ambos. Parte de uma cultura mais ampla, da qual eles nos permitem apenas um vislumbre, em nomes de músicas, ou referências, ou mitos criados por eles mesmos; a música chamada 'Franz Schubert', a história de assistirem a Stockhausen depois de tomarem LSD etc., sua independência financeira... sendo capazes de manter sua carreira fora das normas do mercado musical. Independência intelectual também, sem a dependência dos constructos forçados habituais, resultantes da ansiedade exagerada por adquirir credibilidade por meio de conexões artísticas espúrias. Ainda há a própria música, que também exclui de propósito todos os elementos pop britânicos e norte-americanos. Em vez disso, ela busca como referência a música alemã revisitada, bastante simplificada, de Schubert a Stockhausen, incorporando elementos de *Schlagen*, *disco* e melodias *folk*. Creio que o elemento mais alemão da imagem deles no

ZWEI (DOIS) • Reisen (viagens)

palco está, sobretudo, em sua aparente incapacidade de dançar. Mas de novo estamos falando dos estereótipos que eles se divertem explorando. A forma como usam a tecnomitologia também parece reforçar isso. Alguns dos temas que Fritz Lang manifestou por meio de *Metropolis* parecem ter sido incorporados ao cerimonial da vida alemã dali em diante... a possibilidade de, por meio do trabalho, do bom comportamento e da boa cidadania, atingir uma espécie de progresso gerado pela tecnologia. Isso fica patente no uso que o Kraftwerk faz de filmes alemães de informação ao público, em geral promovendo uma espécie da 'Otimismo *Autobahn*'... famílias fazendo piquenique em gramados à beira de autoestradas etc. São filmes muito parecidos com os filmes norte-americanos da mesma época, e igualmente atraentes e ingênuos, mas sempre se referem ao ambiente especificamente alemão... lugares industriais amigáveis à família, em especial o sistema rodoviário. É uma espécie de reconhecimento declarado e afetuoso da inocência. Um *kitsch* mágico."

2.8 Papai Urso se vai

O sucesso teve um preço pessoal. Conny Plank, tão vital no desenvolvimento e refinamento do som do Kraftwerk, foi posto de lado. Plank havia exercido um papel fundamental em termos sonoros. Plank foi, no fundo, pago para sair. Ralf e Florian lhe ofereceram 5 mil marcos alemães por sua participação em *Autobahn* e ele aceitou; dessa forma, não se beneficiou em nada do sucesso duradouro do álbum nos anos que se seguiram, até sua morte em 1987.

Antes que tiremos uma conclusão apressada, 5 mil marcos alemães eram, em 1975, muito dinheiro e, provavelmente, o maior cheque de pagamento que Conny já tinha visto. Precisamos também entender o lado de Ralf e Florian, dois músicos e empresários jovens, procurando administrar sua banda como um negócio. O modelo era um grupo pop como uma pequena empresa, tendo Ralf e Florian como seus diretores com poder de contratar e demitir. Quem sabe, em 1975, eles achassem que já tinham aprendido o bastante com Plank. Talvez achassem a abordagem dele limitada e sentissem necessidade de uma virada radical, em termos artísticos. Com Ralf e Florian indisponíveis para comentários, não sabemos a versão deles sobre o caso. Entretanto o certo é que dois ex-integrantes do Kraftwerk ficaram desapontados, e até indignados, com o tratamento dispensado a Plank.

KRAFTWERK

"Conny Plank era um cara muito sincero e gentil. Ele não se importava com dinheiro", diz Eberhard Kranemann. "Ele estava interessado em experimentos sonoros. Os músicos iam lá testar o estúdio e ele não cobrava nada por isso. Nos álbuns anteriores do Kraftwerk, ele tinha uma participação meio a meio com Ralf e Florian. *Autobahn* havia sido produzido por Conny Plank, mas Florian e Ralf – e isso não está certo – deram um chute nele e o tiraram da jogada. Deram-lhe 5 mil marcos alemães pela produção do álbum. Quanto Ralf e Florian ganharam com o álbum? Isso não foi correto. Conny Plank queria a sua devida parte. Ele procurou um advogado e disse: 'Sou o produtor disto, tenho direito a 30/40/50% do total arrecadado'. O Kraftwerk respondeu 'Não, a ideia foi nossa, fizemos tudo sozinhos', ou algo assim. Mas o erro havia sido também de Conny Plank, porque ele era muito cordial e ingênuo. Ele selava seus acordos com um aperto de mão, não fazia nada por escrito. Normalmente quando se faz um negócio há documentos escritos e consta 'Florian tem 50% pela produção e os outros 50% são para Conny Plank' etc. Porém eles não tinham nada por escrito. Era como Conny fazia as coisas. Então, Ralf e Florian pensaram 'Ah, a gente pode tirá-lo do negócio'. Isso não foi correto, porque eles eram amigos antes de tudo. Não se pode fazer isso com um amigo. Conheço a música, as primeiras músicas do Kraftwerk sem Conny Plank, e sei exatamente qual foi o trabalho que Conny Plank fez na banda. Em seus primeiros estágios, o som da banda foi 70% a 80% de Conny Plank; não de Florian e Ralf. Foi muito importante o que ele estava fazendo com o som em termos de mixagem e o tipo de música que ele selecionava, e a forma como ele apoiou Ralf e Florian. O som é muito importante para o Kraftwerk; e o som foi feito por Conny Plank, o grande mestre."

"Ele vivia só para a música. A música era tudo em sua vida", continua Eberhard. "Ele não estava interessado numa vida normal. Ele passava dias e noites trabalhando com os sons em seu estúdio. Grande parte dos sons do Kraftwerk e do Neu! foram feitos por Conny Plank, não pelo Kraftwerk nem pelo Neu! Isso é muito importante. Sem Conny Plank, essas bandas não teriam acontecido. Eu fiz o primeiro contato."

"Ele era um homem fantástico, muito talentoso, e foi ele, aliás, quem colocou o sintetizador na vida de Florian e Ralf", observa Wolfgang Flür. "Eles tocavam órgão, Florian tocava flauta e o senhor Plank tinha um ótimo relacionamento com as companhias norte-americanas. Ele viajava muito para lá e conhecia algumas pessoas bem famosas da cena musical, das gravadoras e tudo mais. Ele também estava envolvido

ZWEI (DOIS) • Reisen (viagens)

com soldados americanos a serviço na Alemanha, em Wiesbaden e Hessen, os caras que trouxeram o rock para a Alemanha. Ele sabia que os americanos eram capazes de fazer o melhor do rock. Ele disse a Ralf e Florian: 'Esqueçam o rock. Os músicos americanos são capazes de fazer melhor. Esqueçam tudo, façam algo especial e inventem alguma música alemã especial, um tipo de música pop que seja confiável e que tenha a ver com sua educação e suas visões artísticas'. Ele estava familiarizado com o sintetizador da companhia Moog, de Bob Moog. Era um aparelho parecido com um pequeno órgão ou um brinquedo, era realmente muito leve. Ele o trouxe consigo e disse: 'Caras, vamos lá, esqueçam o órgão. Ponham de lado. É grande demais. Não é moderno'. Eles produziram o som de carros com ele na faixa 'Autobahn'. Foi ele, portanto, o visionário, não Ralf e Florian."

"Ele os entendia; sabia quanto eram visionários em seus temas", Wolfgang continua. "Estive em seu estúdio duas vezes com eles lá em Neuenkirchen, perto de Hennef, na região da Renânia. Ele havia comprado uma antiga fazenda, tirado os porcos e instalado seu estúdio de gravação onde havia sido o chiqueiro. O cheiro logo desapareceu porque ele era um grande usuário de maconha." A esposa de Conny, Christa Fast, contou a Wolfgang: "Conny tocava o Moog e Ralf e Florian reagiam dizendo coisas como 'Volte, toque de novo o que você tocou cinco minutos atrás. Sim, tudo bem. Ótimo. Vamos incluir isto'. Era assim que eles trabalhavam com ele. Ele trabalhava; eles ficavam só sentados nas poltronas, decidindo com elegância o que seria incluído, o que devia ser feito".

Assim, Conny Plank seria então um compositor que não recebeu os créditos? "Certamente", afirma Wolfgang. "Ele não recebeu os créditos como coprodutor e compositor. Ele não foi apenas o 'engenheiro de som'. E isso não é correto. Quando encontrei Christa, ela começou a chorar por causa disso, porque seu marido estava muito transtornado pela maneira como eles o tinham tratado depois de *Autobahn*, que ficou tão famoso, e que só foi possível graças a ele, suas ideias e sua direção, só por isso o álbum deslanchou. Tudo o que eles fizeram constar no disco foi 'Engenharia de áudio de Konrad Plank'". Para Wolfgang, Plank teve um papel fundamental no desenvolvimento de muitos dos sons do LP. "Especialmente os carros, as construções e todas essas coisas. O som é realmente importante, tanto quanto a melodia. O som é realmente importante para criar algo no cérebro, é tudo que se sente, o som, especialmente na música eletrônica, porque na música pop normal, padrão, em geral se usa apenas guitarras, ou talvez um órgão, esse era o arranjo

KRAFTWERK

padrão. Com a guitarra não se pode nunca fazer sons de borracha, de capim ou de carpete, você sabe."

"Foi a primeira vez na vida que Konrad Plank procurou um advogado para saber o que poderia fazer", Wolfgang prossegue emocionado. "Ele não tinha quase nenhuma chance, porque não tinha como provar nada sem um contrato por escrito. Ele escreveu algumas cartas para o Kraftwerk, mas não obteve nenhuma resposta adequada; isso o deixou extremamente magoado. Christa me disse que ser tratado tão mal o magoou de verdade. Só quis contar a você porque sei que é verdade, e não tenho motivo nenhum para não acreditar no que Christa disse. Eles têm um filho; ele tinha idade suficiente para entender tudo o que estava acontecendo, ele confirmou o que a mãe me contou."

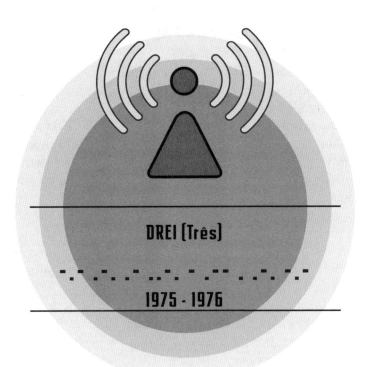

DREI (Três)

1975 - 1976

3.1 Lester Bangs *versus* Kraftwerk

"**TODAS AS GRANDES** coisas devem a princípio usar máscaras aterrorizantes e monstruosas para conseguirem gravar-se nos corações da humanidade." Assim escreveu o filósofo alemão Friedrich Nietzsche. Como indivíduos, os homens do Kraftwerk não eram terríveis nem monstruosos, mas constituíam uma força subversiva o suficiente, em sua aparência, nas músicas que tocavam e no que diziam em entrevistas, para parecerem, a algumas pessoas, estar dotados de algum tipo de potência sobre-humana. A fala deles sobre *Machine Music* e sua admiração óbvia pela tecnologia pareciam estranhas, até mesmo ameaçadoras, para aqueles que podiam igualar a identidade alemã a uma visão sinistra do futuro da humanidade, nietzschiana, com o "Übermensch" no poder. Hoje, o Kraftwerk é respeitado e reconhecido, mas nos anos 1970 tudo era diferente. Em certas esferas, o Kraftwerk não era apenas mal-entendido, mas também constantemente odiado.

Em 1975, Lester Bangs era o baluarte de um novo tipo de jornalismo musical *gonzo*, independente e subjetivo. Seus duelos verbais são épicos, e sua prosa, tão vigorosa quanto mordaz, esbanjava uma lucidez rara e uma paixão por uma imensa variedade de música. Seu artigo sobre o Kraftwerk, baseado numa entrevista com Ralf e Florian e publicado na

KRAFTWERK

revista *Creem* em setembro de 1975, se revelaria, no entanto, uma faca de dois gumes. Intitulado, com o devido minimalismo, "Kraftwerkfeature" [Apresentando o Kraftwerk], o artigo fez uma boa cobertura da banda, ainda em princípio de carreira, na segunda revista de música mais vendida nos Estados Unidos. Bangs gostava do Kraftwerk e foi o primeiro crítico, no mundo todo, a prever que sua música seria precursora de um futuro tecnológico numa época em que a maioria dos observadores via o Kraftwerk como o fim da música. Tendo o antagonismo como sua marca registrada, ele atribuiu à Alemanha o próprio surgimento do rock'n'roll, oferecendo como prova o fato de os cientistas alemães terem dado ao mundo o *speed*, uma droga sem a qual a história do rock'n'roll teria sido bem diferente: "Como é sabido por todos, foram os alemães que inventaram a metanfetamina, que, de todas as ferramentas disponíveis, foi a que levou os seres humanos o mais perto da máquina, e sem ela jamais teríamos símbolos tão extraordinários da contracultura como Lenny Bruce, Bob Dylan, Lou Reed, The Velvet Underground, Neal Cassady, Jack Kerouac, o poema "Uivo" de Allen Ginsberg, Blue Cheer, Cream e a revista *Creem* (o *Reich* jamais morreu, ele simplesmente reencarnou nos estereótipos americanos produzidos por manequins de olhos encovados e dedos espasmódicos, agarrados a suas máquinas de escrever e guitarras como rinocerontes em cópula)..."

"Quando foi que você ouviu pela última vez uma banda alemã sair galopando a uma velocidade de 965 milhas por hora, correndo atrás do esquecimento?", Bangs prosseguiu, expondo a estética metódica de muitas das bandas alemãs da época. "Não, elas sabem que o poder supremo é exercido com calma, seja o Can com suas infinitas conexões de engrenagens, o Tangerine Dream explorando as profundezas do mar dos Sargaços, ou o Kraftwerk percorrendo a *Autobahn* numa cabine pressurizada."

Encerrando o preâmbulo, começa a entrevista. Ao longo de todo o texto, Bangs tem um propósito – mostrar o Kraftwerk como desprovido de alma, e fortalecer o máximo possível de estereótipos nocivos do caráter nacional, mas também com algum humor e ironia. Talvez com alguma cumplicidade intencional, ou com uma ingenuidade desastrada, dependendo de como você toma o texto de Bangs, como brincadeira ou como intolerância, Ralf e Florian lhe fornecem ampla munição. Eles são retratados como frios, calculistas, como se fossem máquinas, capazes de considerar (se bem que para rejeitar) os efeitos do uso do som, como proposto por William Burroughs, como meio de destruir uma plateia.

DREI (TRÊS) • -.- .-. .- ..-. - .-- . .-. -.-

Tirada do contexto, a frase "Também é possível prejudicar sua mente" faz a música soar como tortura.

No Reino Unido, o editor da revista *NME*, Nick Logan, havia feito um acordo para republicar o artigo de Bangs. Em 6 de setembro de 1975, a *NME* publicou o artigo com outro título – "Kraftwerk: a solução final para o problema da música? Lester Bangs disseca a Abordagem Científica Alemã" –, e nessa versão qualquer vestígio de ironia foi totalmente eliminado. Florian é descrito como um homem cujo semblante dá a impressão de que "ele poderia montar um computador ou apertar um botão e explodir a metade do mundo com o mesmo nível de emoção". "Nós queremos que o mundo inteiro saiba as nossas origens. Não podemos negar que somos da Alemanha", Ralf é citado como tendo dito, "porque a mentalidade alemã, que é mais avançada, sempre fará parte do nosso comportamento. Nós criamos com base na língua alemã, a língua-mãe, que é bastante mecânica, e que usamos como estrutura básica da nossa música. Também as máquinas, das indústrias da Alemanha".

O Kraftwerk não era a primeira banda a reivindicar superioridade intelectual sobre os americanos, claro. No mesmo ano, Jean Jacques Burnel, dos Stranglers, disse sobre os Estados Unidos: "Não havia lá nada que pudéssemos apreciar, nada na cultura americana que pudesse atrair a nossa superioridade europeia", antes de acrescentar, num desfecho claramente premeditado: "Todo mundo sabe que os americanos têm cérebro menor. É uma realidade, você sabe... eles são apenas espécimes inferiores".

Uma crítica como essa do grupo era em geral levada na brincadeira. "Essa maluquice nos faz rir. Eles não entendem o nosso humor", diz Wolfgang. "Nós sabíamos que era sátira... sátira de mau gosto, é claro." Mas Karl Bartos se lembra disso de maneira diferente: "Nos primeiros anos, havia alguma reação negativa às nossas origens germânicas, isso é verdade. O exemplo mais famoso é a página central dupla da revista *NME*, que exibiu uma fotografia em preto e branco da banda, tirada em Nova York por Maurice Seymour, posteriormente usada na capa do disco *Trans-Europe Express*, numa montagem sobre uma cena do *Reichsparteitag* [Convenção do Partido do Reich]. Pelo que consigo me lembrar, os nossos concertos na Inglaterra não tiveram um bom público depois daquilo... Na verdade, ficou claro para mim, enquanto viajava, quanto nós, alemães, somos vistos criticamente no exterior em geral".

Não existia o politicamente correto em 1975. Ralf, Florian, Karl e Wolfgang tinham sido transformados em Adolf, Hermann, Rudolf e Heinrich.

3.2 "This Ain't Rock'n'Roll"[23]

A imprensa musical do Reino Unido da primeira metade dos anos 1970 consistia, quase até o último homem (ainda eram poucas as mulheres envolvidas), em um punhado de viciados em drogas e álcool, acadêmicos fracassados e oportunistas.[24] Enquanto a *Melody Maker* inclinava-se pela contratação de jornalistas qualificados de diários do interior, desencaminhados pela paixão pelo rock, sua principal concorrente, a *NME*, dependia de um grupo de repórteres que eram remanescentes do espírito subversivo cultivado em 1970 pelas revistas *IT* e *Oz*. Ambas também empregavam uma geração mais velha de entusiastas do jazz da era Tin Pan Alley, que, embora estivessem gradativamente entrando em decadência, às vezes se tornavam companheiros pouco compatíveis com a geração mais nova. O Kraftwerk ainda continuava incompreensível para os eruditos do rock, graças a sua evidente falta de boa formação nessa área. Era um grupo que não apenas não tocava rock, como também não usava drogas. E, ao contrário de muitos repórteres, os integrantes do Kraftwerk tinham formação universitária, como tantos pais e mães de jornalistas de classe média sempre haviam desejado que seus filhos tivessem. Claro, na época não era todo mundo que percebia, mas justifica a singularidade do Kraftwerk. Muitos jornalistas musicais eram astros de rock fracassados, que usavam calças de couro justas, eram obcecados por aparecer em fotos com os entrevistados, transar com as assistentes de produção e andar na companhia de astros para desfrutar dos reflexos da glória. Estranhamente, o Kraftwerk não se deixava impressionar por esse tipo de coisa. Seus integrantes não encorajavam muito os jornalistas e não tinham absolutamente nenhum interesse em celebridade e fama.

Ficou claro que o que estava sendo apresentado não tinha absolutamente nada a ver com rock. "Quando entrei no Kraftwerk, em 1975, encontrei uma identidade visual já desenvolvida", diz Karl Bartos. "Se examinarmos as capas dos discos, perceberemos a proximidade com as

---

[23] O primeiro verso da música de David Bowie, "Diamond Dogs", de 1974. Bowie abandonaria o rock quase por completo durante os seis anos seguintes. [N.A.] "Isto não é rock'n'roll", em português. [N.T.]

[24] Admito que estou exagerando na simplificação, embora os estilos de vida escolhidos pelo pessoal da *NME* na década de 1970, descritos por Pat Long em *The History of the NME: High Times and Low Lives at the World's Most Famous Music Magazine* (Londres, Portico, 2012), pouco fazem para refutar meu argumento. [N.A.]

DREI (TRÊS) • -.- .-. .- ..-. - .-- . .-. -.-

artes visuais. Também a cenografia lembrava uma instalação audiovisual. Tudo estava mergulhado em luz neon e parecia extremamente artificial. E depois havia os nossos nomes, Ralf, Karl, Wolfgang e Florian aparecendo gradualmente em letras de neon diante de nós, sempre provocando aplausos frenéticos. Já nos primeiros concertos em que toquei com a banda, fizemos projeções de *slides*, que depois foram substituídas por projeções de vídeos."

A única vez em sua carreira que o Kraftwerk se apresentou no palco sem sua parafernália foi em 1976, na França. Wolfgang atribuiu a ocorrência a um "problema logístico" na viagem para um concerto ao vivo em Lyon. "Ao irmos para Lyon em nosso Mercedes preto, caímos em um congestionamento na hora de pico. O tempo passava e estávamos cada vez mais atrasados. Não consigo me lembrar de onde havíamos tocado no dia anterior, mas sei que era bem longe de Lyon e que tivemos uma viagem de carro muito longa, durante a qual mudamos de motorista várias vezes. De qualquer forma, um dos caminhões ficou parado em algum lugar, e quando chegamos ao enorme espaço nada acolhedor, onde nos fins de semana eram realizados leilões de gado, estávamos muito atrasados. Felizmente, o público havia esperado por nós e ninguém havia ido embora, apesar de termos nos atrasado uma hora; não tínhamos roupas para entrar no palco, porque elas estavam na mala que havia ficado no caminhão extraviado... Durante o show, um sintetizador pifou, soltando uma espessa nuvem de fumaça preta de cheiro forte... Foi o único concerto que demos usando jeans e jaquetas de couro após o lançamento de *Autobahn*. Parecíamos uma banda eletrônica punk."

Muitos críticos ficaram confusos com o Kraftwerk. Era um grupo que não tinha nada do calor do rock'n'roll. Não havia nenhum ponto focal, nenhum vocalista com quem se identificar. No palco, o Kraftwerk era estático, uma orquestra de câmara eletrônica sem nenhum esforço real para envolver a audiência. Havia também uma ausência total dos dramas tradicionais da música popular, sem letras falando de paixão, inveja, desejo, amor conquistado e perdido. Em vez disso, os críticos e a plateia eram brindados com uma forma dessexualizada de música contemporânea, indiferente, fria. Miles, talvez a voz da cena *underground* londrina do final dos anos 1960, via o Kraftwerk com uma mistura de fria aversão e piedade: "Eles são uma banda bem arrumadinha, todos de terno, gravata e cabelo curto, como gerentes de banco. Todos eles ficam duros, exceto Karl e Wolfgang, que têm de mover um pouco os braços para tocar o baixo e a bateria. Não baixo e bateria comuns,

KRAFTWERK

mas pequenas maletas planas com pernas, como pianos elétricos... isso mesmo, placas eletrônicas. É possível que Bryan Ferry se esforce para apresentar esse visual decadente dos anos 40, mas todo mundo sabe que, por trás disso, ele não passa de um estudante de artes medíocre. No entanto, no caso desses caras, eles na verdade pareceriam esquisitos se usassem *jeans*. Como o palco estava às escuras e não dava para ver como era a aparência deles, eles exibiam *slides* de si mesmos com gravata borboleta e olhar inexpressivo. A música deles também era inexpressiva. As melodias eletrônicas fluíam tão lentamente quanto um pedaço de lixo flutuando rio abaixo pelo poluído Reno".

"Na Alemanha, não fazíamos muito sucesso", diz Wolfgang. "Recebíamos críticas incrivelmente negativas nos jornais. Chamavam-nos de *verrückte Knöpfchendreher* [malucos giradores de botão], doidos, bonecos eletrônicos, desprovidos de emoção, marionetes frias. 'Seria isso o futuro? Ha-ha-ha' (sendo sarcásticos). 'Veremos onde estarão em dois anos!'... e assim por diante."

Estava claro que o Kraftwerk era amplamente incompreensível para quem tinha sido criado sob a política da contracultura, os cabeludos que agora tinham mais de 30 anos, assim como para os redatores de vinte e poucos que esperavam que todos os astros de rock se parecessem com Robert Plant ou Roger Daltrey. No entanto, para uma nova geração de adolescentes que só esperavam uma desculpa para cortar seus cachos, pôr no lixo as calças pantalonas e jogar fora a palheta e as baquetas, o Kraftwerk era uma mensagem de e para outro mundo. "Nós não estamos tentando criar uma atmosfera segura do tipo '*Baby*, eu te amo', mas colocar um pouco de realismo nela", Ralf disse. De sua presença no palco, ele diria: "A atitude do músico não é física. Nossos bateristas não transpiram. São, portanto, como nós. Não são sub-humanos fazendo o trabalho sujo. São como programadores de computador".

Em uma entrevista para a revista *Triad*, em 1975, o entrevistador parece antever o futuro e chama a atenção do grupo para a importância da dança na música deles. Ralf é o primeiro a falar. "Sim, na Alemanha, algumas companhias modernas de balé têm usado nossa música para criar suas próprias versões de dança para ela." Em seguida, Florian acrescenta: "A coreografia é como uma dança computadorizada, como a dança de um robô. Bem mecânica em seus movimentos no palco". E Ralf prossegue: "Nós também meio que dançamos nas apresentações. Não movemos propriamente o corpo, mas estamos conscientes do corpo todo. Nós nos sentimos como dançarinos". Florian aprofunda: "É o cérebro que dança. A música eletrônica dança em torno das caixas acústicas". E Ralf conclui com uma declaração sobre a missão da banda, a *Gesamtkunstwerk*: "Tínhamos essa ideia fazia muito tempo, mas apenas neste último ano fomos capazes de criar o que sentimos ser uma orquestra de alto-falantes. É o que consideramos o Kraftwerk, uma orquestra eletrônica não acústica de alto-falantes. Tudo é um instrumento. Nós tocamos os *mixers*, tocamos fitas, tocamos *phasers* e tocamos todo o aparato do Kraftwerk. Tudo é instrumento. Inclusive a iluminação e a atmosfera".

Porém a afirmação de que o Kraftwerk de algum modo fazia uma forma de não música foi fundamental para a hostilidade; aquela *machine music* era um conto do vigário, quase no mesmo nível do grande pecado de "não tocar em seus próprios discos". Que estava tirando o trabalho dos músicos "de verdade". Que a música feita por sintetizador era uma forma degradada de música que qualquer um podia fazer. Não exigia nenhum talento musical. Subjacente à crítica, havia possivelmente também uma manifestação de xenofobia. A música com sintetizador não era britânica e, portanto, era um arauto de alguma forma de invasão europeia. "Todos esses impulsos vêm da Alemanha. Não são britânicos. Nós copiamos o pop britânico e americano durante vinte anos", diz Wolfgang Flür. "Nós o amávamos porque dizíamos que era o futuro e o adaptamos e acabamos chegando ao sintetizador na Alemanha. Os Estados Unidos tinham os instrumentos, mas não faziam música interessante com eles."

3.3 Radioterapia

"Autobahn" surpreendeu seus criadores. Em nenhum momento, durante o processo de produção do LP, o Kraftwerk havia imaginado que a faixa-título de 22 minutos pudesse ser editada de maneira a virar um sucesso pop de três minutos e meio. "Autobahn" foi a primeira música do Kraftwerk a ter letra; no álbum seguinte, os membros do Kraftwerk se tornaram compositores. O próprio álbum foi o primeiro dos cinco que apresentaram a formação icônica de Schneider/Hütter/Bartos/Flür. O novo trabalho foi composto e registrado em questão de meses, durante o verão de 1975, e lançado no outubro seguinte pela EMI na Europa (pelo selo Kling Klang) e pela Capitol nos Estados Unidos. Todas as músicas foram compostas por Ralf e Florian, embora, como em *Kraftwerk*, Emil Schult desse uma importante contribuição como letrista. O novo disco foi tematicamente o

KRAFTWERK

mais coerente da banda até então, um repertório de canções breves e músicas instrumentais inspiradas numa fonte incomum.

Em sua turnê recente, Ralf e Florian haviam folheado uma revista americana especializada em música. Uma seção detalhava quem estava bombando nas listas da Billboard e incluía as músicas mais tocadas nas rádios. A seção se chamava "Radioactivity". Inspirados no nome, eles começaram a escrever uma série de letras que seriam tematicamente relacionadas com o rádio, as ondas de rádio, comunicação e radioatividade (na faixa-título e em outras faixas, como "Uranium"). O álbum transcorre suavemente, as canções se dissolvem em interlúdios curiosos, anúncios, som de estática, silêncio e o dial do rádio transistor passando de uma estação a outra. Em sua totalidade, ele funciona perfeitamente.

A faixa-título, regravada em 1991 com uma letra bem diferente, era originalmente atraente, nostálgica e indeterminada. Ela começa com a pulsação que imita os sons de um contador Geiger que vai acelerando, em "Geiger Counter", de um minuto de duração. A música, então detectada, move-se inicialmente com o mesmo compasso, o código Morse transmitindo o nome da banda e, em seguida, um efeito de coral, cortesia de um dos brinquedos recém-adquiridos, o Vako Orchestron, e uma batida sombria do Minimoog. Depois a frágil, porém singular, declamação de Ralf: "Radioactivity/Is in the air for you and me/Radioactivity/Discovered by Madame Curie[25]/Radioactivity/Tune in to the melody" [Radioatividade/Está no ar para você e para mim/Radioatividade/Descoberta por Madame Curie/Radioatividade/Sintonize-se com a melodia]. A música refere-se *tanto* à radioatividade, a substância com um potencial altamente perigoso,[26] quanto à atividade radiofônica, o ato de ouvir sons gravados e a emissão física de ondas de rádio. Ambas estão "no ar para você e para mim".

A faixa-título passou a ser o ponto alto dos shows ao vivo do Kraftwerk. Porém hoje ela é apresentada numa versão muito diferente. Segundo John Foxx, "a recepção crítica de 'Radio-Activity' nos Estados Unidos quase os arruinou no país. Pelo que sei, em um dado momento,

---

[25] A radioatividade foi, na realidade, descoberta em 1896 pelo cientista francês Henri Becquerel. Marie Curie cunhou o termo "radioatividade", desenvolveu a teoria da radioatividade e descobriu dois elementos, o polônio e o rádio. [N.A.]

[26] "Radioatividade é o processo pelo qual núcleos atômicos instáveis liberam partículas energéticas subatômicas. O termo 'radioatividade' é também usado referindo-se às próprias partículas subatômicas. Esse fenômeno é observado em elementos pesados, como o urânio, e em isótopos instáveis, como o carbono-14." Fonte: http://www.wisegeek.com/what-is-radioactivity.htm. [N.A.]

DREI (TRÊS) • -.- .-. .- ..- - .-- . .-. -.-

a banda se viu às voltas com um intenso clima de opiniões antinucleares, enfrentando uma crítica feroz por dar a impressão de ser pró-nuclear. Isso me pareceu interessante, porque a música é tão neutra quanto uma afirmação de Warhol, como todas as músicas deles tendem a ser. Mas eles pareceram ficar abalados com essa recepção, pois desde então têm deixado quase dolorosamente claro que a posição deles é o oposto de pró-nuclear (o *remake* da música, em 1991, trouxe uma nova introdução, 'Sellafield 2'). Essa foi a única vez que pareceram curvar-se à opinião popular".

"A ideia original para o conceito veio das paradas da *Billboard*, onde há uma coluna chamada 'Radioactivity', ou seja, atividade nas rádios... Em 1975 eu não fazia ideia do que era uma usina nuclear", diz Karl Bartos. "Eles (nossa gravadora) nos mandaram a uma *Atomkraftwerk* [usina nuclear] de verdade para fazer fotos promocionais idiotas! Durante a sessão de fotos, eu me lembro de que de repente tivemos uma sensação estranha, e acho que foi Florian que disse 'A gente não pode continuar com isso; temos que sair daqui'. A sensação ficou tão forte durante a sessão que tivemos de ir embora. A letra, ambivalente na versão de 1975, foi alterada para 'Stop! Radio-Activity!' [Parem com a Radioatividade!] em *The Mix*, de 1991." De fato, as fotografias da banda para promover o disco tenderam a trivializar a música. Talvez essa tenha sido a última vez em que o Kraftwerk se curvou à pressão de uma gravadora. Os quatro foram fotografados em vestuário branco de proteção, Bartos sério, Ralf e Florian com ar divertido e Wolfgang com destoantes óculos escuros, os quatro usando sacos de proteção contra a radiação por cima dos sapatos.

O pintor britânico David Hockney disse certa vez: "As pessoas que entendem a música entendem o silêncio". E o LP é repleto de momentos em que a música passa a ser quase nada, ou fica tão lenta que os espaços entre as batidas ganham destaque. *Radio-Activity* é sonoramente silencioso, por vezes frágil e belo. A voz de Ralf é hesitante, porém mágica. O álbum é repleto de jogos de palavras e alusões saborosos. É impossível não dar uma risadinha de aprovação quando uma banda alemã dá a uma faixa o espirituoso título de "Ohm Sweet Ohm".[27] "Radioland" tem um dos andamentos mais lentos do pop moderno, com a sobreposição de um sintetizador Moog que, de certa forma, remete ao tremendo sucesso "Vienna", do Ultravox, de cinco anos depois. Ralf e Florian alternam-se

---

[27] Trocadilho com *Home, Sweet Home*, "Lar, doce lar". [N.T.]

cantando versos que acompanham uma melodia triste, "Turn the dials with your hand/Till you find the short wave band" [Gire o dial com a mão/Até encontrar a faixa de ondas curtas], antes de um vocal tão *voco-derizado* que soa totalmente não humano: "Electronic music sounds from Radioland [Sons eletrônicos de música direto da Radiolândia]. Diz *Pitchfork*, efusivo: "*Radio-Activity*, um disco por vezes ignorado, que está à altura das obras-primas da banda nos anos 70, está repleto de vozes carregadas de emoção, tanto gravadas com limpidez quanto distorcidas em formas deslumbrantes". E prossegue: "'Radioland', de tirar o fôlego, reúne tudo isso. Um drone (som contínuo e monótono) brilhante feito no sintetizador e a pulsação constante da bateria eletrônica criam uma qualidade etérea flutuante e, então, a voz monocórdia e contida de Ralf Hütter proporciona a sensação de uma solidão gélida. Quando o *vocoder* repleto de estática entra, aos dois minutos da música, é como um dial girado de repente para a direita, provocando a sensação tanto de solidão como de assombro. O efeito é arrasador".

"Radioland" funde-se a "Airwaves", de ritmo acelerado, e o clima muda para o espanto ante as conquistas da comunicação moderna: "Wenn Wellen schwingen/Ferne Stimmen singen" [Quando ondas sonoras ondulam/Vozes distantes cantam]. Esse sentimento de assombro diante da tecnologia moderna, cotidiana, era único na música popular. Para o Kraftwerk, o cotidiano era uma fonte inesgotável de inspiração.

Depois de um intervalo musical, e uma peça de música concreta com uma linha cruzada de notícias radiofônicas, entra a *vocoderizada* "The Voice of Energy", um gerador elétrico que ganha vida e fala conosco: "Ich Bin Ihr Diener und Ihr Herr zugleich/Deshalb hütet mich gut Mich/Mich, den Genius der Energie den Genius der Energie" [Sou seu servo e seu senhor ao mesmo tempo/Por isso, cuide bem de mim/Eu, o Gênio da Energia]. Há algo simultaneamente cômico e ameaçador no antropomorfismo de "A Voz da Energia", a eletricidade dotada de voz, objetos inanimados revelando ter sentimentos. Esse é o início da fixação do Kraftwerk pelos limites entre o humano e o não humano, entre carne e ossos, diodos e fios. "Antenna" é a que mais se aproxima do pop no LP, mas ainda assim é muito estranha. A voz espectral de Ralf, processada com um *delay* analógico, similar ao *delay* utilizado na gravação dos primeiros vocalistas de rock'n'roll, reflete não emoções, mas uma conexão eletrônica: "Eu sou a antena/Captando vibrações/Você é o transmissor/Dê informações!".

Karl Bartos, Ralf Hütter, Wolfgang Flür e Florian Schneider: o Kraftwerk, refinado e elegante, em sua formação clássica, fotografado por Seymour Stein, 1975.
MICHAEL OCHS ARCHIVES / GETTY IMAGES

Kraftwerk como um trio: Michael Rother com o Kraftwerk, Alemanha, 1971.
ELLEN POPPINGA — K & K / REDFERNS

Florian Schneider, do Kraftwerk, Alemanha, 1971.
ELLEN POPPINGA — K & K / REDFERNS

Klaus Dinger, que logo sairia para formar o Neu!, com Rother, Alemanha, 1971.
ELLEN POPPINGA — K & K / REDFERNS

O Kraftwerk promovendo *Radio-Activity*, na sala de controle de uma usina nuclear, 1975.

Formação do Kraftwerk no início de 1971: Houschäng Néjadepour, Klaus Dinger, Florian Schneider e Eberhard Kranemann. EBERHARD KRANEMANN

Cartazes promocionais do início de 1971 – a banda sem Ralf Hütter.
EBERHARD KRANEMANN

Ralf e Florian, 1973. MICHAEL OCHS ARCHIVES / GETTY IMAGES

O Kraftwerk antes de ser totalmente eletrônico; Florian na flauta, no Forum, Leverkusen, fevereiro de 1971. EBERHARD KRANEMANN

Ilustração para *Trans-Europe Express*: o "quarteto eletrônico".
MICHAEL OCHS ARCHIVES / GETTY IMAGES

Rebecca Allen e a cabeça de Karl em um momento íntimo.
CORTESIA REBECCA ALLEN

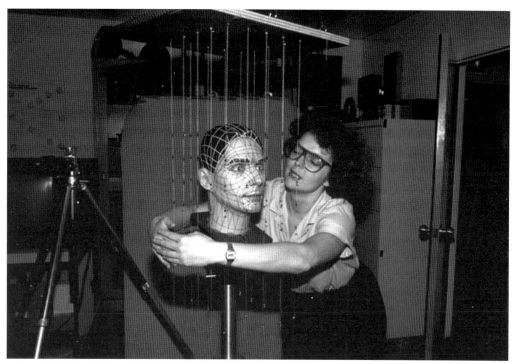

Rebecca Allen faz um rápido carinho na cabeça do robô de Wolfgang. CORTESIA REBECCA ALLEN

A icônica arte da capa de *Electric Café*, 1986. CORTESIA REBECCA ALLEN

Todos sorrisos: o Kraftwerk em meados dos anos 1970, no King Klang Studio.
MICHAEL OCHS ARCHIVES / GETTY IMAGES

DREI (TRÊS) • -.- .-. .- ..-. - .-- . .-. -.-

"Radio Stars" não tem absolutamente nada a ver, como se poderia esperar, com música pop, mas é a peça central da esquisitice do LP. Menos uma música do que uma colagem de sons, ela recria o que poderia ser o ruído com uma pegada *sci-fi* dos pulsares e quasares no espaço profundo com um pulso insistente do sintetizador, enquanto Florian repete a palavra "Stern" [estrela] como um mantra sonoro. Em seguida, vem "Uranium", um dos elementos mais significativos do decaimento radioativo. O som de *chorus* do Mellotron, cortesia do Vako Orchestron, outra vez é usado com efeito soturno. O som voltou a aparecer muito depois, copiado ou sampleado, em "Blue Monday", do New Order.

Depois desse ponto alto de abstração, a penúltima faixa, "Transistor", segue um fluxo imponente, clássico, e prenuncia a faixa "Europe Endless", do álbum seguinte, antes que cheguemos ao final, com "Ohm Sweet Ohm". Sua melodia antiquada começa num passo de lesma, como se estivesse sendo tocada em um *stylophone* por uma criança de 5 anos, antes de ir aos poucos acelerando com uma graça majestosa. E assim termina esse álbum peculiar e inovador, uma completa aventura sonora num mundo próprio, um hino à beleza da melodia transistorizada e ao milagre do decaimento de partículas.

3.4 "Meu momento *eureca*"

Em 11 de setembro de 1975, o mundo de Andy McCluskey, um garoto de 16 anos, estava prestes a mudar. O Kraftwerk havia chegado à cidade. No Empire Theatre, em Liverpool, seria apresentado o sexto concerto na turnê do grupo pelo Reino Unido, para divulgar o LP *Radio-Activity*, a ser lançado em breve. No edifício neoclássico, construído em 1925, já haviam se apresentado os Beatles, Judy Garland, O Gordo & o Magro, Bing Crosby, Julie Andrews, sem esquecer Roy Rogers & Trigger. No entanto o teatro nunca havia testemunhado nada parecido com aquilo. E algumas pessoas não gostaram.

"O lugar devia estar com um quarto da lotação", relembra Andy. "O teatro comporta 2.300 pessoas, e eu diria que a parte de baixo estava metade vazia; imagino que no mezanino não houvesse quase ninguém. De fato, havia uma fileira inteira de garotas, alguns assentos à minha frente, que na metade de 'Autobahn' disseram algo tipo 'Por que isso é tão longo? Achei que ia durar só três minutos...'. Elas se levantaram e foram embora!"

KRAFTWERK

Entretanto Andy ficou espantado. "O fato é que o dia em que fui vê-los tocar, em setembro de 1975, e me sentei na poltrona Q36, foi meu 'momento eureca', meu 'momento estrada para Damasco', o primeiro dia do resto de minha vida. Eles não apenas faziam um som totalmente diferente, mas também se vestiam e tinham uma aparência completamente diferente de todos os outros músicos. Vê-los no palco em 1975, no auge dos roqueiros solistas de guitarra, cabeludos, sujos e com calças de brim boca de sino... Os caras apareceram de terno e gravata, cabelo curto, dois deles tocando o que pareciam carrinhos de chá com agulhas de tricô eletrônicas, o nome deles em neon e projeções ao fundo. Mesmo naqueles primeiros tempos, era um show multimídia, mas rock'n'roll é que não era."

Três dias depois, Malcolm Garrett viu o Kraftwerk tocar no Free Trade Hall, em Manchester. "Foi incrível. Eram só os quatro caras no palco. Não me lembro de nenhuma projeção, nenhum efeito visual, mas pode ter havido algo. No fundo do palco havia um semicírculo de luzes fluorescentes que formavam um padrão de arco-íris no nível do chão, os quatro caras enfileirados na forma clássica, com os dois bateristas no meio, de frente para a plateia, e Ralf e Florian, do lado esquerdo e do lado direito, virados para o centro do palco, e cada um deles com o nome em neon na frente. Na minha memória, enquanto tocavam, estava tudo escuro, exceto por essas luzes."

Muito já se falou sobre os concertos de música pop britânica que fizeram as pessoas pararem tudo que estavam fazendo e quererem elas próprias ser astros do rock. O número de pessoas que afirmam terem visto a turnê *Anarchy*, dos Sex Pistols, deve estar agora na casa dos milhões, enquanto o show do Stone Roses em Spike Island, em 1990, parece ter atraído metade da população adulta do norte da Inglaterra e ainda uma boa parte de seus filhos. No entanto a primeira turnê do Kraftwerk no Reino Unido, por vezes com plateia escassa, converteu às maravilhas da parafernália eletrônica uma proporção significativa de jovens músicos aspirantes, pelo contato direto ou pelo burburinho e pelo boca a boca que se seguiram. Vendo pela perspectiva de hoje, com o rock e a música alternativa tão marginalizados e em geral repudiados, e com tão poucas bandas novas de rock boas de verdade se apresentando no circuito de turnês, seria possível até afirmar que a aparição incendiária dos quase contemporâneos Sex Pistols, em 1976, ou a bem posterior cena Madchester entre o fim dos anos 1980 e início dos anos 1990, no fim das contas, levaram a um beco sem saída.

DREI (TRÊS) • -.- .-. .- ..-. - .-- . .-. -.-

O *setlist* para a turnê incluía duas músicas novas, ainda não gravadas. "Showroom Dummies" exibia o humor impassível da banda; a canção havia sido escrita em resposta aos críticos que reclamavam da imobilidade do Kraftwerk no palco. Também estava incluída uma versão muito preliminar da música que daria título a seu LP seguinte, "Trans-Europe Express". A turnê também marcou a estreia de um novo e importante aparelho musical, o sequenciador Synthanorma, idealizado em Bonn por Hajo Wiechers. Apesar de ser difícil evitar que saísse do ritmo, ele foi um novo componente essencial do som do Kraftwerk.

Outra característica estranha da apresentação foi a *Lichtschranke* [barreira de luz] de Wolfgang, construída em metal, em forma de cubo. Foi um dos primeiros exemplos do mecanismo que hoje é usado para detectar objetos em movimento, como intrusos, ou na estrutura de portas que abrem automaticamente com a aproximação de uma pessoa. Esse projeto de célula fotoelétrica foi construído de forma que, ao interromper com gestos variados de mão os fachos de luz, Wolfgang podia tocar vários tambores eletrônicos. Frequências mais baixas tocavam o bumbo, e frequências mais altas tocavam a caixa. "Ninguém entendeu aquilo", observa Karl Bartos. "Estava muito à frente de seu tempo, e também nós a usamos em poucos shows, porque não funcionava; não dava para confiar nela!"

O próprio Wolfgang achava que seu papel na banda era limitado naquela época. Além do mais, para ele, o clima do álbum *Radio-Activity* em si era muito baixo-astral. "Para meu gosto, era melancólico demais. Eu não estava muito satisfeito com os ritmos que tinha de tocar. Eu ia para o estúdio, e as letras e melodias já estavam lá. A pequena parte que eu tocava com aquele cubo, naquela armação com as fotocélulas, sem baquetas, era a coisa mais importante e difícil com que eu tinha de lidar." Mas foi exatamente essa sensação de melancolia que conquistou o público e o atraiu para o mundo do Kraftwerk.

"*Radio-Activity* foi o álbum", diz Andy McCluskey, entusiasmado. "Nós gostávamos de *Autobahn*, mas *Radio-Activity* foi nossa bíblia. Foi o disco que eu e Paul (Humphreys, cofundador do OMD) ouvimos durante dois anos sem parar. O charme do Kraftwerk era que ele tinha certa melancolia. Havia uma tensão criada pelas letras, aqueles lindos sons de *chorus* que eles usavam e as melodias. Até os vocais de Ralf às vezes tinham um charme ingênuo."

"O LP tinha aquele clima antigo da Velha Europa", escreve David Cavanagh, da *Uncut*, "e até hoje ele mantém uma sensação wagneriana, de arrepiar."

Os grupos de *synthpop* que surgiram na segunda metade dos anos 1970, como Ultravox, OMD, Human League (primeira formação), Visage, John Foxx e Gary Numan, todos foram, em maior ou menor grau, buscar no europeanismo irrestrito a fonte de um novo rumo, elegante e ao mesmo tempo de sombrio sentimentalismo. Diz Wolfgang Flür: "Os britânicos embarcaram naquele trem e tivemos aquela nova onda de bandas com sintetizadores surgindo de repente, no rastro de nossa turnê *Radio-Activity*. Foram muitos os grupos que assistiram a nossos shows e jogaram fora as guitarras e no dia seguinte saíram e compraram sintetizadores", diz Wolfgang Flür, fazendo uma certa supersimplificação, mas com mais do que um grão de verdade.

Apesar do evidente impacto de *Radio-Activity*, as vendas foram relativamente ruins nos territórios que haviam se encantado com *Autobahn*. Na Alemanha, o álbum alcançou a posição 22. Nos Estados Unidos, chegou no máximo ao número 140, e no Reino Unido parece sequer ter entrado nas paradas. No entanto o sucesso do álbum foi imenso na França, alcançando a primeira posição e recebendo um disco de ouro pela venda de 100 mil cópias, junto com *Autobahn*, em 1977.

3.5 "Tomorrow Belongs to Those Who Can Hear It Coming"[28]

E não eram só os jovens aspirantes a músicos que estavam ouvindo. A velha guarda também o fazia. Em 1975, o ícone mais importante da música moderna, David Bowie, ouvia o Kraftwerk com muita atenção. Receber o aval de Bowie, na época o astro do rock mais inovador e mais aclamado pela crítica em todo o mundo, tinha um peso imenso. Hoje em dia é difícil imaginar quão influente foi David Bowie nos anos 1970 e início dos 1980. De longe o entrevistado mais solicitado pela imprensa do Reino Unido, cada movimento que fazia era analisado, cada palavra era devorada por uma plateia devota.

---

[28] *Slogan* usado para promover o álbum *"Heroes"*, de David Bowie, em 1977. Também há um eco alemão. "Tomorrow Belongs to Me", composta por John Kander e Fred Ebb para a peça de teatro *Cabaret* e usada também na versão cinematográfica, numa cena de arrepiar, em que as famílias reunidas à mesa de almoço cantam a música de louvor ao ideal nazista. Em português, "o amanhã pertence àqueles que conseguem ouvi-lo chegando". [N.T.]

DREI (TRÊS) • -.- .-. .- ..-. - .-- . .-. -.-

Não que o ano de 1975 tivesse sido bom para Bowie em termos pessoais. Comercialmente, ele nunca havia sido mais popular. "Fame", uma colaboração improvável com John Lennon, tornou-se seu primeiro sucesso a chegar ao primeiro lugar nos Estados Unidos, e um relançamento de "Space Oddity", de 1969, chegou ao topo das paradas do Reino Unido naquele outono. Mas, física e emocionalmente, Bowie era um homem fragilizado, prestes a partir-se em pedaços, viciado em cocaína e obcecado pelo ocultismo. No entanto, em meio a incongruências e a afirmações ridículas feitas em entrevistas, Bowie estava, mais uma vez, captando uma grande mudança na música moderna. Ele sentia que o rock, como postura afirmativa, estava acabado. A música que fazia à época, denominada por seu criador como *"plastic soul"*, foi sua primeira tentativa de libertar-se do clichê do rock. A segunda tentativa, mais bem-sucedida, e de sucesso artístico muito maior, estava logo ali, virando a esquina. "O rock'n'roll com certeza não cumpriu sua promessa original", disse ele a Anthony O'Grady em agosto daquele ano. "O objetivo original do rock'n'roll, quando surgiu, era estabelecer uma voz alternativa de mídia para pessoas que não tinham nem o poder nem meios de se infiltrar em qualquer outra mídia ou de adquirir algum peso, e, por mais piegas que pareça, as pessoas de fato precisavam do rock'n'roll. E o que dizíamos era que estávamos usando o rock'n'roll apenas para expressar nossos argumentos veementes contra a condição em que nos encontrávamos, e prometíamos fazer algo para mudar o mundo e a situação em que estava. Vamos usar o rock'n'roll como um trampolim." Bowie prossegue: "Mas ele só se tornou mais uma divindade rodopiante, certo? Rodando em um círculo que nunca ficava menor. E o rock'n'roll está morto... Ele é uma velha sem dentes. É constrangedor, de verdade".

Bowie tinha captado o tédio que muitos à época sentiam. O *glam rock* estava acabado, e parecia não existir nada que o substituísse. Uma solução veio do *punk*. No entanto a solução de Bowie foi voltar a atenção não para o CBGB de Nova York ou para a Sex, a pretensa butique *fashion* erótica de Malcolm McLaren, mas para a Europa continental, e para a Alemanha. A primeira indicação da nova direção de Bowie, a princípio uma mistura de um *funk* pesado, neurótico, com sintetizadores arrojados, surgiu em janeiro de 1976. A faixa-título de seu álbum *Station to Station* não começava com uma progressão de acordes de piano (como em *Hunky Dory*), a presença da bateria (*Ziggy Stardust*), uma *power chord* (*Aladdin Sane*), um uivo teatral de cão (*Diamond Dogs*) ou uma batida latina de bateria, cheia de balanço (*Young Americans*), mas

KRAFTWERK

com uma onda de ruído branco que entra aos poucos e que corre de um alto-falante a outro. O ouvinte caía em uma verdadeira emboscada. Essa música não era rock; também não era pop. O efeito Doppler de um trem acelerando dava lugar a uma pulsação lenta, hipnótica, um encantamento, um feitiço, enquanto um refrão perturbador repetia-se com uma intensidade demoníaca. Os vocais de Bowie, quando por fim entravam – o que não ocorria senão depois de transcorrido um terço dessa peça experimental de nove minutos de duração –, estavam agora tão excessivamente elaborados que não nos lembravam de forma alguma o rock, mas o teatro, uma espécie de eletrocabaré.

Paul Buckmaster recorda-se de Bowie mostrando-lhe a música do Kraftwerk em Los Angeles, quando ambos estavam trabalhando na trilha sonora de *O Homem que Caiu na Terra* (*The Man Who Fell to Earth*), no final do outono de 1975: "Ouvíamos muito os álbuns do Kraftwerk, *Autobahn e Radio-Activity*. Também ouvíamos algumas coisas clássicas, incluindo Richard Strauss (mas não *Assim Falou Zaratustra!*)". Ele prossegue: "Eu estava fascinado e encantado por eles, e achava-os divertidos. Nós dois realmente gostávamos dos discos deles. A gente meio que os levava a sério, mas também ríamos. Não do disco em si, mas porque a música tinha uma espécie de qualidade inocente que era cativante, e também um humor impassível".

A turnê de Bowie de 1976, *Station to Station*, confirmou a europeização de sua arte. Era conhecida pelos fãs como "Turnê da Luz Branca". O palco era iluminado com luzes brancas de intensidade variável. O próprio Bowie vestia-se com uma austeridade monocrômica, e as únicas manchas de cor eram seu cabelo vermelho penteado para trás e o maço azul-claro de cigarros franceses Gitanes, que ele levava no bolso do colete preto. "A cenografia da *performance* era inspirada", escreveu Michael Watts na *Melody Maker*. "Usando um conjunto de luzes de neon por cima do palco, e a potência auxiliar de holofotes, ele inundou o palco com o brilho intenso de um expressionismo em preto e branco que ressaltava a crueza da música e se refletia em sua própria imagem, como uma criatura de camisa branca e terno preto, do cabaré de *Herr* Ishyvoo. Foi a iluminação mais criativa que já vi em um concerto de rock."

O Kraftwerk foi convidado para abrir os shows durante a turnê, mas recusou, começando assim seu comportamento padrão de dizer "não", que continua até hoje. Como veremos, o grupo disse não a tantas ideias e a tantas pessoas, e por tanto tempo, que rejeitar, dispensar e só seguir adiante por um processo de rejeição é, sem dúvida, a filosofia que o

DREI (TRÊS) • -.- .-. .- ..-. - .-- .-. -.-

guia. Wolfgang Flür comenta que: "É fácil entender por que eles recusaram o convite. É a mesma política que usam hoje em dia, de trabalhar absolutamente por conta própria. Nada de misturar-se com culturas inimigas; não 'inimigas', mas culturas *alheias* ao seu trabalho. Nada que fosse completamente influenciado por outros estilos musicais, outras culturas, outros instrumentos, sons ou países... Tinham de ser eles mesmos, autorreferentes. Essa havia sido a decisão deles". O Kraftwerk perdeu a chance de tocar para centenas de milhares de fãs na Europa e nos Estados Unidos. Isso, com toda a certeza, teria feito a banda estourar no mundo todo.

Na verdade, Bowie usou o Kraftwerk para abrir os shows mesmo assim. Enquanto as multidões entravam nos estádios – e no meio delas, em Detroit, em 1º de março de 1976, uma garota de 17 anos, de Michigan, chamada Madonna Louise Ciccone –, uma seleção do último disco deles, *Radio-Activity*, era tocada num volume de concerto, para acompanhar o clássico filme mudo de Luis Buñuel dos anos 1920 *Un Chien Andalou* [Um Cão Andaluz], que era projetado em uma tela no fundo do palco. A famosa cena com a visão de um bisturi cortando um globo ocular, acompanhada pela estranha música da Alemanha Ocidental, provocava no público o tipo exato de sensação de dissociação, antecedendo a apresentação ofuscante (literal e esteticamente) de Bowie.

É difícil definir o que mais influenciou Madonna: o show visualmente deslumbrante de Bowie ou a batida rítmica incansável da música do Kraftwerk antes do show. De qualquer modo, ambos seriam elementos-chave no trabalho da cantora de maior sucesso comercial de todos os tempos.

3.6 "Cinco minutos de aplausos em pé"

Bowie e Iggy Pop fizeram a turnê pelos Estados Unidos e pela Europa na primavera de 1976, e Bowie apresentou o Kraftwerk e uma música bem kraftwerkiana a seu amigo, que havia sido muito influenciado pelo Kraftwerk em seu primeiro álbum solo, intitulado *The Idiot*. "Para mim, o melhor era *Radio-Activity*", recorda-se Iggy Pop dessa época em que tinha 28 anos (então, uma idade quase absurdamente avançada demais para um astro do rock). "Eu ia dormir à noite ouvindo 'Geiger Counter'." Bowie havia composto uma música nova, "Calling Sister Midnight", que, com sua generosidade típica, ele deu de presente para Iggy. Talvez mais do que qualquer outra música que Bowie estivesse compondo na

KRAFTWERK

época, esta foi a mais influenciada pelo Kraftwerk – era lenta, estridente, uma mistura da liberdade do *funk* com a disciplina robótica do sintetizador. "Som como textura, mais do que som como música. Produzir gravações com uma pegada *noise* pareceu-me bem lógico", disse Bowie à *Rolling Stone*. "Meu grupo favorito é uma banda alemã chamada Kraftwerk – eles tocam *noise music* para 'aumentar a produtividade'. Gosto dessa ideia, se você tem que tocar música."

Maxime Schmidt, gerente da gravadora francesa do Kraftwerk e amigo do pessoal da banda, lembrou-se de um encontro muito citado entre Ralf e Florian e Bowie e Iggy Pop. "Foi em Paris, depois de um dos concertos de Bowie", ele contou ao escritor Pascal Bussy. "Ele havia fechado o *nightclub* L'Ange Bleu, nos Champs-Elysées, para uma festa privada. Quando chegamos, lá estavam Bowie, Iggy Pop e sua corte, e quando Ralf e Florian entraram, receberam cinco minutos de aplausos em pé. Iggy Pop olhava-os com adoração. Tanto ele quanto Bowie estavam extasiados, e Bowie dizia para Iggy Pop 'Veja como eles são, eles são fantásticos!'."

Não que a banda não estivesse grata a Bowie pelo apoio. "Aquilo foi muito importante para nós, porque estabelecia uma ligação entre o que estávamos fazendo e o rock *mainstream*", disse Ralf, em 1991. "Bowie costumava dizer a todo mundo que éramos seu grupo favorito e, em meados dos anos 70, para a imprensa do rock, tudo o que ele dizia era como se estivesse gravado em pedra. Nós o conhecemos quando ele tocou em Düsseldorf, em uma de suas primeiras turnês europeias. Ele viajava de Mercedes, e a única coisa que escutou todo o tempo foi *Autobahn*."

Wolfgang disse que Bowie estava até ansioso para gravar com o Kraftwerk. "Ele estava muito obcecado por isso, querendo fazer um disco conosco, fazer uma coprodução conosco. Iríamos produzir em parceria com ele (Wolfgang diz isso como se fosse uma mensagem inequívoca que recebiam de Bowie na época). Ele queria produzir seu álbum seguinte com o Kraftwerk. Essa era a razão pela qual ele às vezes vinha a Düsseldorf. Eu não era convidado para esses encontros; era uma coisa de Ralf, uma coisa de Florian... eles eram os mestres do Kraftwerk. No final, decidiram que não fariam coproduções; e eles têm seus motivos. Nós o adorávamos (David Bowie), e ele nos adorava. Ele é um homem muito gentil, um homem educado. Ele tem uma aura muito boa, fantástica."

Karl Bartos tem, no entanto, uma lembrança diferente: "Sim, Hütter e Schneider se encontraram com Bowie e Iggy em Düsseldorf, mas posso dizer, honestamente, que não tenho qualquer recordação de que em

DREI (TRÊS) • -.- .-. .- ..-. - .-- .-. -.-

algum momento tivesse havido algum plano de colaboração, embora todos nós venerássemos Iggy Pop e David Bowie. Nós fomos para Frankfurt, assistir à turnê *Station to Station*. Foi superboa, com a parede de luzes neon".

Em uma entrevista em 1995, Bowie nega que tenha havido qualquer intenção séria de gravar com o Kraftwerk. "Nós nos encontramos algumas vezes, socialmente, mas foi só até aí que chegamos", ele disse, antes de explicar quão diferente seu *modus operandi* era do deles: "Minha atenção havia se voltado para a Europa com o lançamento de *Autobahn*, do Kraftwerk, em 1974. A predominância de instrumentos eletrônicos me convenceu de que essa era uma área que eu tinha de investigar um pouco mais. Já se falou muito sobre a influência do Kraftwerk em nossos álbuns da fase Berlim [*Low*, *Lodger* e '*Heroes*']. A maior parte são análises superficiais, creio. A forma como o Kraftwerk abordava a música tinha, em si, pouco espaço em meu esquema de criação. Eles fizeram uma série de composições controladas, robóticas, extremamente calculadas, quase uma paródia do minimalismo. Tem-se a impressão de que Florian e Ralf tinham o controle total de seu ambiente, e que suas composições estavam bem preparadas e calibradas antes de entrar em estúdio. Meu trabalho tendia a compor-se de obras expressionistas ligadas ao estado de ânimo, o protagonista (eu) entregando-se ao *Zeitgeist*, com pouco ou nenhum controle sobre sua vida. A música era, em sua maior parte, espontânea e criada no estúdio".

Assim, não sabemos se em algum momento chegou de fato a acontecer seriamente um encontro de mentes. O que se sabe é que a turma de Bowie e a turma do Kraftwerk eram amigas. Iggy Pop foi o companheiro de viagens de Bowie durante a turnê de 1976, e os dois voltaram a fazer uma turnê no começo de 1977, dessa vez com Bowie tocando piano na banda de Iggy. "Saí uma vez com Florian Schneider para comprar aspargos! Encontrei-me com os dois e ele sugeriu 'Se quiser, é a época de aspargos, e estou indo ao mercado para escolher alguns, quer vir junto?', e eu disse 'Quero, sim'. Foi muito agradável fazer aquilo!"

"Gosto muito deles como pessoas, em especial Florian. Bem seco", disse Bowie em 1978. "Quando vou para Düsseldorf, eles me levam a lojas de bolos, e a gente come fatias enormes. Eles vão de terno. Meio como Gilbert & George, na verdade, meu Deus, o que aconteceu com aqueles dois? Eu costumava gostar deles... Quando vim para a Europa, porque era a primeira turnê que eu fazia na Europa, arranjei um Mercedes para poder dirigir eu mesmo de um lado para outro, porque na

KRAFTWERK

época eu ainda não estava viajando de avião, e Florian o viu... Ele disse 'Que carro maravilhoso...', e eu disse 'Sim, ele era de algum príncipe iraniano que foi assassinado, e o carro foi colocado à venda, e eu o comprei para a turnê'. E Florian disse '*Ja*, os carros sempre duram mais'. Com ele, tudo é sarcástico. Essa coisa dele, emoção fria/emoção cálida, eu curtia isso. A música *folk* das fábricas."

3.7 Em movimento

Ver o Can tocar "I Want More" no *Top of the Pops*, em agosto de 1976, foi um daqueles momentos do pop em que você esfrega os olhos sem poder acreditar. Claro, o Can tinha o direito de se apresentar, pois sua música estava no Top 30. Mas sua apresentação, com integrantes já beirando os 40 anos, *beats* estranhos e sem vocalista, em um programa pop *mainstream* antes que o punk tivesse democratizado parcialmente o *setlist* deste, e num momento em que Elton e Kiki Dee estavam na primeira posição e o jamaicano Michael Holding humilhava o time inglês de críquete no The Oval, destaca-se como um evento relevante da história do pop, dois mundos colidindo. O Can foi o primeiro e último grupo de Krautrock a se apresentar no programa.

Em meados dos anos 1970, não era só o Kraftwerk que estava redirecionando as coordenadas da música pop moderna. O Can teve um impacto imenso sobre muitos músicos independentes. É notório que John Lydon queria entrar como vocalista da banda. Para o especialista em Krautrock, Henning Dedekind, o Can era um grupo que se destacava na cena. "Sendo eu mesmo um guitarrista, adoro o Can por causa de seu som ácido. É um som bem pesado e agressivo."

O que caracterizava a música do Can, do Kraftwerk e, sobretudo, do Neu! era a sensação da música em movimento – *Motorik*. De acordo com Henning Dedekind, o termo é uma combinação de "motor" e "música" (*musik*, em alemão). Dá para ouvir essa batida, uma batida que codifica sonoramente uma propulsão rumo ao futuro, a sensação de movimento, viagem e aventura, nas primeiras músicas do Kraftwerk, de forma mais notável em "Ruckzuck". No entanto o momento de definição surge com o primeiro álbum do Neu!, na batida insistente e na guitarra de "Hallo-gallo" e, em *Neu 75*, em "E-Musik" e "Hero". Brian Eno disse: "Houve três grandes batidas nos anos 70: o *afrobeat* de Fela Kuti, o *funk* de James Brown e a batida do Neu! de Klaus Dinger".

DREI (TRÊS) • -.- .-. .- ..-. - .-- . .-. -.-

John Doran, escrevendo para *The Quietus*, foi além na exegese: "(*Motorik*)... significa, literalmente, 'habilidade motora', em alemão, (e) foi originalmente cunhado por jornalistas para descrever a batida 4/4, mínima, mas contagiante, que dá sustentação apenas a uma pequena parte das músicas dessa época e desse local. No entanto, se esse gênero não definido tem alguma coisa que se aproxime de uma qualidade que o define, então é essa batida. Era uma marca registrada da bateria de Klaus Dinger no Neu!, embora ele rejeitasse o termo, preferindo chamar seu ritmo de *Apache beat*. Esse metrônomo foi usado pela primeira vez nesse contexto pelo Kraftwerk, em faixas como 'Ruckzuck', e pelo Can, na intensa 'Mother Sky'". Ele continua: "Essa batida foi o tambor de guerra da modernidade, empurrando o ouvinte adiante, para o futuro. Com frequência ela é associada com as grandes redes de transporte da Alemanha, as ferrovias e *autobahns*. De fato, o ritmo até imita o de um carro a alta velocidade pela estrada desimpedida, ou o trem avançando pelos trilhos: veloz, compassado, uma viagem que nunca termina. Era a batida do rock, despojada até voltar a ser um chassi reluzente. Era o arcabouço minimalista com base no qual o improviso podia ocorrer".

"Qualquer um que continuasse ouvindo um álbum do Neu! depois da primeira faixa perceberia que o grupo não era outra coisa senão eclético", escreve Lee Arizuno, de novo para *The Quietus*.[29] "Eles eram uma banda que tocava praticamente "proto tudo", do industrial ao introspectivo *lo-fi*, do punk à música eletrônica ambiente, o Neu! revolucionou a música construindo e inventando gêneros que só se tornariam consagrados em um futuro próximo. Mas tocar o bumbo da forma como um baterista aprendiz tocaria o chimbau (oito batidas por compasso) era sua identidade rítmica; com pancadas fortes e incessantes, e ainda assim preciso e energizante, o que a princípio poderia soar quase como uma sátira de uma bateria rudimentar de rock tradicional revelou ser uma inversão que ajudou a descoberta de uma nova modernidade no pop."

Michael Rother não tem uma ideia clara de onde o termo *Motorik* veio: "Não consigo me lembrar de quando ele foi usado pela primeira vez. Ele não foi usado por Klaus. Não foi usado por mim. Na verdade, nós quase nunca usávamos palavras para descrever música. Nunca

---

[29] *The Quietus*, sem sombra de dúvida a melhor revista, *on-line* ou não, a cobrir o Kraftwerk e seus contemporâneos, elaborou uma lista das músicas *Motorik* definitivas. Ela incluiu David Bowie – "Red Sails" (1978); Human League – "Seconds" (1981); Ultravox – "Dancing with Tears in my Eyes" (1984); The Fall – "Touch Sensitive" (1999); e The Horrors – "Sea within a Sea" (2009). [N.A.]

KRAFTWERK

discuti isso com Florian Schneider ou com Klaus ou com meus colegas do Harmonia. Era tão óbvio. Todo mundo estava tentando criar algo que não fosse um eco das ideias de outras pessoas. Eu ainda sinto esse espanto quando ouço 'Hallogallo'. O resultado final, isso foi consequência da qualidade, imagino, claro, dos três indivíduos. Não se deve esquecer da contribuição de Conny Plank e também de algumas circunstâncias afortunadas e, sabe, da mágica do momento, que estava conosco".

Com tanta teorização, pode ser um choque descobrir que a origem dessa batida talvez tenha raízes muito mais cotidianas. De acordo com Michael Rother, durante o período que passou no Kraftwerk, o passatempo favorito deles era jogar futebol. "Não creio que achássemos que tinha algo a ver com transportes. Lembro-me de que Klaus e eu nunca falamos muito sobre teorias; nós dois gostávamos mesmo era de jogar futebol. Sabe como é o futebol, correr para um lado e para outro, essas coisas. Nós até tínhamos um bom time, com Klaus e Florian (Schneider, Kraftwerk), ele corria bem rápido. Lembro-me de uma turnê em que havia algumas bandas britânicas em algum festival, e nós jogávamos contra eles. Lembro-me de que jogamos contra o Family (banda *hippie* de *blues rock*, de Leicester, Reino Unido) em um festival. Adorávamos correr rápido, e essa sensação de correr rápido e de movimento rápido, de adiantar-se, ir para a frente, era algo que todos tínhamos em comum, e a alegria do movimento veloz era, ao menos em parte, o que tentávamos expressar no Neu!" Quanto a isso, o gosto de Rother por Little Richard com certeza foi uma influência, embora um impulso fundamental para a criação de uma das batidas mais míticas da história do rock possa ter sido uma reprise da final da Copa do Mundo de 1966 entre a Alemanha Ocidental e a Inglaterra, *Krautrock* contra *Blues Rock*; esta foi uma precursora da *Partida de Futebol dos Filósofos*, de 1972, do Monty Python, filmada no Sechzger Stadion, em Munique, em que há um confronto entre personalidades como Arquimedes e Sócrates contra Nietzsche e Kant. E, de uma forma estranha, Kraftwerk contra Family era uma espécie de encontro filosófico entre duas correntes muito distintas de pensamento.

Ao contrário de Ralf e Florian, que tinham temperamento muito parecido, Michael Rother e Klaus Dinger eram diametralmente opostos, o que dava a sua música uma tensão necessária, mas no fim das contas destrutiva. Como expressou David Bowie, "(O Neu! era) o irmão desgarrado e anarquista do Kraftwerk". Wolfgang Flür disse: "Dinger tinha uma personalidade maluca. Ele era um tanto perverso. Eu tinha medo dele. O humor dele podia mudar em um instante. Ele não era confiável.

DREI (TRÊS) • -.- .-. .- ..-. - .-- . .-. -.-

Mais que isso. Talvez ele já estivesse consumindo drogas, drogas pesadas, naquela época. Essa talvez seja a única forma de explicar. Eu não queria estar perto de uma pessoa assim. Mas não houve problema algum, porque nunca trabalhei com ele".

"Para traduzir o Neu! em palavras", disse Iggy Pop, "o baterista tocava de uma forma que, quando você ouvia, permitia que seus pensamentos fluíssem, permitia que as emoções viessem de dentro e ocupassem partes ativas de sua mente, eu achava. Isso permitia que a beleza chegasse até lá. O cara tinha, de algum modo, encontrado uma maneira de se libertar da tirania dos estúpidos *blues*, do rock, de todas as convenções de que eu já tinha ouvido falar. Um tipo de psicodelia pastoril."

Movimento, velocidade, fluxo. Essas eram ideias que já vinham sendo discutidas e trabalhadas pelos artistas alemães contemporâneos. Na próxima aventura sonora do Kraftwerk, eles nos forneceriam a palavra final sobre como ir de A a B. E os experimentos ocorreram no estúdio da banda em Düsseldorf, o Kling Klang Studio.

3.8 Dentro do laboratório musical

Poucas vezes na história da música popular um local mereceu *status* tão icônico quanto o Kling Klang Studio, que fica em um edifício dos anos 1950, na Mintropstrasse, 16, perto da estação central de trem, em Düsseldorf. Ao contrário, por exemplo, do estúdio Abbey Road, em Londres, o Kling Klang ocupa um edifício sem nada especial, em uma área um tanto clandestina e meio decadente. Há alguns cafés. Uma *sex shop* serve como lembrete de que estamos perto da zona de prostituição da cidade.

O Kling Klang virou uma espécie de espaço mítico, que representa algo muito maior do que os olhos podem ver. Da mesma forma que a Boot Room do Liverpool Football Club, um espaço pequeno e apertado onde a comissão técnica discutia táticas e ao qual convidavam os técnicos adversários para avaliações depois dos jogos, tornou-se um símbolo de uma dinastia de gênios do futebol, com cada técnico sendo avaliado por sua observância aos princípios da tradição do local, também o Kling Klang, não mais do que um conjunto de salas em uma área suspeita de uma cidade alemã de médio porte, tornou-se muito mais que um estúdio de gravação. Tornou-se um local não apenas de grandeza, mas de uma espécie de poder alquímico pop, e a fonte de infindáveis boatos e conjecturas.

Já foi relatado que as namoradas eram proibidas de visitar o Kling Klang. Na verdade, não era nada disso. Embora as visitas não fossem lá

KRAFTWERK

muito comuns, as namoradas o frequentavam. No entanto o Kling Klang era principalmente um estúdio e um local de trabalho. "Era como um clube de cavalheiros inglês, mas com um sabor alemão!", diz Karl.

De acordo com Ralf, o Kling Klang funcionava segundo normas rígidas. "Nossa programação diária no estúdio é de cerca de 8 a 10 horas. Não nos vemos apenas como músicos, mas como *Musik-Arbeiter* [trabalhadores musicais], e nós projetamos e construímos nosso estúdio portátil completo, que inclui panos de fundos de palco, cortinas, iluminação, armações, cenários, sistemas de PA estéreos, bem como os pedestais dos instrumentos. Feixes de cabos são utilizados para desmontar rapidamente cada seção das armações móveis dos instrumentos. Cada músico fica em pé sobre uma caixa de metal que oculta a massa de fios e cabos. Por sorte, temos todos mais ou menos a mesma altura, então as partes do equipamento do instrumento de cada um dos músicos foram feitas para ser utilizáveis por qualquer um de nós. Todos os gabinetes dos instrumentos têm uma largura-padrão de 48 centímetros e são acondicionados em *cases* para transporte."

Ralf revelou, em 1981: "Durante a semana, trabalhamos das cinco da tarde até uma ou duas da madrugada. Em outros períodos do dia, administramos o Kraftwerk e mantemos contato com nossos engenheiros e visitantes". Ralf se refere ao estúdio como seu "jardim eletrônico".

No entanto, de acordo com Wolfgang, o padrão de trabalho no estúdio era tal que, no final dos anos 1970, os membros da banda se reuniam no Kling Klang por volta das 20h. "Não éramos *Arbeiter* [trabalhadores]", afirma Wolfgang. "É bacana construir esse quadro para as outras pessoas, sabe? Tínhamos vários *hobbies* e interesses, além disso. Eu teria preferido o tempo todo fazer as reuniões durante o dia, porque para mim era como um emprego. Eu queria ficar em casa à noite; tinha uma namorada e outros interesses, de forma que não era necessário. Os outros, sobretudo Ralf, costumavam dormir até meio-dia ou o começo da tarde."

Wolfgang nos fez uma descrição da planta do estúdio. "Quando você entrava, na esquerda, havia uma sala de trabalho, uma oficina, onde eu trabalhava reformando os instrumentos, para fazer parecer que eram de metal e coisas assim. E você passava por essa oficina e então havia dois cômodos intermediários, um banheiro e uma cozinha pequena com uma pia e duas chapas elétricas. Dessa cozinha você podia subir para outro pequeno cômodo; e então havia um pequeno corredor e uma sala de estar enorme. Havia um sofá grande e uma TV grande, e uma grande estante de livros. Nós pusemos tapetes, cinza-escuro e preto

DREI (TRÊS) • -.- .-. .- ..-. - .-- . ..-. -.-

e branco. Essas eram nossas cores, apenas branco, preto e cinza, como em todo o estúdio. O estúdio de gravação ficava à esquerda; você entrava pela entrada principal e seguia em direção ao pátio de trás da casa. A companhia *Elektro-Müller* ficava no primeiro andar, e usávamos o mesmo acesso às escadas."

O trabalho com frequência começava depois de eles passarem algum tempo assistindo a TV e adentrava a noite, muitas vezes até de madrugada. As refeições eram feitas em restaurantes próximos. O café era obrigatório. "Todos nós tomávamos café; Ralf um pouco mais que os outros", conta Wolfgang. "Todo mundo adora café." Ocasionalmente havia guloseimas doces. "Às vezes, tomávamos sorvete. Florian de vez em quando colocava queijo *quark*, creme e framboesas geladas em uma tigela, com açúcar e baunilha. Batia e colocava no congelador. Era uma sobremesa fantástica."

Assim, embora fosse um local de trabalho, o Kling Klang era também um lugar onde quatro rapazes de pouco mais de 20 anos podiam ficar à vontade. Talvez não fosse como um apartamento luxuoso de solteiro, mas o clima era de convivência masculina.

O Kling Klang era parte integral do Kraftwerk. Ele proporcionava um espaço, fora da indústria da música comercial, que era somente deles. Nesse aspecto, o Kraftwerk era bem fora do comum. Eles não precisavam viajar constantemente para sessões de gravação, como tantos músicos anglo-americanos desejosos de testar novos estúdios, novas cidades ou mesmo de afastar-se do ambiente doméstico do lar. Cada etapa do processo criativo era realizada "em casa", com o mínimo possível de interferência externa, em sua busca por oferecer ao ouvinte uma música pura, sem intermediários. "Nós sempre produzimos nossos próprios discos, compusemos as músicas e escrevemos as letras. Montamos nosso estúdio em 1970", disse Ralf. "Primeiro, começamos com alguns gravadores cassete e alto-falantes velhos, e a partir daí fomos montando tudo ao longo dos anos. Também dizemos que nosso estúdio é uma espécie de jardim eletrônico, onde temos um tipo de *feedback* biológico com as máquinas. E durante todo o tempo elas foram crescendo e ficando mais e mais complexas, e têm crescido por etapas, e desde que começamos temos controle completo sobre nosso material. Na Alemanha, temos nosso próprio selo, Kling Klang Records, e politicamente isso é muito importante, somos completamente anárquicos e temos controle total sobre o que fazemos. Porém começamos de forma bem básica. E acho que é isso, se você não se deixa ser confundido pelos

KRAFTWERK

mecanismos da sociedade moderna, então você pode ter alguns aspectos realmente criativos em sua vida, e isso é realmente o que nos dispusemos a fazer, realizar nossas fantasias, ao menos tentar, e conseguir comunicar essas coisas a outras pessoas."

Em muitos aspectos, o Kling Klang isolava hermeticamente os quatro integrantes do Kraftwerk do mundo exterior. Da mesma forma que um escritor poderia ter um galpão no jardim no qual escrever, ou um pintor poderia ter um sótão, o Kraftwerk tinha uma área que estava virtualmente desconectada do mundo "real". Karl Bartos disse: "Nós só tínhamos contato com as gravadoras quando era absolutamente necessário. Durante anos, sequer tivemos um telefone no estúdio. Mais tarde, as pessoas podiam deixar mensagens na secretária eletrônica".

Nas entrevistas, Ralf fazia questão de salientar que o Kling Klang não era bem um estúdio de gravação tradicional, mas, sobretudo, um laboratório musical: "Nós nos consideramos mais cientistas do que artistas", ele disse em 1976. "A ideia do cientista, ou do cientista maluco, descobrindo algo que é verdadeiro dentro de sua própria definição. Trabalhamos em nosso estúdio/laboratório e descobrimos algo, nós o colocamos em uma fita, ele está ali e o apresentamos. Sabemos que muita gente gosta da forma como trabalhamos."

Muito mais tarde, quando as possibilidades tecnológicas no Kling Klang pareceram ter se tornado quase ilimitadas, Ralf contou à revista *Mojo*: "Nós tocamos as máquinas, mas as máquinas também nos tocam. As máquinas não devem apenas fazer o trabalho escravo, nós tentamos tratá-las como colegas, de forma que elas trocam energia conosco... Sentimos que o sintetizador é um espelho acústico, um analisador cerebral que é supersensível ao elemento humano, de uma forma que instrumentos anteriores não eram, por isso é realmente mais adequado para expor a psicologia humana do que o piano ou a guitarra".

Aos olhos de Ralf Hütter, o Kling Klang era quase um ser vivo, um ambiente completamente tecnoide, um lugar onde homem e máquina podiam se tornar um só. Os dois LPs seguintes do Kraftwerk desenvolveriam esse tema com um efeito devastador.

VIER (Quatro)
EUROPA
1976 - 1977

4.1 "Sekt? Korrekt!"

POR VOLTA DE 1976 e 1977, algo estranho aconteceu com o Kraftwerk. Durante um breve período, e apenas na área ao redor de Düsseldorf, eles viraram celebridades. Por mais estranho que possa parecer, eles se entregaram aos hábitos normais de astros do rock, casas noturnas, garotas e carros caros – enfim, coisas de celebridades.

Florian comprou automóveis Mercedes bem caros nessa época. Wolfgang Flür descreve a escolha de Florian: "Não era só um Grande Mercedes: era *o* Grande Mercedes 600. Azul-escuro. Azul Diplomata! Era o carro do presidente. O maior político da Alemanha, nosso presidente, dirigia um carro daqueles. Havia duas versões, a normal e a Pullman. A versão Pullman era muito mais longa e tinha um compartimento especial no interior. Florian pagou 25 mil marcos alemães por um carro usado! Havia uma grande loja de automóveis aqui em Düsseldorf, Auto Becker. Era um lugar imenso. Tinham de tudo, de carros pequenos aos luxuosos, de todos os estilos, todos usados. Florian entrou com uma sacola de plástico com 25 mil marcos alemães em espécie, os lucros da bilheteria na Alemanha. Ele a colocou em cima do balcão. Teve de contar tudo... 5, 10, 20... até chegar a 25 mil; e então ele saiu com o carro. Era imenso. Acho que dava para acomodar com conforto umas sete

KRAFTWERK

pessoas. Tinha ar-condicionado. Nos anos 1970, era muito caro manter carros assim, eles gastavam muita gasolina. Ele tinha uma bateria embaixo do capô e dois geradores de luz. Precisava de muita eletricidade para todos os acessórios de luxo. Tudo trabalhava sem motores elétricos; eles funcionavam com pressão do óleo e eram absolutamente silenciosos. Dentro, você não ouvia qualquer eletromotor; tudo era hidráulico. Quando abria uma janela, quase não fazia barulho. O mecanismo era tão forte que se você pusesse a mão no vão do alto da janela, poderia perdê-la. Era um perigo! Dirigi bastante o 600. Florian me emprestava o carro sempre que eu queria".

Florian era, ao que parece, um motorista muito perigoso. "Ele era ofensivo. Não era mau, era ofensivo!", recorda-se Wolfgang. "Ele era doido; dirigia rápido demais, perto demais do carro da frente. Ele costumava dar a partida e sair com o motor frio, logo de cara. E teve que pagar por isso, porque, fora o Pullman, ele comprou outro, um Mercedes cupê 280 S, de 1973, um modelo do começo dos anos 1970, com oito cilindros, 300 cavalos, cinza-concreto. Esse carro era elegante, cinza-escuro por fora, couro cinza-escuro por dentro. Uma vez, só uma, fomos para Spa, na Bélgica, para assistir a uma corrida de Fórmula 1, só para ver, só por diversão. Queríamos apenas ouvir a pressão, o som. Nós... Ralf, Karl e eu... fomos no carro de Ralf, menor, mas também de luxo, e Florian foi no dele. Ele saiu uma hora antes de nós. Íamos por uma estrada no interior da Bélgica e na nossa frente vimos, a distância, uma enorme nuvem preta subindo. Pensamos que tivesse acontecido um acidente. Torcemos para que não fosse grave. Quando nos aproximamos, pudemos ver a polícia e os veículos de emergência e tudo o mais. 'Ah, não, isso está parecendo uma merda completa.' Sabe o que era? Florian. O carro dele estava lá de capô aberto, soltando uma fumaça preta. Florian estava em pé ao lado, falando com um policial. Passamos por ele, abrimos a janela e dissemos 'Oi, Florian! Você saiu com o motor frio hoje de manhã?'. Ele tinha estourado o motor, estava tudo destruído."

O adolescente Ralf Dörper lembra-se de ter visto a banda pela cidade de Düsseldorf. "Foi uma espécie de período '*pop star*' pelo qual passaram, um estilo de vida bem exuberante. Era fácil reconhecê-los no meio de Düsseldorf. Eles tinham uma claque. As pessoas ao redor deles, todas pareciam iguais, porque todas se vestiam do mesmo jeito, e quase sempre de preto. O Kraftwerk sempre usou roupas impecáveis e justas, tipo anos 60. Eles não eram *hippies* do modo como, digamos, eram o La Düsseldorf ou até o Neu!. Muitos jovens ainda estavam usando calças

VIER [QUATRO] • Europa

de boca larga, com cabelo comprido, barba, *parkas* e coisas assim. O Kraftwerk simplesmente parecia *korrekt* [correto]."

O movimento punk alemão, como descreve Dörper, estava apenas começando em Düsseldorf. Havia uma cena para música nova, em um clube novo da cidade, o Ratinger Hof. "Comecei a ir lá por volta de 1976/1977. Era um lugar onde um monte de bandas novas começou a se desenvolver. Era como o CBGB, em Nova York. Havia aquele lugar, e grupos como o Deutsch Amerikanische Freundschaft (DAF) e o Liaisons Dangereuses, entre outros, surgiram por influência dele, bem como algumas outras bandas que não eram eletrônicas, mas eram mais ou menos as pioneiras do punk rock e da *Neue Deutsche Welle*, a *new wave* da Alemanha. O lugar não ficava longe da Academia de Düsseldorf (cujo diretor, na época, era Beuys). Assim, havia no Ratinger Hof uma estranha mistura de artistas e jovens muito loucos." Düsseldorf era um importante ponto de parada para artistas importantes da época, como o Roxy Music e David Bowie. A cidade tinha conexões com estilo, *design* e o mundo da moda: "Os melhores clubes da Alemanha na época, vamos dizer em meados dos anos 70, estavam em Munique e Düsseldorf. O Malesh era um clube bem badalado na Königsallee. Outro muito famoso era o Sheila (depois Matchmoore), na Altstadt. Düsseldorf era o lugar dos ricos e lindos, de certa forma. Acho que é muito importante conhecer esse ambiente particular do Kraftwerk, porque eles costumavam frequentar as casas noturnas, e isso é algo que se reflete em sua música, em minha opinião".

Dörper via Ralf com alguma frequência, embora no começo só de longe. Na rua dele havia um estacionamento, construído em uma área antiga da cidade que havia sido destruída nos bombardeios. "Eu morava na Jahnstrasse, com meus pais. Naquela época, Ralf tinha um Bentley. Era uma época em que poucos alemães dirigiam carros ingleses vistosos, tipo Jaguar, Spitfire ou Mini-Cooper, porque eles não eram confiáveis (ou seja, não eram Volkswagens). Mas na nossa rua havia um mecânico especializado em carros ingleses, e ficavam todos lá estacionados, até Rolls-Royces, e o Bentley de Hütter, esperando para serem consertados. Na mesma quadra havia também um pequeno clube, em meados dos anos 70. Acho que se chamava Café TV ou Peppermint; na época, eu sempre via os *Jungs* (os rapazes) lá. Eles também tinham um carro Pullman bem longo, uma limusine esticada Mercedes 600. Isso me impressionou muito, porque eu sempre via o carro entrando nesse estacionamento. Eram os integrantes do Kraftwerk, seus amigos e as

KRAFTWERK

namoradas. Os robôs tinham namoradas lindas, e um carro lindo, e isso fazia deles *pop stars* de verdade em Düsseldorf. Eu ficava muito impressionado (e provavelmente era impressionável). Eu pensava 'Caramba', aquilo era estilo."

No palco, o corte de cabelo e as roupas que o Kraftwerk usava se tornaram essenciais para sua imagem. Karl Bartos, ao menos, nunca ficou muito convencido de que eles foram bem-sucedidos nesse quesito: "A imagem inicial veio de Ralf", ele disse ao biógrafo do Kraftwerk, Pascal Bussy. "Ele queria deixar claro que o Kraftwerk era diferente de qualquer outro grupo, e queria a imagem de um conjunto de cordas. Eu não gostava muito disso; sempre achei que eu ficava parecido com um banqueiro". De fato, os membros do Kraftwerk mantinham a mesma imagem bastante formal quando não estavam trabalhando. Ralf Dörper conta: "Eles usavam calças e paletós justos. Mesmo naquela época, eles tinham ligações com gente em Paris que fazia roupas bem futuristas. Assim, eles tinham a aparência que se imagina que um *pop star* devia ter, com estilo. Da forma como as garotas se vestiam, aquilo já era uma espécie de pré-*new wave*, por causa do modo como andavam, e da atitude. Havia muita gente que estava ligada à turma do Kraftwerk".

Igualmente importantes para o visual do Kraftwerk eram os cortes de cabelo. À época, pouquíssimos astros do rock usavam cabelo curto repartido da forma tradicional. Talvez fosse significativo que Peter Gabriel tivesse cortado seu cabelo razoavelmente curto para a turnê do Genesis *The Lamb Lies Down on Broadway*, de 1974-1975. Era como se ele estivesse rejeitando as imagens estabelecidas que envolviam o rock progressivo, uma declaração aos integrantes da banda de que ele estava a fim de mudanças. Bowie também, em 1975, tinha cabelo relativamente curto, estilo *wedge* [estilo de cabelo curto dos lados e com uma franja em forma de onda, típico de seu personagem Thin White Duke], que seria copiado durante os dez anos seguintes e mais além. O cabelo de Bowie ainda mantinha certa exuberância, sobretudo na cor, mas no início de 1974 ele trocou a roupagem da era *glam* por ternos e um novo estilo, mais *clean*, assim como Bryan Ferry, que talvez tenha sido quem deu origem à imagem do astro do rock como um ícone hollywoodiano fora de moda, ou um playboy cansado do mundo. No final de 1976, muita gente da cena punk havia se convertido, trocando o cabelo comprido repartido no meio por cortes irregulares, espetados, cor de laranja, que seriam sua marca registrada. No entanto o Kraftwerk era

VIER (QUATRO) • Europa

singularmente diferente. Seu cabelo era elegante, mas altamente conservador, um retrocesso à era pré-rock'n'roll.

Não se deve subestimar quão radical isso era. O pessoal do Kraftwerk usava o tipo de corte de cabelo que um pai burguês exigia do barbeiro que anunciava seus serviços com aquele icônico pilar listrado vermelho e branco ao lado da porta de seu estabelecimento. Eles fizeram com que o mundo certinho passasse a ser legal. Subvertendo a noção de que vestir-se mal era uma forma de expressar um desagrado geracional, agora vestir-se bem, e vestir-se com elegância, era a chave. "Havia um barbeiro bem idoso, *Herr* Rindlaub, que acho que tinha bem mais de 60 anos", diz Ralf Dörper. "Ele era um homem de idade, tradicional, que morava em sua lojinha com a esposa. O Kraftwerk ia lá, e também um pessoal punk do Ratinger Hof. Ele era o melhor barbeiro da cidade. O estilo do Kraftwerk era bem anos 60, ou mesmo do final dos anos 50, era 'curto atrás e nos lados'. Era lá, de fato, que a maioria dos integrantes do Kraftwerk – talvez não Wolfgang, porque ele sempre teve cabelo mais longo – ia para cortar o cabelo. Era bem engraçado porque, mais tarde, quando ele foi entrevistado nos jornais locais, e as pessoas mais transadas começaram a aparecer, o velhinho cobrava o dobro delas, porque sabia que só iam lá porque ele estava no jornal!"

Na Grã-Bretanha, o visual bem-vestido e de cabelo curto fez sucesso quase de imediato. Não importava que o Kraftwerk fosse, de forma geral, cheio da grana. Esse era um visual que podia ser copiado imediatamente com roupas da moda de rua. "Eu não sabia direito qual a origem social deles", recorda-se Andy McCluskey. "Acho que logo no começo, mesmo quando fiquei sabendo, não fazia diferença absolutamente nenhuma para mim, porque o que estavam fazendo era muito mais importante do que quem eles eram. Eu com certeza não curtia o Kraftwerk por serem heróis da classe trabalhadora. Eu não buscava isso no Kraftwerk, e por isso eu não tinha problema com eles, tivessem ou não nascido em berço de ouro. Eu gostava do fato de que todos usavam terno e gravata, ou roupa preta, e achava legal eles rodarem por aí em um Mercedes preto também. Aceitei todo o lance do estilo de vida. Eu simplesmente achava o máximo, mesmo que na época eu ainda usasse cabelo afro e me vestisse como Tom Baker de *Doctor Who*."

Era nos clubes e nas discotecas que os *socialites* do Kraftwerk iam buscar novas ideias musicais. Os clubes favoritos deles eram o Mora's (na Altstadt) e depois o Malesh. Wolfgang conta que ele, Ralf e Florian

KRAFTWERK

frequentavam a cena dos clubes de Düsseldorf, mas Karl Bartos raramente ia junto. "Em geral, íamos Florian, Ralf e eu. Karl não era muito *clubber*. Às vezes ele ia conosco, mas na maioria das vezes ele não ia. Tomávamos um pouco de vinho de vez em quando no jantar, mas não consumíamos álcool por diversão. Precisávamos beber quando estávamos em discotecas porque era necessário. Era obrigatório. Você entrava, pegava sua taça e ouvia a pergunta retórica: 'Sekt? Korrrrrrekt!' (Champanhe? Corrrrrrreto!).[30] Foi isso que gravamos (para a letra em alemão de 'The Model'). Quando estávamos gravando, convidamos o cara do Mora's, a famosa discoteca em Düsseldorf. Era o *maître*, ele servia a todo mundo uma taça de champanhe na entrada. Ele cobrava 15 marcos alemães, pela entrada e por uma taça de champanhe. Não era de fato champanhe genuína, era *Sekt*, vinho branco espumante. Eram discotecas elegantes, com meninas e meninos bonitos '*Schickimickis*',[31] de nariz empinado, e às vezes algum punk de família rica que tinha se desviado do caminho... um punk de butique".

Com boa aparência, muito *sexy* e com um charme natural, Wolfgang, ele mesmo admite, era muito solicitado e atraía as mulheres sem esforço. No entanto o mesmo não ocorria com Ralf. "As mulheres eram um grande problema para ele; ele não sabia bem como chegar nelas. Era um garoto solitário em seu apartamento em Krefeld. Ele costumava me perguntar o que eu ia fazer no fim de semana, se podíamos sair juntos, porque eu fazia sucesso com as garotas. Porque eu era bonitão naquela época, ele tinha a esperança de talvez poder conseguir alguma coisa com aquelas garotas que viviam me rodeando. Era fácil para mim. Eu não tinha que fazer nada; as garotas faziam tudo. Ralf ficava perto de mim, e às vezes funcionava, embora não com frequência. Eu sentia muito por ele não se dar tão bem com as garotas. Ele muitas vezes me parecia bem solitário, e bem triste por causa disso. Ele era muito, muito simpático comigo naquela época, e tínhamos uma relação muito boa."

Algo que nunca fez parte do estilo de vida do Kraftwerk foram as drogas, ao menos não as drogas pesadas. Não havia substâncias nocivas à saúde, como cocaína ou heroína, entre o pessoal do Kraftwerk. Uma

---

[30] Em minha entrevista com ele, Wolfgang imita as palavras ditas pelo *maître* como uma espécie de desafio, com a entonação pesada que ele usava. De fato, *Sekt* é um vinho alemão espumante, semelhante ao champanhe. Como todos sabemos, apenas vinhos da região da Champagne podem receber essa denominação. [N.A.]

[31] Palavra alemã que designa pessoas que estão sempre seguindo a moda. [N.A.]

VIER (QUATRO) • Europa

"droga" recreativa viria a influenciar dois membros da banda mais tarde, na década de 1980, mas falaremos disso depois.

4.2 Alemanha *cool*

O Reino Unido, em meados dos anos 1970, emitia informações confusas sobre a Alemanha. A ascensão do National Front, um partido político neonazista, só de brancos, apesar de ser profundamente perturbadora à época, teve o efeito paradoxal de inspirar os primórdios de uma consciência verdadeiramente multicultural, sobretudo entre a juventude britânica. A visão de homens brancos, paramentados com o vermelho, branco e azul da cooptada e corrompida Union Flag,[32] marchando com *slogans* como "Defenda os direitos dos brancos", enojou muita gente. Uma das respostas foi o Rock Against Racism [Rock Contra o Racismo], um movimento multicultural e multiétnico, uma celebração de diversidade por meio da união. Artistas do rock, pop e punk juntaram forças com o *reggae*, de 1976 em diante, para combater a ameaça dos supremacistas brancos.

Em 1976, dois grandes astros brancos do rock aparentemente haviam se alinhado com o inimigo. Um discurso virulento, movido a álcool, feito no palco por Eric Clapton alertava que a Grã-Bretanha havia "ficado superpovoada" e corria o risco de tornar-se uma "colônia negra". Ele supostamente teria dito ao público que deveríamos "mandar embora os estrangeiros, os crioulos", antes de gritar várias vezes o lema do National Front, "Keep Britain White" [Mantenha a Grã-Bretanha Branca]. Vindo de um homem mergulhado até o pescoço na tradição do *blues*, isso não apenas era algo alarmante, mas simplesmente estúpido.[33]

Uma teatralização do nazismo mais artística, embora equivocada, veio de David Bowie, cuja *persona* de palco à época, The Thin White Duke [O Duque Magro e Branco], "que não exibia cor alguma", estava "garantindo que o branco prevaleça". Em entrevistas, ele disse que Adolf Hitler foi "o primeiro astro do rock'n'roll", talvez não sem um certo grau de precisão, em termos de presença de palco e do seu magnetismo nos inúmeros comícios nazistas. Hoje se afirma que, em maio de 1976,

---

[32] A bandeira do Reino Unido. [N.T.]

[33] Alguns outros membros da aristocracia do rock curtiam o "nazi chique". Jimmy Page, do Led Zeppelin, usava no palco botas do exército alemão e o que parecia ser um quepe da SS. Ron Asheton, ex-Stooge, também foi fotografado com toda a indumentária nazista, pisando no peito ensanguentado de Iggy Pop, em 1974. [N.A.]

KRAFTWERK

Bowie fez uma saudação nazista *Sieg Heil* para os fãs na Victoria Station, embora filmagens do incidente sejam no mínimo inconclusivas; Bowie afirmou que uma foto, que o mostra com o braço mais rígido do que a decência exigiria, apenas o teria flagrado no meio de um aceno, o que bem pode ser verdade.[34] Apesar disso, Bowie não ajudava nada com as entrevistas que concedia: "Da forma como vejo, sou a única alternativa para primeiro-ministro da Inglaterra. Creio que a Grã-Bretanha poderia se beneficiar de um líder fascista. Afinal de contas, Fascismo no fundo é Nacionalismo". Como desculpa, mais tarde, atribuiu-se ao excesso de cocaína o interesse de Bowie pela extrema direita, juntamente com sua fascinação pelo ocultismo. E de forma alguma Bowie poderia ser tachado de racista. Sua banda da época contava com dois músicos negros e um latino, e mais tarde ele se casaria com Iman Abdulmajid, uma supermodelo negra, da Somália, além de ter sido amante de Ava Cherry, uma de suas vocalistas na fase *Young Americans*.

Além disso, havia aqueles que ousavam ver o lado sarcástico do nazismo. O Monty Python colocou o círculo interno de Hitler, incluindo "Sr. Bimmler", "Sr. Boering" e "Sr. Ron Vibbentrop", em uma pensão em Minehead, tramando a invasão de Stalingrado, enquanto o episódio "The Germans" [os alemães] de *Fawlty Towers*, do ex-Monty Python John Cleese e de Connie Booth, é famoso pela fala: "Escute, não mencione a guerra! Eu a mencionei uma vez, mas acho que consegui me safar bem". E mais tarde, quando, depois de uma pancada na cabeça, Basil anota os pedidos para o jantar, ele comete uma gafe atrás da outra: "Pois então está tudo esquecido agora, e não falemos mais nisso. Assim, são duas maioneses de ovos, um camarão Goebbels, um Hermann Goering, e quatro saladas Colditz". Qualquer que tenha sido a mensagem que o quadro possa ter transmitido, o episódio foi um sucesso tremendo, e passou até mesmo na Alemanha, legendado. O preocupante foi que muita gente não percebeu que Cleese e Booth estavam satirizando as atitudes britânicas com relação à guerra, e não a Alemanha e os alemães; da mesma forma, era preocupante que as pessoas rissem com o fanático Alf Garnett, da série *Till Death Do Us Part*, de Johnny Speight, e não do personagem em si. Em 1970, Viv Stanshall, do Bonzo Dog Band, e o

---

[34] Gary Numan, então Gary Webb, grande fã de Bowie na época, estava na Victoria Station e me contou, em uma entrevista para meu livro sobre David Bowie, *Strange Fascination*, que Bowie não fez a saudação nazista. De fato, se fez, isso não foi registrado na imprensa nacional ou local logo após o alegado incidente. [N.A.]

VIER (QUATRO) • Europa

baterista Keith Moon, do The Who, foram fotografados junto a Barrie Wentzell, com toda a indumentária nazista, para uma foto promocional. Stanshall tinha, claro, satirizado Hitler na paródia de 1967 "The Intro and Outro", que apresentava supostos músicos como o primeiro-ministro do Reino Unido, Harold Wilson, no violino, John Wayne no xilofone, e, "parecendo bem relaxado, Adolf Hitler no vibrafone". Keith Moon às vezes usava um bigode de Hitler e adotava gestos do *Führer*, mas ele simplesmente gostava de se fantasiar, com frequência também como o pirata Long John Silver, ou um humilde vicário, e não era nem racista nem antissemita. Embora tenha sido o maior baterista do rock de todos os tempos, ele era também um doido varrido. Outras imitações de Hitler, da época e de pouco depois, vieram do humorista, cantor e imitador, nascido em Huyton, Freddie Starr, e ainda, de forma mais surreal, de Spike Milligan,[35] ex-integrante do programa *Goon*, cujas memórias do tempo de guerra foram *best-sellers*.

Havia quem nem aplaudisse o nazismo e nem zombasse dele. Em vez disso, tiravam-no do contexto, removiam seu significado histórico e o usavam apenas para chocar. Motivados em parte pela venda de itens relacionados a *bondage*, couro e tabus na loja Sex, de Malcolm McLaren e Vivienne Westwood, em Londres, alguns dos punks originais, incluindo Jordan e Susan Janet Ballion (futura Siouxsie Sioux), usavam suásticas como um símbolo de ódio e afastamento, mas deve ser dito que as camisetas punk originais exibiam, da mesma forma, outras imagens provocadoras, como Marx, anarquistas, estupradores e pornografia. Originalmente, o intuito do punk era chocar e se impor, perturbar a complacência da cultura de meados da década de 1970, e a suástica era usada por ser o mais provocador dos símbolos.

Embora nos anos 1970 uma parte da mídia, em especial os tabloides, seguisse uma linha claramente antigermânica, tentando satisfazer o que supunha ser a opinião britânica, uma nova geração olhava para a Alemanha com outros olhos, isentos de julgamento. A Alemanha pré-nazista, a Alemanha da escola Bauhaus, do cinema experimental e do expressionismo alemão, da literatura radical, era uma fonte de elegância e empenho. "Percebi que a Alemanha simplesmente teve de reinventar-se e reatar as ligações com as partes não contaminadas de sua própria cultura depois da Segunda Guerra Mundial, e foram os jovens, a nova

---

[35] Em sua série de 1982, *There's a Lot of It About*, ele faz o papel de Hitler cantando "Deutschland Über Alles" e sendo atingido por uma torta de creme na cara. [N.A.]

KRAFTWERK

geração do pós-guerra, que estavam ocupados fazendo isso, e estavam todos bem cientes da tarefa que tinham em mãos", diz John Foxx, que visitou a Alemanha pela primeira vez com sua banda Ultravox! mais ou menos nessa época. "Quando chegamos, em 1976/1977, estávamos acessando sem querer toda aquela imensa e determinada energia criativa. A Inglaterra parecia tristemente moribunda em comparação. O Kraftwerk estava decidido a não seguir o caminho de todos os demais, que adotavam os modismos *hippies* americano-britânicos, derivados da era psicodélica, sobretudo do Pink Floyd e dos Beatles da fase 'Tomorrow Never Knows'. Eles queriam redescobrir e reinventar a cultura da Alemanha por meio de sua própria música respeitável, classe média, culta, intelectual, despretensiosa, rigorosa e agradavelmente melódica. Exatamente o tipo de música que os alemães sempre amaram. Ironicamente, a Alemanha pareceu não gostar deles a princípio, talvez porque tudo isso parecesse levá-los perto demais, e rápido demais, de seu passado imediato. Acho que eles não entenderam a ironia e o humor e a exclusão mordaz dos clichês externos em favor dos locais. Ainda assim, os franceses amaram, creio que talvez por conta de seu estilo elegante... o estilo combinava perfeitamente com a moda intelectual e de figurino da Paris da época. Acho que os franceses também apreciavam a ironia e o humor sarcástico daqueles alemães estilizados, pois são grandes críticos dos traços estereotipados germânicos. Dessa forma, o primeiro grande sucesso do Kraftwerk aconteceu na França. (Uma coisa que ajudou foi que havia gente encarregada das cotas de rádio que gostava deles, e que permitia que tivessem bastante tempo na programação)."

A Alemanha agora era *cool*. Bowie e Iggy foram morar lá no outono de 1976. Quando Gary Webb, então com 18 anos, buscava um nome artístico, escolheu "Numan" porque achou que soava alemão. Na verdade, era holandês, mas não importava. Àquela altura, o supremo árbitro do bom gosto no Reino Unido, o locutor John Peel, tinha declarado que um álbum do Tangerine Dream era seu disco preferido naquele ano, o que ajudou a promover entre o público britânico não só essa banda como também, por associação, outras bandas de Krautrock. Álbuns de Neu!, Harmonia, Can, Cluster e La Düsseldorf eram comprados simplesmente porque as bandas eram alemãs. Malcolm Garrett recorda-se de seus primeiros encontros com o Krautrock: "Alguns dos motivos pelos quais passei a gostar desse estilo foram três coisas que aconteceram ao mesmo tempo: o amigo de um amigo tinha ido à Alemanha e na volta trouxe algo de música, especificamente Tangerine Dream; também, John

VIER (QUATRO) • Europa

Peel estava tocando essas coisas na rádio, e assim eu estava descobrindo o primeiro álbum de Klaus Schulze, ainda um de meus favoritos, *Irrlicht*; e o terceiro acontecimento foi que *Melody Maker* publicou um longo artigo sobre o que chamavam de 'Krautrock'. Então, fui apresentado a Can, Kluster, Faust, Neu!. Havia uma loja de discos em Manchester, chamada Rare Records, que ficava na John Dalton Street. No térreo, havia cabines para ouvir os discos, e de vez em quando eu tirava uma folga da escola e ia para Manchester e ficava ouvindo esse novo tipo de música. Dessa forma, eu ouvi e comprei o primeiro álbum do Neu!. Havia muitas bandas, e elas eram diferentes de tudo, e todas eram diferentes entre si. Eu adorei *Tago Mago* do Can, adorei o primeiro álbum do Neu!, adorei o primeiro álbum de Klaus Schulze e adorei Kraftwerk; mas não dava para colocar um do lado do outro e dizer que, musicalmente, esses caras tinham vindo do mesmo lugar. Eram todos muito diferentes entre si. Amon Düül tinha uma proposta mais fácil, em virtude da conexão deles com o Hawkwind. Eu curtia demais o Hawkwind porque eles eram o ponto de transição, pode-se dizer; eles ainda tinham guitarras, e o som era como o do rock, se bem que um rock bem estranho. Mas todos os outros eram tipo 'De onde diabos esses caras estão vindo? Alfa Centauro?'. Era como uma música *outsider* para *outsiders* que queriam pertencer a algum grupo especial de pessoas que 'sabiam' de algo que outras pessoas não sabiam".

Enquanto esses fãs britânicos mais aventureiros e de mente aberta consumiam com avidez o Krautrock, a realidade dos jovens músicos que moravam na Alemanha era bem diferente. Os grupos anteriormente elogiados não conseguiram avançar comercialmente. O tão influente Can, por exemplo, teve só um *single* de sucesso, "Spoon", em 1972. Em 1976, as paradas alemãs ainda eram dominadas pelo *Schlager* e por suas crias. Os *single*s mais vendidos eram coisas como Harpo ("Movie Star"), Pussycat ("Mississippi") e ABBA ("Fernando"), músicas que sua avó adoraria cantar junto. A revolução na música alemã, para todos os efeitos, não estava acontecendo na Alemanha. Estava acontecendo na Grã-Bretanha.

4.3 Autons eletrônicos

Para muitas crianças britânicas nascidas nos anos 1960, uma das primeiras lembranças é estar sentada diante da televisão para sentir medo. Todo sábado à noite, de setembro até maio, o *Dr. Who*, à época com breves 25 minutos de duração, era um programa obrigatório. Em janeiro

KRAFTWERK

de 1970, ele passou a ser colorido, com um novo doutor, o veterano ator de comédias Jon Pertwee, e um novo adversário, os Autons. O que tornava os Autons assustadores, realmente assustadores ao menos para quem tinha 10 anos de idade, era o fato de que pareciam reais, mas não eram. A princípio, pareciam algo normal, apenas manequins de vitrines de loja. Mas então adquiriam vida, começavam a mover-se, arrebentavam as vitrines e vinham caminhando em nossa direção, bem-vestidos, engravatados, mas com um rosto de plástico que parecia doentio, os punhos revelando uma arma espacial. Eles matavam, indiscriminadamente, uma fila de gente em um ponto de ônibus. O tempo todo o rosto deles permanecia impassível, totalmente sem movimento; frio.

Por alguma estranha alquimia pop, o Kraftwerk representou essa cena em uma nova música, "Showroom Dummies" (*Schaufensterpuppen*, ou "manequins de vitrine").[36] A música em si foi escrita por Ralf e executada na turnê de 1975; depois foi lançada como *single*, numa forma editada, em 1982. Para a geração original do *Dr. Who*, a associação era inconfundível, embora os próprios integrantes do Kraftwerk afirmem que, à época, não tinham visto o programa da TV britânica.[37]

De muitas formas, "Showroom Dummies" é uma música decisiva na história do Kraftwerk. Ela não contém a melhor melodia da banda (embora seja bem bonita), e o *single* não foi um dos grandes sucessos, mas foi a primeira música dançante do Kraftwerk. O filme promocional que acompanha a faixa mostra quatro manequins que, em vários momentos, substituem a banda e tocam bateria, roboticamente. O próprio Kraftwerk aparece, e em determinado ponto eles ficam imóveis, em poses robóticas. O final do filme promocional mostra o grupo dançando em uma casa noturna, a princípio como vultos mecânicos, antes que os segundos finais os mostrem como realmente são – quatro jovens em uma discoteca.

Uma das ideias por trás de "Showroom Dummies" era que o artificial traz em si certa elegância, até mesmo beleza. John Taylor, do Duran

---

[36] Um fã era o produtor americano Tony Visconti. Com pouco mais de 30 anos, ele já era veterano; havia produzido Marc Bolan, Bowie e Paul McCartney. "Tudo o que posso dizer sobre o Kraftwerk é que primeiro eu só os ouvia em alemão, e eu os adorava. Fiquei chocado quando ouvi uma música chamada 'Showroom Dummies', que era incrivelmente parecida com 'Schaufensterpuppen'."

[37] Uma videomontagem bem eficiente, combinando a invasão de uma rua de Londres pelos Autons com a música, foi postada no YouTube muitos anos atrás, mas agora parece ter sido retirada. [N.A.]

VIER (QUATRO) • Europa

Duran, nos conta que: "Foi uma faixa realmente importante para nós. Era uma música muito legal, muito chique, daquelas que enchem a pista de dança. Eles estão expostos. Como se tivessem passado na frente de uma loja, de uma vitrine que estivesse sendo modificada, e os manequins estivessem sem roupas. Acho que se pode dizer que a Alemanha tem os manequins mais bonitos do mundo".[38] "'Showroom Dummies' combinava com o nosso conceito de elegância", confirma Wolfgang. "Éramos de Düsseldorf, e a cidade estava sempre cheia de vitrines com modelos e manequins, por causa da indústria da alta costura e da grande feira de moda. Sempre tivemos muita afinidade com a elegância e a moda, e com *gutes Benehmen* (boas maneiras)."

Os manequins também estavam, claro, vestidos, posicionados e enfileirados, um tema que seria explorado pelo resto da carreira do Kraftwerk com a sua, ou melhor, de Ralf, obsessão e seu fascínio pelos robôs. "Os quatro robôs também são modelos", diz Wolfgang. "Eles são trabalhadores, são soldados e também robôs. Eles recebem ordens, e os manequins também. Eles precisam de ordens para ter aquela aparência. Eles exibem roupas e moda. Era disso que nós gostávamos. Não queríamos subir ao palco como as bandas de rock. Éramos tímidos e não queríamos nos movimentar e dançar."

Ralf confirma a ideia dos manequins como alter egos, substitutos, por trás dos quais os integrantes da banda, como meros humanos e com as fraquezas humanas, poderiam se esconder. Em uma entrevista posterior, ele disse: "Quando a câmera mira uma pessoa, ela a mata. Foi por isso que escrevi 'Showroom Dummies', e foi por isso que fizemos manequins, réplicas nossas. Eles são de plástico e mais resistentes a fotografias. Nós não fazemos mais sessões de fotos por causa das experiências que tivemos, de gente vindo até nós e tentando nos matar com as câmeras. Eles não percebem o que estão fazendo. Agora os manequins fazem as sessões de fotos e como resultado temos quase um acúmulo de energia para nossas próprias vidas" (depoimento a Mark Cooper).

Assim, os manequins eram, na verdade, os avatares do Kraftwerk. É notório que David Bowie criou uma sucessão de alter egos (Ziggy Stardust, The Thin White Duke) como um exercício artístico. Ele os

---

[38] O Duran Duran fez uma versão *cover* ao vivo de "Showroom Dummies" num concerto durante a turnê Red Carpet Massacre, como um tributo à banda. Os geralmente agitados integrantes do Duran tocaram a música como imaginaram que o Kraftwerk tocaria, os quatro enfileirados, imóveis. Joe Black conta que, quando Ralf Hütter viu isso, disse: "Viu, eu lhe disse que é difícil ficar completamente imóvel". [N.A.]

KRAFTWERK

representava no palco, em vez de ser ele mesmo (embora ficção e realidade acabassem se misturando, com resultados psíquicos perturbadores). Se o Kraftwerk não levou a ideia um passo além, ao menos o fez de forma mais literal. Manequins e robôs, em um cenário ideal, substituiriam os originais. Ralf também aponta para a despersonalização da câmera.[39] Nos anos 1980 e 1990, os *paparazzi* se tornaram o tormento dos ricos e famosos. Embora estes aceitassem, de muito bom grado, ter o rosto exposto nos tabloides quando lhes convinha, e com suas próprias condições para promover algum disco, filme ou até um casamento ou filho recém-nascido, as celebridades com frequência perdiam a compostura quando fotografadas "de folga", e isso acarretava todo tipo de confronto desagradável e ameaça litigiosa. De forma muito clara, e bastante cedo em sua carreira, o Kraftwerk decidiu que teria sua vida privada. Eles não eram e não são hipócritas. Não são astros da mídia, e durante toda a sua carreira eles não se esforçaram para serem conhecidos. Sem paralelo entre outros grupos com aspiração às paradas, entre 1981 e 1991, nem uma foto promocional deles sequer foi liberada para publicação.

Há ainda certo grau de autocrítica e humor (de um tipo involuntário) em "Showroom Dummies". As apresentações do Kraftwerk em concertos haviam sido criticadas pela mídia por sua rigidez. Eles eram, assim disse um crítico, como manequins de loja. Em uma era em que os artistas do pop e do rock deviam pelo menos se mexer, ter quatro homens parados, duros, como se estivessem em um concerto de música clássica, parecia um erro para uma banda (ainda que esquisita) de música pop. Além do mais, um erro logo na primeira linha da tradução do original alemão para o inglês, feita por Ralf, tem divertido bastante os anglófonos nativos há décadas. "We are standing here/Exposing ourselves/We are showroom dummies" [Estamos parados aqui/Expondo-nos[40]/Somos manequins de vitrine]. A música também tem um início memorável, com Ralf contando "1, 2, 3, 4" para a entrada da banda, numa provocação, sem sombra de dúvida afetuosa, aos punks, em particular aos Ramones. Depois de serem liberados, os manequins terminam a noite como convidados-surpresa: "We go into a club/And there we start to dance/We are showroom dummies". [Entramos em um clube/E lá

---

[39] Curiosamente, e confirmando esse paralelo entre o Kraftwerk e Bowie, no famoso vídeo de Bowie para "Ashes to Ashes", primeiro lugar nas paradas do Reino Unido em 1980, um fotógrafo tira uma foto de Bowie, e na foto Bowie segura o braço como se tivesse levado um tiro. [N.A.]

[40] Em inglês, *exposing* teria o sentido de que estariam se exibindo de forma indecente [N.T.]

VIER (QUATRO) • Europa

começamos a dançar/Somos manequins de vitrine]. Na verdade, a dança mecânica no estilo robô de Ralf, no palco e no filme promocional da música, teve alguma influência, três anos depois, na cena *clubber* pós-punk. Até o Roxy Music, em seu álbum de retorno, *Manifesto*, de 1979, usou como arte do álbum uma cena de festa ou de clube povoada por manequins com roupas extravagantes. Entramos então em uma era de artistas pop parecidos com manequins, alguns mais afetados e irritantes que outros.

4.4 "In Vienna We Sit in a Late-Night Café"[41]

Trans-Europe Express,[42] produzido por Ralf e Florian, e gravado no Kling Klang Studio, em 1976, não é apenas um álbum musicalmente perfeito, mas também um álbum que, em certos pontos, tem uma incongruência intrigante com a época. É em si uma experiência completa, uma viagem, um resgate do romance e da beleza da Europa central em uma época em que a própria Alemanha Ocidental estava convulsionada pela mudança, pelo medo e pela violência.

Um pesadelo que assombrou a Alemanha Ocidental nos anos 1970 foi a RAF (Rote Armee Fraktion, ou Fração do Exército Vermelho), mais conhecida como grupo Baader-Meinhof. Fundada em 1970 como um grupo de "guerrilha urbana", por Andreas Baader, Ulrike Meinhof e duas outras pessoas, a RAF só foi dissolvida em 1998. De ideologia marxista-leninista, ela começou um programa de ataques terroristas em 1971, e nesse ano dois policiais morreram em incidentes distintos. Em maio de 1972, porém, treze pessoas ficaram feridas em seu primeiro ataque sério, uma explosão num quartel do exército americano em Frankfurt-am-Main. Muitos alemães ocidentais jovens compartilhavam, secretamente, dos objetivos do grupo Baader-Meinhof, quando não dos métodos usados; era uma situação paralela à de muitos britânicos que sabiam que a interferência inglesa na Irlanda era contraproducente e acreditavam que as objeções e os objetivos do Exército Republicano Irlandês (IRA), quando não seus métodos terroristas, não deixavam de

---

[41] "Em Viena, ficamos em um café, aberto até tarde." [N.T.]

[42] A ideia para *Trans-Europe Express* aparentemente não partiu dos próprios Ralf e Florian, mas do amigo deles Paul Alessandrini. De acordo com Pascal Bussy, ele comentou com Ralf e Florian: "Com o tipo de música que vocês fazem, que é meio um estilo de *blues* eletrônico, as estações ferroviárias e os trens são muito importantes em seu universo, vocês deviam fazer uma música sobre o Trans-Europe Express". [N.A.]

KRAFTWERK

ter algum mérito. Na Alemanha Ocidental, ainda havia um grande sentimento de injustiça decorrente do fato de que tantos figurões da indústria, uma parcela muito grande da hierarquia das grandes empresas, estivessem ainda sob o controle de uma geração que havia apoiado o nazismo e lutado por ele. Havia uma profunda desconfiança da geração de seus pais e uma falta de confiança nos padrões de autoridade, e ambos se combinavam para criar um espírito revolucionário entre os jovens do país. De acordo com o autor do livro *Der Baader Meinhof Komplex* [O Complexo Baader Meinhof], transformado com êxito em filme, em 2008, "Uma pesquisa mostrou que um quarto dos alemães ocidentais com menos de 40 anos tinha alguma simpatia pelo bando, e um décimo dizia que ocultaria da polícia algum membro do grupo. Intelectuais respeitados defendiam a legitimidade do grupo, numa Alemanha que, mesmo nos anos 1970, ainda era uma sociedade atormentada pela culpa".

Em meados dos anos 1970, os ataques estavam se tornando mais numerosos, mais sangrentos e objetivavam alvos mais engenhosos. Quatro pessoas (entre elas, dois membros do grupo) morreram no cerco à embaixada da Alemanha Ocidental, em Estocolmo, em abril de 1975. Então, em 1977, eles visaram o procurador-geral da República, um diretor do Dresdner Bank e o presidente da Federação de Empregadores da Alemanha (todos foram mortos, em incidentes separados).

Ralf Hütter deu uma resposta um tanto enigmática quando indagado sobre suas crenças políticas: "Nós acreditamos fortemente no anarquismo e na autogestão", disse. Inquirido a respeito do grupo Baader-Meinhof, ele respondeu: "Não é anarquista. Quando digo 'anarquismo', refiro-me a nenhum governo externo. Eu não governo você, você não me governa. Eu governo a mim mesmo. Essas pessoas não estão usando corretamente o termo anarquia. Elas estão pressionando, fazendo pressão".

Em sua autobiografia, Wolfgang Flür narra um incidente que, embora não tenha sido causado pela RAF nem pelo grupo Baader-Meinhof, fez com que ele pensasse imediatamente nessa organização: "... Estávamos comendo nos Champs-Elysées... sentados no terraço do Café de Paris, em frente à farmácia... quando uma explosão violenta de repente ecoou pela cidade... um bilhão de minúsculos fragmentos de incontáveis janelas dos escritórios da companhia aérea norte-americana TWA veio voando em nossa direção...". Depois foi descoberto que havia sido um ataque do movimento OAS, da Argélia. No entanto poderia ter

VIER (QUATRO) • Europa

acontecido em Londres, como resultado de uma ação do IRA, ou em Frankfurt, onde a RAF armou diversos ataques nos anos 1970.

Além da ameaça da atividade terrorista, não totalmente creditada à RAF, havia a influência perniciosa de uma nação dividida. "Havia uma atmosfera especial em Berlim Ocidental, por conta da ameaça do Leste", diz o jornalista e radialista Jakob Mayr. "Não sabíamos por quanto tempo Berlim continuaria sendo uma cidade livre. Pressionadas, as culturas evoluem mais depressa que o normal, com ideias novas, de mudança. O caráter mórbido da cidade fascinava artistas e músicos. Muitos edifícios foram destruídos durante a guerra, e essa destruição ainda era visível nos anos 1970. Por outro lado, ainda havia muitos edifícios antigos remanescentes, incluindo prédios construídos na era nazista. Até hoje dá para sentir essa atmosfera." Indagado se o Kraftwerk havia visitado o Leste, Ralf respondeu: "É muito difícil. Estivemos lá uma vez. Gostaríamos de tocar lá, mas não há nenhuma chance". "Nós recebemos cartas de fãs de lá", acrescentou Florian.

Apesar dos problemas políticos do estado alemão ocidental, havia também muito otimismo. A grande mudança que emergiu dos anos 1970 na Alemanha Ocidental foi o maior intercâmbio, e a maior interdependência, com o resto do Ocidente e, em particular, com a Comunidade Econômica Europeia, que depois se tornaria a União Europeia. O *Wirtschaftswunder* [milagre econômico] havia levado a Alemanha Ocidental à sua posição de liderança econômica na Europa Ocidental. A chegada do Kraftwerk aos palcos mundiais em meados dos anos 1970 não seria encarada, em si, como um evento notável em termos nacionais pela maioria dos alemães. Eram apenas os britânicos e americanos, ignorantes em termos de percepções nacionais, que consideravam a identidade alemã do Kraftwerk um motivo de troça.

Com esse cenário de medo, mas ainda assim de autoconfiança, *Trans-Europe Express* primeiro fala da beleza da Europa, e da Alemanha em particular. Até hoje, os britânicos ficam atônitos com a beleza de certas partes da Alemanha, suas florestas e seus lagos, seus castelos e suas catedrais, seus cafés e os *Biergärten* [jardins com praças onde as pessoas tomam cerveja].

Uma novidade que se percebe de imediato em *Trans-Europe Express* é o destaque dado às partes vocais. Em álbuns anteriores, a voz de Ralf estava praticamente ausente, ou havia recebido um tratamento tão pesado que soava desumanizada. Agora, porém, sua voz se destaca mais na mixagem. Cinco das sete faixas do álbum têm letra. "Durante nove

KRAFTWERK

anos, tivemos medo de colocar nossa voz na fita", disse Ralf, falando do que ele chamou de "paranoia da fita". Pela primeira vez, Ralf gravou seus vocais tanto em inglês quanto em alemão, para diferentes versões do LP.

As duas peças centrais do álbum são a música de abertura "Europe Endless" e a música-título. As duas apresentam uma unidade conceitual mais forte do que qualquer coisa em *Autobahn* ou *Radio-Activity*. As estruturas repetitivas do álbum foram feitas com mais facilidade com o uso do Synthanorma Sequenzer. "Europe Endless" começa com um refrão em sintetizador, que vai crescendo gradualmente, límpido, cristalino e de ritmo lento, quase clássico em estrutura. Como em *Radio--Activity*, o uso do Vako Orchestron empresta às músicas tratadas uma qualidade atraente de um coral. É uma melodia tão boa quanto a de qualquer um dos grandes mestres clássicos europeus do período Romântico e imagina-se que essa foi exatamente a intenção do Kraftwerk. "Europe endless/Endless endless endless endless/Europe endless/Endless endless endless endless/Life is timeless/Europe endless" [Europa sem fim/ Sem fim sem fim sem fim sem fim/Europa sem fim/Sem fim sem fim sem fim sem fim/A vida é atemporal/Europa sem fim]. Enquanto a bela melodia é repetida, a antiguidade do europeanismo como uma *Zeitgeist* e como um projeto futuro é reforçada com um orgulho germânico. "Parks, hotels and palaces/Europe endless" [Parques, hotéis e palácios/Europa sem fim], prossegue Ralf – descrições simples, uma marca registrada de seu estilo de escrita, mas providas de uma força incomum: "Promenades and avenues/Europe endless/Real life and postcard views/ Europe endless" [Passeios e avenidas/Europa sem fim/Vida real e paisagens de cartão-postal/Europa sem fim]. Esta é a Europa como uma ideia, expressa como um *loop* infinito, sem fim.

"Nós viajamos por toda a Europa e, especialmente depois de uma turnê nos Estados Unidos, percebemos que a Europa é, sobretudo, composta de parques e velhos hotéis... 'passeios e avenidas'", Florian contou ao jornalista e amigo Paul Alessandrini, em uma entrevista em 1976 para a revista *Rock & Folk*. "Vida real, mas em um mundo de cartão-postal. A Europa, quando se retorna dos Estados Unidos, é apenas uma sucessão de postais..."

Nos anos 1970, a Grã-Bretanha, como agora, era uma parceira europeia relutante. Tendo sido incluída na Europa pelo governo Heath, conservador, em 1973, um referendo de 1975 ratificou o Reino Unido como membro, com a oposição tanto da direita quanto da esquerda, esta liderada pelo socialista Tony Benn. Por décadas impedida de entrar no clube

VIER (QUATRO) • Europa

europeu, pelo veto da França gaullista, a Grã-Bretanha tornou-se tardiamente parte do clube. Mas embora tenha abrigado uma facção pró-pan-europeia, sempre existiu uma desconfiança quanto à Europa e, sobretudo, quanto à burocracia europeia. Em consequência da forma como os tabloides populistas mostravam a Alemanha, incitando sentimentos xenófobos durante as Copas do Mundo e eventos do gênero, imagens positivas da Europa, e ainda mais da Alemanha, estavam em falta. Assim, confrontar-se com uma música como "Europe Endless" era um choque. Uma música que exaltava o projeto europeu, a história europeia e que, com suas palavras simples e um clima *electro retrô*, fazia o projeto europeu parecer uma espécie de visão utópica.

Era a faixa-título, porém, que entraria para a história do Kraftwerk como talvez a mais influente em toda a carreira da banda. Conduzida pelo ritmo do som do trem nos trilhos, ajustado para deixar a batida dançante, a melodia dos sintetizadores, de sete notas ascendentes, ameaçadora, dá então lugar ao mantra de Ralf, pesadamente *vocoderizado*, "Trans-Europe Express". Mas enquanto "Europe Endless" é majestosa, romântica, a música da faixa-título parece sombria: "Rendez-vous on Champs-Elysées/Leave Paris in the morning on T.E.E./Trans-Europe Express" [Encontro nos Champs-Elysées/Partir de Paris de manhã no T.E.E./Trans-Europe Express]. A letra, no entanto, é uma celebração da viagem, da velocidade, da sucessão constante de paisagens da humanidade europeia: "In Vienna we sit in a late-night café/Straight connection, T.E.E./Trans-Europe Express" [Em Viena, ficamos num café, aberto até tarde/Conexão direta, T.E.E./Trans-Europe Express].

A rede do Trans-Europe Express foi iniciada em 1957. Em seu auge, conectou 130 cidades por toda a Europa Ocidental. Construído para usufruto dos ricos, só tinha bilhetes de primeira classe, oferecendo um "pacote de serviços" que era adquirido de acordo com a distância viajada. Visando diretamente os homens de negócios (ainda não havia mulheres de negócios), oferecia luxo e elegância para aqueles cujo trabalho os levava através das fronteiras nacionais. Com finas refeições a bordo, e apenas breves atrasos nos postos de fronteiras (os agentes alfandegários subiam a bordo para checar os passaportes), ele transformava a viagem em uma experiência maravilhosa.

Para Wolfgang Flür, a música expressa perfeitamente o romantismo de viajar ao longo do Reno. "Esta é a minha vizinhança. Era onde eu vivia... com todos os belos castelos e vinhedos nas encostas. Meu bisavô foi um famoso arquiteto de Frankfurt, Josef Rindsfüsser (Senhor Pé de

KRAFTWERK

Vaca),[43] que construiu muitas grandes *villas* para industriais ricos que viviam nas margens do Reno. Passando de trem hoje, dá para ver, além dos castelos famosos, as belas *villas* que ele construiu. O TEE tinha o vagão panorâmico, onde dava para se sentar e ver toda a paisagem ao redor; podia-se ver tudo, dos dois lados do rio. Esse era o TEE, o Trans--Europe Express. Ele não existe mais. Triste!"

Hoje, a maioria de nós perdeu o fascínio. Viajar perdeu muito de sua mágica, por ser tão fácil. Viajamos o tempo todo; talvez demais. O mundo é um lugar menor, assim nos dizem, mas a que preço? A elegância do TEE, o refinamento de um vagão caro de luxo, foi substituída pelas técnicas de transporte de boiada das companhias aéreas econômicas e pelas latas de sardinha subterrâneas do metrô. Viajar se tornou banal em sua onipresença. O título monumental do Kraftwerk captura uma época anterior a esta, em que viajar passou a ser visto como um direito divino, em que férias no exterior passaram a ser a norma para a classe trabalhadora, e certamente anterior ao fenômeno do *gap year*,[44] e à expansão maciça da classe executiva, para quem a viagem de dois dias ao escritório italiano em Milão só precisa ser agendada (com despesas pagas, claro).

4.5 A dupla Gilbert & George alemã

Outro fato notório de "Trans-Europe Express" é a citação do nome de dois novos amigos de Ralf e Florian. Com "Station to Station", música de Bowie gravada no outono de 1975 e lançada em janeiro de 1976, ainda fresca na memória, costuma-se considerar que Bowie tenha tido uma influência no Kraftwerk, e isso pode muito bem ser verdade; mas de acordo com Karl Bartos, uma versão de "Trans-Europe Express" foi tocada pelo Kraftwerk em sua turnê de 1975. Embora não seja de forma alguma uma música sobre viagens de trem ("Station to Station" refere-se à Cabala e às "estações da cruz", ou etapas da via-sacra), a faixa de Bowie começa com um trocadilho musical – uma onda de *white noise*, com um tratamento pesado que a transforma no som de um trem que se aproxima, com direito a efeito Doppler, e o ruído das rodas e dos vagões nos trilhos. O Kraftwerk deliberadamente faz alusão a Bowie em "Trans-

---

[43] *Rindsfüsser* na verdade não significa "pé de vaca", mas soa bem parecido com isso. [N.A.]

[44] "Ano de intervalo", em geral realizado entre o fim do ensino médio e o início da universidade, durante o qual os jovens europeus muitas vezes viajam pelo mundo. [N.T.]

VIER (QUATRO) • Europa

-Europe Express": "From station to station/back to Düsseldorf City/Meet Iggy Pop and David Bowie/Trans-Europe Express" [De estação a estação/ de volta à cidade de Düsseldorf/Encontro com Iggy Pop e David Bowie/ Trans-Europe Express], descrevendo o encontro da banda com Bowie e Iggy na festa em Paris, durante a turnê de 1976 de Bowie.

A menção do nome dos dois não é uma expressão de vaidade do Kraftwerk, mas de genuína admiração. De fato, um tema que emerge no LP é um profundo desprezo pela indústria de fabricação de astros. "Toda essa coisa de ego na música é um tédio. Não temos interesse nisso", diz Ralf. "Na Alemanha, nos anos 30, tivemos um sistema de superestrelato com o senhor Adolf, da Áustria, de modo que não tenho interesse nenhum nesse tipo de 'culto à personalidade'. Ele envolve colocar as coisas tão longe de você que todo o contato com elas se perde. É outra forma de nos condenar à passividade. Com tantos *superstars* por aí, você simplesmente assiste a eles. Porém o que praticamos é o 'faça você mesmo', e é o que sugerimos que os outros também façam. Talvez a EMI Records não goste de ouvir isso."

"Hall of Mirrors" [Galeria dos Espelhos], música cujo tema é a fama e seu efeito de distorção da personalidade, é um clássico oculto do Kraftwerk. A histórica Galeria dos Espelhos, no palácio de Versalhes, é aqui substituída pelo espelho da vaidade, múltiplas versões de si mesmo devolvendo o olhar assustado dos "maiores astros", que "não gostam de si mesmos". É difícil ouvir essa música sem pensar em David Bowie, e suas mudanças/crises e personalidades quixotescas, embora a música possa também estar se referindo à própria carreira de Ralf e Florian, e a sua jornada da obscuridade ao domínio público. A batida da música, em passadas lentas, ponderadas, calculadas, e a melodia misteriosa dos sintetizadores, perturbadora e nostálgica, tudo se junta para criar um dos momentos psicologicamente mais inquietantes do Kraftwerk: "Sometimes he saw his real face/And sometimes a stranger at his place" [Às vezes ele via sua face verdadeira/E às vezes um estranho em seu lugar]. A natureza bowiesca de uma das mais sonoras partes da música é inconfundível: "He made up the person he wanted to be/And changed into a new personality/ Even the greatest stars change themselves in the looking glass" [Ele criou a pessoa que queria ser/E mudou-se para uma nova personalidade/Até os maiores astros/Transformam-se a si mesmos no espelho].

De novo é sugerido um clima da velha Europa e dos modos da classe aristocrática. O uso do termo *looking glass* evita a repetição de *mirror* (ambos significando "espelho") e também se encaixaria perfeitamente

KRAFTWERK

na tipologia de Nancy Mitford, de 1954, de "U" (em oposição a "não U").[45] A alusão ao palácio de Versalhes é significativa. Durante o século passado, este foi um dos edifícios mais famosos e belos do mundo, e de grande significado histórico por ter sido onde foi firmado o tratado que selou a vitória de Bismarck ao final da guerra franco-prussiana, em 1871, e também foi onde o vitorioso primeiro-ministro francês Clemenceau firmou, em 1919, o tratado de paz que encerrou formalmente a Primeira Guerra Mundial.

O LP é finalizado pela instrumental "Franz Schubert" (que então termina com um eco da faixa de abertura, "Endless Endless", na forma instrumental). Parece ser uma tentativa deliberada de ligar o Kraftwerk à grande tradição da música clássica alemã, e é simplesmente linda. "Uma das coisas que eu gostaria de ter visto seria a expansão do Kraftwerk na direção da faixa 'Franz Schubert', do final de *Trans-Europe Express*", diz Peter Saville. "Ela faz a citação da música clássica, mas de uma forma ironicamente sintética. Acho isso muito interessante. Também acho que seria incrível se eles fizessem um réquiem."

Um vídeo promocional foi produzido para a faixa-título. Embora primitivo pelos padrões estabelecidos pela era MTV da década seguinte, o filme evoca de forma maravilhosa o tempo e o lugar. Rodado em preto e branco, mistura fotografias (incluindo, claro, uma imagem de Iggy Pop e David Bowie) com filmagens da banda a bordo do trem, com um clima de suave cordialidade, com muita influência dos filmes *noir*, mas com o detalhe peculiar da maquiagem pesada. Numa entrevista, o Kraftwerk falava com frequência do "retrofuturismo" como diretriz estética, e em nenhum lugar essa ideia está tão desenvolvida quanto neste curta-metragem – a trilha sonora é incrivelmente inovadora. Ainda hoje é espantoso que essa música e as batidas datem de 1977, e em conjunção com as cenas iluminadas a neon, de estações e plataformas ferroviárias e de viagens de trem, ela evoca uma sensação do passado colidindo com o futuro, em um descarrilamento cultural que parece situar a música fora da época pop. Poucos músicos em atividade em 1977 tinham essa conexão simultânea com o passado e o futuro cultural.

---

[45] Referência ao artigo em que a autora comparava termos usados pelas classes alta ("upper class", ou "U") e média ("não U") do Reino Unido, e mostrava que a classe média empregava termos mais esnobes e pomposos que a classe alta, a qual usava termos também usados por classes mais baixas. [N.T.]

VIER (QUATRO) • Europa

O filme foi feito por Günter Fröhling, que havia sido habilitado nos estúdios da DEFA, em Berlim Oriental. "Era um sujeito fantástico. Ele sempre filmava com uma câmera Arriflex enorme, uma filmadora, não uma câmera de vídeo", recorda-se Wolfgang. "Quando estávamos sentados no trem, ele estava em uma das grades de colocar bagagem. Nós o ajudamos a subir lá, com sua grande câmera. Ele tinha um problema físico, tinha uma corcunda, e ele era muito engraçado. Nós o 'dobramos' lá, ele pediu que fizéssemos isso. Ele deve ter precisado de um ângulo para olhar para nós no compartimento. E então lá estava ele, deitado no compartimento de bagagens, e nós lhe entregamos a câmera. Não me pergunte como ele conseguiu fazer isso, filmar a gente lá de cima. Ele tirou fotos e fez as filmagens. Era um artista. Ele filmou os pequenos modelos de trens da Märklin. Nós montamos tudo em uma grande mesa, com todos os túneis e as cenas do campo e das cidades, e aquele trem especial passava através de tudo. O trem era um modelo prateado antigo, com propulsão na traseira. Os nazistas haviam projetado aquele trem, e é possível comprar o modelo, sabe."

Tão marcante quanto o filme era a arte do álbum.[46] A capa original do Reino Unido mostrava a banda como o "quarteto eletrônico". Uma foto tirada por J. Stara em Paris passou por um profundo retoque, para parecer uma pintura: Ralf e Florian usam ternos cinza e camisas brancas, combinando; Florian sorri, ao estilo Mona Lisa; Ralf, de perfil, parece dominante, decidido; Karl e Wolfgang, também enigmaticamente, evitam nosso olhar. A formalidade da composição, os tons de sépia, a iluminação, tornam a fotomontagem quase atemporal. Ela foi feita nos anos 1970, mas poderia facilmente ter sido datada de algum momento nos quarenta anos precedentes.

A versão alemã da capa do LP tinha uma foto diferente, uma das fotos tiradas por Seymor Stein em 1975, adaptada por Emil Schult. Schult, nascido em Dessau, em 1946, foi uma parte importante do sucesso do Kraftwerk à época. Ele não fez apenas o *design* de muitas das capas icônicas da banda, mas também como letrista sua contribuição, tanto em "Hall of Mirrors" quanto em "Trans-Europe Express", foi significativa. Segundo Wolfgang Flür, ele era "um cara muito tímido, bem-apessoado, tinha cabelo castanho e olhos serenos, cinza-azulados". O trabalho

---

[46] A capa original, depois rejeitada, era muito diferente e pegava a deixa da faixa "Hall of Mirrors". Ralf disse em 1976: "A capa vai ter um conjunto de espelhos refletindo nossas fotos". [N.A.]

KRAFTWERK

de Schult era perfeito para o Kraftwerk – enigmático, parcimonioso, era estranhamente destituído de expressão, quase como uma versão germânica de Warhol. "Ele é nosso médium. Escreve letras, cuida das luzes", disse Ralf em uma entrevista de 1976. "Quando conheci Emil, e quando ele me mostrou seus quadrinhos, achei que se assemelhavam a nossa música", acrescentou Florian.

A imagem mais notável é a da parte interna da capa aberta. Schult pegou uma foto de 1975, de Seymor Stein, juntou as figuras dos quatro integrantes e colocou-as como se eles estivessem sentados ao redor de uma mesa coberta com uma toalha. Dessa vez, o Kraftwerk olha para nós, com leves sorrisos nos cantos da boca. Bartos, de formação clássica, usa um traje formal noturno, incluindo gravata borboleta. Wolfgang está menos formal, com um paletó de veludo, camisa branca e gravata, Ralf usa um elegante terno cinza riscado e Florian veste um terno formal com colete. Atrás dele, Schult pintou uma cena arquetípica do interior da Alemanha. Os quatro estão sentados como se estivessem prontos para um piquenique sob a sombra de um grande carvalho, e a distância há um lago e colinas ondulantes. "As poses foram muito estudadas", diz Jon Savage, que em 1977 era um jovem jornalista musical que escrevia para a *Sounds*. "Todo o clima é bem tipo *art déco, camp*. Era quase como uma versão alemã de Gilbert & George."

"Gostei muito da arte de *Trans-Europe Express*", diz John Foxx. "Eles usaram uma bela forma arcaica de representação fotográfica de família, que envolvia retoques estilizados à mão. Isso combinava muito bem com a música urbana/europeia deles... estilizada, melhorada, com uma ingenuidade assumida e cativante."

A qualidade sem expressão, enigmática, da forma como Ralf e Florian estão posando, a atenção aos detalhes do vestuário, o conservadorismo das roupas (com frequência combinando) de fato espelhavam o trabalho de Gilbert & George. Dos poucos artistas descaradamente de direita que atuavam na Grã-Bretanha, Gilbert & George eram parceiros no trabalho e fora dele, e artistas também dentro e fora do trabalho. Eles eram autoproclamados "esculturas vivas", que hoje se vestem apenas com *tweed* e quase nunca são vistos em público separados, e que "faziam muita questão de não ficarem amigos de ninguém". Eles chamaram a atenção do mundo das artes em 1970, com seu trabalho *The Singing Sculpture*, ambos pintados com tinta em pó metálica e cantando a música de 1931, de Flanagan & Allen, "Underneath the Arches". Os paralelos com Ralf e Florian podem certamente ser traçados: o elitismo, a insistência em

VIER (QUATRO) • Europa

não haver demarcação entre estar trabalhando ou não, o conceito de *Gesamtkunstwerk* [obra de arte total], talvez até alguma desconfiança misantrópica em relação aos demais. Mais significativo, como Gilbert & George, o Kraftwerk se distanciava do meio convencional em que seus integrantes trabalhavam. De forma deliberada, eles haviam se posicionado como *outsiders* e, intencionalmente, isso se tornou um elemento--chave em seu *modus operandi*.

4.6 Nocaute metálico

O sucesso na França levou a um evento promocional organizado por Maxime Schmitt, o empresário do selo francês do Kraftwerk, para o lançamento de *Trans-Europe Express*. Os jornalistas foram convidados a juntar-se à banda em vagões restaurados em um trem do Expresso do Oriente, da Gare du Nord, em Paris, até a cidade de Reims, e o novo álbum foi tocado sem parar nos alto-falantes, durante a viagem. Wolfgang Flür descreve, em sua autobiografia, como todos foram transferidos, após a chegada a Reims, para os ônibus que os aguardavam para levá-los até os vinhedos de Moët et Chandon.

Como *Radio-Activity*, o LP vendeu muito bem na França, alcançando a segunda posição, e foi Top 10 na Itália. Ainda assim, mais uma vez a Alemanha ficou relutante em se comprometer, e lá o LP não foi além da posição 32, enquanto no Reino Unido a melhor colocação foi a de número 49, mal indicando que o Kraftwerk pudesse ser um grupo comercial. Nos Estados Unidos, ele não conseguiu sequer chegar ao Top 100.

O sucesso, porém, pode ser medido de várias formas. Hoje, o LP é considerado, com total consenso da crítica, um clássico. Fora da Santíssima Trindade "daqueles que não devem ser criticados" – Beatles, Rolling Stones e Bob Dylan –, deve ser um dos pouquíssimos LPs lançados no auge de um artista a receber (se bem que em retrospectiva, na reedição) avaliações de cinco estrelas nas três principais revistas mensais de música britânicas, *Q, Mojo* e *Uncut*. "Em minha opinião", escreveu Wolfgang Flür em sua autobiografia, "*Trans-Europe Express* é o melhor álbum, e o mais melódico, de todos os que gravamos." É uma opinião compartilhada por muita gente. O ex-integrante Eberhard Kranemann diz: "A maior parte da música feita depois é música morta. Não tem vida. Não é interessante. Há só uma coisa de que gosto muito, e é *Trans-Europe Express*. Há uma impressão muito profunda nela, e um sentimento muito profundo".

KRAFTWERK

"Acho que minha grande conversão ao Kraftwerk veio com *Trans--Europe Express*", diz Jon Savage. "Fiquei obcecado com 'Franz Schubert', e realmente gostei daquelas melodias dos sintetizadores, brutais e simples. Mas elas também tinham muito espaço nelas. Eu agora definiria como uma espécie de romantismo europeu. É o que eu gostei nele. Era como a psicodelia tinha sido no final dos anos 60. Parecia oferecer um espaço mental e físico."

O que era realmente impressionante no que se refere a *Trans-Europe Express* era a sua execução, considerando a tecnologia da época. "Quando eu o comprei, parecia tão estático, tão mecânico. Só agora me dou conta de que foi tudo feito à mão", diz Andy McCluskey. "Aquelas baterias eletrônicas às vezes soavam lineares e precisas. Havia um elemento humano na banda com certeza até *Trans-Europe Express,* e inclusive nele. Esse álbum, para mim, foi provavelmente o zênite. Foi a peça definitiva em que eles destilaram sua teoria, mas ainda a estavam executando de uma forma muito humana... da mesma maneira que o OMD tinha aquele som melancólico criado pela justaposição de eletrônico e humano. O Kraftwerk estava fazendo isso. É curioso, porque isso realmente não foi mencionado na época. Mas na verdade o charme do Kraftwerk era que trazia uma certa melancolia. Havia uma tensão criada pela letra, aqueles belos sons de coro que usavam e as melodias. Até os vocais de Ralf às vezes tinham um charme ingênuo. 'Europe Endless' e 'Radio-Activity' estão lado a lado, elas são as duas estrelas gêmeas brilhantes em minha vida. Essas músicas são gloriosas. A maneira como 'Europe Endless' começa de forma suave, com aquele sequenciador. Você sabe que a bateria está entrando, você sabe que a bateria está quase entrando, você sabe que a bateria está entrando, e finalmente ela entra... e Ralf anunciando... 'Europe (pausa) endless'. Eu adoro essa música."

As melodias encantadoras de *Trans-Europe Express* teriam influência direta em uma nova geração de artistas britânicos que faziam uso dos sintetizadores. No entanto seria a seção "Metal on Metal", a seção instrumental que vem na sequência da faixa-título, que iria deixar, cinco anos depois, um legado ainda mais profundo. Uma das inspirações por trás de "Trans-Europe Express", e talvez particularmente na seção "Metal on Metal", deve ter sido a composição *Étude aux chemins de fer*, de 1948, do compositor francês Pierre Schaeffer. A peça de Schaeffer, parte de seus *Cinq études de bruits* [Cinco estudos de ruídos], usava gravações de trens (apitos, o som das rodas nos trilhos) casadas com técnicas eletroacústicas para formar o que ele denominou de música

VIER (QUATRO) • Europa

concreta. *"Musique concrète* é a música feita de sons rústicos, não musicais, como trovões, motores a vapor, cachoeiras, fundições de aço", é como o crítico Tim Hodgkinson afirma. "Os sons não são produzidos por instrumentos acústicos tradicionais. Eles são capturados em fita (originalmente, antes das fitas, em disco) e manipulados para formar estruturas sonoras. O método de trabalho é, portanto, empírico. Começa dos sons concretos e move-se rumo a uma estrutura. Em contraste, a música clássica tradicional começa a partir de um esquema musical abstrato e escrito em partitura, uma música teórica, o oposto da música concreta."

A sequência "Metal on Metal" foi gravada simplesmente com os músicos batendo com um martelo em um cano de metal. Karl Bartos disse: "No fim, Hütter e Schneider iam até pontes ferroviárias e ficavam escutando o som que os trens produziam de fato; mas usar o ritmo obtido ficaria insatisfatório, porque o trem não soa assim, na verdade! Porque em um trem você tem duas rodas, e então o próximo vagão começa com mais duas rodas, e se você cruza o vão entre os trilhos, ele faz o som 'da-dum-da-dum; da-dum-da-dum', mas, claro, não daria para dançar com isso! Então nós o alteramos de leve".

"Metal on Metal" foi uma forma inicial de *industrial music*,[47] que entraria em uma fase de maior desenvolvimento nos anos 1980, com grupos como Einstürzende Neubauten, de Berlim Ocidental, e o Test Departament, de Londres. Também seria uma das maiores influências musicais que, mais tarde, em 1982, ajudariam a lançar o *hip hop/electro* como um fenômeno global.

4.7 "It's So Good. It's So Good. It's So Good..."[48]

Nos anos 1970, todos os caminhos levavam a David Bowie. Ou pelo menos é o que parece hoje. No começo do verão de 1977, Bowie estava trancado no Hansa Tonstudio, em Berlim Ocidental, gravando *"Heroes"*, que, como praticamente tudo que David Bowie gravava na época, desde o dia do lançamento, tornou-se um álbum importante. Bowie escapou do fogo cruzado do punk, mudando-se fisicamente para a Alemanha Ocidental e musicalmente para paisagens sonoras que até hoje perturbam

---

[47] O termo *industrial music* foi criado por um músico conhecido como Monte Cazazza para definir um gênero musical que utilizava sons e ruídos do dia a dia para fazer música. E isso ocorreu por volta de 1974. [N.E.]

[48] "É tão bom, é tão bom, é tão bom...", verso da música "I Feel Love", com Donna Summer. [N.T.]

KRAFTWERK

e assombram. A inquietação primeva de "Sense of Doubt", o ambiente de quietude zen de "Moss Garden", a alienação Leste-encontra-Oeste de "Neuköln"; Bowie estava reinventando o que os astros faziam logo após tornarem-se famosos. Como John Lennon e Scott Walker nos anos 1960, eles iam para as margens. É um truque que muitos grandes astros do rock tentaram depois, de U2 e Prince nos anos 1980, Radiohead na década de 1990, ao Coldplay e à Kate Bush em anos mais recentes. Não é fácil esse truque dar certo.

"Desde a adolescência eu era obcecado pelo trabalho emocional 'carregado de angústia' dos expressionistas, tanto artistas quanto cineastas, e Berlim havia sido seu lar espiritual. A cidade havia sido o coração do movimento *Die Brücke*,[49] Max Reinhardt, Brecht, e foi aqui que filmes como *Metropolis* e *O Gabinete do Dr. Caligari* se originaram. Era uma forma de arte que espelhava a vida não por eventos, mas pelo estado de espírito." Foi assim que Bowie se expressou em uma entrevista para a revista *Uncut*, em meados da década de 1990. "Era esse o caminho que eu sentia que meu trabalho estava trilhando. Minha atenção outra vez tinha se voltado para a Europa com o lançamento de *Autobahn*, do Kraftwerk, em 1974. A preponderância de instrumentos eletrônicos me convenceu de que essa era uma área que eu devia investigar um pouco mais."

Bowie, no entanto, faz questão de observar que sua própria música deve pouco, de fato, ao trabalho do Kraftwerk. O que ele admirava na banda era sua rejeição da linguagem musical espontânea do rock americano. "A abordagem musical do Kraftwerk tinha, em si, pouco espaço em meu esquema de criação. Eles fizeram uma série de composições programadas, robóticas, extremamente pensadas, quase uma paródia do minimalismo. Tem-se a impressão de que Florian e Ralf tinham o controle total de seu ambiente, e que suas composições estavam bem preparadas e calibradas antes de entrar em estúdio. Meu trabalho tendia a ser um tipo de obra expressionista ligada ao estado de ânimo, o protagonista (eu) entregando-se ao *Zeitgeist*, com pouco ou nenhum controle sobre sua vida. A música era em sua maior parte espontânea e criada no estúdio. Em substância, também, somos diametralmente opostos. O som da percussão do Kraftwerk era produzido eletronicamente, com ritmo

---

[49] Em alemão, "A Ponte", movimento artístico que fez parte da origem do expressionismo. [N.T.]

VIER (QUATRO) • Europa

rígido, imutável. O nosso era o tratamento dilacerado de um baterista fortemente emotivo. Dennis Davis conta que o que mais o apaixonava com relação ao Kraftwerk 'era sua singular determinação de manter-se longe das sequências de acordes estereotipadas americanas, e a forma como abraçaram por completo uma sensibilidade europeia demonstrada por meio de sua música'. Essa foi a influência importante que tiveram sobre mim." Uma das faixas em *"Heroes"* mostrava que Bowie com certeza estava próximo do Kraftwerk. "V-2 Schneider" era um tributo a Florian, embora, talvez, um tanto dúbio, pois ligava o nome dele ao de um míssil da Luftwaffe na era nazista.

Embora Bowie admirasse muito o trabalho do Neu! e de outros, na entrevista à *Uncut* ele afirma que desejava manter certa distância dos músicos alemães. "Eu conhecia Edgar Froese (do Tangerine Dream) e sua esposa socialmente, mas nunca encontrei os outros, e não tinha nenhuma inclinação a ir para Düsseldorf, pois estava muito concentrado no que tinha de fazer no estúdio em Berlim. Decidi apresentar a Brian Eno o som de Düsseldorf, com o qual ele ficou bem encantado, Conny Plank e os demais (e, aliás, também o Devo, a quem por sua vez eu tinha sido apresentado por Iggy Pop), e Brian no fim foi para lá, gravar com alguns deles."

Assim, temos Iggy, Eno e Bowie (sem esquecer-se de outros colaboradores à época, como o produtor Tony Visconti, e músicos como Carlos Alomar e Robert Fripp), todos apaixonados por música nova, todos ansiosos para apresentar amigos e colegas a novos sons. Não seria despropositado sugerir que talvez houvesse alguma rivalidade, alguma competição entre eles, com o propósito de saber quem teria as melhores e mais atualizadas referências musicais – a síndrome de "minha coleção de discos é mais legal que a sua". Uma das músicas que com certeza teve grande impacto durante o verão de 1977 era uma faixa que soava como se o Kraftwerk tivesse enlouquecido e recrutado uma autêntica cantora americana de *soul*. Na verdade, não era o Kraftwerk, mas o músico e produtor italiano Giorgio Moroder. "Um dia em Berlim", diz Bowie, "Eno entrou correndo e disse 'Escutei o som do futuro!'... Ele coloca 'I Feel Love', com Donna Summer... Então ele disse 'É isso, não precisa procurar mais. Esse *single* vai mudar o som da *club music* nos próximos quinze anos'. E foi mais ou menos isso."

Ninguém tinha escutado nada como aquilo antes – uma música pop totalmente sintética, e ainda por cima com uma linda voz. Não havia um

KRAFTWERK

bom cantor convencional no Kraftwerk, ou, aliás, em qualquer banda de Krautrock. Aquela foi uma pegada revolucionária, que virou o jogo na história da música pop e, como Eno e Bowie haviam previsto, criou um molde para a música de discotecas e casas noturnas durante anos. Assim começou a era da música eletrônica com cantores "de verdade", primeiro Philip Oakey do Human League, e, quatro ou cinco anos depois, grupos como o Eurythmics e o Yazoo, com mulheres vocalistas e vozes incríveis.

Na mesma entrevista, Bowie revela que sua primeira escolha para guitarrista solo em *Low*, o álbum que ele fez antes de *"Heroes"*, foi "Michael Dinger" (ele quis dizer Michael Rother) do Neu!, uma banda que, em termos musicais e artisticamente falando, era muito mais próxima de Bowie do que o Kraftwerk. Bowie afirma que recebeu um "não" diplomático de Rother à época. Já as lembranças de Rother são diferentes: "A história é esta: David Bowie e eu obviamente fomos enganados, e um foi induzido a crer que o outro havia mudado de ideia em relação a nossa colaboração em 1977. Fiquei surpreso quando alguns anos atrás li uma entrevista de Bowie para uma revista britânica, na qual ele dizia que eu havia declinado do convite para trabalhar com ele. Isso não é verdade. David me ligou no verão de 1977 e me convidou para juntar-me a ele e a Brian Eno no estúdio em Berlim. Estávamos ambos absolutamente ansiosos para gravar juntos. No entanto, alguns dias depois de nossa conversa, eu recebi um telefonema de alguém falando em nome de David (pode ter sido seu empresário, não posso afirmar com certeza), dizendo-me que ele havia mudado de ideia a respeito de nossa colaboração, e que eu não precisava ir a Berlim. E obviamente disseram a David que eu tinha mudado de ideia. Só descobrimos a trapaça quando trocamos e-mails em 2001. Só é possível especular o motivo de alguém não querer que nossa colaboração acontecesse, mas é sabido que os álbuns mais experimentais da fase Berlim de David Bowie nos anos 1970 não foram muito bem comercialmente. De qualquer modo, a resposta curta à sua pergunta é: eu não rejeitei David Bowie de forma alguma".

Embora seja intrigante imaginar que alguém interessado em conduzir Bowie rumo a uma música mais comercial possa ter sabotado a colaboração, o Kraftwerk e Bowie continuaram a espreitar um ao outro de uma distância segura, cientes de que estavam expandindo limites, iluminando um futuro eletrônico ainda não mapeado.

VIER (QUATRO) • Europa

4.8 A revolução de um dedo só

Enquanto o Kraftwerk e Bowie estavam trabalhando na Alemanha Ocidental, o punk rock estava explodindo na Grã-Bretanha. *Sniffin' Glue*, o principal fanzine punk britânico, editado por Mark Perry e apresentando um Danny Baker jovem e Kris Needs, pregava o mantra da simplicidade. Uma famosa camiseta punk com cifras para guitarra rabiscadas proclamava: "Este é um acorde. Este é outro. Este é um terceiro. Agora forme uma banda".[50]

"O punk foi, uma vez mais, a experiência do pop politizado", é a avaliação de Peter Saville. "Era voltado a uma geração para a qual a cena da música estabelecida não estava funcionando... no momento em que você coloca balões de hélio flutuando sobre a Usina de Força de Battersea,[51] você não está falando com os adolescentes de 15 anos que vivem em conjuntos habitacionais de baixa renda. O pop havia perdido sua autenticidade, e o punk era superautêntico. O punk era a banda logo ali do seu lado, tomando algo no bar, e não seres superiores que você tinha de fazer fila com mais 3 mil pessoas para ver. De repente a música era parte de sua realidade de novo."

Nunca ficou muito claro contra o quê o punk se insurgiu, porém. O próprio John Lydon era um fã autoproclamado do Can e do Van der Graaf Generator. Em segredo, muitos punks adoravam Genesis e Pink Floyd, mas dizer isso em uma entrevista seria o fim de uma carreira brilhante. E, ainda mais secretamente, vários punks podiam também tocar bem mais do que os três acordes que seus *press releases* afirmavam ser tudo o que conseguiam produzir em um dia bom, com vento a favor e uma lata de Special Brew.

Talvez o punk não fosse realmente contra a complexa guitarra solo de um Steve Hackett, ou os floreios românticos do piano de um Tony Banks, mas sim contra o *"cock rock"*. Esse termo foi cunhado com alguma genialidade intelectual em 1978 por Simon Frith (hoje, professor Simon Frith e presidente do comitê do Mercury Music Prize) e pela socióloga Angela McRobbie. *Cock rock* era uma música viril, para quem tinha um pênis. Era a música cantada por homens hétero, de cabelo

---

[50] Esse famoso desenho punk não se originou do *Sniffin' Glue*, mas da edição de janeiro de 1977 do *Sideburns*. Ele foi depois republicado no *Strangled*, a revista oficial dos Stranglers. [N.A.]

[51] Referência à icônica capa do álbum *Animals* (1975), do Pink Floyd, que trazia um grande porco inflável pairando sobre a inconfundível estrutura da usina, com suas quatro chaminés brancas. [N.T.]

KRAFTWERK

comprido e calças apertadas. Era uma música "autêntica", com guitarras altas e estridentes, notas secas do baixo e uma bateria tocada de forma pesada, econômica, sem as firulas e os virtuosismos dos progressivoides e vocais ainda mais altos e agudos; era a marcha solitária dos *superstars*, deuses intocáveis do *rock arena*, o vocalista jogando a cabeça para trás num falso esgar de prazer orgástico, berrando que ia fazer aquilo "all night long" [a noite toda]. Mas foi o Kraftwerk – seus integrantes vestidos como elegantes gerentes de banco, mal se movendo no palco, tratando os temas sexuais (quando estes sequer chegavam a aparecer) de forma totalmente distanciada – que de fato trucidou o *cock rock*, não os punks. Esta era uma música sem guitarras, sem qualquer dívida para com o *blues*, que não apelava para as motivações básicas que estão por trás de tantas músicas pop, do tipo quem vou amar, e, essencialmente, sem um vocalista com quem o público pudesse identificar-se. Não foi um ataque ao *status quo*, sequer um ataque à banda Status Quo, mas uma total aniquilação teórica da maior parte dos precedentes e princípios nos quais se baseava o rock moderno. Aqueles que acompanhavam o Kraftwerk nos anos 1970, e nos 1980, eram os verdadeiros renegados.

Ralf diria, mais tarde, que a música do Kraftwerk e a música punk tinham um objetivo comum: simplificar a música. Em 2003 lhe perguntaram se ele conseguia ver semelhanças entre sua música e o punk, e ele respondeu: "De certa forma, sim. A simplicidade, a atitude minimalista, com certeza".

O punk foi importante, mas foi uma versão beta, um exercício, porque o punk, no fim das contas, era parecido demais com o que ele queria substituir. Para cada talento genuíno, houve centenas de medíocres, de arrivistas sem talento. O fato de o punk ter dado espaço para que músicos amadores tentassem seus quinze minutos de fama foi louvado na época, e ainda o é em alguns setores da mídia. A realidade, porém, foi a conformidade, um fluxo de derivação. Os Sex Pistols podem ter parecido radicais, mas os imitadores dos imitadores dos imitadores com certeza não pareciam; o punk dividiu-se em *power pop* (bocejo), *oi* (não, obrigado) ou "bateu em retirada", como um suricato ferido em uma batalha de mentira de comercial de TV, para cuidar de um ferimento superficial, e retornar como Pub Rock, Versão 2 (definitivamente não, muito obrigado).

No fim das contas, os verdadeiros destruidores do rock gordo, inchado, presunçoso de meados dos anos 1970 não foram os punks, embora no início muitos estivessem nas categorias destes. Era uma segunda

VIER (QUATRO) • Europa

onda de músicos, para os quais até a habilidade técnica de tocar três acordes na guitarra já seria pedir demais. A destruição viria daqueles que não conseguiam tocar instrumento algum.

No final de 1977, bandas de Sheffield (The Human League, Cabaret Voltaire), Londres (Ultravox!), Hull (Throbbing Gristle) e do Wirral (VCL XI, mais tarde OMD) geravam um novo futuro para a música. "A chave para The Human League era que não precisávamos tocar", como Philip Oakey afirma. "Podíamos pensar o que fazer, planejar, e de algum modo conseguir que fosse tocado. Então juntávamos todas as peças. Mas a chave era que não conseguíamos tocar bem o suficiente." Era o início da música pop "virtual", um gravador de fita tomando o lugar no palco tradicionalmente reservado ao baterista. E, em tudo isso, o Kraftwerk foi fundamental. "No dia em que entrei no grupo, Martyn Ware veio até minha casa segurando 'I Feel Love', com Donna Summer, em uma das mãos, e *Trans-Europe Express* na outra", conta Philip Oakey.

FÜNF (Cinco)
MECHANIK (Mecânica)
1977 - 1979

5.1 Como ser um robô[52]

QUARENTA ANOS atrás, a televisão em cores estava chegando às casas das pessoas comuns no Reino Unido. Com três canais, e boa parte dos horários da manhã e da tarde ainda vazia, o que passava na programação durante o dia eram filmes coloridos de teste. De 1968 até 1972, um desses filmes foi transmitido pela BBC, com uma trilha sonora exótica que tinha alguns trechos sintetizados curiosos, tocados por Jaap Hofland and the Moonliners, sem qualquer comentário. Aquilo divertiu e intrigou muitos pré-escolares. Feito pela Philips para promover o Evoluon, um museu de ciência em forma de disco voador, recém-construído em Eindhoven, na Holanda, o filme mostrava um mundo de modernidade quase incompreensível. Os visitantes eram filmados olhando intrigados para diversas atrações interativas, incluindo uma rã falante ("Ik ben de Kicker"),[53] uma escultura feita em arame retratando um ser humano, uma cabeça de robô, talvez inspirada no filme *Metropolis*, e uma máquina falante de café, cuja voz soava incrivelmente parecida com a de programas simuladores de voz que mais tarde seriam usados pelo

---

[52] Com um pedido de desculpas a Caitlin Moran. [N.A.]
[53] "Eu sou a *kicker*" ("chutadora", em português) [N.A.]

KRAFTWERK

Kraftwerk. Aliás, toda a exposição enaltecia um tema bem kraftwerkiano: a utilidade da automação e da mecanização.

Embora essa tenha sido a cena mais duradoura da música pop, Ralf Hütter acredita mesmo que a humanidade e as máquinas formam uma unidade simbiótica. A história do Kraftwerk de 1978 até hoje tem sido dominada por essa ideia. Em seu LP seguinte, o primeiro a trazer créditos de assistente de composição para Karl Bartos, o Kraftwerk, em pouco mais de 36 minutos de música, analisou a relação entre humano e não humano.

Em uma entrevista em 1978, Florian fez questão de ressaltar que as máquinas não eram nem mestres nem servos. "A relação é bem mais sofisticada. Existe uma interação. Interação de ambos os lados. A máquina ajuda o homem, e o homem admira a máquina. (Mostrando o gravador Sony.) Este aparelho é uma extensão de seu cérebro. Ele ajuda você a se lembrar. É o terceiro homem sentado a esta mesa. Quanto a nós, amamos nossas máquinas. Temos uma relação erótica com elas."

Amor com as máquinas? Erotismo? Seria isso mais uma demonstração do característico humor inteligente de Florian, mais uma travessura, ou uma insinuação de algo mais, como se o melhor amigo de um homem não fosse mais seu cão, ou seu carro, ou mesmo sua esposa, mas seu sintetizador e seu computador? Um comercial da televisão britânica para os sistemas de alarme contra roubo ADT fez a pergunta "O que no mundo é mais importante para você?". A resposta de um homem foi "minha mulher, meus filhos (então um sorrisinho culpado)... meu *home theater*", enquanto um ator fazendo o papel de um estudante responde "meu *laptop*". O futuro kraftwerkiano no qual os homens dão mais valor a máquinas do que a pessoas tornou-se realidade.

Desprovido de expressão e estatuesco, o Kraftwerk deu início a um idioma de atuação completamente novo e, trabalhando em cima de "Showroom Dummies", do álbum anterior, sua reinvenção como robô era um passo lógico. Isso abriu caminho para uma nova onda de artistas pop que adotariam um ar de transtorno emocional, olhando sem expressão para o público, sem saudá-lo ou sequer fazer caso de sua presença.[54] Isso era o mais longe que se poderia chegar dos comportamentos banais afetados de alguns astros do rock, com seu "Olá, Londres, quero ver as mãos para cima!".

---

[54] Assisti a um concerto de Gary Numan em Liverpool, em 1988, durante o qual Gary não dirigiu uma única palavra à plateia. Quando lhe contei isso em uma entrevista, em 2011, ele retrucou: "Eu provavelmente não tinha nada a dizer!". [N.A.]

FÜNF (CINCO) • Mechanik (mecânica)

A faixa-chave no novo álbum *The Man-Machine* era a música de abertura, "The Robots" ("die Roboter"). Começando com uma série de *bips* e pulsos, podemos imaginar um Ralf robotizado ativando-se, o crepitante fluido vital da eletricidade correndo por suas veias. Esta é a condição humana posta em ação não por meio de carne e sangue, mas por células eletroquímicas. "We're charging our own battery/and now we're full of energy" [Estamos carregando nossas próprias baterias/e agora estamos cheios de energia], canta Ralf com sua voz passada por um *vocoder* pesado, antes de anunciar: "We are the robots!" [Somos os robôs!].

Não era uma ideia totalmente nova dentro da música pop. "Doing the Robotic" [Dançando como robôs] havia sido um estilo de dança desenvolvido de forma sincrônica pelos Jackson 5 e nas apresentações de Michael Jackson da música de 1974 "Dancing Machine". Tempos depois, nos anos 1980, o Styx faria sucesso nos Estados Unidos com "Mr Roboto". Só é necessário um olhar vazio, sons metálicos, movimentos mecânicos e disposição para fazer graça de si mesmo. O jogador inglês de futebol Peter Crouch, famoso por sua dança robótica pelo clube e pela pátria, preencheria os requisitos perfeitamente, mais de trinta anos depois. No entanto parecia haver seriedade no manifesto ciborgue do Kraftwerk. "Ja tvoi sluga" [Sou seu escravo], "ja tvoi Rabotnik" [sou seu funcionário], entoa a voz do robô em russo.

Outras três faixas do álbum abordam o trans-humano. A faixa título, "The Man-Machine" ("Die Mensch Maschine", "a máquina humana"), é uma composição perturbadora. Como "The Robots", sua base é um refrão simples de sintetizador que se repete ao longo da faixa, antes que outra voz ciborgue entoe "Man-Machine, super human being" [máquina-humana, superser humano]. O título da música é então repetido oito vezes, cada vez subindo uma oitava, antes de um "MA-CHINE" final, em um estilo descrito pelo crítico Simon Reynolds, de forma memorável, como um *"doo-wop* androide". Como boa parte da obra do Kraftwerk, isso nos remete ao passado ao mesmo tempo que prediz o futuro. Uma corrente do pensamento intelectual alemão sempre foi moldada pela ideia do *Übermensch*, uma filosofia que, de forma distorcida e repugnante, estava subjacente ao arianismo vil dos nazistas e sua obsessão com pureza. "The Man Machine" revisita a ideia original de que a humanidade pode ser melhorada, mas apresenta a ideia de que isso só pode ser obtido por meio de uma associação com o não humano.

"The Model" ("Das Modell", "a modelo"), à época sequer considerada merecedora de um lançamento como *single* no Reino Unido, hoje

KRAFTWERK

é, junto com "Autobahn", uma das músicas mais conhecidas da banda. De forma incomum para os padrões do Kraftwerk, é uma música curta, narrativa, que descreve um estranho fascínio por uma supermodelo, estrela de revistas de moda e beleza das passarelas, que toma "apenas champanhe". Ralf, mostrando seu lado carnal, diz que "would like to take her home, that's understood" [gostaria de levá-la para casa, nem é preciso dizer]. Por trás dessa música de fria sexualidade, porém, está o fio condutor de como coisificamos, e assim despersonalizamos, os seres humanos, transformando-os em mercadorias a serem exploradas. "Não somos machistas nem nada assim, somos mais andróginos", disse Ralf. "Muito da música que está por aí é bobagem, com os mesmos valores que a pornografia. São esses valores que transformam 'The Model' em um robô. Há uma música que vá além da pornografia? É essa a pergunta que fazemos. E demos alguns pequenos passos nessa direção."

"Metropolis", embora basicamente seja instrumental, também faz referência ao filme de mesmo nome, de Fritz Lang. A música é pulsante, sombria, mas, como sempre, agraciada com memoráveis melodias de sintetizador; no entanto, haverá aqui o primeiro indício dos mestres copiando os seguidores? O segundo instrumental do disco, a igualmente criativa "Spacelab", também foi destacada por resenhistas da época como próxima do padrão de Moroder. Um artigo da *NME* de dezembro de 1978 chamou Moroder de "Munich Mensch Maschine" [a máquina humana de Munique] e afirmou: "'Spacelab' soa tão parecida com o som de Moroder que é difícil resistir a insinuar um plágio da parte dos Düsseldorf Dynamen". A música certamente tem o mesmo tipo de pulso *euro-disco* que os *singles* de Moroder à época. É difícil não associar a influência, porém. Florian estava convencido de que Giorgio estava roubando o som do Kraftwerk. A revista *Rock & Folk* perguntou: "O que você acha de Giorgio Moroder? 'From Here to Eternity' está bem próximo do que vocês são...". Florian respondeu: "Sim. Na Alemanha, algumas pessoas me perguntaram se era nosso novo disco".

"From Here to Eternity" foi um *hit* no outono de 1977. A influência do Kraftwerk fica evidente no refrão melódico que lembra "Trans-Europe Express", e que aparece no vocal com efeito de *vocoder*. No entanto a música, sequenciada, é bem mais descarada em seu intuito de encher as pistas de dança, e também, diferente da maioria das músicas do Kraftwerk, é sexual, sem disfarces. O álbum homônimo tem sido citado por muitos músicos dos anos 1980 como uma influência na *house music*.

FÜNF [CINCO] • Mechanik (mecânica)

Em 1977, Moroder já poderia ser considerado um veterano da indústria musical. Nascido em 1940, em Urtijëi, no Tirol do Sul, uma região da Itália, ele havia composto "Son of my Father", com o letrista britânico Pete Bellotte. Gravada por um quarteto de *glam* de Kent sem nada de especial, chamado Chicory Tip, ela se tornou a número 1 do Reino Unido em 1972, e a primeira música britânica do topo das paradas a trazer um sintetizador como instrumento principal, nesse caso um Moog tocado pelo produtor Chris Thomas. Moroder trabalhava no Musicland Studios, no porão da Arabella Tower no distrito de Bogenhausen, em Munique. "I Feel Love", a música que soava como uma mulher fazendo amor com uma máquina, por sua vez, fez o nome dele. Além de seu trabalho como produtor e como artista solo, o próprio Moroder se mostrou o mais diferente do Kraftwerk que se possa imaginar, no sentido de que adorava partilhar os refletores com outros importantes luminares do pop e do rock. Moroder trabalharia com David Bowie no *single* "Cat People (Putting Out Fire)"[55] e com Philip Oakey, do Human League, no sucesso mundial "Together In Electric Dreams", trilha sonora do filme *Amores Eletrônicos* (*Together in Eletronic Dreams*, 1984).[56] Ao contrário do Kling Klang, o Musicland estava aberto para quem quisesse, e foi usado por Led Zeppelin, The Electric Light Orchestra, Queen, Deep Purple e Elton John.

Talvez a comparação fosse dura demais para com o Kraftwerk. Ralf e Florian nunca tentaram ser produtores do trabalho de terceiros. Talvez por falta de autoconfiança, por modéstia, ou, como fomos informados por Ralf em entrevista após entrevista, o Kraftwerk fosse, para eles, um emprego diário, e, para citar uma linha de *Um Conto de Natal* (*A Christmas Carol*, 1843), de Dickens, proferida pelo perene sovina Ebenezer Scrooge, "o que é meu me ocupa constantemente". Moroder tinha uma abordagem mais simplista, e talvez mais realista, e até mais honesta, da música que fazia. "O som *disco*, deve-se entender, não é arte ou nada tão sério. *Disco* é música para dançar, e sei que as pessoas vão sempre querer dançar." Na mesma entrevista de 1978, a *NME* opinou: "Moroder, o produtor de Donna Summer, Roberta Kelly, The Munich Machine e

---

[55] Um sucesso menor para Bowie em 1982, regravado um ano depois para seu álbum *Let's Dance*, ganhador de múltiplos discos de platina; no entanto, ficou conhecido por uma nova geração em sua versão morodesca original e superior, como parte da trilha sonora de *Bastardos Inglórios* (2009), de Quentin Tarantino. [N.A.]

[56] Em anos recentes, adotada pelo Human League não só como uma música sua, mas como o encerramento de seu *setlist* ao vivo. [N.A.]

KRAFTWERK

mais recentemente Sparks, precipitou involuntariamente – ou assim parece – uma verdadeira avalanche de modernismos malucos e de estática pseudossociológica." Com certeza é correto dizer que o *"Moroder Sound"* foi um sucesso tremendo com uma nova geração de músicos que queriam usar como ponto de partida a música punk com base na guitarra. Grupos como The Human League, e mais tarde Duran Duran, eram admiradores de Moroder. A *NME* de novo publicou: "Os surfistas radicais da onda *disco* nos dizem que Moroder é tão fundamental ao desenvolvimento da nova estética *'disko'* quanto, digamos, Kraftwerk, Bowie, Eno, Amanda Lear, The Baader Meinhof e Devo".

A diferença crucial entre Kraftwerk e Moroder era aquela palavra de oito letras. O Kraftwerk havia usado a G-U-I-T-A-R-R-A pela última vez, sub-repticiamente, na faixa-título de *Autobahn* (embora ninguém pareça ter percebido). Mas, para Moroder, não havia tais normas de autor-regulação: "No estúdio, hoje em dia, você geralmente modifica o som de instrumentos naturais, mas, se você não tiver cuidado, vai conseguir apenas outro som de sintetizador. Estou em busca de formas de mudar os sons naturais em outras direções, que se afastem de tratamentos puramente eletrônicos. O sintetizador nos proporciona sons ilimitados, mas sou um compositor comercial demais para poder fazer pleno uso de suas possibilidades. Eu gostaria de fazê-lo, mas admito que provavelmente não terei tempo ou habilidade para isso. Aliás, não sou um bom tecladista, de qualquer modo. De fato, sou um péssimo tecladista...".

Entre 1977 e 1978, já fazia aproximadamente três anos que o Kraftwerk estava sem emplacar qualquer grande *hit* na Grã-Bretanha ou nos Estados Unidos, enquanto Moroder, como artista solo ou como produtor, parecia ser capaz de produzir grandes *hits* sem esforço. Sobre o Kraftwerk, Moroder disse: "Gosto muito do som deles, porque é muito limpo, mas as músicas em si não me agradam particularmente. Às vezes, eles são um pouco fáceis demais com sua música...". Por "fácil", Moroder parecia sugerir que achava as melodias deles "simples" ou "subdesenvolvidas". Elas seguramente careciam da produção purpurinada dos sucessos dançáveis de Moroder. Como se reconhecesse isso parcialmente, embora tenha sido feito no Kling Klang, *The Man-Machine* na verdade foi comixado e masterizado por Leanard Jackson, que havia trabalhado com o compositor e produtor Norman Whitfield, ex-Motown. "Bem, acho que eles pensaram que deviam começar a vender mais", diz Moroder. "Creio que estão cometendo um erro simples. Eles ainda acham que com uma melodia fácil e um sintetizador podem criar um *hit*."

FÜNF (CINCO) • Mechanik (mecânica)

5.2 A "New Musick"

Moroder foi a figura mais importante no gênero emergente que viria a ser chamado de *electro disco*. Era uma música destinada a ser tocada em discotecas, sendo totalmente, ou quase totalmente, produzida por sintetizadores, nesse aspecto diferindo da *disco music* anterior, que apresentava não só guitarra, bateria e baixo, mas também exuberantes arranjos de cordas. As opiniões estavam divididas em relação aos méritos de ambos os estilos. No entanto, entre 1977 e 1979, uns poucos e bons grupos "sérios" imprimiram uma sensibilidade *disco* em sua música. O Talking Heads, na época talvez o grupo americano mais *cool* do planeta e tão cheio de atitude quanto o Television e os Ramones, usava linhas de baixo inspiradas na *disco*, em faixas que, fora isso, eram impecavelmente *new wave*, como "Warning Sign". O Blondie, que originalmente tinha inspiração punk, embora sem as pretensões artísticas do Talking Heads, em breve também usaria a *disco* e sintetizadores na linha Kraftwerk/Moroder como componentes importantes de sua música.

Então surgiu o Devo, um grupo surpreendente de Akron, Ohio. O Devo foi o supremo ironista americano da *new wave*. Já havia uma versão do Devo em ação desde 1972, mas no final dos anos 1970 a banda se estabilizou na formação clássica de Gerald Casale, Mark Mothersbaugh, Bob Mothersbaugh (ou Bob 1), Bob Casale (ou Bob 2) e Alan Myers na bateria. Seu filme *The Truth About De-Evolution* mereceu aplausos no festival de cinema de Ann Arbor e, o mais importante, foi visto por Iggy Pop e David Bowie. Bowie chegou a pensar em produzir o grupo, antes que seu então colaborador Brian Eno assumisse a tarefa de trabalhar com o Devo em seu álbum de estreia, no estúdio de Conny Plank nos arredores de Colônia.

O grande conceito deles, de que a humanidade, em vez de evoluir, estivesse de fato regredindo, formava a base de sua teoria abrangente da "de-evolução" (da qual tiraram seu nome). Eles viam a sua volta uma cultura popular insípida, homogeneizada, uma mentalidade de boiada, uma sociedade que extinguia a individualidade. Eles a satirizaram de forma impiedosa e perfeita. Nisso, eles eram o outro lado da moeda do Kraftwerk. Enquanto o Kraftwerk previa, se não o progresso e o aperfeiçoamento, ao menos uma inevitável aliança entre a humanidade e a robótica, o Devo via a regressão por todos os lados. Mas tanto o Devo quanto o Kraftwerk pareciam ver os humanos como autômatos, como substitutos ou réplicas, carecendo de individualidade. A iconografia do

KRAFTWERK

Devo ecoava a do Kraftwerk em seu estilo uniformizado. Fosse ao subirem ao palco com seus macacões antirradioativos folgados, ou com os absurdos chapéus que pareciam vasos, ou caricaturados como batatas com rosto humano, o Devo apresentava, como o Kraftwerk, uma identidade reconhecível de imediato.

Na Europa, a França também foi energizada pela música eletrônica. Jean Michel Jarre, filho do eminente compositor Maurice Jarre, estava no Top 5 do Reino Unido com uma versão editada de "Oxygène", de seu álbum clássico de mesmo nome em quatro partes, um *single* que, outra vez, era completamente instrumental, e um exemplo maravilhoso daquelas primeiras composições eletrônicas que se situavam na incômoda fronteira entre música clássica/progressiva de um lado e o pop transado do outro. Também no verão de 1977, um instrumental, "Magic Fly", do grupo Space, mandando um grande abraço a partir de Marselha, alcançou a segunda posição no Reino Unido. Parece que o Daft Punk, afinal de contas, tem pais há muito tempo perdidos.

Um grupo de jovens articulistas na *Sounds* acabou enfeitiçado, procurando algo melhor do que aquela fase final do punk. "Os Pistols tinham acabado de lançar 'Holiday in the Sun', e, sabe, os sinos da morte estavam soando", diz Jon Savage. "Tivemos a ideia de fazer dois números da *Sounds* abordando música *cut-up* eletrônica sintética tribal. Acho que Vivien Goldman teve muito a ver com isso, assim como Dave Fudger; ambos eram chefes de redação da *Sound* na época. Jane Suck e eu escrevemos as introduções. Estávamos ambos obcecados com 'Magic Fly' e 'I Feel Love', que era um disco fantástico e foi o trabalho que fez todos nós, punks esnobes, dizermos 'Ah, meu Deus, a música *disco* é fantástica', sabe, a música eletrônica é o caminho a seguir. Um ano antes, Joe Strummer, do Clash, esteve na televisão dizendo 'não temos sintetizadores em nosso grupo', e os sintetizadores eram vistos tipo como o pesadelo do punk rock. Foi o período de Bowie em Berlim, com *Low* e '*Heroes*', que mudou as coisas. '*Heroes*' era fantástico, sobretudo o segundo lado."

A coluna "New Musick" na *Sounds* realmente lançou tendências. A *Sounds* foi o primeiro semanário musical britânico a perceber que o punk estava exaurido e era um beco sem saída. De acordo com o que Jon Savage se recorda, o termo "New Musick" foi cunhado para descrever o que talvez hoje fosse chamado de música pós-punk, ou ao menos uma parte dela. "O termo se origina de um grande artigo de dois números que escrevemos na *Sounds*, em 27 de novembro e 3 de dezembro de 1977.

FÜNF (CINCO) • Mechanik (mecânica)

Alan Lewis havia pedido a seus correspondentes punks – eu mesmo, Jane Suck, Sandy Robertson e a chefe de redação Viv Goldman – que fizessem um 'Images of the New Wave' [Imagens da Nova Onda] parte 3. Já tendo concluído que o punk era coisa ultrapassada, coletivamente tivemos a ideia de celebrar a nova música eletrônica e futurista que parecia muito mais interessante do que velhos roqueiros de *pub* martelando três acordes. Jane Suck e eu fizemos o editorial do primeiro número. Em duas semanas, Steven Lavers escreveu sobre o Kraftwerk, Viv sobre *dub* e Siouxsie, Davitt Sigerson escreveu sobre *disco*, Sandy Robertson escreveu sobre o Throbbing Gristle e eu escrevi sobre o Devo e The Residents. Obviamente Bowie e Eno eram referências e tanto, citados nos editoriais."

Para Jon Savage, a música eletrônica oferecia uma alternativa genuína à intransigência do punk: "O punk tinha se tornado muito claustrofóbico, Londres tinha se tornado muito claustrofóbica, naquele momento em particular, e é por isso que a música de sintetizador era tão bem-vinda, de fato, porque oferecia uma saída. Não estou propondo que fosse uma solução total para os problemas do Reino Unido em 1977/1978. Mas havia então o argumento, que Eno teria apresentado com muita, muita lucidez à época, de que a música pop não deveria se envolver com política e questões sociais além de certo ponto".

Pela primeira vez, a música pop estava alcançando o Kraftwerk, ou assim parecia. Com a "New Musick" e Moroder vieram, relativamente rápido, músicas pop que pareciam ter destilado o aporte intelectual do Kraftwerk, transformando-o em puro pop. "Automatic Lover", de Dee D. Jackson, de 24 anos e estabelecida em Munique, foi produzida por Moroder e teve considerável sucesso na primavera de 1978 no Reino Unido. Com um padrão programado de sintetizador, Dee D. Jackson cantava, com certo charme:[57] "See me, feel me, hear me, love me, touch me" [Veja-me, sinta-me, ouça-me, ame-me, toque-me], enquanto uma voz masculina robótica afirmava: "I am your automatic lover" [Eu sou seu amante automático]. Mais tarde, em 1978, veio Cerrone, e "Supernature". Marc Cerrone, nascido em 1952, em Vitry-sur-Seine, perto de Paris, foi também um importante, embora praticamente esquecido, progenitor do culto aos DJs dos anos 1990. Esta foi a primeira onda de música influenciada pelo Kraftwerk. Como Elvis, os Beatles, os Stones,

---

[57] Peço a clemência do júri, pois tinha 13 anos à época do lançamento da música. No entanto confesso: ainda adoro essa canção. [N.A.]

KRAFTWERK

o Velvet Underground, Bowie, os Sex Pistols, o Chic, Michael Jackson, eles inspiraram imitadores não depois de mortos e enterrados, mas ainda vivos e gravando.

O sucesso de Cerrone, na verdade uma versão editada de uma faixa de um álbum de 1977, incluía os versos: "Once upon a time/Science opened up the door/We would feed the hungry fields/Till they couldn't eat no more/But the potion that we made/Touched the creatures down below/And they grow up in a way/That we'd never seen before/Supernature" [Uma vez no passado/A ciência abriu a porta/Alimentaríamos os campos famintos/Até eles não conseguirem comer mais/Mas a poção que fizemos/Tocaram as criaturas das profundezas/E elas cresceram de um modo/Nunca visto antes/Supernatureza].

Amantes automáticos? Supernatureza? Será que a turma havia alcançado o Kraftwerk?

5.3 O vale da estranheza

The Man-Machine foi lançado em abril de 1978, em Paris. Não é sempre que um convite à imprensa estipula o traje; mas, nesse caso, foi gentilmente solicitado que o Quarto Poder usasse algo vermelho. "A maré vermelha do eurojornalismo tem outra surpresa pela frente", escreve Danny Eccleston, da *Mojo*, em um tributo *on-line* à banda. "Em vez de Ralf Hütter, Florian Schneider, Karl Bartos e Wolfgang Flür – os músicos do Kraftwerk –, eles encontram quatro manequins no palco. Camisas vermelhas, calças pretas, gravatas pretas, cabelo de jogador de Subbuteo, rostos assustadoramente parecidos com os dos membros humanos do grupo. 'Ralf' à esquerda, em um perfil de três quartos; 'Florian' segurando uma flauta, à direita; 'Karl' e 'Wolfgang' no meio, 'tocando' sintetizador e bateria eletrônica. Enquanto uma das novas músicas da banda toca no som ambiente, uma voz *vocoderizada* entoa 'We are the robots' [Somos os robôs]."

"O filme de Fritz Lang, *Metropolis*, era transmitido em um *loop*, enquanto o álbum era tocado", recorda-se Karl Bartos. "Os manequins estavam no palco posando com os instrumentos, parecendo super *cool*. Nós só ficamos lá, com uma taça de champanhe, e depois de uma hora fomos embora. Acho que jantamos, como sempre, no La Coupole, e foi uma refeição ótima. Lembro-me de uma vez que comemos lá e os Ramones vieram até nossa mesa para dar um oi!"

FÜNF (CINCO) • Mechanik (mecânica)

"Fomos até Munique, a uma companhia chamada Obermaier, que fazia bonecas, marionetes e manequins", diz Wolfgang. "O proprietário, um homem já de idade, moldou nossos rostos com massa de modelar. Ele então fez nossas cabeças com plástico, e elas foram pintadas com *spray*, e foram inseridos olhos de vidro. Ele fotografou tudo; ele sabia com exatidão a cor de nossa pele. Tudo foi feito à mão; fantástico e muito caro. Acho que custaram 4 mil marcos alemães. Cada um!"

As réplicas eram, sem dúvida, perturbadoras em sua semelhança. Um filme promocional do *single*, "The Robots", mostrava o verdadeiro Kraftwerk apresentando-se com os gestos rígidos, programados dos robôs, intercalando com *closes* dos próprios robôs. Tanto os integrantes reais do Kraftwerk quanto os falsos vestiam calças cinzentas, camisas vermelhas de manga longa e gravatas pretas. No final do filme, Karl, Wolfgang, Florian e Ralf postam-se diante de seus *Doppelgängers*. Durante todo o filme, os integrantes do Kraftwerk verdadeiro agem de forma tão convincente como manequins que é perturbador vê-los.

Os temas e as descobertas de *The Man-Machine* tanto resumem como predizem. A iconografia do robô, o simulacro de forma humana, construído pelo homem, remonta à década de 1920. O ponto totêmico de referência foi o trabalho de Fritz Lang, sobretudo sua obra-prima *Metropolis*, traduzida em forma musical no álbum, apresentando Maria, a robô. Um escritor famoso de ficção científica, o acadêmico Isaac Asimov, defendeu no início dos anos 1940 as "Três leis da robótica", escrevendo contos e romances *best-sellers* de ficção científica sobre as possibilidades da vida cibernética. Nos anos 1950, em filmes como *O Dia em que a Terra Parou* (*The Day the Earth Stood Still*, 1951) e *O Planeta Proibido* (*Forbidden Planet*, 1956), estrelaram os robôs Gort e Robbie, o Robô, respectivamente. Tais máquinas de aparência humana/tecnoide eram com frequência representadas como escravos, autômatos, *apparatchiki* com a aparência humana, mas em essência criaturas feitas para servir. Aliás, a etimologia do termo "robô" vem da palavra tcheca *robota*, que significa "trabalho", "labor", ou, em sentido figurado, "trabalho pesado" ou forçado. Essa ideia de uma máquina não humana ou humanoide foi concebida como um símbolo poderoso do domínio do homem sobre a tecnologia. Tais construções artificiais fariam os serviços mundanos que homens e mulheres consideravam árduos ou repetitivos. A ideia de inteligência artificial era muito discutida em universidades nos anos 1960 e 1970, sendo uma disciplina acadêmica séria. E nos anos 1980 a indústria

KRAFTWERK

automobilística foi parcialmente automatizada, com máquinas que construíam carros. No entanto sempre havia um lado mais sinistro na ideia da robótica. A desumanização inerente ao conceito representa a ascensão da desumanização na vida real, em grande escala, quando a Alemanha nazista, a Rússia comunista e outros regimes totalitários de meados do século XX classificaram e/ou trataram certos grupos étnicos como sub-humanos, marionetes descartáveis.

O Kraftwerk levou o conceito um passo além, predizendo e até saudando uma interface entre homem e máquina. Florian falava de seu cérebro como uma "fita em branco", com um microfone em cada ouvido. Ralf falava do "duplo". "Nós nascemos biologicamente a partir de um momento de acaso... Mas nascemos dentro de nós mesmos. Temos nosso duplo dentro de nós." Como sempre com o Kraftwerk, há um nível de ironia e humor na descrição, talvez mais uma provocação aos jornalistas britânicos e americanos que viram os shows anteriores do Kraftwerk e ridicularizaram a presença de palco estatuesca. No entanto os temas abordados em *The Man-Machine*, a ideia de seres semi-humanos, agora parecem assustadoramente proféticos. Durante os trinta anos seguintes, a humanidade fundiu-se com a tecnologia em vários níveis.

Para pessoas com deficiência severa, ferimentos graves, doenças degenerativas de vários tipos ou com problemas cardíacos e pulmonares, a intervenção da tecnologia, seja por tecnologia de reconhecimento de voz, implantes de vários tipos ou grande variedade de próteses, hoje prolonga a vida em casos nos quais, nos séculos anteriores, ela teria chegado ao fim. No entanto a variedade e a extensão dessas intervenções têm gerado protestos por parte de quem não as aceita, com afirmações de que o homem está "brincando de Deus". Onde isso iria parar? Um ser humano sustentado quase completamente por próteses, uma visão tenebrosa de um futuro como ciborgues? Essa é uma visão dramatizada com habilidade pela ficção científica, e especialmente arrepiante em *Dr. Who*, cujos Cybermen, ao contrário dos Daleks, mais famosos, são uma projeção bem mais crível e precisa em termos dos horrores que podem advir de uma humanidade completamente fundida com a tecnologia.

E, em nosso dia a dia, cada vez mais funcionamos em conjunto com as máquinas. Na época em que o Kraftwerk gravou *The Man-Machine*, nossas "máquinas" cotidianas, nas sociedades ocidentais ricas, incluiriam um telefone (para a maioria), um aparelho de televisão, diversos eletrodomésticos, talvez até algum brinquedo sexual. Hoje, muitas

FÜNF (CINCO) • Mechanik (mecânica)

pessoas com menos de 70 anos teriam dificuldade para fazer qualquer coisa sem uma conexão de internet e um celular. Não conseguimos conceber, atualmente, escrever um documento ou comunicar-nos com amigos e colegas de trabalho sem o uso de algum tipo de tecnologia sofisticada que teria parecido profundamente estranha a alguém da década de 1970. Contato social, namoro e até sexo podem hoje ser praticados a distância, por uma interface entre homem (e mulher) e máquina. Podemos agora ler um livro sem ter um livro físico e jogar tênis diante de um Xbox e da televisão sem sequer pensar em pegar uma raquete e ir a uma quadra de tênis. Nossas vidas se tornaram uma mistura intrincada de realidade e simulação.

Talvez, em um nível mais óbvio, a projeção dos quatro alemães como quatro robôs seja mais uma manifestação do artista que se oculta por trás da máscara. Porém existe algo *camp* nos robôs do Kraftwerk que solapa, mesmo que de leve, a ameaça real que muitos veem no robótico. Vendo o Kraftwerk da era *Man-Machine*, e os *Doppelgängers* razoavelmente verossímeis, com certeza, ficamos intrigados, incomodados, senão atemorizados. Uma explicação para isso reside na teoria do "vale da estranheza", primeiro utilizada pelo professor em robótica Masahiro Mori. Em uma representação gráfica de empatia, (e falta de) com figuras humanoides, a hipótese diz que, quanto mais parecido com um humano é o robô, mais empatia teremos com ele. Assim, as criações da última década, robôs tão realistas que parecem pessoas, tendem a não nos assustar como tais. Da mesma forma, robôs que parecem montados com *kits* de brinquedo, ou que são feitos de sucata, com calotas no lugar de olhos, também não nos assustam, pois sua forma é suficientemente não humana para ser decodificada como falsa, ou até cômica, ou infantil.

No entanto é o estado limítrofe, o "vale da estranheza", que nos atemoriza, é o estágio antes que um robô se torne 98% parecido com um humano que provoca arrepios na espinha. Em um experimento controlado conduzido na Universidade da Califórnia, em San Diego, vinte pessoas com idade entre 20 e 36 anos assistiram a três diferentes sequências de imagens de um robô feito na Universidade de Osaka. Esse robô particularmente realista foi exibido, bem como o modelo real humano, e então despido de qualquer prótese de aparência viva, basicamente uma estrutura de metal. Os resultados foram espantosos: "As pessoas assistiram a cada um dos vídeos e foram informadas sobre quem era robô e quem era humano", escreveu Mark Brown, em 2011. "Então o cérebro

KRAFTWERK

delas foi escaneado por ressonância magnética. Quando viam o humano real e o robô metálico, o cérebro delas mostrava reações bem típicas. Mas quando o robô perturbadoramente humanizado era mostrado, o cérebro se 'iluminava' como uma árvore de Natal. Ante a visão do androide, o córtex parietal – e especificamente as áreas que conectam a porção do córtex visual que processa movimentos corporais com a seção do córtex motor que se supõe conter os neurônios-espelho (ou neurônios de empatia) – registrou altos níveis de atividade. Isso sugere que o cérebro não conseguia computar a incongruência entre a aparência humana do androide e seus movimentos robóticos. Nos outros experimentos – quando o que a tela mostra parece humano e move-se como humano, ou parece um robô e move-se como robô –, o cérebro humano reage bem. Mas quando ambos os estados estão em conflito, surgem problemas."

É por isso que temos medo de fantasmas, zumbis, do monstro de Frankenstein e, quem sabe também, na vida real, de cadáveres; eles estão suficientemente dentro de nossos referenciais de como deve ser a aparência de um ser humano, mas de um modo grotesco, e geram respostas de perplexidade e, em última análise, medo. Os manequins ambulantes do Kraftwerk são apenas realistas o suficiente para continuarem não parecendo ameaçadores para a maioria das pessoas. Mas estão no limite. Ainda há alguma coisa que não nos parece muito certa nos homens-máquina.

O Kraftwerk estava consciente, em um nível teórico, de estar fazendo música em uma época em que o mundo ocidental era pesadamente industrializado, racionalizado e organizado por um conjunto de regras completamente novo. "O ponto de vista do século XIX está morto", proclamou Ralf. "O mito do artista importante foi explorado à exaustão. Ele não se encaixa mais nos padrões da sociedade moderna. Hoje, a regra é a produção em massa." O Kraftwerk estava, em parte, satirizando essas novas regras de produção e consumo. Transformando-se em robôs, eles estavam inseridos de forma bem clara no atual modo de produção. A muito bem-sucedida marca alemã de carros Audi pode ter proclamado "Vorsprung durch Technik" [progresso por meio da tecnologia] em seus anúncios do final dos anos 1970 em diante, mas seria difícil encontrar um bordão publicitário melhor para o Kraftwerk. Com nossos carros de alta tecnologia sendo construídos por robôs, é bem apropriado que a música que escutemos ao sair do *showroom* dirigindo um deles seja também feita por robôs.

"Ralfbot" em modo animado: o Kraftwerk robotizado. TIM JARVIS / RETNA PICTURES

Ralf e seu eu manequim, no Ritz, Nova York, 1981.
LAURA LEVINE / CORBIS

Wolfgang e Florian (com o sorriso marca registrada) apresentando-se no Ritz, Nova York, 1981. LAURA LEVINE / CORBIS

O Kraftwerk toca "Pocket Calculator" no Ritz, Nova York, 1981.
LAURA LEVINE / CORBIS

Karl e Wolfgang com seus *Doppelgängers* no Ritz, Nova York, 1981.
LAURA LEVINE / CORBIS

Manequins do Kraftwerk em exibição para divulgar *The Man-Machine*, **1978.**
EBET ROBERTS / REDFERNS

O Kraftwerk fotografado em turnê na Hungria, 1981. Até hoje os fãs do Kraftwerk são vistos usando vermelho e preto nos concertos. GETTY IMAGES

Florian e Ralf fazem pose em uma festa. EBET ROBERTS / REDFERNS

Florian durante apresentação em Helsinki, 5 de fevereiro de 2004.
JAAKONAHO / REX FEATURES

Michael Rother no palco com o Hallogallo, no The Edge Festival, em Picture House, Edimburgo, Escócia, 17 de agosto de 2010.
MARC MARNIE / REDFERNS

Wolfgang em frente ao Kling Klang, novembro de 2010. Karl Bartos: "Ele sempre foi muito divertido. Sempre achei que ele teria sido um bom ator". DAVID BUCKLEY

Camiseta do Kraftwerk.

Karl Bartos comparece ao BMI Awards, no Dorchester Hotel, Londres, outubro de 2007. BRIAN RASIC / REX FEATURES

Ralf Hütter, Henning Schmitz, Fritz Hilpert e Stefan Pfaffe, do Kraftwerk, apresentam-se durante a Retrospectiva Kraftwerk, no Museu de Arte Moderna de Nova York, **10 de abril de 2012.** MIKE COPPOLA / GETTY IMAGES

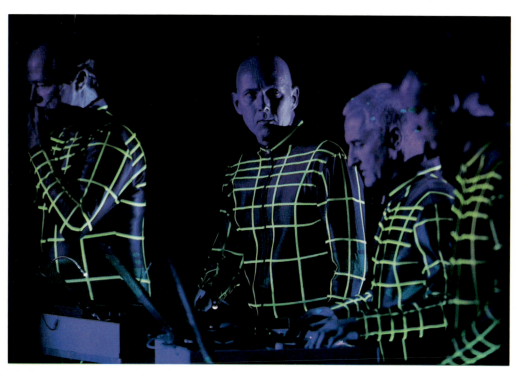

Kraftwerk apresentando-se durante o Global Gathering Festival, no Hordern Pavilion, Sydney, Austrália, 30 de novembro de 2008. WENDELL TEODORO / WIREIMAGE

Fritz Hilpert (esquerda) e Stefan Pfaffe, integrantes da formação mais recente do Kraftwerk, na Retrospectiva Kraftwerk, no Museu de Arte Moderna de Nova York, **10 de abril de 2012.** MIKE COPPOLA / GETTY IMAGES

FÜNF (CINCO) • Mechanik (mecânica)

5.4 Um cabaré militar em vermelho, branco e preto

Filmes como *Guerra nas Estrelas* (*Star Wars*, 1977), *Contatos Imediatos de Terceiro Grau* (*Close Encounters of the Third Kind*, 1980) e *Os Embalos de Sábado à Noite* (*Saturday Night Fever*, 1977) podem ter sido os grandes sucessos de bilheteria no final dos anos 1970, mas em geral não era a tais filmes convencionais que os jovens com pretensões artísticas assistiam. Filmes de arte sofridos, de esquerda, falados em francês tinham mais probabilidade de serem escolhidos, além de muitos filmes mudos clássicos anteriores à Alemanha nazista, tais como *O Gabinete do Dr. Caligari*, *Nosferatu* e *Metropolis*. Ter padrões de referência incomuns, interessantes, fora do convencional não era só uma afetação de gente que queria estar na moda (embora para alguns talvez fosse isso). Era parte da busca de materiais com os quais enriquecer o convencional, parte de um espírito questionador que tentava romper as barreiras entre as artes.

Ralf Dörper explica de que forma os filmes eram mais importantes do que a música – ao menos para ele, um adolescente no final dos anos 1970: "Para mim, eles eram, ou podiam ser, mais radicais ou multidimensionais do que a música antes do punk e do *industrial*. Um de meus favoritos era John Carpenter. No entanto não eram só as imagens ou a trama. A música tinha um papel importante. Boa parte da música que eu achava interessante vinha dos filmes, e boa parte dessa música era eletrônica. Provavelmente tudo começou com *Laranja Mecânica* (*A Clockwork Orange*, 1971)". Ralf Hütter comentou, em 1978: "Acho que os discos são, para nós, como filmes. Chamamos nossa música de filmes acústicos, e na verdade, quando nos apresentamos em concertos, o volume tem importância, e também a reverberação e o eco do auditório em que tocamos, porque o volume da música está presente de fato só quando tocamos ao vivo, e a presença das pessoas na sala altera a música".

Quando *The Man-Machine* foi lançado, muita atenção voltou-se para a arte do álbum, que mostrava a banda vestida com calças cinza, camisas vermelhas e gravatas pretas, usando batom vermelho, o cabelo muito bem penteado, com um corte curto, uniforme, os quatro posando em formação militar, olhando para a esquerda, braços no quadril.[58] De imediato isso encontrou eco em seu público, talvez de formas inesperadas. O visual era

---

[58] Até hoje, nos concertos do Kraftwerk, algumas pessoas, tanto homens quanto mulheres, se vestem com camisa vermelha e gravata preta, o que aliás dá uma aparência bem *cool*. [N.A.]

KRAFTWERK

conscientemente calcado nos filmes expressionistas em preto e branco do período entreguerras, com o uso de maquiagem pesada e um forte contraste monocromático. No entanto muitos fãs e críticos viram subtons mais sombrios no visual, como se o Kraftwerk tivesse se transformado em algum tipo de paródia de tropa de assalto *gay*.

"O vermelho e preto de *The Man-Machine* incluía batom para os rapazes", diz John Foxx. "Acho que tem uma pegada cabaré mais séria na Alemanha. Na Grã-Bretanha, a coisa é só *Dad's Army*[59] e teatrinho; é bem diferente." "Nos filmes alemães dos anos 1920, os homens usavam maquiagem como as mulheres", diz Wolfgang, "com os lábios vermelhos e pó por todo canto, havia homens dessa época com aparência muito delicada."

Não obstante, as cores de *The Man-Machine* – vermelho, branco e preto – são exatamente as cores da bandeira nazista, com sua suástica preta dentro de um círculo branco emoldurado em vermelho. Karl, porém, é enfático em salientar que qualquer semelhança é meramente acidental: "Preto, branco e vermelho simplesmente funcionam muito bem juntos como linguagem de cor".

O que era indiscutível era que o *design* da capa, de Karl Klefisch, era fortemente inspirado, quase uma imitação, no trabalho do construtivista russo El Lissitzky (a tal ponto que ele está creditado no encarte), e especificamente sua arte em *Para a Voz* (1924).[60] Andy McCluskey diz sobre a arte da capa de *The Man-Machine*: "O estilo dela definitivamente tem aquele ar de modernismo russo. Eles estão de pé em uma escada, do tipo que você encontra em toda a Alemanha, que foram reconstruídas nos anos 40 e 50. E, sim, eles estão usando aquele contraste intenso de vermelho e preto, e o batom vermelho (pintado na foto depois ou não). É bem perturbador. Uma das coisas de que sempre gostei no Kraftwerk é que eles não tinham medo de colocar na capa não seus corações, mas sua 'arte', de colocar seus cérebros". Ralf Dörper comenta: "Lembro-me de ter visto a arte de *Man-Machine* e de pensar como tudo era de fato perfeito. As fotos, a forma como estavam diagramadas, para mim aquilo era a perfeição em termos de discos".

---

[59] Comédia britânica (1968-1977) sobre a Home Guard, organização de defesa formada durante a Segunda Guerra Mundial por voluntários sem condições de prestar o serviço militar, em geral devido à idade – daí o apelido *Dad's Army* ("exército do papai"). [N.T.]

[60] *Dlia Golosa*, coletânea de poemas de Vladimir Maiakóvski, foi toda ilustrada por Lissitzky e na verdade foi publicada em 1923. [N.T.]

FÜNF (CINCO) • Mechanik (mecânica)

As vendas de *The Man-Machine* não foram espetaculares, mas foram impressionantes, e o álbum alcançou o Top 20 na Alemanha, na França (onde vendeu 200 mil cópias), na Áustria e na Itália. No Reino Unido, a colocação mais elevada, nona posição, rendeu um disco de ouro. Nos Estados Unidos, porém, como ocorreu com os dois álbuns anteriores, este não conseguiu emplacar. As resenhas, sobretudo no Reino Unido, foram calorosas. Na *NME*, Andy Gill escreveu: "A escassez das letras permite que a ênfase recaia em cheio sobre os ritmos robóticos, os tons sombrios e as melodias deliciosas. O domínio com que o Kraftwerk lida com esses aspectos resulta na mais extraordinária unificação da ciência e da arte, virando de cabeça para baixo a divisão kantiana comumente aceita entre o clássico e o romântico". Ele continua: "É um disco incrível para dançar; mas a complexidade de sua construção (ele tem muito mais do que percussão eletrônica) permite que seja apreciado também por aqueles que têm dois pés esquerdos... *The Man--Machine* ergue-se como um dos pontos altos do rock dos anos 70, um ponto que duvido que o Kraftwerk jamais chegue a superar. Você deve comprá-lo, ou será tachado de desequilibrado mental".

Hoje, *The Man-Machine* atingiu a imortalidade do ponto de vista da crítica. Como seus antecessores, também tem sido uma fonte importante de inspiração para músicos iniciantes. "Foi de fato *The Man-Machine* que me levou até o Kraftwerk", diz Gary Numan. "O Kraftwerk parecia ser totalmente dirigido pela tecnologia. Tinha que ter sido feito por máquinas. Fui muito, muito menos pioneiro do que eles. Eles estavam muito à frente de praticamente todo mundo. E a maioria dos que se seguiram, inclusive eu, na verdade só pegou elementos deles e adicionou a alguma outra coisa. Eles foram mesmo pioneiros." "Ele quase tinha raízes em uma espécie de cabaré alemão", diz John Taylor, do Duran Duran. "Dá a impressão de que Marlene Dietrich não está muito longe, e você tem a decadência da Berlim dos anos 20, você tem *Metropolis* ali."

Há uma faixa do álbum que ainda não mencionamos. Ela é algo único no cânone do Kraftwerk, uma música que viria a ser, na verdade, a primeira eletrobalada, e uma música cheia de amor... pela cidade.

5.5 A cidade como beleza

O Kraftwerk tem sido, constantemente, vítima de dois tipos superficiais de crítica. O primeiro grupo diz que as músicas deles "parecem todas iguais", o que apenas demonstra ignorância ou algum tipo de deficiência

KRAFTWERK

musical, e o segundo diz que o som deles é frio e indiferente. O primeiro tipo de crítica com frequência parece vir de ouvintes tão imbuídos da ideia de que uma música deve ter instrumentação tradicional, o conforto de uma estrutura de verso, refrão e ponte, e um vocalista "de verdade", que qualquer tipo de música pop que desafie essas premissas básicas de algum modo não é música, mas ruído. O segundo demonstra uma sensibilidade estética e afirma que, para uma música pop funcionar no âmbito emocional, deve vir da tradição do *soul* ou do *blues*, ou ser algum tipo de coisa fofa superemotiva no estilo do *X-Factor*. "Florian (fica) bem aborrecido com a forma como o Kraftwerk às vezes é definido", diz o amigo Uwe Schmidt. "Ele fica aborrecido com o tipo de músico que diz inspirar-se no Kraftwerk quando carece totalmente desse aspecto romântico que para eles era tão importante." A faixa "Neon Lights", de *The Man-Machine*, é uma refutação sonora das alegações de que o Kraftwerk não tinha alma.

Descrevendo a alegria das luzes brilhantes da cidade, "Neon Lights" é uma canção de amor pelo mundo moderno, um mundo de clubes noturnos, cafés e as luzes ao redor. "Para mim 'Neon Lights' era notavelmente bela. Sinatra devia ter feito um *cover* dela", diz John Foxx. "É fascinante, também, porque parece indicar uma direção que eles nunca seguiram. Aquela era uma música bela, majestosa, romântica. Dava-me a sensação de que eles conseguiram encontrar com perfeição uma determinada autoconfiança, nova e difícil de obter, e então parou por aí."

Os integrantes do Kraftwerk viam-se como músicos da cidade, voltados para ela, e para o industrial, o moderno. Ralf Hütter diz: "Vivendo nessa zona industrial onde o Reno e o Ruhr se encontram... É a maior zona industrial da Europa; ela se estende por mais de 100 quilômetros, e aí vivem por volta de 20 milhões de pessoas. Assim, quando fazíamos turnês o tempo todo, íamos para Düsseldorf, Dortmund, Essen, todas as cidades e fábricas e... uma vez que, de qualquer modo, nós curtíamos os ruídos, meio que gostávamos da produção industrial, e tínhamos essa visão de nossa música sendo a voz desse produto industrial. A Alemanha não tem música popular".

A atração sublime pela cidade foi sentida por outros artistas eletrônicos também no Reino Unido, no rastro da declaração inicial do Kraftwerk. O Human League, da cidade industrial de Sheffield, no norte da Inglaterra, foi um dos casos. Em seu álbum de estreia, *Reproduction*, lançado em 1979, eles cantam, em resposta ao niilismo dos Sex Pistols em "God Save the Queen", e ao sofrimento e negacionismo existenciais

FÜNF (CINCO) • Mechanik (mecânica)

da cena de Manchester: "No future they say/But must it be that way?/ Now is calling/The city is human" [Não há futuro, eles dizem/Mas tem que ser desse jeito?/O agora está chamando/ A cidade é humana]. E então, mais tarde, tendo um olho voltado para o passado, para a geração de seus pais que havia suportado a pobreza em massa e a guerra mundial, "We've had it easy, we should be glad/Highrise living's not so bad" [Para nós foi fácil, devíamos estar felizes/Morar em prédios altos não é tão ruim].

Se para o Human League a cidade representava otimismo e demonstrava certo charme, para um artista como John Foxx, igualmente obcecado com o urbano, ela significava algo bem diferente. Foxx tinha uma atração sublime pela cidade, às vezes com deslumbramento, às vezes com repulsa e até medo. Como líder do Ultravox, Foxx tinha abordado temas parecidos antes do lançamento de *The Man-Machine* e afirma que o fascínio do Kraftwerk pela cidade tem muitos precedentes dentro da cultura popular. "Sinatra, por exemplo, fez sua carreira cantando músicas que pareciam estar vindo direto de um bar iluminado com neon em alguma cidade grande. Chuck Berry foi o poeta máximo dos automóveis, e Bob Dylan havia canalizado todos os temas possíveis (exceto o trans-humanismo) para sua música, em 1968. Assim, havia muita gente mais seguindo a mesma linha", disse Foxx, em 2009. "A maioria de nós hoje vive em cidades, e nós ainda estamos tentando entender como fazer isso da melhor forma possível, e que efeitos esse ambiente, com sua ecologia tecnológica e psicológica, tem sobre nós. Acho que todos nós temos interesse, porque temos de lidar com isso todos os dias. Já fazia algum tempo que eu escrevia por essa perspectiva antes de escutar com seriedade o Kraftwerk ('I Want to Be a Machine', por exemplo, foi escrita em 1975 e gravada em 1976, e lançada cerca de um ano antes de *The Man-Machine*). Creio que essas sobreposições sejam o resultado de algo mais amplo. Nesse caso, há uma união de gerações recentes de músicos, cineastas, escritores e artistas que se inspiram em um conjunto de temas muito semelhantes... como viver em uma cidade, seu mistério, os medos e a sua beleza, as possibilidades da cidade moderna como uma nova terra mítica, como as cidades vão nos modificar. Entre esses artistas, eu citaria Ballard, Burroughs, Sinclair, Auster, Ishiguro, David Lynch, Gilbert & George. Mais à margem estão Roxy e Bowie, e outros artistas do cinema *noir* e do cinema francês, particularmente Resnais e outros artistas como Duchamp e Rauschenberg e o Warhol do período Factory, e mesmo recuando até o Fluxus e os Situacionistas."

KRAFTWERK

"Neon Lights", lançada como *single* a partir do LP, não conseguiu entrar no Top 40 do Reino Unido. No entanto o OMD fez um *cover* dela em 1991, em seu álbum *Sugar Tax*, e ela curiosamente também foi gravada por dois gigantes do *rock arena* dos anos 1980, Simple Minds e U2, embora bem mais tarde em suas carreiras. Isso sugeria uma atração e um fascínio que conflitam com boa parte de *The Man-Machine* em si, o que praticamente nos leva a questionar: o que Ralf, Florian, Wolfgang e Karl eram quando eles estavam apenas... bem... sendo eles mesmos?

5.6 ¨RFWK¨[61]

Por trás da carapaça cuidadosamente construída de *The Man-Machine*, o Kraftwerk se compunha, claro, de quatro rapazes jovens. Às vezes, fala-se do Kraftwerk como se fosse uma abstração, isolada da vida cotidiana, uma quimera criada principalmente por Ralf e Florian, que gostariam que nós os víssemos como abelhas operárias servindo a abelha-rainha chamada Kling Klang. Nada disso.

A dinâmica dentro do grupo era importante. Alguns membros do Kraftwerk eram mais semelhantes que outros. No fim dos anos 1970, Ralf emergiu como líder absoluto da banda. Wolfgang e Karl com certeza não estavam na mesma categoria que Ralf. Karl pensava em si sempre como o irmão mais novo e, embora tecnicamente fosse mais proficiente que Ralf em termos musicais, ele ficava para trás em muitas outras áreas. Ralf havia estudado em uma escola Waldorf, guiado pelo programa intelectual do filósofo austríaco Rudolf Steiner. Esse ensino humanista ajudava os alunos a alcançarem o "papel único a que estavam destinados". O efeito que esse ensino pode ter tido sobre Ralf é algo, claro, aberto a conjecturas, embora uma das críticas dos que passaram por esse sistema é que ele produz crianças que acreditam ser membros de uma elite; e os detratores das escolas de Steiner também apontam para algo que chegaria perto de um charlatanismo educacional por trás do plano de ensino. Ralf era, sem qualquer dúvida, extremamente brilhante. Podia falar inglês e francês fluentemente e era um músico excepcional, fora do comum.

No entanto, Ralf se sentia isolado, diferente. "Como pode um homem como ele encontrar o amor? Uma boa parceria é algo muito difícil",

---

[61] Título de um tributo do OMD ao Kraftwerk, incluído em seu CD de 2010, *History of Modern*. [N.A.]

FÜNF (CINCO) • Mechanik (mecânica)

diz Wolfgang. "Nos catorze anos em que estive na banda, até onde sei, ele tentou mudar a personalidade das garotas com quem ele ficou, para que elas fossem como ele queria. Isso funcionava por algum tempo, até que a garota percebia o que estava acontecendo e o largava. Era sempre a mesma coisa. Por isso, ele não teve nenhuma relação duradoura, nunca."

Ralf gostava de dar a impressão de que estava sempre trabalhando. Ele era compulsivo, e mesmo pequenos intervalos de ócio e tédio não eram aceitos de imediato. "Em nossa sociedade, tudo está planejado tendo em vista o lazer e as férias. Você pode submeter as pessoas à escravidão por dez meses com a promessa de satisfação durante as férias. Essa separação entre trabalho e férias não nos interessa", ele disse um pouco mais tarde, em 1982. "Você não foge da escravidão saindo de férias. Nós não precisamos sair de férias. Eu não saberia o que fazer. Estamos sugerindo que as pessoas repensem toda a sua situação de trabalho, cooperem umas com as outras e se tornem produtivas. É assim que o trabalho deveria ser, seja você um músico, um jornalista ou um dentista."

Em uma entrevista para Glenn O'Brien, em 1977, temos um instantâneo do lado humano de Ralf. Ele seria o que se poderia chamar de um cara esquisito. Ficamos sabendo que ele não tem animais de estimação: "Não nos interessamos por animais. Gostamos de pessoas. A maioria das pessoas tem animais como substitutos para o contato humano". Ele se levanta por volta do meio-dia e vai dormir por volta das 4 da madrugada. Para manter-se em forma, ele corre, embora "Florian pratique ciclismo". Ele gosta de torrada com geleia de damasco e de bolo. Toma café. "Nós não bebemos cerveja. Ela faz o cérebro funcionar mais devagar." Ficamos sabendo que os compositores favoritos de Ralf são Schubert e Wagner, e que ele não gosta de voar, gosta de trens, mas prefere os carros acima de tudo. Indagado sobre sua aparência, e se gosta dela, de forma reveladora responde que apenas "às vezes", e que planeja alterá--la, mas "é um processo gradual". Na mesma entrevista, também descobrimos que Florian adora *cheesecake*, e que "tomamos um pouco de champanhe, mas não bebidas mais fortes". E, finalmente, descobrimos que o apelido de Florian é "V2" e o de Ralf é "Doktor"! Por fim, O'Brien extrai a que talvez seja a resposta mais reveladora de todas. "Seus pais gostam do que você faz?" "Não, eles gostariam de impedir que fizéssemos o que fazemos", responde Ralf, relembrando-nos de que foi um grande ato de rebeldia não acatar a visão que seus pais tinham sobre o que ele deveria se tornar em uma sociedade abastada. "Estamos

KRAFTWERK

trabalhando com negócios, mas deveríamos estar trabalhando com negócios em um escritório."

A impressão que Karl tinha a respeito de Ralf e Florian era de dois jovens que eram, até certo ponto, antiquados. "Em um de nossos primeiros encontros, lembro-me de que eles abriram o porta-malas do carro, e havia tacos de golfe e sapatos de golfe com cravos na sola. Eles insistiram comigo, tentando me convencer das virtudes do ar puro e das caminhadas pelo campo. Eles disseram que era bom para a mente e para a contemplação. Não sei se eles chegaram a levar o golfe a sério, mas certamente era o tipo de atividade com o qual desejariam ser associados. Também me lembro de que a sobrinha de Ralf tinha um cão, e que sua namorada da época também tinha. Ele adorava cães! Schneider, como Hütter, de fato tinha controle sobre si, embora um pouco menos. Nunca vi Ralf ou Florian bêbados, em quinze anos. Florian tinha seus princípios, mas podia mudá-los; ele era mais flexível. Ele dizia que era vegetariano, a menos, claro, que houvesse a chance de comer algum presunto com seus aspargos! Dizia não beber cerveja, até tomar duas ou três em um restaurante, durante alguma pausa em nosso trabalho no Kling Klang, nosso 'almoço de fim de noite'. Nós nos divertíamos muito juntos, nós quatro."

Ralf Hütter e Florian Schneider foram entrevistados por Ralf Dörper em 1980 ou por volta desse ano. "Eu já estava no Die Krupps", diz Ralf Dörper, "e também trabalhava para o editorial de uma revista alemã sobre programas de música chamada *Überblick*, que era a resposta de Düsseldorf à revista *Time Out*. Decidi escrever um artigo sobre eles. Isso levou a um encontro pessoal. Ralf era um cara muito simpático... Nós até trocamos discos; *The Model* por *Wahre Arbeit Wahrer Lohn*. Ele de fato tinha uma visão em relação ao Kraftwerk e realmente estava vivenciando essa visão. Se você olha para ele, o que quer que ele diga, no fim você diz: esse é o 'Kraftwerk'. Ele não poderia ser outra coisa."

De acordo com Ralf Dörper, "Florian também era, de certa forma, inegavelmente o Kraftwerk. Ele *foi* o Kraftwerk no curto período em que Ralf esteve longe, o período em que trabalhou com Michael Rother. Para mim, sempre foi Ralf e Florian, mas eu acho que Florian sempre foi o *robotnik*. Eu o acho ótimo! Se você quisesse escolher um ator para um filme ambientado nos anos 30 ou mesmo nos anos 60, sobre professores malucos alemães ou pessoas trabalhando em invenções estranhas, ele teria sido perfeito. Ele também seria um doutor Mabuse perfeito. Mas essencialmente, para mim, ele é a cara do Kraftwerk. Quando me

FÜNF (CINCO) • Mechanik (mecânica)

encontro com ele, sempre penso que ele é ótimo, porque de certa forma ele é também estranho."

"Florian podia ser absolutamente cativante e simpático com todo mundo", recorda-se Wolfgang, "mas isso podia mudar de uma hora para outra. Ele podia ficar completamente diferente e apresentar dupla personalidade. Mas também podia ser generoso, inclusive financeiramente. Ele sempre pagava quando íamos a restaurantes. Acho que nunca paguei uma refeição durante os catorze anos em que estive com eles. Era fácil para eles pagarem as nossas contas. Eles sabiam que nos remuneravam mal, então pagavam nossas refeições." Provavelmente era por causa de Florian que o Kraftwerk não fazia turnês regulares. "Florian queria ficar em casa", é o que Wolfgang afirma, e isso diz muito sobre a natureza reservada que era a imagem do Kraftwerk que a mídia tinha. Confiante e com um humor rápido, Florian não era de seguir modelos. "Ele nunca falou sobre a música de outros, ou de alguém que pudesse ser seu herói", continua Wolfgang. "Ele era seu próprio herói!"

A namorada de Florian em meados dos anos 1970, Barbara Niemöller, é descrita por Wolfgang Flür em *I Was a Robot*: "Barbara Niemöller era a namorada de Florian, embora ela obviamente gostasse muito de Emil. Era uma garota quieta e muito delicada, quase espiritual. Parecia ser quase translúcida, com sua pele pálida e olhos azul-claros. Seu corpo esguio parecia flutuar quando ela andava. Mas não era uma pessoa muito animada, e era absolutamente andrógina". Depois de Barbara veio Sandhya Whaley, uma americana que deu aulas de *yoga* para toda a banda.

Wolfgang, Karl e Emil Schult viviam juntos em um grande apartamento, inicialmente alugado por Ralf, na Bergerallee, 9, em Düsseldorf: três jovens atraentes em um elegante apartamento de solteiros e com bastante dinheiro. "Na época, nós na verdade não tínhamos contas bancárias, ou, se tínhamos, elas não tinham fundos", diz Karl. "O dinheiro não era nosso principal objetivo. Durante esse período, eu também estava trabalhando como músico clássico, tocando com diversas orquestras na região de Düsseldorf." Wolfgang também complementava sua renda trabalhando como baterista em vários grupos locais de dança. Wolfgang e Karl se tornaram grandes amigos. "A personalidade de Karl era completamente diferente da personalidade de Ralf e Florian", diz Wolfgang. "Ele é muito generoso e tem um senso de humor extraordinário. Karl é muito, muito especial."

"Era divertido estar com Wolfgang", diz Karl. "Sempre era divertido. Nós nos dávamos muito, muito bem! Sempre achei que ele teria sido um bom ator se tivesse tido a chance de entrar no circuito dos cineastas." Emil, colaborador da banda como coautor de letras e artista gráfico, completava o triunvirato de jovens viris. "Ele é um cara legal. É muito sensível. É um artista muito interessado na natureza e no campo", declara Wolfgang. "Tínhamos uma boa amizade." Aos domingos, com frequência Wolfgang percorria com Emil os arredores da cidade, em seu Mercedes azul 1964 de 6 cilindros. Ninguém queria entrar no carro de Emil quando ele estava dirigindo, assim como no carro de Florian, por conta de sua direção ofensiva.

A vida era muito boa. "O apartamento tinha talvez uns 200 metros quadrados, com piso de assoalho e um sótão de dois ambientes", diz Karl. "Tínhamos ali uma máquina de lavar roupas e uma pequena sala de ensaios. Emil e Wolfgang construíram nosso próprio sistema de alto--falantes no sótão. No andar de cima, tínhamos vista para um lago e um parque. Era lindo. Ficava muito perto do arranha-céu Mannesmann, um dos primeiros construídos na Alemanha depois da guerra, por coincidência um projeto de Paul Schneider-Esleben! Ele ainda faz parte da paisagem. Podíamos ir a pé do apartamento até o Kling Klang Studio e a Altstadt, onde ficavam todos os clubes."

"Éramos como uma família. Às vezes, cozinhávamos juntos. E às vezes não víamos uns aos outros durante duas semanas", acrescenta Wolfgang, relembrando com evidente afeto. "Cada um de nós tinha seu círculo especial de amigos, que não tinham nada a ver com música, pessoas de outros níveis, com outros interesses. Às vezes, fazíamos grandes festas no apartamento. Era ótimo para festas. Chegávamos a reunir mais de cem pessoas. Rolava muito vinho. Vinha um monte de garotas, também. Foi uma época fantástica. Isso foi antes do HIV. A gente não precisava ter medo de ir para a cama com uma garota. Não precisávamos ter medo de nada."

5.7 O Kraftwerk da classe trabalhadora

Em 1979 e 1980, o Kraftwerk ainda estava longe de ser um sucesso já estabelecido. Nenhum dos *singles* de *The Man-Machine* tinha de fato chegado ao Top 40 do Reino Unido e, embora eles continuassem muito citados na imprensa, o público como um todo ainda precisava ser convencido. John Foxx é categórico em dizer que, depois do empurrão inicial de Bowie, o apoio dos músicos britânicos manteve o Kraftwerk sempre presente. "O Kraftwerk na verdade se beneficiou muito do sucesso

FÜNF (CINCO) • Mechanik (mecânica)

de bandas e artistas britânicos, da badalação por parte de Bowie e Iggy e do reconhecimento, pela nova geração de bandas, como uma fonte de influência. Na época, a banda não era tão popular na Alemanha, na Grã-Bretanha, na maior parte da Europa ou nos Estados Unidos... só a França parecia ter gostado deles. Foram as bandas britânicas que realmente colocaram o Kraftwerk no mapa; elas demonstraram como era possível criar uma nova forma de música popular a partir de um modelo (inicialmente) não pop, fora de formatos tradicionais, em boa parte experimental. A Grã-Bretanha adicionou a música pop à mistura, e foi o que a abriu a todo o mundo. É nisso que somos bons."

Foxx continua: "Vivíamos em cidades grandes, sujas, pós-industriais, fora de controle. O punk foi uma espécie de ponto de partida unidimensional para lidar com essa situação, mas as pessoas já tinham passado da fase de odiar tudo. Era tipo um bebê que fica o tempo todo derrubando a chupeta no chão. Divertido, mas inútil. Havia uma grande necessidade de algo muito mais capaz de traduzir todo o espanto, o medo, a beleza, o romance, o desafio, a esperança e a inadequação que todo mundo sentia. Os sintetizadores proporcionavam isso. Com sua amplitude sonora maior do que a de uma guitarra. E só era necessário um dedo para tocá-los... ou nenhum, se você sequenciasse. Eles chegaram, em suas versões baratas, bem na hora certa para equipar uma geração que estava pronta e esperando por algum método para montar sua gramática própria das cidades. Assim, aquela geração em particular pôs-se a trabalhar, como faz toda geração, construindo sua própria civilização a partir de todos os destroços e restos e resíduos usados e descartados que havia ao redor. Simplesmente incorporava-se tudo o que ressoasse... *disco*, filme *noir*, músicas pop, rock, ficção científica barata, *pulp fiction*, quadrinhos, arte de vanguarda, cortes de cabelo, certas formas específicas de sexo e violência, autores que feriam... Ballard, Burroughs... e filmes que faziam o mesmo... Kubrick, Carlos. Todo tipo de comportamento *cool*... O Kraftwerk era apenas um elemento, mas era um elemento significativo, em parte porque definiu a si mesmo diretamente contra o pop e o rock convencionais, não por opor-se a eles de alguma forma, mas apenas por omitir a atitude clichê que envolvia guitarras e calças apertadas. Todos nós já tínhamos visto o suficiente daquilo".

"A música deles tinha o poder de funcionar bem através do sistema de som de um clube noturno, na verdade melhor do que qualquer música, exceto *disco*, porém não tinha nenhum dos clichês da *disco*. Eles simplesmente entenderam e usaram o potencial da nova sonoridade da

KRAFTWERK

percussão e do bumbo da *disco*, poderosa e repetida impiedosamente pelos sistemas de som dos clubes. E os sons que eles faziam eram criativos, distanciados e ousados ao mesmo tempo. Os clubes eram o lugar onde uma geração à espera de ser moldada estava filtrando tudo, em busca do padrão certo. Eles reconheceram o Kraftwerk como o protótipo significante, assim como a geração dos Rolling Stones e Beatles havia reconhecido Chuck Berry ou John Lee Hooker. Dessa forma, a geração de Gary Numan, The Human League, Soft Cell, Depeche Mode, Visage, entre outros, havia chegado. Lembro-me de uma espécie de efeito de fliperama... quando você entra em uma sala, há uma série de instantes de reconhecimento – *ping* – em que as luzinhas se acendem à medida que mentes semelhantes localizam umas às outras por algum tipo de processo inerente de reconhecimento instantâneo, mais elétrico que químico. O mais importante: os ingleses tinham aquela habilidade inata de fazer boas músicas pop e se divertirem com imagens e posturas de todos os tipos. Foi isso que adicionamos à música eletrônica europeia. Somos melhores nisso do que qualquer um. Temos muito tempo, porque lá fora está chovendo, há sistemas de seguridade social e educativos razoáveis e não temos um emprego para o qual ir."

O primeiro grupo a aceitar inteiramente os princípios do Kraftwerk foi The Human League, de Sheffield. "Havia uma espécie de manifesto, que não usaríamos nada além de equipamento eletrônico, mesmo que isso na verdade fosse de certa forma meio debilitante", diz Ian Craig Marsh, um dos cofundadores do grupo. "E também o Kraftwerk tinha aquela visão definida de que era um grupo eletrônico. De fato, todas as novas bandas alemãs tinham essa visão de que aquela era uma nova era e que, a princípio, não deviam ser usados instrumentos antigos. É como a nova música *folk*, seguindo em frente em um meio puramente eletrônico."

Entretanto dois fatores chamaram a atenção do Human League. Primeiro, que o Kraftwerk não tinha um vocalista natural, e eles depressa identificaram aí uma lacuna sonora. Ao recrutar Philip Oakey como vocalista, eles encontraram um líder com um barítono reconhecível de imediato, e também alguém cuja presença se impunha pela boa aparência. E, segundo, o Human League entendeu algo que as pessoas não percebiam no Kraftwerk: que a música deles era visceral. Tocada em volume alto, ela atinge o plexo solar com tanta brutalidade quanto qualquer guitarra solo. Os primeiros dois álbuns do Human League, os mais criativos da banda, *Reproduction* (1979) e *Travelogue* (1980), exploraram esse potencial em faixas inovadoras como "Being Boiled" e particularmente "The Black Hit

FÜNF (CINCO) • Mechanik (mecânica)

of Space", uma música que começava com tamanha sobrecarga de sintetizadores que soava como se a mesa de som estivesse explodindo.

Por todo o Reino Unido, as pessoas agora estavam escutando com atenção. Gary Numan tornou-se o primeiro astro eletrônico. Hoje, Numan admite que teve um bocado de sorte e também observa, de imediato, que, embora seja grato pelo rótulo de "primeiro *superstar* eletrônico do mundo", muitos de seus primeiros *singles* clássicos foram compostos com guitarra ou estavam repletos de guitarras e bateria. Quando "Are 'Friends' Electric?" alcançou a primeira posição, no início do verão de 1979, marcou uma virada da maré na música moderna. Foi desse ponto em diante que uma estética pop completamente nova invadiu a cena e despertou talentos por todo o país.

Em Basildon, Essex, um bando de adolescentes que logo formariam o Depeche Mode também estava escutando, da mesma forma como outro grupo de adolescentes de Birmingham. Foi nessa época (por volta de 1978) que John Taylor e seu amigo Nick Rhodes começaram a fazer música, um acontecimento que levaria à formação de uma das maiores bandas da década seguinte, o Duran Duran. "Nós meio que passamos a trabalhar juntos em 1978. Já éramos amigos antes disso. Foi em 1978 que decidimos que íamos formar uma banda. Decidimos arranjar um sintetizador porque gostávamos do rumo que as coisas estavam tomando, gostávamos das coisas rítmicas que estavam acontecendo no mundo dos sintetizadores. E devo dizer que o Kraftwerk era parte daquilo." Recordando isso, John faz uma reflexão: "O Human League era como o Kraftwerk da classe trabalhadora, de certa forma!".

Nada representa melhor a linhagem que vem de Bowie e do *glam*, passa pelo punk, e em seguida por Kraftwerk e pela música eletrônica britânica, e, no final dos anos 1980, chega à *house music* do que a biografia pessoal de Mark Moore, cuja banda, S-Express, alcançou um tremendo sucesso *mainstream* em 1988, com "Theme From S-Express". "Eu era um roqueiro punk. Comecei a ir a shows, e o primeiro a que assisti foi do The Damned... Em uma festa punk, conheci uma garota chamada Bowie Teresa, que era idêntica a David Bowie em *O Homem que Caiu na Terra*... E ela disse: 'A gente vai a um clube ótimo, cheio de gente esquisita, de doidos, garotos de aluguel e prostitutas. Ele se chama Billy's. Vai ser uma noite de Bowie e vão tocar Bowie, Roxy Music, Kraftwerk'. Fui lá, e era o primeiro clube de Steve Strange com Rusty Egan DJing."

Para Moore, Rusty Egan foi fundamental na florescente cena *clubber* no início dos anos 1980. "Definitivamente, Rusty e também John Peel e

KRAFTWERK

uma garota chamada Mandy, que tocava no Marquee, tiveram grande influência sobre mim. John Peel pela variedade, mas também Rusty Egan. Ele é muito subestimado. O Blitz foi inaugurado e passamos a frequentá-lo, mas outro clube foi inaugurado por Rusty Egan e Steve Strange; o Hell, que ficava em Covent Garden, logo virando a esquina a partir do Rock Garden. Eles o inauguraram porque o Blitz estava ficando muito conhecido, e era um pouco como o Blitz, porém mais elitista, acho. Mesmo o Blitz já sendo bem elitista!... Nós voltávamos de clubes como o Blitz, estendíamos colchões no chão e desabávamos neles para ouvir o Kraftwerk e o primeiro álbum do Psychedelic Furs."

Hoje, uma análise do *setlist* do Blitz Club é um lembrete de uma época em que ser modernista, rejeitar o *blues*, assim como a maior parte do *soul* e do rock, os Beatles e os Stones, e também a maioria do punk, era uma declaração de intenções. Era também um instantâneo, se ao menos soubéssemos, do que talvez tenha sido a última vez na cultura pop britânica em que reciclar o passado, morto muito tempo antes, não estava na mente dos protagonistas da cena. Apenas dois anos mais tarde, a força dominante no horizonte passou a ser a *indie music*, com suas conexões evidentes, tanto em termos musicais como de comportamento e estilo, com os anos 1960 e 1970. Como um portal para uma época em que tudo parecia moderno, a lista é uma leitura emotiva – Bowie está no alto das contribuições, com seis músicas regularmente tocadas (todas de álbuns recentes na época – *Low*, "*Heroes*", *Lodger* e *Scary Monsters*), junto ao brilho eletrônico do Ultravox em seu início, à inovadora "E-Musik" do Neu!, ao recente pop *cool* do Roxy Music, ao Simple Minds, com o melhor de seu início experimental, e, claro, ao Kraftwerk. Havia até espaço para Vangelis, Jeff Wayne e o lamento viciante de "Magic Fly", do Space.[62]

---

[62] *Playlist* do Blitz Club: Don Armando – "Deputy of Love" (versão completa, do 12") 1979, Blondie – "Heart of Glass" (versão editada, do 7") 1978, David Bowie – "Always Crashing in the Same Car" (do álbum *Low*) 1977, David Bowie – "Be My Wife" 1977, David Bowie – "Helden" (versão alemã, do 7") 1977, David Bowie – "Sound & Vision" 1977, David Bowie – "D.J." (versão editada, do 7") 1979, David Bowie – "Ashes to Ashes" (versão editada, do 7") 1980, Cabaret Voltaire – "Nag Nag Nag" 1979, Wendy Carlos – Tema de *Laranja Mecânica* (Beethoviana) 1972, Cerrone – "Supernature" (versão completa, do 12") 1977, Billy Cobham – "Storm" (do álbum *Crosswinds*) 1974, Barry De Vorzon – Tema de *The Warriors* (da trilha sonora de *Os Selvagens da Noite*) 1979, Alice Cooper – "Eighteen" 1971, Cowboys International – "Thrash" 1979, Holger Czukay – "Hollywood Symphony" (do álbum *Movies*) 1979, Sheila and B. Devotion – "Spacer" (versão completa, do 12") 1979, Brian Eno – "No One Receiving" (do álbum *Before and After*

FÜNF (CINCO) • Mechanik (mecânica)

Depois da guerra do punk, e da reincidência do *pub rock* e do *power pop*, a cena da Blitz era um oásis para a alegria e a frivolidade, bem como um fator importante em termos de influência. "Era algo alegre, divertido", recorda Billy Currie, do Ultravox e do Visage. "Quando Rusty me convidou para ir ao Billy's Club, que ficava quase do lado do Marquee, eles estavam só tocando música; e era muito bom ouvir aquela música porque estávamos todos meio cansados do clima punk. O Ultravox havia gastado muita energia tentando fazer parte daquilo, de fato. Ficavam o tempo todo cuspindo em nós, e havia brigas e toda aquela merda, e estávamos cansados daquilo. Era bom ouvir Rusty tocar Kraftwerk, Bowie, e isso era fácil, bem divertido."

Uma diferença fundamental entre o bando do novo *electro* e o Kraftwerk era a atitude com relação ao estrelato e à celebridade. Steve Redhead, escritor, jornalista e especialista em cultura jovem, tem algumas ideias interessantes sobre a influência do Kraftwerk: "A postura anticelebridade, antimídia, não foi necessariamente assumida por aqueles que copiavam o Kraftwerk, e Numan é um ótimo exemplo, e também um monte de outros que se tornaram cantores/astros pop; eles com certeza foram influenciados pelo legado do Kraftwerk; mas na verdade o que queriam era apenas ser famosos".

Science) 1977, Brian Eno – "King's Lead Hat" 1978, Brian Eno and Snatch – "RAF" (lado B do *King's Lead Hat*, 7") 1978, Eno, Moebius, Roedelius – "Broken Head" (do álbum *After the Heat*) 1978, Fad Gadget – "Ricky's Hand" 1980, Marianne Faithfull – "Broken English" (versão longa, do 12") 1979, Flying Lizards – "Money" (versão editada, do 7") 1979, John Foxx – "No One Driving" (do 7" remix) 1980, Peter Gabriel – "Games without Frontiers" (versão editada, do 7") 1980, Nina Hagen Band – "TV Glotzer" (White Punks on Dope) 1979, Human League – "Being Boiled" (do EP 7", *Holiday '80*, e do álbum *Travelogue*) 1980, Japan – "Life in Tokyo" (versão curta original, do 7") 1979, Jean Michel Jarre – "Equinoxe" 4 (do 12" remix francês) 1978, Grace Jones – "La Vie en Rose" (versão editada, do 7") 1977, Joy Division – "Atmosphere" 1980, Kraftwerk – "Radioactivity" (versão editada, do 7") 1976, Kraftwerk – "Trans Europe Express" (versão editada, do 7") 1977, Kraftwerk – "The Robots" (versão editada original, do 7") 1978, Kraftwerk – "The Model" 1978, La Düsseldorf – "La Düsseldorf" (do álbum *La Düsseldorf*) 1976, La Düsseldorf – "Geld" (do álbum *Viva*) 1978, Landscape – "U2XME1X2MUCH" 1977, Landscape – "European Man" (versão 7") 1980, Thomas Leer e Robert Rental – "Day Breaks, Night Heals" (do álbum *The Bridge*) 1979, Lori and the Chameleons – "Touch" 1979, M – "M Factor" (versão do Reino Unido, lado B de *Pop Muzik*, 7") 1979, Magazine – "Touch and Go" 1978, Mahler – "Adágio da 5ª Sinfonia" (da trilha sonora de *Morte em Veneza*) 1971, Patrick D. Martin – "I Like 'Lectric Motors" 1979, Giorgio Moroder – "The Chase" (versão completa, do 12") 1978, Ennio Morricone – "60 Seconds to What (La Resa Dei Conti)" (da trilha sonora de *Por uns dólares a mais*) 1965, Mott the Hoople – "All The Young Dudes" 1972, Neu! – "E-Musik" (do álbum *Neu!, 75*) 1975, The Normal – "Warm Leatherette" (lado B de *T.V.O.D.*, 7") 1978, Gary Numan & Tubeway Army – "Down in The Park" 1978, Gary Numan – "Cars" 1979, OMD –

KRAFTWERK

Se uma nova era de vestir-se, de curtição e diversão estava emergindo, também estava ocorrendo uma mudança talvez mais importante. O Kraftwerk havia mostrado que a autenticidade do rock tinha saído de moda. Sem guitarras, e uma democracia no palco em que não havia um vocalista. E o próximo passo foi um passo lógico. Thomas Dolby declarou: "Ouvir o Kraftwerk me fez perceber que eu não precisava ter uma banda para fazer discos pop, eu podia fazer tudo sozinho".

5.8 Fábricas e refinarias

No entanto houve quem assumisse o modelo do Kraftwerk de forma mais literal. O que talvez tenha sido a obra artística mais direta, e mais extrema, no molde do Kraftwerk, apareceu em 1980, em *Organisation*, o segundo álbum do Orchestral Manoeuvres in the Dark. "A faixa 'Stanlow' foi diretamente inspirada em uma relação de trabalho com a indústria", recorda Peter Saville, que fez o *design* do álbum. "A música usa como inspiração os sons gravados na refinaria de petróleo de Stanlow (em Ellesmere Port, Cheshire). Isso resultou, 25 anos mais tarde, em uma abordagem experimental de combinação de imagens em movimento e gravação ambiente, que é *The Energy Suite*. Andy acabou escrevendo uma canção de amor, um hino a uma refinaria de petróleo. No fundo, McCluskey compôs uma obra romântica. A letra de 'Stanlow' começa com 'Eternally, this field remains Stanlow. We set you down to care for us, a million hearts to warm' [Eternamente, este campo continua sendo Stanlow. Nós a criamos para cuidar de nós, para aquecer um milhão de corações]."

Saville prossegue. "O pai dele trabalhou algum tempo em Stanlow, e havia algumas questões sobre as relações trabalhistas que estão

---

"Electricity" (versão regravada, do 7") 1979, Iggy Pop – "The Passenger" (do álbum *Lust For Life*) 1977, Iggy Pop – "Nightclubbing" (do álbum *The Idiot*) 1977, The Psychedelic Furs – "Sister Europe" 1980, Lou Reed – "Perfect Day" 1972, Lou Reed – "Vicious" 1972, Lou Reed – "Walk on the Wild Side" (versão não editada, do álbum) 1972, Rinder & Lewis – "Willie and The Hand Jive" 1979, Rockets – "Space Rock" (versão completa, do 12") 1977, Michael Rother – "Zyklodrom" (do álbum *Flammende Herzen*) 1977, Roxy Music – "Do the Strand" 1973, Roxy Music – "Trash" 1979, Roxy Music – "Dance Away" 1979, Roxy Music – "Angel Eyes" (do 7" remix) 1979, Shock – "R.E.R.B." (lado B de Angel Face, 7") 1980, Simple Minds – "Changeling" (versão original, do 7") 1980, Simple Minds – "I Travel" (versão editada, do 7") 1980, Siouxsie & the Banshees – "Hong Kong Garden" 1978, Sister Sledge – "Lost in Music" 1979, Space – "Magic Fly" 1977, Space – "Carry On, Turn Me On" (do álbum *Magic Fly*) 1977, Spandau Ballet – "To Cut a Long Story Short" (versão estendida, do 12") 1980, Sparks – "Number 1 Song in Heaven" (versão editada, do 7") 1979, Donna Summer – "I Feel Love" (versão editada, do 7") 1977, Talking Heads – "Psycho Killer" 1977, Television – "Little Johnny Jewel" (Part 1 – versão

FÜNF (CINCO) • Mechanik (mecânica)

entremeadas à letra que ele escreveu para 'Stanlow'. Os sons são os sons produzidos pelo maquinário na refinaria. Andy conseguiu que seu pai fizesse algumas gravações do equipamento industrial. E o resultado são os sons de abertura da música."

"Nós nos sentíamos completamente à vontade com o fato de refinarias de petróleo, aviões e cabines telefônicas serem temas legítimos", diz Andy, do OMD. "Também não permiti que usássemos a palavra 'amor' em qualquer música até nosso terceiro álbum, porque considerava que essa palavra era um clichê rock/pop que devia ser evitado a qualquer custo. Tenho certeza de que esse era um resquício da mentalidade do Kraftwerk. A coisa mais importante que trouxemos da inspiração provocada pelo Kraftwerk é, como eu disse, o fato de que não estávamos cientes desta. E talvez o Kraftwerk não estivesse ciente à época também. É essa tensão entre arquitetura e moralidade. Nós não analisamos conscientemente o Kraftwerk e dissemos 'Ah, é isso que queremos fazer. Queremos habitar esse espaço. Queremos minar o solo entre as máquinas e a humanidade onde reside essa tensão...'. Simplesmente aconteceu. Acho também que estávamos tentando ser experimentais. Nós abandonamos os penteados afro e as calças pantalonas, a última coisa que mudamos foi nossa aparência. Foi Peter Saville que disse 'Vocês não precisam se parecer com o Kraftwerk, mas precisam se parecer com a música que fazem. Vocês parecem dois *hippies*, como podem estar fazendo a música do futuro?'. E a gente respondeu 'Ah, tem razão', e então cortamos o cabelo e mudamos nossas roupas."

Embora trabalhasse basicamente com sintetizadores, o OMD fazia certas concessões relutantes na forma como seu som era construído:

7") 1975, Television – "Marquee Moon" (versão do álbum) 1977, Telex – "Moskow Diskow" (do 12", versão Maxi, vocal francês) 1979, Throbbing Gristle – "Hot on the Heels of Love" (do álbum com o nome enganoso de *20 Jazz Funk Greats*) 1979, Harry Thumann – "Underwater" (versão 12") 1979, Ultravox – "Hiroshima Mon Amour" (regravação do álbum *Ha! Ha! Ha!*) 1977, Ultravox – "Slow Motion" 1978, Ultravox – "Dislocation" 1978, Ultravox – "Quiet Men" (versão completa, do 12") 1978, Ultravox – "Sleepwalk" 1980, Vangelis – "Pulstar" 1976, The Velvet Underground – "I'm Waiting for the Man" 1973, Vice Versa – "New Girls Neutrons" (do EP 7", 4 Music) 1979, Visage – "Tar" (mix original do 7") 1979, Visage – "Frequency 7" (versão original, lado B de *Tar*, 7") 1979, Visage – "Fade to Grey" (versão estendida, do 12") 1980, Jeff Wayne – "Eve of the War" (versão editada, do 7") 1978, Wire – "I Am The Fly 1978", Gina X – "No GDM" (versão editada, do 7") 1979, Yello – "Bimbo" 1979, Yello – "I.T. Splash" (do 7", versão completa suíça) 1979, Yellow Magic Orchestra – "Computer Game" (Tema de *The Invaders*) 1979, Yellow Magic Orchestra – "Behind the Mask" 1980, (*Solid State Survivor*) © The Blitz Club 2011 http://www.theblitzclub.com/music.php. [N.A.]

KRAFTWERK

"Nos primeiros tempos, quando finalmente decidimos que íamos crescer e deixar mais gente entrar, não permitimos que Malcolm (Holmes) tivesse bateria porque era coisa de rock'n'roll desleixado, largado. Queríamos que ele tocasse uma bateria eletrônica sem pratos, para termos um som nítido. Construímos nossa própria bateria eletrônica, e ela quebrou depois dos primeiros dois shows. Malcolm disse que, se não pudesse voltar a usar sua própria bateria, ia sair da banda. Quando gravamos músicas como 'Messages', 'Souvenir', 'Maid of Orleans', 'Electricity' e 'Enola Gay', Malcolm não teve permissão para tocar sua bateria. Ele teve que gravar o bumbo, a caixa e então o chimbau. Gravamos cada instrumento individualmente para conseguir sons limpos, separados. Não queríamos vazamentos orgânicos".

O que o OMD fez foi pegar música que na época soava "completamente alienígena" e dar-lhe um formato mais reconhecível. "Inconscientemente, destilamos o Kraftwerk, reduzindo para três minutos e meio, e de forma inconsciente adicionamos o *glam*, um pop contagiante do início dos anos 70. A outra razão pela qual o OMD fez um imenso sucesso se deve ao fato de o Kraftwerk não gostar de refrões; a melodia era o refrão." Ao vivo, no palco, enquanto Paul Humphreys ficava em geral estático, só ocasionalmente indo para o meio para cantar, Andy, com o baixo pendurado e tocado de cabeça para baixo, era um furacão de adrenalina fora do comum. Sua dança angulosa, arqueada, é uma característica das apresentações do OMD até hoje. Enquanto Ralf e Florian deixavam o palco ao fim do concerto sem sequer terem transpirado, Andy é puro suor ao final de um show do OMD.

Talvez não seja de surpreender que o Kraftwerk tenha feito muito sucesso em grandes aglomerados do norte da Grã-Bretanha, como Liverpool, Sheffield e, de forma importante, Manchester. "A influência mais relevante foi sobre o Joy Division", diz Steve Redhead. "Sempre fui um grande fã do Joy Division e do New Order, e eles aprenderam com o Kraftwerk aquele lance antimídia e anticelebridade. Eles viram aquele estilo europeu de vestir-se, de fazer um som pop com sintetizadores e todo o resto, e notaram, creio eu, que aquele era um exemplo, na verdade, de como é possível desaparecer dentro da mídia." Quanto ao Joy Division, "acho que a banda estava atrás de um estilo de forma geral europeu, na Manchester pós-industrial dos anos 70, e definitivamente Ian Curtis era fã do Kraftwerk, e seus colegas foram influenciados até na forma de se vestir. Eles gostavam daquelas gravatas estreitas e desse tipo de coisa. Foi uma influência que se infiltrou, creio, na música, na moda,

FÜNF (CINCO) • Mechanik (mecânica)

no estilo, entre outras coisas, e eles a assimilaram tanto que no fim foi se tornando mais e mais a música que eles fizeram como New Order."

Redhead acrescenta: "Aquele estilo europeu elegante, que impressionou tanto o Joy Division, levou a um modernismo mais elegante ainda, que transparece de forma muito evidente em todos os *designs* do Kraftwerk, e a seguir nos *designs* da Factory Records. Há tanta coisa que conecta o Kraftwerk e a Factory, esse tipo de desejo pelo que eu chamaria de modernidade europeia, que para mim é representado pelo Kraftwerk, em uma época em que basicamente havia aquela Manchester debilitada, do fim da era *hippie*, pós-industrial, ou talvez isso se aplicasse a toda a Grã-Bretanha, mas creio que Manchester se encaixa perfeitamente. De algum modo, naquela época, Kraftwerk, Joy Division e New Order conseguiam, de forma brilhante, fazer música que se encaixava no contexto da época, mas também se encaixa nos dias de hoje. Eu a chamo de música pós-futurismo. William Gibson disse algo como 'O futuro está aqui, só que distribuído de forma desigual'. E eles compreenderam isso, como eu sempre digo. Eles entenderam isso em termos de estilo musical, estilo de moda e uma capacidade de transcender o pós--industrialismo. Creio que o Kraftwerk, o New Order e o Joy Division são exemplos excelentes, mas a lista poderia continuar: Human League e toda a cena pós-punk eletrônica/experimental de Sheffield, como o Cabaret Voltaire, Clock DVA e assim por diante, e há muitos outros. Mas acho que Kraftwerk e New Order são os melhores exemplos disso, e é por esse motivo que a música deles, da época e de agora, soa totalmente contemporânea. Que façanha!"

Peter Saville, o artista e *designer* da Factory Records, de propriedade de Tony Wilson, abordou o impacto do Kraftwerk em sua forma de pensar e em seu desenvolvimento pessoal: "Meu próprio ponto de vista estético é altamente influenciado pelo Kraftwerk, das formas que percebo e também das formas que mal chego a perceber. Tenho muita influência do Kraftwerk; o trabalho deles mudou minha compreensão das possibilidades da música contemporânea, e isso moldou meu conceito de uma linguagem visual que pode ser associada a ela. A noção quase industrial de 'ir trabalhar', mas no contexto da cultura contemporânea, era uma espécie de ideia artística/filosófica que adquiri mais a partir do Kraftwerk naquele ponto de minha vida do que de qualquer outra forma. Todo o sistema de numeração da Factory, que basicamente vem de minhas discussões com Malcolm Garrett, a preferência por um número, em vez de um título, era o tipo de ideia que Malcolm e eu partilhávamos

KRAFTWERK

quando alunos. Essa obsessão por um número de catálogo é bem coisa da visão dos anos 70 de arte conceitual, que é bem alemã e bem Kraftwerk. A cultura da Factory é altamente influenciada pelo Kraftwerk: e é a Factory que no fundo define culturalmente Manchester no final do século XX".

Embora, como afirma o escritor Paul Morley, "não houvesse nada feito de madeira no Kraftwerk..." e "o que não tivesse um botão não valia a pena ser explorado", muitos dos músicos influenciados pela banda estavam dispostos a usar instrumentos convencionais do rock. De certa forma, isso era libertador. Como o próprio Karl Bartos revela: "O fato de uma música ser composta em um sintetizador ou uma guitarra não faz nenhuma diferença. É a qualidade que conta. Se bem que, se você compõe em piano, guitarra, flauta, bateria ou sequenciador, você vai gerar resultados mais ou menos diferentes, porque cada instrumento possibilita certas técnicas e/ou determinados conceitos de composição musical. O meio usado sempre influencia o conteúdo".

Quase todos os grupos de música eletrônica – de Depeche Mode, OMD e The Human League nos anos 1980 até a segunda onda de música feita com sintetizadores, como Pet Shop Boys e Erasure no fim da década e início dos anos 1990 – no fim acabaram usando outros instrumentos além dos sintetizadores. Houve uma única banda importante que se manteve firme no banimento da instrumentação convencional, e foi o Kraftwerk. Seu álbum seguinte, um verdadeiro destilado do conhecimento, de conceitos e ideias de toda uma carreira, seria sua palavra definitiva.

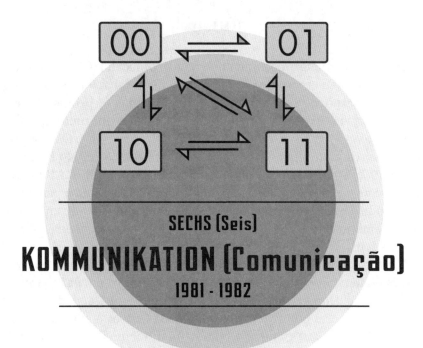

SECHS (Seis)
KOMMUNIKATION (Comunicação)
1981 - 1982

6.1 "Teletransporto-me para o futuro"

EM SEU mais alto nível, a música popular pode ter uma qualidade quase visionária. Músicos abençoados com um senso agudo de percepção são capazes de detectar as mais tênues vibrações de um futuro possível e então expressá-las por meio da música. Em 1970, o principal compositor do The Who, Pete Townshend, desenvolveu uma ópera rock, *Lifehouse*, tão difícil de executar em toda a sua complexidade que, diante da incompreensão dos companheiros de banda, abandonou a ideia em meio a um colapso nervoso. Uma das ideias da ópera era "a grade", uma matriz à qual as pessoas podiam se conectar e que colocaria em contato gente do mundo todo. Era uma ideia que Tim Berners-Lee[63] transformaria em realidade vinte anos depois.

Computer World, o oitavo álbum do Kraftwerk, foi composto por pessoas que pareciam ser capazes de ver o mundo em 1990 e mais além. Poucos teriam imaginado que, nos dez anos seguintes, os computadores iriam se tornar, para tanta gente no Ocidente, não só acessíveis, mas uma necessidade. O Kraftwerk imaginou. Em 1980, a era do computador, ao

---

[63] Cientista da computação inglês, criador da rede mundial de computadores (World Wide Web). [N.T.]

KRAFTWERK

menos para uso doméstico, ainda não havia começado. O e-mail, inventado em 1965, não era usado por quase ninguém, salvo em certas tarefas específicas desenvolvidas em grandes companhias (a primeira grande turnê de rock a ser coordenada ao longo da viagem por uma espécie de e-mail foi a *Serious Moonlight*, de David Bowie, em 1983). Os computadores caseiros eram grandes, desajeitados e muito caros. No início dos anos 1980, os modelos feitos para uso doméstico eram BBC Micro, Sinclair ZX Spectrum, Atari 800XL e Commodore 64, embora a penetração no mercado fosse ainda pequena. Em 1982, estimou-se que, entre a população americana de cerca de 226 milhões de pessoas, apenas 621 mil computadores domésticos estavam em uso.

"I program my home computer/beam myself into the future" [Eu programo meu computador doméstico/teletransporto-me para o futuro], canta Ralf em "Home Computer", tendo ao fundo uma melodia de duas notas descendentes que soa lúgubre, mais uma advertência do que uma recepção calorosa aos Campos Elísios[64] eletrônicos. E ainda assim, no início dos anos 1980, quando a música foi composta, o que o futuro reservava para o mundo da computação não tinha nada a ver com a forma como a mídia o representava. Nos anos 1960 e 1970, quando sequer chegavam a aparecer na televisão, os computadores tendiam a ser associados à ficção científica ou a fatos verídicos da era espacial, como a cena dentro do centro de controle em Houston, no Texas, onde se coordenavam as aterrissagens do programa Apollo na Lua. Ainda eles eram enormes, ocupavam salas inteiras com *rack* após *rack* do que pareciam ser gravadores de fita para fita, todos girando em velocidades totalmente diferentes, parando e reiniciando aleatoriamente, enquanto luzes piscavam e fileiras de números aparentemente aleatórios apareciam em visores iluminados.

A maioria das previsões para o uso doméstico de computadores era fantasiosa e propunha um futuro de casas totalmente automatizadas, em que as máquinas desempenhariam as tarefas cotidianas mais tediosas, deixando assim seus ocupantes livres para desfrutar de períodos de lazer mais prolongados. De fato, em 1969, a Honeywell havia produzido um computador de cozinha, oferecido por espantosos 10 mil dólares e pesando 45 quilos. Ele foi projetado como um equipamento para poupar esforços, pois podia armazenar receitas, e isso queria dizer que a dona

---

[64] Na mitologia grega, um local ou uma condição de felicidade ideal, para onde vão os heróis depois da morte. [N.T.]

SECHS (SEIS) • Kommunikation (comunicação)

de casa – papel invariavelmente desempenhado pela mulher, em 1969 – nunca ficaria sem uma receita nova para seu marido e as crianças. Não há evidência concreta de que qualquer unidade tenha sido realmente vendida. Aliás, casas do futuro, totalmente automatizadas, têm sido uma atração-padrão de muitas feiras de negócios ao longo dos anos, mas quase todas as previsões (robôs domésticos para tirar o lixo, sério mesmo?) revelaram-se exercícios da imaginação. E ainda assim o computador doméstico, ou melhor, os computadores domésticos assumiram hoje um papel central que poucos teriam previsto trinta anos atrás. Dos 7 aos 70, usamos computadores para compras *on-line*, para arquivar nossas memórias, organizar finanças e comunicar-nos.[65] Cartas manuscritas viraram antiguidade.

Porém com a liberdade vieram direitos e responsabilidades, e também a oportunidade, para os Estados, de monitorarem a atividade e coletarem informações pessoais de seus habitantes. O Kraftwerk não fez previsões fantasiosas em *Computer World*. A banda não previu um futuro robotizado, de ficção científica. No entanto eles previram, com precisão completa, que nossas vidas nos tempos modernos sofreriam uma revolução: "Automat und Telespiel/Leiten heute die Zukunft ein/ Computer für den Kleinbetrieb/Computer für das eigene Heim" [Autômato e telejogo[66]/Apresentem-nos o futuro/Computador para pequenos negócios/Computador para o lar]. E, o mais revelador, eles predizem com precisão que a cultura de vigilância veio para ficar. Eles anunciam isso sem qualquer comentário explicativo, mas antes como um componente indiscutível e, quem sabe, necessário da sociedade moderna global para o Ocidente desenvolvido. Aqui, o pensamento da banda talvez os coloque em oposição àqueles na Alemanha Ocidental da época que encaravam a coleta centralizada de informações pessoais como uma violação das liberdades civis. Diferentemente do Reino Unido, a Alemanha exige que todos os seus habitantes carreguem uma cédula de identidade. A versão de "Computer World" em língua alemã contém versos que faltam na versão em inglês: "Interpol und Deutsche Bank, FBI und Scotland Yard/Flensburg und das BKA, haben unsere Daten da" [Interpol

---

[65] Deve ser observado, porém, que ainda hoje apenas 7% da população global tem acesso à internet, um salutar lembrete de que a maioria da humanidade vive de formas muito diferentes das nossas. [N.A.] Dados de 2012. [N.T.]

[66] O antepassado do jogo de computador e das maravilhas do PlayStation e do Xbox; do meio para o fim da década de 1970, uma geração de crianças se divertia jogando tênis, futebol e dando tiros na TV, com computação gráfica ridiculamente básica. [N.A.]

KRAFTWERK

e Deutsche Bank, FBI e Scotland Yard/Flensburg[67] e Agência Federal de Polícia Criminal, todos têm nossos dados]. "Agora que foi invadida por microeletrônicos, toda a nossa sociedade é computadorizada, e cada um de nós está armazenado na forma de algum item de informação por alguma companhia ou organização, todos armazenados por número", disse Hütter em uma entrevista de 1981. "Quando você entra na Alemanha pela fronteira, eles colocam seu passaporte em uma máquina conectada ao *Bundeskriminalamt* (o BKA, Agência Federal de Polícia Criminal), em Wiesbaden, de modo que eles conseguem checar se você pode entrar ou sair, por vários motivos que não têm a ver com seu passaporte estar em ordem."

Ficou ainda mais evidente que o Kraftwerk estava adiante no caminho, ao menos no Reino Unido, quando, em janeiro de 1982, a BBC lançou o BBC Micro. Era a primeira vez que a maioria da população do Reino Unido via um computador com aparência de que poderia se tornar parte da uma residência. Os dois apresentadores de estúdio eram Ian McNaught-Davis e Chris Searle, à época mais conhecido por sua participação no programa de proteção aos consumidores chamado *That's Life*. "Mac" nos mostrava os prazeres da programação básica, enquanto Searle desempenhava o papel do leigo que não entendia nada. A música-tema era "Computer World", do Kraftwerk, lançada seis meses antes, enquanto Mac mostrava a Searle um pouco dos rudimentos básicos do uso do computador e de programação em BASIC.

A música de "Computer World" era perfeita para o programa e, de fato, perfeita para a nova era que ele previa. A faixa começa com uma batida insistente e rápida, como um código de computador sendo teclado de maneira uniforme e incessante, antes da melodia principal da música, de quatro notas, repetida com uma modulação ascendente, como se sugerisse um triunfalismo *techno*. Os vocais de Ralf, numa voz estranha, claustrofóbica, minitransistorizada, condensam o mundo moderno em um mantra sociológico: "Numbers/Money/People/Time/Travel/Communication/Entertainment" [Números/Dinheiro/Pessoas/Tempo/Viagem/Comunicação/Entretenimento]. Todo o mundo ocidental – todos os seus desgastes, todas as suas necessidades e os seus desejos – está perfeitamente representado nessas sete palavras. O que o psicólogo

---

[67] *Flensburg* é o equivalente da Agência de Licenciamento de Condutores e Veículos (DVLA) do Reino Unido, situada em Swansea. [N.A.]

SECHS (SEIS) • Kommunikation (comunicação)

Oliver James, muitos anos depois, chamaria de "affluenza"[68] é o contágio, que pode florescer, sem limites, dentro desse mantra moderno. De novo, o Kraftwerk não faz nenhum julgamento moral, não dá nenhuma receita para a mudança. A vida moderna é o que é, um mundo de capitalismo, criado por nós mesmos.

No entanto era outra faixa de *Computer World* que, ao menos musicalmente, apontava direto para o futuro. Com sua batida minimalista e quase brutal, "Numbers" basicamente inventou boa parte dos anos 1980 e 1990. *Hip hop, techno* e *trance*, EBM, *new beat*, entre dezenas de variações desses gêneros, todos têm um débito para com essa faixa. A batida em si foi composta por Karl Bartos. Entretanto um padrão de bateria, como um arranjo, não pode ter *copyright*; e assim o próprio Bartos, embora orgulhoso de ver sua invenção fixar-se tão completamente em tantas músicas, mantém certo sentimento amargo em relação à obra musical sobre a qual ele perdeu o controle. "Dá para reconhecer a influência que Karl, e Michael Rother antes dele, pode ter tido sobre o Kraftwerk", diz Ralf Dörper. "Ambos tinham estudado percussão clássica. Quem estuda percussão clássica toca não só bateria, mas coisas como marimba e xilofone. Na forma como é estruturada, é muito parecida com um sequenciador. Assim, você reconhece quando alguém toca uma marimba, ele pode muito bem fazer uma programação sequenciada, porque é dessa forma que esses tipos de instrumento funcionam." A batida, uma sequência de cinco notas, tem por cima um som que parece uma máquina de escrever sonora, uma sequência rápida de sons agitados, como fragmentos, criados no Minimoog, que pipocam e estouram sem ressonância nem maturidade, quase como o som eletrônico/sintetizado de pipocas estourando em uma panela.

Vozes com um tratamento pesado e *vocoderizadas* contam até oito em alemão (*Eins, Zwei, Drei, Vier, Fünf, Sechs, Sieben, Acht*) e estão entremeadas com sequências numéricas semelhantes em inglês, francês, italiano, japonês e russo.[69] Em certo nível, isso apenas reafirma o apelo que o Kraftwerk tem com as crianças, uma geração que cresceu com *Vila Sésamo* e Garibaldo lhe ensinando matemática básica. Mas então algo sinistro acontece. O refrão de "Computer World" retorna, e os ritmos

---

[68] Trocadilho em inglês entre *affluence*, "riqueza", e *influenza*, "gripe". [N.T.]

[69] Uma tentativa bem anterior de construir uma música em torno da repetição de um padrão aritmético foi feita em 1952, com "Inchworm", de Frank Loesser, executada no mesmo ano por Danny Kaye. "Pareceu-me uma coisa extraordinária usar números como *backing vocals*", disse David Bowie em 1979. [N.A.]

KRAFTWERK

sincopados da contagem se perdem em uma balbúrdia simultânea de ruído, a contagem se assemelhando a um fogo cruzado de códigos de computador, uma anarquia de códigos binários. Se não houver limites, o futuro será uma sobrecarga tecnológica. A música se dissolve em um tipo novo de espaço, assustador, talvez algo próximo do que o escritor canadense William Gibson chamaria, três anos depois,[70] de "ciberespaço".

"Numbers" também é significativa como continuidade do projeto do Kraftwerk de libertar-se da tirania da língua inglesa por meio do uso da língua japonesa. "O mundo ocidental é dominado pela fala anglo--americana", disse Ralf a Tommy Vance, em uma entrevista na Radio 1. "E nós, sendo alemães, tivemos de usar outros idiomas, e então descobrimos o contexto psicológico especial de diferentes idiomas. Porque às vezes gravamos nossas músicas em diferentes idiomas; francês e, agora, no último álbum, pela primeira vez usamos o japonês. Sentimos que isso muda por completo nossa música, assim temos diferentes variações, e alguns dos idiomas às vezes combinam ainda mais com nossa música do que outros."

A suprema ironia do álbum era que o Kraftwerk não tinha computadores no Kling Klang Studio durante a elaboração do disco. Dos membros da banda, só Florian tinha um computador doméstico. Ralf, falando em 2008, nos conta que: "Definitivamente, tivemos muita sorte com o fato de a tecnologia ter se desenvolvido em nossa direção (risos). Isto é o que tínhamos imaginado no final dos anos 70, quando trabalhávamos, claro, principalmente com o (equipamento) analógico. Então compusemos o conceito do (álbum) *Computer World*, lançado em 1981, e nem mesmo tínhamos computadores na época. Assim, aquele foi como um álbum visionário. Só obtivemos aquela tecnologia, um PC pequeno, durante a época da turnê daquele álbum, e usamos um no palco, apenas escrevendo letras".

6.2 Amor digital

Embora o Kraftwerk fosse claramente imaginado como uma banda escravizada pela incipiente era da computação, isso não necessariamente era bem-visto em áreas mais tradicionais da música, fosse séria ou popular. Havia mesmo quem até tivesse medo da nova tecnologia, ou ao

---

[70] Willian Gibson cunhou o termo em seu romance de estreia, *Neuromancer*, em 1984, portanto três anos depois do lançamento de *Computer World*, de 1981. [N.E.]

SECHS [SEIS] • Kommunikation (comunicação)

menos se sentisse ameaçado por ela. Ralf Hütter declarou que nos anos 1970 e início dos 1980, o Kraftwerk teve negada a permissão para entrar no Bloco Oriental com seus computadores. "Eles achavam que eram armas de guerra", disse.

Essa tecnofobia se repetiria também dentro de bolsões da indústria musical. O Kraftwerk era um desafio direto, especificamente para o rock em geral, mas também, em uma escala maior, para toda a nobre tradição da música em si. A música eletrônica, argumentavam os detratores, era "música de máquina". De algum modo não era válida, era uma forma de não música, no máximo um truque para chamar a atenção, uma curiosidade, ou, pior, uma afronta direta não apenas ao romantismo do rock, mas à grandiosa tradição dos grandes clássicos, homens, brancos e mortos. A música devia ser feita e tocada por gente de verdade usando instrumentos de verdade, certo? A música eletrônica, aos olhos deles, carecia dessa validez. Sem qualquer surpresa, o Sindicato dos Músicos do Reino Unido, instituição que historicamente se opunha a qualquer tipo de inovação, exigia que a execução de música eletrônica fosse restringida, e até mesmo banida, pois era vista como um perigo para a sobrevivência de seus integrantes. A banda de *rock arena* Queen orgulhosamente estampava nas capas de seus álbuns "Sem sintetizadores", como se tal negativa fosse uma medalha de honra, de qualidade e autenticidade, até seu oitavo álbum, *The Game*, de 1980. Ao lançar seu segundo álbum, *Travelogue*, em 1980, o Human League revidou de forma espirituosa, com a legenda "Somente sintetizadores e vocais".

O Kraftwerk não tinha qualquer compromisso com a autenticidade musical. Ralf Hütter conta: "Quando selecionamos o som de um instrumento, não nos preocupamos se, por exemplo, as cordas não são autênticas. Simplesmente usamos os sons de que gostamos!". A música do Kraftwerk, como boa parte da música que veio a seguir, estava interessada sobretudo na sonoridade. Era o timbre[71] das notas individuais, sua ressonância o que importava mais do que tudo: "Nosso objetivo é criar um som total, não fazer música no sentido tradicional, com harmonias complexas. Uma abordagem minimalista é mais importante para nós. Gastamos um mês para fazer um som e cinco minutos com as mudanças de acordes! A Alemanha não tem uma preponderância da cena de

---

[71] As diferenças de timbre são o que faz com que um dó central tocado em um piano seja muito diferente da mesma nota tocada em um violino. [N.A.]

KRAFTWERK

música pop, como há na Inglaterra, e assim temos uma vigorosa comunicação entre quem ouve e quem executa a música eletrônica".

O som de *Computer World* é mais claro, mais limpo e mais clínico do que o de qualquer disco anterior do Kraftwerk. Em parte, isso pode ser explicado pelos avanços tecnológicos nos três anos depois que *The Man-Machine* foi gravado. No entanto também ocorreu uma mudança na estética musical. As batidas foram bem secas, sem excessos. Tudo é tocado com perfeição. Em "Home Computer", a ponte, com suas repetições espiraladas ascendentes, como bolhas de uma hidromassagem feitas de som, é uma viagem, quase uma década antes do *acid house*. Thomas Dolby, pioneiro do *electro pop*, descreve da seguinte maneira essa mudança sonora: "Com *The Man-Machine*, o Kraftwerk redefiniu o som dos eletrônicos analógicos, e ele tinha uma sonoridade sombria, gorda e suja, de pedal *fuzz*. Quando lançaram *Computer World*, o som era tão limpo que chocava. Demorou alguns anos para cair no gosto do público, para que as pessoas conseguissem entendê-lo, para que nossos ouvidos coletivos se adaptassem. Além do mais, na época, os computadores pareciam insignificantes demais para merecerem um título inteirinho de álbum dedicado a eles! Isso aconteceu dez anos antes que a cultura pop fosse de fato impactada pelos computadores e pela internet, mas o Kraftwerk já estava completamente em sintonia com isso".

O álbum *Computer World* foi precedido por "Pocket Calculator", um *single* que era só um pouquinho ingênuo – uma música bem-humorada sobre um tema que dificilmente outros achariam merecedor de ser entronizado em uma música. Em 1981, as calculadoras de bolso estavam se tornando parte essencial do arsenal das crianças na escola. Não tendo mais preços proibitivos, e cada vez mais compactas, estavam aos poucos sendo aceitas como parte importante das aulas de matemática, embora ainda houvesse resistência daqueles que alegavam que elas legalizavam a cola. E agora eram imortalizadas por serem instrumentos tão úteis, e com sua própria musiquinha. Uma das músicas mais engraçadas já escritas pela banda, sua linha melódica viciante também a torna uma das raras músicas do Kraftwerk que podem ser cantadas junto. "I'm the operator with my pocket calculator" [Sou o operador, com minha calculadora de bolso], canta Ralf, quase num tom monótono, antes de uma linha de três notas, aparentemente aleatória, o tipo de ruído infantil que uma criança de 7 anos faria com uma Casio barata. Ele prossegue, com um distanciamento quase *camp*: "By pressing down this special key, it plays a little melody" [Apertando esta tecla especial,

SECHS (SEIS) • Kommunikation (comunicação)

ela toca uma musiquinha], antes de outra seção curta de notas geradas de forma aleatória.

"Pocket Calculator" zombava do rock de forma sutil, mas devastadora. O rock tradicionalmente era baseado na guitarra elétrica, em arabescos engenhosos, nos acordes potentes e nos excessos masturbatórios dos solos. Era coisa de *homem*. Em "Pocket Calculator", Ralf mostra como a música eletrônica dissipou toda a suadeira estúpida e a postura patética dos *cock rockers*, pois a estrela do show agora não era sequer um instrumento de verdade. É um "ábaco eletrônico portátil" a pilha que pode produzir uma melodia, e é operado, e não tocado. A versão da música em alemão, "Taschenrechner", trazia uma letra levemente diferente, mas igualmente divertida: "Ich bin der Musikant mit Taschenrechner in der Hand" [Sou o músico com uma calculadora de bolso na mão]. Esta era, recorda-se Karl Bartos, uma letra escrita com a marca registrada de Emil Schult: "Emil tinha um bom conhecimento da língua inglesa... ou devemos dizer americana? Porque ele estudou durante algum tempo nos Estados Unidos. Ele tinha facilidade para criar versos simples em alemão, que 'pegavam' e eram espirituosos ao mesmo tempo. Ele contribuiu muito para 'Autobahn', 'Trans-Europe Express', 'Radio--Activity', 'Computer World', 'Pocket Calculator', 'The Model'... só para citar algumas".

No entanto a melodia mais fascinante do LP, e talvez o melhor *single* pop já feito pelo Kraftwerk, era "Computer Love". Hoje em dia, a melodia de "Computer Love" é conhecida por toda uma geração, tendo sido sampleada e retrabalhada, como na música "Talk", do Coldplay. Ela foi composta em um instante de inspiração, um ano antes no Kling Klang Studio, por Karl Bartos; Ralf então colocou a linha do baixo, por sobre a qual mais tarde seriam cantadas as palavras "another lonely night, lonely night" [outra noite solitária, noite solitária]. "Uma melodia não tem sentido. Nós experimentamos um maravilhamento", disse Karl, em 2007. "As frequências físicas se transformam em uma sensação. Ninguém sabe como acontece." Tem sido discutido se as versões em inglês das músicas do Kraftwerk acabam perdendo o refinamento do original alemão; mas em "Computer Love" o título da música soa muito melhor em inglês do que em alemão: as quatro sílabas de "Computer Love" encaixam-se melhor na música do que as cinco de "Komputer Liebe".

Sendo o segundo *single* do álbum, a princípio se saiu pouco melhor do que "Pocket Calculator", alcançando três posições acima no Top 40 do Reino Unido, com o 36º lugar. Mas ela se destaca, para muita gente,

KRAFTWERK

como a mais perfeita música pop do Kraftwerk. Uma melodia de nove notas no sintetizador introduz a história de uma "lonely night, a lonely night" [noite solitária, uma noite solitária]. A repetição trabalha para criar uma sensação de tensão, de frustração. As palavras são simples, como um diálogo do dia a dia, e assim encaixam-se na música com perfeição. "I don't know what to do, what to do/I need a rendezvous, rendezvous." [Não sei o que fazer, o que fazer/Preciso de um encontro, encontro]. Na época, "Computer Love" parecia descrever o cenário de um homem precisando de uma mulher, e talvez disposto a pagar por esse serviço. Mas hoje a música tem um aspecto bem diferente. Ela parece prever, embora de forma oblíqua, as redes sociais e os sites de encontros.

Um dos primeiros serviços *on-line* de encontros do mundo, Match. com, teve início em 1995, tornando "Computer Love" surpreendente em sua visão profética. Uma porcentagem relativamente elevada de relações se forma por meio de encontros *on-line* de um tipo ou de outro. Estimou-se que, em 2002, um em cada cinco novos relacionamentos se formou na rede. Em novembro desse mesmo ano, a revista americana *Wired* publicou: "Daqui a vinte anos, a ideia de que alguém em busca de um amor não o faça *on-line* vai parecer idiota, equivalente a deixar de consultar o arquivo catalográfico para, em vez disso, vaguear pelas estantes, achando que os livros certos só são encontrados por acidente. Parece encantador, mas é inevitável observar que não é uma abordagem muito pragmática. Afinal de contas, qual a probabilidade de que o livro de seus sonhos simplesmente caia da estante em seus braços?".

Ian Harrison, da *Mojo*, observou: "Ralf coloca muita emoção no Kraftwerk. 'Computer Love' – melancólica, humana – não é de forma alguma uma música fria de máquina..." Ela é incrível em sua pureza e simplicidade. "Tenho uma tendência a considerar que, se não posso me lembrar de cabeça de uma música, então talvez ela não valha a pena ser feita", é como Ralf coloca isso, revelando um dos segredos da forma como o Kraftwerk compõe.

6.3 O *loop* infinito

Computer World foi lançado em maio de 1981 e contou com o apoio de uma turnê mundial. Seu impacto comercial foi superado de longe pelo imenso sucesso de crítica nos anos seguintes. O álbum chegou ao Top 10 na Alemanha; na Grã-Bretanha, alcançou a posição de número 15 e

SECHS (SEIS) • Kommunikation (comunicação)

recebeu um disco de prata. Nos Estados Unidos, entrou para o Top 100 da *Billboard*, primeiro álbum do Kraftwerk a fazê-lo depois de *Autobahn*, lançado seis anos antes. No entanto, com a notável exceção de "Pocket Calculator" e uma segunda colocação nas paradas italianas, o disco, uma vez mais, teve sucesso moderado.

O mundo pop de 1981 estava bem diferente daquele de meados da década de 1970, quando o Kraftwerk fez sua última grande turnê. Antes, a banda era vista por muitos como uma novidade incômoda ou, pior, como um grupo de arautos da catástrofe e do fim da "música de verdade". Mas então, ao menos na Grã-Bretanha, o Kraftwerk encontrou por todo canto a dupla hélice de seu DNA musical. "No momento, nós nos sentimos muito encorajados ao saber que há bastante energia na música eletrônica que está sendo feita na Inglaterra, porque da última vez que viemos para cá, seis anos atrás, fomos atacados por causa do que fazíamos na época", foi a avaliação de Ralf durante uma entrevista para a Radio 1, em maio de 1981. "E acho que agora há bastante energia voltando para nós, vinda de todas as pessoas e das bandas industriais jovens. Creio que nos sentimos muito encorajados por todo esse movimento. É nossa vida comunicar-nos e gravar discos e fazer essas coisas acontecerem, portanto não nos sentimos lesados por isso."

Em 1981, o *electro pop* assumiu o controle do *mainstream*. Nos primeiros meses, "Fade to Grey", do Visage, tornou-se um tremendo sucesso por toda a Europa, alcançando a posição número 8 no Reino Unido, e o Top 5 da França e da Itália, e o número 1 na Alemanha. "Vienna", do Ultravox, cujo próprio título recorda a letra de "Trans-Europe Express", começou sua ascensão até alcançar o número 2 nas paradas do Reino Unido em janeiro desse ano, quatro anos depois do romantismo de "parques, hotéis e palácios" do Kraftwerk. O vídeo de "Vienna", dirigido pelo australiano Russell Mulcahy, capturou a cena *New Romantic* tão perfeitamente quanto qualquer momento cultural: épico, um drama *noir* inspirado em *O Terceiro Homem* (*The Third Man*, 1949), duelava com tomadas cinemáticas góticas, intercaladas com o mundo estiloso da cena *clubber* pós-punk. O cineasta Julien Temple é visto brevemente com uma caranguejeira andando por seu rosto. O vídeo, filmado sobretudo em casas noturnas de Londres, incluindo o Gaumont State Theatre, em Kilburn, e o Searcy's, perto da Harrods, continha, porém, algumas cenas filmadas às pressas na própria Viena. "Nós rodamos a toda por Viena em um táxi e filmamos as coisas quando as víamos", diz Chris Cross sobre a viagem de

KRAFTWERK

um dia à Áustria. "Nenhum de nós conhecia Viena. Tínhamos só um guia de viagem que pegamos na biblioteca!"

Na primavera de 1981, The Human League, agora remodelado como uma banda pop com a adição de duas adolescentes que dançavam e cantavam, finalmente chegou ao Top 20 do Reino Unido, com "Sound of the Crowd", produzida por Martin Rushent. Eles foram seguidos pela banda de maior sucesso de todos os tempos do *electro pop*, Depeche Mode. Seu primeiro *hit*, "New Life", era uma bela amostra de animada música eletrônica; a música seguinte, "Just Can't Get Enough", é hoje cantada com o acompanhamento da plateia em estádios de futebol. O momento mais bizarro e ainda levemente incompreensível aconteceu no outono, quando a artista performática Laurie Anderson alcançou a posição de número 2 com "O Superman". Parte recitação, parte confissão, o vocal de Anderson era dominado pelo *backing vocal*, ou antes, o som de fundo: uma repetição dissonante de "Ha", que estava programada em um *loop*. Estava próximo do tipo de experimento vocal sem palavras de Philip Glass e outros, em seu trabalho de meados dos anos 1970. Os vocais meio falados com efeitos de *vocoder* de imediato faziam lembrar o *Sprechgesang* de Ralf para o Kraftwerk.

A Grã-Bretanha entrou nos anos 1980 com um cenário de desemprego, inflação de dois dígitos, fechamentos semanais de fábricas e minas de carvão, isenções de impostos para os ricos e grandes aumentos salariais para os serviços públicos uniformizados – polícia e forças armadas –, e as cidades se tornaram mais sombrias e mais radicalizadas. A resposta da cultura pop ao brutal miasma do thatcherismo foi uma fuga para o *eu*. Os novos astros do rock não eram simples astros do rock, de forma alguma. Eles eram, como Bowie, Roxy Music e Kraftwerk, quadros multimídia, com uma mistura de linguagens. A música era só uma parte da coisa. Spandau Ballet, Duran Duran, The Human League, Ultravox e Depeche Mode, todos estouraram em um período de seis meses entre outubro de 1980 e abril de 1981, e todos tinham uma inventividade estudada e totalmente criada por eles próprios. Em 1981, Adam Ant tornou-se o primeiro pop star a transformar seu visual em uma marca registrada. Como Bowie, e como o Kraftwerk, os astros do pop se tornaram pequenas empresas, com ramificações em todas as direções, do *merchandising* e *marketing* até moda/estilo e promoção. O pop era agora um negócio muito sério.

Os críticos davam o exemplo do Velvet Underground e apresentavam os números das vendas de seu primeiro álbum, repetindo a avaliação de

SECHS (SEIS) • Kommunikation (comunicação)

Brian Eno:[72] "O primeiro álbum do Velvet Underground vendeu só 10 mil cópias, mas todos que o compraram montaram uma banda". De acordo com essa proporção, Kraftwerk = VU[2]. "Para mim", diz Karl Bartos, *The Man-Machine* e *Computer World* são os dois álbuns mais importantes. Em ambos, o *Gestaltung* [conceito] tem um nível consistentemente alto".

"Foi difícil dar continuidade depois de um álbum como *The Man-Machine*, e acho que eles levaram três anos", diz John Taylor. "Mas é um álbum fantástico, e acho que ritmicamente eu estava ouvindo um monte de coisas e pensando 'Deus, já ouvi isso tantas vezes...', acho que é um dos álbuns mais sampleados, ele tem um *groove dance* e *techno* e *hip hop*."

Computer World era perfeito, concorda Ralf Dörper. "Era perfeito porque nada ali era enrolação. Também é bem curto, com uma duração equivalente à de todos os álbuns punks da época, quando nada durava mais do que quarenta minutos. Em muitos LPs, você diz o que tem de dizer e então enche linguiça; mas não em *Computer World*. É por isso, na verdade, que o acho absolutamente perfeito."

Alguns fãs do Kraftwerk, se não ficaram desapontados, pelo menos perceberam que um novo tipo de Kraftwerk estava surgindo. Parecia haver algo muito clínico, quase abstrato em *Computer World*. No lugar das massas de coros de *mellotron*, vocais frágeis e a percussão que, em certos momentos, parecia não ser totalmente bem tocada, entrou a música que era quase árida em sua perfeição, sem qualquer som fora do lugar, nenhuma batida desnecessária. "Achei que o verdadeiro ponto de mutação foi *Computer World*", é a opinião de Andy McCluskey. "Acho que eles perderam o elemento humano."

Para Peter Saville, *Computer World*, tanto em forma quanto em conteúdo, é um ponto final. "O trabalho total, o *Gesamtkunstwerk*, do Kraftwerk, o processo de ser o Kraftwerk, provavelmente chegou à sua conclusão. E eu diria que chegou à conclusão em *Computer World*. De certa forma, é a conclusão definitiva de seu próprio tipo de caminho."

Saville prossegue: "Ele se conclui em si mesmo. *Computer World* é como um *loop* infinito, o mais simples, mais coerente *loop* de uma melodia. É como a imagem da televisão que se reduz a um ponto e desaparece. Eles haviam digitalizado o cânone, permitindo que o passado, o presente e o futuro corressem ao mesmo tempo. Para mim, o Kraftwerk

---

[72] Algumas pessoas afirmam que foi Peter Buck, do R.E.M., quem criou este aforismo, e não Brian Eno. [N.A.]

KRAFTWERK

era, de certa forma, o ponto de ligação entre a cultura canônica e a cultura pop. Eles fizeram tudo isso ao permitir que fragmentos da história corressem lado a lado com nossa tecnologia industrial. Eles fazem isso de forma literal, ao permitir que influências da música clássica se tornem pop. Minha afirmação de que escutei Mozart por causa do Kraftwerk é o exemplo perfeito disso. O Kraftwerk foi o portal que endossou a história para mim. Não consigo ouvir Kraftwerk sem pensar em uma *autobahn* e na Catedral de Colônia, ao mesmo tempo. Esse, de certa forma, é o fim da viagem. Tenho uma percepção preocupante de uma cultura digitalizada em que nossa história foi atomizada. Fomos de um fluxo analógico (lógico) para um fluxo digital, que então se fragmenta e por fim se atomiza. Dá para perceber isso na forma como as coisas são feitas hoje. O fluxo digital permite que tudo ocorra simultaneamente, e a história não tem mais uma lógica intrínseca. O Kraftwerk é um avatar por meio de seu trabalho. Ambos descrevem e determinam o mundo à volta deles. De certa forma, *Computer World* é quase uma conclusão lógica do projeto Kraftwerk".

O Kraftwerk estava trabalhando no que os teóricos, mais tarde, nos anos 1980, chamaram de cultura pós-moderna. Nessa cultura, tudo que existe é o agora, não o amanhã, ou o ontem, um "presente sem profundidade". No final dos anos 1980, os teóricos da cultura jovem começaram a dizer que o pop ia do tempo "linear" ao tempo "circular". Em vez de progredir e inovar, a música popular entraria em uma série de reinvenções de idiomas musicais. Não mais um idioma musical substituiria outro, saído de moda, mas todos os tipos de música agora correriam em paralelo. O que Peter Saville pressente a respeito de *Computer World* é a primeira sugestão da música popular dobrando-se sobre si mesma, uma música que literalmente roda em círculos. Para o Kraftwerk, tudo pode ser música, o ronco do motor de um carro, o ruído de um trem correndo nos trilhos, o mais tênue som de uma estrela distante, o matraquear e o zumbido do código de computador, a série aleatória de notas tocadas em uma calculadora de bolso. Música, sem parar.

6.4 "a". "au". "o". "u"

A turnê *Computer World* – primeira grande turnê musical da carreira da banda, com suas primeiras apresentações ao vivo desde o outono de 1976 – demorou três anos para ser planejada, e mesmo assim o show de estreia teve de ser adiado porque o cenário não estava pronto. "A tinta

SECHS (SEIS) • Kommunikation (comunicação)

literalmente estava secando enquanto o equipamento ia sendo acondicionado para a viagem", disse Ralf.

Em 1981, o Kraftwerk fez mais de oitenta concertos na Europa, nos Estados Unidos, na Austrália e no Japão. Todos vestidos de preto, ou com camisa vermelha, calças pretas e gravata preta de sua época do *Man-Machine*, o visual deles logo se tornou icônico, muito imitado pelos fãs até os dias de hoje. "Tem muita gente se movendo e até pulando pelo palco hoje em dia, e para nossa música é importante que não façamos isso. A apresentação estática também é necessária para enfatizar o aspecto robótico de nossa música", disse Ralf em 1981. "Estivemos construindo o cenário durante os últimos três anos (desde o álbum *The Man-Machine*), enquanto compúnhamos a música e preparávamos a arte gráfica do vídeo."

Como era a norma, no novo *design* do palco, em forma de V, Ralf, Karl, Wolfgang e Florian posicionavam-se da esquerda para a direita, seus nomes mais uma vez em neon, mas agora os integrantes tinham atrás de si telas de vídeo de quatro metros de largura, construídas pela Sony, no Japão, por encomenda. Embora rudimentar pela perspectiva de hoje, isso se tornou referência em 1981. "Todos parecem limitar-se, dizendo 'Eu toco tal instrumento', mas nós gostamos de 'tocar imagens', bem como compartilhar todos os instrumentos disponíveis", disse Ralf em uma entrevista de 1981. "Günter Spachtholz é o engenheiro de vídeo e iluminação encarregado de todo o visual, e ele se senta do lado esquerdo do palco (visto a partir da plateia). Do outro lado dos músicos fica o engenheiro de som (nós o chamamos de nosso homem dB!), Joachim Dehmann. Embora ele faça o *balance* final da saída total de som, cada músico mixa seus instrumentos separadamente, a partir de até oito fontes de som."

O *setlist* era formado quase exclusivamente a partir dos quatro álbuns mais recentes, abrindo com "Numbers" ("Nummern", "números") um potente ataque somático. O Kraftwerk entrava no palco a partir da direita, num passo rápido, com Ralf na frente, seguido por Karl, Wolfgang e Florian. Ralf e Florian usavam fones de ouvido, e Ralf cantava com seu estilo característico e único, a mão direita em concha envolvendo o microfone facial, dançando roboticamente ao ritmo da música. "Ao cantar de maneira normal, pode-se trabalhar o volume trazendo o microfone mais perto. Não posso fazer isso, pois ele está fixado em minha cabeça, e por isso uso a mão para enfatizar o que estou cantando", disse Ralf, em 2006. "Em *Computer World*, em trechos como 'Interpol

KRAFTWERK

and Deutsche Bank', isso as torna mais altas, dá às palavras um pouco mais de *room ambience*, reverberação. Minha mão é uma pequena caixa de ressonância, íntima, mas que me permite declamar sem um alto-falante. A figura em *O Grito*, de Edvard Munch, é tipo 'Aaaaaaargh!', mas eu sou mais tipo 'aaaaaah', sussurrando em seu ouvido."

Havia uma versão sombria e empolgante de "Metropolis", uma sequência de músicas de *Radio-Activity* e, claro, "Autobahn", àquela altura de longe a composição mais conhecida da banda. Um ou outro problema ocorria aqui e ali, provando que a música eletrônica tinha seu lado humano. Diz Ralf Dörper: "Podia haver falhas no sistema, e houve ao menos um concerto em que eles tiveram que interromper o show porque algo deu errado. Creio que disseram que precisavam reprogramar o computador". Cada música tinha seu próprio acompanhamento visual, fosse arte gerada por computador ou um filme. Pelos padrões do início dos anos 1980, esta era uma experiência radical, mas não totalmente sem precedentes. No rock progressivo, o Genesis havia tentado transformar sua turnê *Lamb Lies Down on Broadway*, de 1974-1975, em uma espécie de evento multimídia, com o uso de projeção de *slides*, enquanto o Pink Floyd havia usado computação gráfica de uma forma ou de outra, com frequência em uma grande tela circular atrás da banda, desde que estourou com *Dark Side of the Moon*, em 1973. O acompanhamento de concertos de rock por shows de luzes remonta à Fillmore West, de Bill Graham, em São Francisco, mas talvez fosse mais significativo que o Human League tivesse um membro que não tocava, Adrian Wright, que era responsável por todos os efeitos visuais da banda. Em tempo real, ele mudava os *slides* para refletir, muitas vezes com resultados bizarros e surreais, o repertório todo eletrônico e igualmente bizarro do trabalho inicial da banda. De acordo com seu vocalista, Philip Oakey, "Assim que fizemos apresentações com Adrian, mostrando imagens de cabeças de pessoas explodindo, ou Jesus chorando em uma xilogravura antiga, os shows começaram a ir bem!".

Os efeitos visuais do Kraftwerk, porém, eram com frequência mais literais e econômicos do que excessivos ou surreais. Números apareciam nas telas durante a música "Numbers"; uma antena de rádio para "Radio-Activity"; um filme em preto e branco de uma *autobahn*, junto ao sinal de trânsito branco e azul de autoestrada para "Autobahn"; de novo o uso de imagens em preto e branco para a viagem imaginária de trem que seria o "Trans-Europe Express"; e filmagens de beldades da era pós-Segunda Guerra para "The Model". Ambos os filmes apresentavam

SECHS (SEIS) • Kommunikation (comunicação)

uma mistura de futurismo e estudada nostalgia, e eram trechos editados dos filmes promocionais das faixas.

Um ponto alto do show era "Pocket Calculator", que encerrava a apresentação em si, antes do bis. Nesse momento, os quatro integrantes da banda deixavam seus consoles e, na frente do palco, tocavam instrumentos portáteis; Ralf com um diminuto miniteclado de uma caixa de ritmos Bee Gee, Karl com um estilofone, Wolfgang mantendo a batida com uma bateria eletrônica em miniatura que ele mesmo construiu e um pequeno bastão em vez de baqueta, e Florian, sempre com grande interesse em modulação da voz, com um módulo de calculadora Casio que tocava sons de *bips* e efeitos vocais guturais, de ciborgue: "a", "au", "o", "u". "Descobrimos esses instrumentos em uma loja de departamentos no Natal passado, e assim trouxemos para nossa música itens do dia a dia, direto 'das ruas'", revela Ralf. "Nós dois concordamos que a forma como os instrumentos musicais serão planejados no futuro poderia ser como uma extensão do ser humano, com um *feedback* adequado entre máquina e homem. A ênfase nos teclados poderia resultar em instrumentos controlados por alguma parte do corpo, usando *piezorreceptores*, eletrodos especiais e elementos sensíveis ao calor. Dez anos atrás, eu costumava esfregar um microfone de contato em minha pele ou na roupa para produzir diferentes sons, que mudavam a cada apresentação." Ralf e Florian faziam um solo, numa paródia dos solos de guitarra, entregando seus instrumentos para que o público tocasse. O resultado era uma simpática autoparódia e um ataque divertido a valores fundamentais do rock. Dizem que uma piada alemã é algo a ser levado a sério, mas esse era um dos momentos mais engraçados já vistos em um concerto pop.

Foi também nessa turnê que apareceram pela primeira vez no palco os robôs personalizados. Vestidos de forma idêntica à de seus parceiros humanos, eles subiam ao palco durante o bis, "The Robots", com dez diodos piscando nas gravatas e tomando posição junto a seus duplos reais. Andy Warhol havia comentado nos anos 1970: "Quero que todo mundo pense de modo semelhante. Creio que todo mundo deveria ser uma máquina"; e com certeza havia nos robôs do Kraftwerk uma influência da arte pop. Como imaginou Warhol, eles eram vazios de expressão, sem vida e apenas um pouco assustadores. Warhol também brincou: "Eu amo Los Angeles. Amo Hollywood. Belos lugares. Todo mundo é de plástico, mas eu amo o plástico. Quero ser de plástico". Pouco antes de morrer, seu desejo foi atendido. Um robô Andy Warhol foi projetado por Alvaro Villa para uso em um show chamado "Andy

Warhol: a No Man Show" [Andy Warhol: um show de nenhum homem]. "Andy adorou essa ideia", disse Bob Colacello, editor da revista de Warhol, *Interview*. "Ele amou o fato de que poderia mandar aquele robô Andy Warhol para as turnês de palestras. Ele poderia ir a programas de entrevistas por ele. A ideia era que, se o show tivesse êxito em Nova York, poderia então ser apresentado simultaneamente em Londres, Los Angeles, Tóquio, com robôs clones. E as pessoas poderiam inclusive fazer perguntas ao robô, que seria programado com grande variedade de respostas. A coisa toda era muito warholiana e muito perfeita."

O humor negro de Warhol não passou despercebido a Ralf. À medida que a carreira do Kraftwerk se desenvolvia, o lado humano ia sendo cada vez mais marginalizado. A música ia se tornando ainda mais refinada, destilada, abstrata. Durante os dez anos seguintes, as únicas fotos promocionais da banda seriam dos robôs.

6.5 A vida no espelho

Às vezes até os participantes de um evento sabem, instintivamente, que o agora é um momento que não pode ficar melhor. Ainda enquanto acontecia, havia a sensação de que a turnê de 1981 era o ponto alto, a culminação de dez anos de trabalho, o momento em que o Kraftwerk ressoava da forma mais clara e irradiava de forma mais intensa em termos de impacto musical. Para Karl Bartos, a turnê foi o seu momento mais feliz como integrante da banda. "Londres, Nova York, Los Angeles, 1981. Eu ainda era bem jovem e ingênuo. A vida se estendia interminável à minha frente, o humor da banda era bom, às vezes até mesmo eufórico, e a resposta do público era impressionante. 'Seria um caso de adolescência eterna?', eu me pergunto. Ou será que éramos só um bando de garotos arrogantes? Não faço ideia. Mas nós nos divertimos muito."

No entanto a turnê não estava livre de tensões. "Às vezes, ficávamos muito frustrados", revela Wolfgang. "Com frequência, estávamos em cidades pequenas ou médias. Estávamos sempre sozinhos, e não havia bons clubes aonde ir, por isso voltávamos para o hotel."

Com certeza Wolfgang sempre tinha admiradoras. "Ele é adorável. Basicamente foi o símbolo sexual da música eletrônica durante anos", diz Andy, do OMD. "Era o homem mais *sexy* da música eletrônica, muito atraente. Quando era mais jovem, ele era muito atraente, de verdade." Durante a turnê, Wolfgang não ficava na mão. Uma noite em Nova York ficou na memória. O Kraftwerk tocou no Ritz Club, no começo de agosto.

SECHS (SEIS) • Kommunikation (comunicação)

"Fui agarrado por uma jovem negra linda e esguia depois do show, chamada Michelle. Demos dois concertos naquela noite. Eu a vi no mezanino, olhando para baixo. Houve uma breve pausa, e atravessei o teatro e parei ao lado dela, para olhar para o palco lá embaixo. A plateia já tinha ido embora, e eu disse: 'Você ainda está aqui? Quer assistir ao segundo concerto?'. E ela disse: 'Sim, já comprei o ingresso para o segundo show'. E então ela disse: 'O que você vai fazer depois?'. E eu respondi: 'Se você está me perguntando com tanta gentileza, não tenho a menor ideia, quem sabe você...'. E ela: 'Eu tenho uma ideia. Convido você, se quiser'. Eu a queria. E ela era maravilhosa. Quando o segundo concerto terminou, ela me perguntou: 'Quer ir a um restaurante?'. Mas eu não janto tão tarde. Fazia calor e estava abafado. Então, fomos até a casa dela. Ela tinha um monte de ventiladores em torno de sua cama enorme. Tinha uma cama redonda. Eu nunca havia visto isso antes. Ela me levou direto para o quarto dela! Ligou todos os ventiladores e começou a tirar a roupa e a me mostrar seu corpo. Fiquei lá sentado. Ela mal podia esperar para me pegar, me agarrar. Ha, ha, ha. Aquilo era Nova York! É por isso que tenho uma recordação tão boa de Nova York. Ambos os concertos foram excelentes. O público estava do outro lado da rua. Muita gente na fila para conseguir um ingresso."

Nem todos os públicos eram tão receptivos. Seria de esperar que recebessem uma recepção calorosa em sua terra natal. Nada disso. Um concerto em dezembro no Philipshalle, em Düsseldorf, foi uma experiência desanimadora. "Eu lhe digo, metade da sala estava vazia", revela Wolfgang. "Não foi nada bom. Quando estivemos em Colônia, no Sartorysaal, ou em Dortmund, no Westfalenhalle, a 40 quilômetros de distância, estava lotado. O público de Düsseldorf e as pessoas de Düsseldorf são muito especiais... arrogantes de nariz empinado. E não conseguem nem aplaudir quando uma coisa é bem-feita. Tocamos em Colônia pouco antes de tocar em Düsseldorf, e tocamos duas vezes em uma mesma noite; havia tanta gente que dissemos 'Ok, vamos fazer também um concerto à meia-noite, logo em seguida; vamos recomeçar a tocar desde o início'. Foi algo parecido com o Roundhouse, em Londres. Havia um mezanino, e foi um dos melhores concertos."

A turnê *Computer World* teve quase cem concertos e esteve em dezesseis países. Em um estilo bem kraftwerkiano, a turnê deu uma volta, começando e terminando na Europa, passando pela América do Norte, por Hong Kong, pelo Japão, pela Austrália e Índia, bem como por dois países do bloco oriental, Hungria e Polônia. O Kraftwerk esteve viajando

KRAFTWERK

continuamente de maio a setembro, com uma pausa de sete semanas antes de retomar a turnê em novembro, de volta à Europa. Ficar afastado dos confortos básicos não foi fácil para Florian. De fato, a situação ficou insuportável para ele em setembro, quando chegaram à Austrália, quando, como é bem conhecido, ele desapareceu do Princess Theatre, em Melbourne, em um momento crítico. Os outros integrantes do Kraftwerk tinham se reunido nos bastidores, mas não havia nem sinal de Florian. Olhando através da cortina do palco, Emil Schult o viu sentado na primeira fileira, aparentemente sem ter sido reconhecido pelo resto do público. Emil deixou claro a Florian que, se ele não fosse para os bastidores naquele momento e se preparasse para o concerto, não apenas a turnê terminaria, mas o Kraftwerk também. Florian cedeu e subiu ao palco a tempo, mas aquilo foi por um triz: "Ihr braucht mich ja gar nicht" [Vocês não precisam de mim de fato], consta que ele tenha dito.

Já em 1981 Florian achava exaustiva e insatisfatória a rotina de hotel, voo, concerto, e nisso ele não está sozinho. Kate Bush fez uma única turnê em toda a sua carreira, e apenas no Reino Unido. O XTC abandonou por completo os shows ao vivo quando todo o processo fez com que o vocalista Andy Partridge passasse a sofrer tamanho pânico de palco que ele adoeceu. A relutância de Florian em fazer turnês seria um fator importante na história do Kraftwerk de 1981 em diante.

6.6 Baterias descarregadas

A última apresentação da turnê *Computer World* aconteceu em Bremen, em 14 de dezembro de 1981. "Ficamos tão felizes quando tudo acabou...", diz Wolfgang. "Estava escuro, fazia frio; era inverno na Alemanha. Não queríamos mais subir ao palco. Era inacreditável. Não podíamos imaginar voltar a fazer nada parecido no futuro. Estávamos fisicamente acabados." No fim da turnê, o Kraftwerk não estava no espírito de retornar à estrada por um bom tempo. Incrivelmente, eles só voltariam a tocar ao vivo de novo depois de nove anos. Nada de turnês, shows, programas de televisão, nada.

O final da turnê trouxe mudanças nas circunstâncias domésticas para alguns integrantes da banda. Florian morava em um apartamento elegante, em um edifício herdado de seu pai, e Ralf morava na casa em que havia crescido, seus pais tinham comprado um bangalô moderno e se mudado para lá; mas Wolfgang, Karl e Emil estavam vulneráveis aos caprichos de seu senhorio. Enquanto ainda estavam em turnê, na Índia,

SECHS (SEIS) • Kommunikation (comunicação)

haviam recebido uma carta dos proprietários de seu apartamento, informando que já haviam sido notificados e que teriam que desocupar o imóvel na Bergerallee 9, na "vila antiga" de Düsseldorf. A propriedade era da Mannesmann, a companhia de aço sediada em Düsseldorf, e o arrendamento de dez anos havia terminado. Pareceu, ao menos para Wolfgang, que uma parte importante da cola social que mantinha unido o Kraftwerk estava se dissolvendo. Eles tinham sido felizes lá. "Quando deveríamos sair, entregamos a ordem a um advogado. Ele disse: 'Não há problema. Vocês não precisam sair imediatamente'. Ele negociou com eles, de modo que tivemos mais nove meses; isso nos deu algum tempo. Pudemos terminar de maneira adequada nossa turnê, e depois todos nós procuramos um novo apartamento."

Olhando em retrospectiva, ao menos para Wolfgang, o fim da turnê, combinado com a necessidade de mudança de casa, foi o ponto de virada. "Nosso auge havia passado. Nós deixamos de morar juntos. Deixamos de trabalhar juntos. Ralf e Florian ficaram cada vez mais interessados em ciclismo." Wolfgang, agora com 34 anos, também estava procurando um relacionamento estável. Ele encontrou uma nova namorada, Constanze, com quem passou a viver: "Uma garota linda, inteligente, culta e com uma aura maravilhosa".

Embora desempenhasse um papel importante nas apresentações ao vivo do Kraftwerk e, nos bastidores, na construção de instrumentos e de várias unidades de palco, Wolfgang era o membro menos importante da banda no que dizia respeito à composição de músicas. A reedição de 2008 do álbum *Computer World* sequer o credita como tendo tocado no álbum. Ele está listado nos créditos do CD, junto aos outros integrantes, como "software" colaborador, o que quer que isso signifique. Para Wolfgang, o Kraftwerk só era viável quando o grupo tocava ao vivo, ocasião em que ele podia demonstrar sua indubitável perícia como baterista eletrônico.

Nessa época, Karl conheceu sua futura esposa, Bettina Michael. "Conheci Bettina em agosto de 1977", diz Karl. "O nome do clube era Peppermint Club, mais tarde Rocking Eagles, na Talstrasse, em Düsseldorf. Sim, ainda estamos casados e apaixonados."

"Não tenho saudades dos anos 70", reflete Wolfgang hoje. "Fiquei mais velho; e hoje não preciso fazer isso, experimentar de tudo. Quando apareceram o HIV e a Aids, eu já tinha me estabelecido com minha namorada a sério, Constanze." Nem Wolfgang nem Karl quiseram ter filhos.[73]

---

[73] Inviabilizando, assim, qualquer esperança de que houvesse "Kraftwerk, a nova geração". [N.A.]

KRAFTWERK

Naquele inverno, estava em turnê a Orchestral Manoeuvres in the Dark, uma das maiores novas bandas na Europa. Seu primeiro *single*, "Electricity", tinha um grande débito para com "Radio-Activity". Claramente influenciada pelo Kraftwerk, a música deles revelava um furto afetuoso aqui, um tributo sonoro ali. No outono de 1981, saiu seu *single* "Souvenir", que foi um *hit*, e que tinha o tipo da qualidade de coral de "Radio-Activity" e "Europe Endless". O novo álbum deles, *Architecture and Morality*, vendeu mais de 3 milhões de cópias no mundo todo, e seu terceiro *single*, "Maid of Orleans (The Waltz Joan of Arc)", chegou ao topo das paradas alemãs, com sua arte produzida em parceria com Peter Saville, um grande fã do Kraftwerk. De um ponto de vista puramente comercial, no início de 1982, o OMD era maior que o Kraftwerk.

O OMD deu um show no Zeche Club, em Bochum, naquele mês de fevereiro. "Lembro-me de Malcolm (Holmes, o baterista do OMD) e Martin (Cooper, o tecladista) vindo para os bastidores prontos para o show. Eles disseram 'Ei, adivinhem quem a gente viu lá fora, no mezanino?' 'Quem?' 'O Kraftwerk!' Paul e eu simplesmente nos borramos de medo. Nunca fiquei tão nervoso no palco em toda a minha vida. Tudo que consigo me lembrar foi de ter passado todo o show olhando para cima, para aqueles quatro vultos vestidos de preto no mezanino. Eu só ficava pensando cá comigo 'Que será que eles estão achando, que será que eles estão achando, que será que eles estão achando?'. Por uma grande sorte, depois do show, tivemos a chance de nos encontrar com eles. Eu estava tão nervoso, tão nervoso... Foi um daqueles momentos 'Eu não sou digno'. Tudo o que eu queria fazer, de verdade, era me abaixar e louvá-los e rezar aos pés deles. Assim, eu não conseguia pensar em nada mais interessante para dizer do que 'Que alto-falantes vocês estavam usando no Kling Klang Studio?'. De todas as coisas que alguém sempre teve vontade de dizer para seus heróis máximos... foi isso o que saiu de minha boca."

Paul Humphreys também se recorda do momento em que os discípulos encontraram seus mestres: "Já conheci muitos mega-astros ao longo dos anos, mas a única vez em que fiquei sem palavras foi quando os conheci. Apertei a mão deles e foi como se estivesse me encontrando com Deus. Quer dizer, o que você diz? 'Eu amo vocês, vocês são demais'? Eles estavam simplesmente em um pedestal para nós". De acordo com Andy, eles elogiaram bastante o OMD como um todo, e em especial a *pièce de résistance* ao vivo de Andy. "Acho que foi Karl ou Wolfgang que disse que em 'Maid of Orleans' eu dançava como um dervixe rodopiando. Eles acharam ótimo."

SECHS (SEIS) • Kommunikation (comunicação)

Foi a adoração dos colegas músicos, quase totalmente no Reino Unido, que ajudou a criar o mito do Kraftwerk, que o manteve nas publicações sobre música e garantiu que o nome da banda sempre fosse sinônimo de algo *cool*, novo, criador de tendências. Os discos do Kraftwerk vendiam de forma alternativa, irregularmente. Em 1982, sem o Kraftwerk fazer absolutamente nada, tudo mudou; o que veio foi o maior reconhecimento da carreira deles.

6.7 A número 1 mais importante de todos os tempos

O ano de 1982 começou com o Human League. "Don't You Want Me", quarto *single* produzido a partir de seu terceiro álbum, *Dare!*, estava agora a caminho de somar vendas de mais de 1 milhão de cópias só no Reino Unido. Era uma façanha fenomenal para uma banda que, apenas um ano antes, tinha praticamente sido dada como acabada, depois da saída de dois de seus integrantes para formar o Heaven 17. A música sequer deveria ter sido lançada como *single* – ao menos metade do grupo, incluindo o vocalista Philip Oakey, era totalmente contra seu lançamento. "Don't You Want Me" foi feita sem instrumentos convencionais, uma obra de puro deleite eletrônico.

Seis meses antes, no verão de 1981, o segundo *single* tirado de *Computer World*, "Computer Love", havia sido um pequeno *hit* no Reino Unido. No entanto, enquanto o outono de 1981 se transformava no inverno de 1982, no clima cada vez mais radical do *synth-pop* puro, e com o Human League tão dominante, os DJs começaram a tocar o lado B, "The Model", a faixa que agora tinha quase quatro anos de idade. Em 1978 ela soava estranha. Em 1981 ela finalmente soou atual. "Computer Love" e "The Model" foram então oficialmente rotulados como *single* de duplo lado A, algo que não era incomum na época, e o antigo lado B foi tocado nas rádios por todo o Reino Unido na contagem regressiva para o Natal.[74] Claro, não houve qualquer tipo de promoção por parte da banda, mas um vídeo do Kraftwerk de quatro anos antes foi exibido na televisão britânica. No Ano-Novo, o *single* estourou nas paradas. Em 9 de janeiro, era o número 21, e na semana que terminava em 16 de janeiro alcançou a posição de número 10. Na semana seguinte foi o

---

[74] Um amigo meu, de modo algum fã do Kraftwerk, diga-se de passagem, achou que "The Model" fosse, na verdade, uma música do Human League quando ela chegou à primeira posição, e ficou surpreso ao descobrir, anos mais tarde, que tinha sido composta pela banda que ele odiava. [N.A.]

KRAFTWERK

número 2 e, embora o *single* caísse uma posição na semana subsequente, com a divulgação da parada da semana que terminava em 6 de fevereiro, sobretudo devido a uma anomalia, em que as músicas promovidas em *Top of the Pops* na quinta-feira tinham suas vendas computadas não na semana da transmissão, mas na semana seguinte, chegou a número 1 nas paradas do Reino Unido.[75] Era espantoso que uma banda *cult* como o Kraftwerk tivesse alcançado o topo das paradas. Eles foram, de fato, das margens para dentro do *mainstream*, e conseguiram algo que The Who, Bob Dylan, Depeche Mode, R.E.M., Nirvana e Bob Marley & The Wailers nunca conseguiram colocar em seu currículo, um *single* número 1 no Reino Unido.

Além do *Top of the Pops*, o filme promocional de "The Model" também conseguiu se encaixar em algumas áreas improváveis da programação diurna, incluindo o anárquico programa infantil *Tiswas*, a resposta da ITV aos programas infantis da BBC das manhãs de sábado, bem mais convencionais. "Lembro-me de ter visto 'The Model' em *Tiswas*", diz Ian Harrison, da *Mojo*. "Era o mesmo vídeo que até hoje eles ainda usam nos shows ao vivo, nas telas. Eu me lembro de ter pensado que aquilo era algo bem diferente, apesar de ser um disco 'pop'". O Kraftwerk aparecendo em *Tiswas* era de fato algo bem estranho, mas talvez não tanto quando se poderia pensar, já que foi nesse programa que um balde de água fria foi jogado em cima de Mike Oldfield, e no qual Phil Collins e Mike Rutherford, do Genesis, foram cobertos com uma gosma verde.

Em fevereiro de 1982, Ralf recebeu uma solicitação para promover o primeiro grande sucesso do Kraftwerk desde "Autobahn", lançado seis anos antes. Ele falou ao *Record Mirror*, única publicação semanal voltada ao mercado jovem a trazer as listas das paradas oficiais. "Ralf Hütter é a voz do Kraftwerk", escreveu Mark Cooper em sua descrição do líder do Kraftwerk. "Ele escreve as letras e dá entrevistas, com aquele inglês perfeito que nenhum inglês consegue falar. Nesta tarde, ele está em Londres, ajudando a promover o primeiro grande sucesso do Kraftwerk desde 'Autobahn', de tantos anos atrás. Ralf foi simples e preciso, dando uma tremenda impressão de organização. Como o Kraftwerk, ele gosta de piadas. Trocadilhos ruins são seus favoritos, e ele usa as sobrancelhas para sublinhá-los, como se explicasse 'Estou fazendo uma piada'." Cooper

---

[75] O autor ouviu a contagem regressiva da parada, e a entronização do Kraftwerk como número 1, na sala de convivência da escola, em um radinho portátil; ele comemorou quando os acordes de abertura soaram. [N.A.]

SECHS (SEIS) • Kommunikation (comunicação)

prossegue: "'Há um certo humor negro porque todos nós nos vestimos de preto', explica Ralf. Ele ri disso. Polido e tímido, Ralf é extremamente sensato e agradavelmente consistente – como pão alemão".

Embora obedecesse à lógica do que faz com que um *single* seja um grande sucesso, pois tem menos de quatro minutos e de certa forma aborda o tema do amor, ainda assim "The Model" era o estranho no ninho em qualquer *playlist* de discoteca. "A linha-chave, onde você sente que a música é irônica, é 'I'm posing for consumer products now and then' [Eu poso para vender bens de consumo de vez em quando]", diz Peter Saville. "Isso só pode ser irônico, não pode ser apenas um lance de tradução malfeita. Sempre tive a impressão de que a tradução fazia um uso inteligente e irônico do inglês. Nenhuma modelo jamais diria que 'posa para vender bens de consumo'. Modelos não usam a palavra 'consumo'. Não está no dicionário delas."

Até o sucesso de "The Model", a linha de pensamento aceita era que o apelo da banda fosse bastante unissexual. Músicas sobre carros, pulsares, trens, robôs e computadores pareciam confirmar as obsessões bem masculinas dos autores. O sucesso de "The Model" foi um ponto de virada. "Estava evidente que nossos fãs agora preferiam melodias românticas e letras cantadas por humanos, e isso mostrava também que talvez as mulheres estivessem comprando nossos discos", é a avaliação de Wolfgang em sua autobiografia, talvez revelando seu próprio gosto por melodias mais românticas e temas humanos. "As mulheres são, em geral, menos inclinadas para a música eletrônica ou temas técnicos, e nossa música muitas vezes era fria demais para elas."

Em um nível pessoal, Wolfgang teve sentimentos contraditórios quando o *single* se tornou um sucesso tão grande. "Foi fantástico! Mas não recebi nada por isso, porque não tinha participação na execução nas rádios, como músico ou como compositor. No entanto, achei bom que minha banda estivesse na primeira posição."

"Ralf Hütter me telefonou certa noite. Foi inesperado, sim, mas não fiquei empolgado", foi como Karl se lembra de ter recebido a notícia. "Acho que eu disse algo tipo 'legal, ótimo, muito bom, obrigado pela informação. E o que vamos fazer a seguir?'. Naquela época, minha vida estava ótima, de qualquer modo, e o sucesso do *single* não mudou nada para mim. Sabe, não éramos parte da indústria da música. Ninguém à minha volta estava empolgadíssimo, pelo que me lembro."

O mais importante *single* número 1 no Reino Unido? Bem, isto está aberto à discussão. Fãs de Elvis, dos Beatles e dos Stones na era do rock

KRAFTWERK

sem dúvida vão argumentar que sucessos anteriores desencadearam revoluções sociais, mudaram a forma como as pessoas pensavam, se vestiam, viviam e amavam. No entanto "The Model" na primeira posição, somente onze anos e meio depois de Woodstock, fazia parecer que tivesse sido composta 111 anos e meio depois do tipo de música apresentada naquela época. Sem um vocalista à frente do palco, sem instrumentos tradicionais do rock e sem ideais *hippies* para serem representados. Esta era a *New Musick*, música para uma era de computadores, pós-industrial, música para o futuro. Seu significado não deixaria de ser percebido por uma futura geração de apresentadores e radialistas de ideias progressistas quando o *6 Music*, do Reino Unido, devotou um dia inteiro de programação, em fevereiro de 2012, a esse evento peculiar. Foi o momento em que o mundo finalmente alcançou o Kraftwerk.

6.8 Planeta Kraftwerk

"Em uma discoteca, as luzes iluminam tanto você quanto a mim, mas quando você vai assistir a uma banda ou um grupo, todas as luzes iluminam o palco, e essa é uma situação bem fascista. Todo mundo está no escuro, e os refletores estão no palco, enquanto em uma discoteca os refletores estão sobre todo mundo." Ralf estava atento à desigualdade mesmo em seus próprios concertos. Em um concerto de rock, com um vocalista dominante, ultrapoderoso, o abismo entre músico e público é praticamente intransponível. Em seus próprios concertos, havia uma sensação mais democrática. Ralf e o Kraftwerk estavam se encaminhando na direção de algo muito moderno; uma nova forma de curtir a música em que o fã se torna o artista e o artista se torna o fã.

O Kraftwerk sempre se sentiu confortável em clubes e sempre gostou de dançar. O lance deles não era duas horas de show seguidas por uma Currywurst[76] e uma cerveja Helles ou duas. Em sua visão, o entretenimento musical de uma noite exigia mais variação, mais sofisticação e estilo, e menos misturar-se com a multidão. Ralf Hütter disse: "Morando na Alemanha, nunca sairíamos para ir ouvir uma banda da forma como vocês fazem nos Estados Unidos. É um tédio. Por que passar duas horas ouvindo uma única banda quando podemos passar duas horas ouvindo uma centena de discos?". Ele acrescentou: "Sempre fomos

---

[76] *Fast-food* alemã, composta de uma salsicha temperada com *ketchup* ao *curry*, em geral servida com batatas fritas. [N.T.]

SECHS (SEIS) • Kommunikation (comunicação)

muito rítmicos. Sempre detestamos música 'eletrônica' com conotações puramente intelectuais. Nós acrescentamos o corpo à música eletrônica... Para mim, as discotecas são como sua própria sala de estar pública. Em Düsseldorf, hoje não dá para ter um apartamento grande, e se você quer ver seus amigos, você vai à discoteca".

É esse o cerne de uma das mais incríveis inovações da história da música popular. A música feita na Alemanha nos anos 1970 e início dos 1980 por quatro jovens teve um impacto tão gigantesco sobre os músicos negros e latinos que trabalhavam nos Estados Unidos que, depois de doze anos, mudaria para sempre a música moderna. Mas, nos anos 1970, Ralf Hütter podia sentir que a música do Kraftwerk já havia sido aceita pelo *underground*. "Sempre tivemos uma forte reação favorável entre o público negro dos Estados Unidos, mesmo antes da *house* e da *techno*", disse ele mais tarde. "Lembro-me de que alguém me levou a um clube, mais ou menos em 1976 ou 1977, quando *Trans-Europe Express* havia sido lançado, e era algum *loft club* em Nova York, a altas horas, logo no início da cultura dos DJs, quando eles começaram a fazer seus próprios discos, seus próprios *grooves*. E eles pegaram trechos de 'Metal on Metal', de *Trans-Europe Express*, e quando entrei soava 'bum--crash... bum-crash', e então pensei 'Ah, estão tocando o álbum novo'. Mas aquilo continuou por dez minutos! E pensei 'O que está acontecendo?'. Aquela faixa tem só dois ou três minutos! E mais tarde fui perguntar ao DJ, e ele tinha duas cópias do disco, e estava mixando as duas, e claro que podia continuar com aquilo enquanto as pessoas estivessem dançando... Essa foi uma inovação de verdade, porque naquela época você tinha um certo tempo fixo no disco, menos de vinte minutos de cada lado, para conseguir imprimi-lo no vinil. A decisão da extensão da música, de quanto ela duraria, era tecnológica. Sempre costumávamos tocar durações diferentes ao vivo, mas lá estávamos, naquele clube, e eram dez minutos, vinte minutos de gravação, porque havia clima para isso."

Karl Bartos também se lembra, claramente, de como a música do Kraftwerk foi quase imediatamente assimilada pela cultura *underground* americana. Essa aceitação fincou raízes mais cedo do que a maioria das pessoas pensa: "Isso aconteceu não muito depois de meu primeiro encontro com Ralf e Florian. Em 1975, nós cruzamos o Atlântico e passamos dez semanas viajando. Fomos de costa a costa, e depois para o Canadá. E todas as cidades negras, como Detroit ou Chicago, nos receberam de braços abertos. Foi muito divertido. De certa forma, acho que

KRAFTWERK

nos viram como algum tipo de figuras cômicas muito esquisitas, mas prestaram atenção nas batidas. Eu cresci com as batidas do *funk* de James Brown e as incorporei cada vez mais. Não em *Autobahn* ou *Radio--Activity*, mas cada vez mais durante o final dos anos 70".

Bartos continua: "Bem, isto aconteceu de verdade em Nova York; estávamos na rua e vimos uma loja de discos cheia de álbuns nossos, com pessoas negras na frente dela fazendo piadas sobre as capas, e sobre como parecíamos estranhos, mas as pessoas estavam fazendo *loops* com 'Metal on Metal' e dançando ao som deles. Esses *loops* duravam para sempre! Feitos apenas com aqueles sons de metal pesado! Estavam dançando *break* com eles. Então percebemos que essa cultura tinha acesso a nossa música".

Uma nova geração nascida nos anos 1960 tinha simplesmente ficado entediada com o rock, com o cânone dos "grandes". "Talvez fosse só por sermos tão completamente diferentes", diz Wolfgang, recordando o início dos anos 1980 e ainda tentando achar a explicação para o motivo de sua música ser tão aceita na cena *clubber* dos Estados Unidos. "Depois de tantas guitarras, desde os anos 50 e 60, só música de guitarra... Os americanos estavam cansados de ouvir sempre aquele som de Nashville, *Die Schlager von Amerika*, a *country music*, e do outro lado rock e *heavy metal*. Não havia nada no meio. Assim, preenchemos um belo espaço lá, com nossa música."

Ouvindo com muita atenção, em um certo subúrbio em lugar nenhum de parte alguma, estava Richard Melville Hall, na época com 16 anos, o futuro artista de *electro* e rock, ganhador de discos de platina, mais conhecido como Moby. "Em praticamente qualquer cidadezinha existe tipo aqueles carinhas antenados que conseguem os discos antes de todo mundo. Na cidadezinha onde cresci, nos arredores de Nova York, chamada Darien, Connecticut, o cara antenado, que se chamava John Farnesworth, de algum modo tinha conseguido uma cópia de *Autobahn*. Talvez o pai dele até tivesse trazido da Alemanha. Éramos todos *nerds*, e todos obcecados por ficção científica, e, sinceramente, quando ouvi música eletrônica pela primeira vez, o que nos chamou a atenção era que parecia a trilha sonora de filmes de ficção científica, soava futurista, refletia um mundo completamente diferente da vida provinciana e suburbana de Darien, Connecticut. E era aquilo o que mais me atraía no Kraftwerk, aqueles alemães esquisitos, meio homens, meio máquinas, que produziam aquela música eletrônica tão programada, dirigindo em *autobahns* às três da manhã, envolvidos pelas luzes de seus Mercedes

SECHS (SEIS) • Kommunikation (comunicação)

e BMWs. Era o mais longe da provinciana Darien, Connecticut, que era possível chegar."

Ser um *nerd* obcecado por música nos Estados Unidos do início dos anos 1980 era uma posição peculiar e às vezes perigosa e passível de gerar certo repúdio. "Na cidade onde eu cresci, você podia gostar de rock clássico. Era permitido gostar de The Doors, e The Kinks, e Jimi Hendrix, Led Zeppelin, mas no geral havia algo tipo 'limites estabelecidos'. O pessoal *cool*/popular em nossa escola não ouvia música feita depois de 1974. Assim, meus amigos e eu, tendo sido afastados e rejeitados pelo pessoal popular, decidimos que só ouviríamos música feita depois de 1974! E enquanto o pessoal popular em nossa escola só ouvia música feita por cabeludos, decidimos que só íamos ouvir música feita por caras de cabelo curto. Dessa forma, o Kraftwerk se encaixava perfeitamente. Por serem alemães, terem cabelo curto e não usarem guitarra, o Kraftwerk era o mais longe que dava para chegar do rock clássico. Eles eram aquele amálgama perfeito de ficção científica, *disco* e música clássica. Quando ouvi o Kraftwerk, talvez pareça que eu esteja afirmando o óbvio, mas não soava como nada que eu tivesse ouvido antes. E eu já tinha ouvido música de sintetizador, fosse Jean Michel Jarre, ou o Tangerine Dream, até os dois primeiros discos do Suicide, mas com o Kraftwerk, a capacidade deles de criarem mundos completos e abrangentes em cada disco era única. Quando eu comprava outros discos, era como se estivesse comprando um punhado de músicas boas com uma visão artística, mas quando comprava um álbum do Kraftwerk, era como comprar um mundo inteiro."

O Kraftwerk, como um meme da internet ou, para o não fã, um perigoso vírus novo, estava se espalhando, se multiplicando, reagindo, divergindo e se reagrupando. Na Grã-Bretanha, uma nova onda de bandas *synth-pop* estava agora bem estabelecida e continuou a dominar a música britânica. No entanto foi nos Estados Unidos, para onde o foco agora muda, que DJs e músicos, experientes na nova arte da colagem de sons, e, mais tarde, no sampleamento, usaram as batidas incendiárias do Kraftwerk para criar um manifesto musical que dominou o mundo.

7.1 O Kraftwerk viral

O ANO DE 1983 testemunhou o final da história do pop moderno; "SYNTH-POP, 1977-1983 R.I.P." Foi, como disse mais tarde Andy McCluskey, "o último grande movimento populista do modernismo". Houve boa música sendo feita depois de 1983, claro, mas, com a possível exceção do *jungle* nos anos 1990, todos os maiores movimentos que se seguiram foram de música "parece com". Essa música era essencialmente uma extensão, ou um *revival*, do que havia sido feito antes. Raro era o dia em que, ouvindo uma música, pensávamos: "Nunca ouvi nada parecido com isso antes". A música agora parecia "um pouco com Motown", "um pouco com música de sintetizador", "um pouco com os Stones", "um pouco com os Beatles", "um pouco com The Kinks", "um pouco com Michael Jackson". A música tinha "uma pegada *glam*", "uma batida *funk* de bateria tipo James Brown", "uma atitude agressiva do punk", ou era "angular", como o pós-punk (o que quer que significasse "angular"). Depois de meados da década de 1980 ficou difícil encontrar uma resenha sobre algum artista novo que não o comparasse com algo que havia existido antes. Gosta de Jesus and Mary Chain? Então você vai gostar de Velvet Underground. Ligado em Pet Shop Boys? Então dê uma checada também em Sparks. Durante algum tempo, a revista *Q*

KRAFTWERK

reconheceu isso, talvez subconscientemente, acrescentando tais informações úteis no final de suas resenhas de álbuns.

A história do Kraftwerk também termina agora; ou, antes, a história se transforma em uma série de histórias correlatas, todas correndo em paralelo e a diferentes velocidades.[77] O Kraftwerk voltou para o Kling Klang; mas a onda de criatividade que resultara em oito LPs em onze anos tinha terminado. O que havia acontecido era algo quase sem precedentes na música moderna: os sons que eles criaram se tornaram, com o que parecia ser uma velocidade sempre crescente, parte da trama da cultura popular. A cada ano que passava, a música que o Kraftwerk ouvia nos clubes e no rádio soava como a deles. Onda após onda de músicos, do mundo todo, fazia música que primeiro imitava, depois elaborava, depois sampleava e por fim fazia um tributo ao Kraftwerk, em um dilúvio de *covers*, roubos, pastiches e paródias. Para os quatro músicos envolvidos, especialmente Ralf, deve ter sido desconcertante ouvir um futuro que tão velozmente se tornava nostálgico.

Em 1982, o grupo Afrika Bambaataa and the Soul Sonic Force lançou a música *Planet Rock*. A faixa-título, lançada como um *single* de 12 polegadas, não foi um grande *hit*, mas seu *status* é legendário. Com sua batida gerada por uma *drum machine*[78] e o sintetizador Fairlight, o *single* detonava a concepção de que uma música devia ter um único ponto de origem, ou inclusive que a autoria tivesse importância. Os compositores da música incluíam os produtores Arthur Baker e John Robie, o grupo citado no disco, Afrika Bambaataa and the Soul Sonic Force, mas também uns tais de Ralf Hütter e Florian Schneider. Incorporando a melodia de "Trans-Europe Express"[79] e a batida inspirada de Bartos em "Numbers", de *Computer World*, esta era uma faixa de *dance* que prenunciava o remix e o *mash-up*, e foi uma das primeiras obras a indicar que a música popular estava se movendo rumo a uma "cultura do curador",

---

[77] Este livro não pode listar todos os artistas que samplearam o Kraftwerk, nem pode tratar em detalhe a influência do Kraftwerk na *dance music* a partir de 1990. Para isso seria necessário outro estudo, com a extensão de um novo livro. [N.A.]

[78] Os primeiros a usarem essa *drum machine* ainda bem primitiva, fabricada pela Roland, foram os integrantes da Yellow Magic Orchestra. Ela também foi utilizada por Marvin Gaye em seu *hit* de 1982 "Sexual Healing", e por Phil Collins. [N.A.]

[79] O disco do Kraftwerk que ajudou a popularizar a banda nos clubes de Nova York na época seria um dos primeiros *singles* de 12 polegadas do mundo. *Kraftwerk – Disco Best* era um raro disco promocional com apenas quatro faixas: "The Robots", "Showroom Dummies", "Neon Lights" e, de importância fundamental, "Trans-Europe Express". [N.A.]

SIEBEN (SETE) • Boing!

em que o cânone seria recortado, remontado e digitalmente removido de seu contexto histórico. O legado disso foi misto. Hoje, a música se tornou tão descontextualizada de seu momento de produção, tão mesclada pela aleatoriedade da função *shuffle* do iPod, pelo miasma das patéticas versões *cover* nos shows de "talentos" na TV e pelos empréstimos, nem inteligentes e nem artísticos, de músicas mais antigas feitas por músicos sem imaginação que pode-se considerar o advento do sampleamento como o começo da obsessão da música popular por seu passado. Ainda assim, à época, e durante mais uns bons anos, esses *experts* em colagens pós-modernos pareceram irônicos e inteligentes. O pop poderia estar devorando a si mesmo, mas o refluxo sonoro era estranhamente delicioso, ao menos no começo.

Nascido no South Bronx, em 1957, filho de pais nova-iorquinos, mas de ascendência caribenha, o DJ Kevin Donovan, também conhecido como Afrika Bambaataa, já dava festas de rua antes de ser adolescente, com trilhas sonoras que incluíam Sly Stone e James Brown. Ainda antes disso, ele era um pré-adolescente viciado em Stax e Motown. Nos anos 1970, a vida de gangues predominou, levando ao tipo de sectarismo e sentimento de desempoderamento que seria capturado pelo Grandmaster Flash & The Furious Five, em seu sucesso "The Message", de 1982, um *crossover* entre *black music* e sons eletrônicos que lançou as bases do *rap,* do *hip hop,* do *electro* e influenciou toda uma geração de artistas. Bambaataa, no entanto, parecia ser uma biblioteca ambulante de música. Ele promovia sessões com vários grupos de pessoas, todas viciadas em música. Um dia, ele os atingiu com "Trans-Europe Express". "Achei que era uma porra bem esquisita. Uma porra doida mecânica bizarra", ele disse em uma entrevista em 1998. "E fiquei escutando de novo e de novo, e falei 'esses caras são brancos esquisitos... de onde são?'. Comecei a ler todo o... eu sempre leio os encartes do meio dos discos, sabe? Quero ver o que diz na parte de trás da capa, quem compôs o quê. Comecei a fuçar mais a história deles e cheguei ao *Autobahn,* o *"dub album"*[80] dos caras, e uma vez fui até o Rock Pool, e eles me sugeriram escutar outros discos deles, e eu ouvi *Radio-Activity* e outras coisas que eu ouvia e tocava para meu público."

---

[80] Sem conhecer música eletrônica e tendo mais familiaridade com ritmos negros, essa foi a forma de Bambaataa tentar entender o som desse álbum do Kraftwerk, como um disco de *dub,* estilo de música jamaicana que se difundiu depois por outros gêneros musicais, nos quais uma música é remixada, os vocais praticamente são retirados e o som do baixo e da bateria se tornam preponderantes, repetitivos e geram um ritmo hipnótico. [N.E.]

KRAFTWERK

O resultado foi "Planet Rock", embora a faixa em si fosse apenas um amontoado de sons utilizando técnicas de *cut-up* e também de outras referências além do Kraftwerk. Bambaataa queria que The Soul Sonic Force fosse "o primeiro grupo eletrônico negro". "Depois que o Kraftwerk lançou 'Numbers', e eu sempre curti 'Trans-Europe Express', eu disse 'Quem sabe posso juntar os dois numa coisa diferente de verdade, com baixo e bateria pesados, mais rústica e eletrônica ao mesmo tempo?'. E assim nós combinamos sons e bases das duas faixas. Mas eu não queria que as pessoas pensassem que era só Kraftwerk, então acrescentamos uma faixa chamada 'Super Sporm', de Captain Sky. O *breakdown* enquanto o sintetizador está subindo, essa é a batida de 'Super Sporm'. Aí acrescentamos 'The Mexican', do Babe Ruth, outro grupo de rock, e o aceleramos." "Na época, aquele som era novo e limpo... a bateria eletrônica 808 não era conhecida pelo público dos clubes", diz Karl Bartos. "E os vocais davam um 'clima de festa'. Nenhum outro disco soava como aquele."

Seria um erro afirmar, porém, que a maré de música eletrônica que se seguiu na década seguinte, *hip hop*, *house*, *ambient*, *big beat*, foi influenciada só pelo Kraftwerk. "Eu costumava procurar capas esquisitas", Bambaataa se recorda das buscas que fazia nas lojas de discos quando era jovem. "Eu devo ter visto Yellow Magic Orchestra e pensado 'é uma capa esquisita, vou levar este'. Então achei algo chamado 'Firecracker'. Eu disse 'Humm, eu posso usar isto...'."

A Yellow Magic Orchestra foi a segunda influência importante, e não veio da Europa nem dos Estados Unidos, mas do Japão. A banda foi formada em 1977 por Haruomi Hosono (baixo, teclados e vocal), Yukihiro Takahashi (bateria e vocal principal), que havia feito uma turnê pela Grã-Bretanha abrindo os shows para o Roxy Music, como parte do Sadistic Mika Band, e Ryuichi Sakamoto (teclados e vocais), com formação clássica. Eles eram muito parecidos com o Kraftwerk e ao mesmo tempo muito diferentes deles.

O Japão, como a Alemanha Ocidental, sofreu terrivelmente nas mãos dos Aliados. A destruição de duas de suas cidades, Hiroshima e Nagasaki, pelas bombas atômicas americanas, em 1945, foi, aos olhos de muita gente, o evento mais cruel e mais chocante da Segunda Guerra Mundial. Isso pode ter abreviado o conflito no leste em vários meses, mas a um custo terrível. Daquele momento em diante, aqueles que afirmavam que as armas nucleares eram uma necessidade, porque sua presença mantinha um equilíbrio entre Oriente e Ocidente e assim agia

SIEBEN (SETE) • Boing!

como um elemento dissuasivo, pareciam equivocados, visto que a nova superpotência do mundo, os Estados Unidos, havia lançado duas bombas atômicas. Os membros da Yellow Magic Orchestra (YMO), na média levemente mais jovens que o Kraftwerk, estavam, no entanto, operando em uma atmosfera cultural semelhante à da Alemanha do pós-guerra. Como o Kraftwerk, eles desejavam reafirmar uma identidade nacional, e não apenas copiar servilmente as importações ocidentais.

Em alguns aspectos cruciais, a YMO foi tão inovadora quanto o Kraftwerk, ainda que um dos vocalistas do grupo, o extremamente fotogênico Ryuichi Sakamoto, admita ter sofrido forte influência deles. Sakamoto, um fã do Krautrock, converteu o resto da banda, e, de uma forma que espelha elementos do Kraftwerk, eles se empenharam em criar uma música nativa. "Estávamos cansados de ouvir que os japoneses copiavam tudo... os carros e as TVs... naquela época. Assim, achamos que era hora de fazer alguma coisa bem original do Japão. Porque na época praticamente tudo era uma imitação do Ocidente. Foi meio que uma coincidência; quando a YMO apareceu, surgiram as TVs e os carros japoneses, e isso foi muito controvertido. Havia operários americanos destruindo carros japoneses. (Risos) Foi uma época interessante." Ele prossegue: "Ainda estamos assombrados pelos conceitos sólidos vindos do Kraftwerk... seus visuais, seus símbolos, suas apresentações ao vivo, tudo. É muito, muito formal. Nós achamos que era tudo muito alemão e sabíamos que não poderíamos fazer igual. Assim, em vez disso, no Japão nós temos tudo. Temos tradições japonesas e fortes influências ocidentais em tudo, como música e comida e arquitetura... tudo. Por isso é meio caótica a cultura japonesa. Isso era algo que queríamos refletir em nossa música... aquele caos, aquilo tudo. Então, em vez de reduzir e purificar nosso estilo (como o Kraftwerk fez em seus álbuns *technopop*), fizemos o oposto. Deixamos entrar de tudo: *techno*, mas um pouco de jazz e música clássica também. Asiática, ocidental, americana... até havaiana!"

Há algo brincalhão na YMO. O som em seu primeiro *single* de sucesso, "Computer Games", é, na verdade, uma regravação e uma fusão de duas músicas anteriores, a "Computer Games", original, que sampleava *video games*, *Space Invaders* e *Circus*, e uma segunda música, "Firecracker", de 1959, uma composição de Martin Denny, do gênero *exotica/lounge*, que a YMO reescreveu com melodias e batidas asiáticas contagiantes, no que é quase uma paródia de uma colagem de orientalismo. "Tong Poo", também de seu álbum de estreia (batizado simplesmente de

KRAFTWERK

Yellow Magic Orchestra, como a banda), foi talvez a primeira gravação de *techno* a ser feita, enquanto uma linha de sintetizador de "La Femme Chinoise" seria mais tarde recriada pelo OMD em seu sucesso de 1983, "Genetic Engineering". Tudo isso aconteceu dois anos antes do lançamento de *Computer World*.

Sakamoto, em um trabalho solo que depois se tornaria parte do *setlist* da turnê da YMO, produziu outra faixa que é amplamente aceita porque teve fundamental importância no desenvolvimento do *hip hop* e do *techno*: "Riot in Lagos". Suas batidas trêmulas e seus temas orientais parecem, como coloca Richard Vine, crítico do *The Guardian*, "estar o tempo todo a ponto de se desmanchar". Era uma música que soava desconstruída desde seu ponto de partida.

A YMO se tornou imensa em seu país natal. Os japoneses adoravam novidades e tecnologia, e em vez de serem vistos como os arautos de uma nova era de insensibilidade, como às vezes acontecia com o Kraftwerk, a YMO combinava perfeitamente com o amor do Japão pela robótica. O xintoísmo, a religião ancestral japonesa, não fazia uma separação estrita entre o animado e o inanimado. Em uma cultura assim programada, a aparição de um cão robótico não era encarada com perplexidade, mas de forma divertida.[81] O segundo álbum da banda, *Solid State Survivor*, lançado em 1979, vendeu 2 milhões de cópias no mundo todo. "Technopolis", anunciada com uma salva de "Tokyo! Tokyo" na voz *vocoderizada* de Sakamoto, uma fatia *new wave* de *synth-crunch*, pode ter sido inspirada, ao menos no título, na própria "Metropolis" do Kraftwerk, mas futuros artistas *techno* a viram como a origem do estilo. Talvez a música mais conhecida internacionalmente da YMO seja "Behind the Mask", gravada em 1978 para um comercial da Seiko e incluída em *Solid State Survivor*. A versão da YMO é a melhor, com sua melodia maravilhosa e letra do compositor britânico Chris Mosdell, colaborador em muitas músicas da YMO. É uma das grandes músicas eletrônicas. "There's nothing in your eyes/That marks where you cried/All is blank/All is blind" [Não há nada em seus olhos/Nenhuma marca de que você

---

[81] "O Japão foi o primeiro a criar o Tamagotchi, o famoso 'bichinho virtual', um pequeno artefato eletrônico que em pouco tempo se tornou o *pet* mais querido das crianças do mundo todo. Os japoneses sentem-se à vontade na companhia de robôs, e isso ocorre sobretudo porque eles têm sido representados como dispositivos amigáveis e úteis, planejados para facilitar a vida das pessoas. Isso contrasta com a visão ocidental, alimentada pela literatura de ficção científica, caracterizada pelo medo de uma grande dominação dos robôs sobre a raça humana." http://www.japaneserobots.net/ [N.A.]

SIEBEN (SETE) • Boing!

chorou/Tudo está vazio/Tudo está cego], canta Sakamoto em sua enigmática narrativa de identidade-revelação/ocultação, uma máscara de Kabuki trazida à vida em uma música pop.

O Kraftwerk também tinha sua própria máscara, claro: seus robôs. Michael Jackson gravou uma versão de "Behind the Mask" com uma nova letra, para *Thriller*, mas uma disputa com os *publishers* da YMO fez com que o lançamento tivesse de esperar até depois da morte de Jackson, quando a música foi considerada o ponto alto do CD *Michael*, lançado postumamente. Michael também, diz-se, tinha seus amigos imaginários; seu rancho Neverland, pelo que se sabe, estava repleto de manequins em tamanho natural para fazerem-lhe companhia. A música foi, no entanto, gravada como *cover*, em sua forma reescrita, por Greg Phillinganes, que então a apresentou a Eric Clapton, ao tornar-se parte da banda de turnês do guitarrista britânico. Clapton incluiu uma versão rock da música em seu álbum *August*, de 1986. Versões posteriores incluíram um *remix* pela banda de *dance* Orbital, em um álbum de mixagens e versões da YMO, intitulado *Hi-Tech/No Crime*, e uma colaboração entre YMO e The Human League, em 1993.

Diferentemente do Kraftwerk, a YMO incluía elementos "convencionais" em seu som – pianos, bateria, saxofone –, embora a principal força propulsora da música fosse sempre os sintetizadores. Eles de fato eram capazes de tocar, ao contrário dos "revolucionários de um dedo" do Reino Unido, e em vez de tratar exclusivamente de temas sombrios de desumanização, a música deles muitas vezes era maluca e bem *pop*. Eles fizeram versões *cover* bem-humoradas de músicas como "Day Tripper", dos Beatles, e "Tighten Up (Japanese Gentlemen Stand Up Please)", sucesso de Archie Bell & the Drells que chegou a número 1 da *Billboard* em 1968; e ao contrário do Kraftwerk, a YMO se tornou uma estrela da mídia. Em um momento de incongruência tão maravilhosa quanto o aparecimento do Kraftwerk no *Midnight Special* cinco anos antes, tocando "Autobahn", a YMO foi convidada para o icônico programa líder de audiência *Soul Train*, em dezembro de 1980, para tocar o *single* "Computer Games"; a apresentação foi feita por Don Cornelius, criador e apresentador do programa e veterano no movimento pelos direitos civis nos conturbados Estados Unidos dos anos 1960. "Todo mundo ficou maluco", Haruomi "Harry" Hosono, baixista da YMO, disse a John Lewis, do *The Guardian*, em 2008. "Estavam dançando *break* e *popping*", diz o baterista e vocalista principal da banda, Yukihiro Takahashi. "Nunca tínhamos visto nada como aquilo."

KRAFTWERK

A YMO se tornou *popstar* de verdade. A banda recorda-se de momentos tipo Beatles, com seus integrantes sendo acossados e garotas rasgando-lhes as roupas, enquanto eles eram perseguidos pelas ruas, e da intrusão indesejável dos *paparazzi*. Nesse aspecto, a trajetória deles é o mais diferente que se pode imaginar da história do Kraftwerk, notoriamente avesso à mídia. Tudo isso fez com que, em 1983, a banda anunciasse um *sankai*, uma "debandada". A YMO fez uma pausa sabática de dez anos.

Outra influência na incipiente cena do *hip hop* nos Estados Unidos veio de um dos mais execrados músicos da música popular britânica. Em 1982, Gary Numan era uma espécie de bufão, castigado pela imprensa da música, em sua maioria de esquerda, em razão de seu apoio honesto (mas, para muitos, equivocado) ao governo Tory (conservador) de Margaret Thatcher, e sendo rejeitado por muitos e considerado um clone de Bowie. Mas com duas músicas número 1 no Reino Unido, e uma dedicada tribo de fãs, os Numanoids, Gary estava conectado a uma corrente de distanciamento dentro da cultura jovem no início dos anos 1980, um público que não necessariamente tinha interesse em lutar contra o Estado, mas que estava muito mais ligado nos temas numanoides de alienação e desconexão, nos quais não há "ninguém para amar". Para o Kraftwerk, a *autobahn* representava a liberdade, o carro era um símbolo de *status*; para Numan, era simplesmente o lugar que este homem, mal chegado aos 20 anos, sentia como "o mais seguro de todos".

O próprio Numan declarou que, na época, o Kraftwerk não tinha grande influência sobre sua música, o que parece estranho. Dada a honestidade de Numan nas entrevistas, porém, não haveria razão para duvidar da declaração; mas será que há alguma influência do Kraftwerk naqueles sintetizadores marcantes, no olhar fixo e nos temas tecnológicos? "Para mim, o Kraftwerk sempre teve umas ideiazinhas bem espertas", diz Numan. "Eles nunca tiveram esse mesmo nível de composição e produção associado a eles. Algumas outras pessoas, eu admiro de verdade. Admiro o Kraftwerk porque eles foram o início, porque de certa forma eram completamente tecnológicos; e de fato estavam à frente de seu tempo. Nada disso pode ser tirado deles, mas acho que, na história das grandes composições, não creio que sequer figurem nela." O fato de essa música eletrônica alienada, desbotada e tão inglesa ter feito tanto sucesso na cena *underground* americana é quase tão notável quanto a futura saturação do mercado com o Kraftwerk. Numan se tornou um dos artistas mais sampleados de todos os tempos, fornecendo as

SIEBEN [SETE] • Boing!

melodias para imensos sucessos de Sugababes e Bassment Jaxx nos primeiros anos do século XXI.

Em 1982, a música do Kraftwerk era adorada por negros, latinos e *gays*, era tocada nas casas noturnas mais badaladas e tinha uma tremenda influência na incipiente cena dos DJs. Diante de uma noitada de "para/recomeça", com os discos de vinil de três minutos, enquanto a pista de dança se enchia uma vez após a outra, em meados dos anos 1970, os MCs tinham desenvolvido novas técnicas para prolongar suas músicas favoritas; eles faziam suas próprias versões mais longas das músicas, por meio de um processo de edição que envolvia uma repetição sem emendas de um compasso depois do outro, ou prolongavam o embalo com o uso de dois *decks* para tocar os discos em sequência de modo que fluíssem juntos sem a mais leve sugestão de quebra entre eles. No final dos anos 1970, a indústria conseguiu alcançar a mesma criatividade dos DJs, ao prover à cena *disco* edições estendidas, versões instrumentais e remixes de 12 polegadas; fazendo isso, criou uma nova função para os engenheiros de estúdio, que se adaptaram ao que estava acontecendo e aproveitaram a oportunidade de se tornarem eles próprios aclamados "remixers". A música do Kraftwerk – repetitiva, porém dançante, e, o que era fundamental, com frequência estendendo-se por seis, sete, oito minutos ou mais – tinha muitas das credenciais necessárias. A música deles sempre havia sido rígida, disciplinada e inflexível.

Talvez o *single* mais kraftwerkiano de todos os tempos, porém, tenha sido "Blue Monday", lançado no início de 1983 pelo New Order, de Manchester, que se tornaria o *single* de 12 polegadas mais vendido do mundo. "O Kraftwerk havia contribuído de forma significativa para o cenário ou as circunstâncias que criaram a Factory Records", diz Peter Saville. "Sem sombra de dúvida, ele influenciou o Joy Division e, de modo ainda mais evidente, o New Order, devido às circunstâncias, pós--Ian Curtis, para Bernard, Stephen e Hooky. Eles precisavam se encontrar. A banda teve que procurar um novo caminho após a morte de Ian. Assim, eles se encontraram, vamos dizer, em um som baseado em ritmos eletrônicos, para compensar a ausência de Ian, o compositor do grupo. Então eles foram, de certa forma, da poesia aos ritmos, na transição do Joy Division para o New Order. Dessa forma, a influência do Kraftwerk é, eu diria, ainda mais significativa no New Order do que no Joy Division. A importância ficou ainda maior quando eles começaram a se encontrar como New Order. 'Blue Monday', que costuma-se dizer que foi o momento de definição pública do New Order, é bastante inspirada pelo Kraftwerk. Não dá para entender 'Blue Monday' por completo sem levar em conta ideias das quais o Kraftwerk é o maior expoente. 'Blue Monday' foi pensada como uma música para ser tocada no bis, porque eles não gostavam de dar bis. Eles praticamente queriam ter uma obra que o equipamento pudesse tocar. Esse foi um dos objetivos declarados de 'Blue Monday'... existe algo que nosso equipamento possa tocar, de modo que a gente não precise fazer isso? Se essa não é uma ideia que tem tudo a ver com o Kraftwerk, não sei o que poderia ser. Assim, o Kraftwerk foi incrivelmente importante para eles. Temos que considerar o Joy Division e o New Order como a própria pedra fundamental da Factory; sem eles não há Factory, e sem Kraftwerk não há Joy Division ou New Order, da forma como eles existiram."

O New Order encontrou o ritmo quando estava fazendo experimentos com uma nova bateria eletrônica Oberheim DMX que eles haviam adquirido. No *The Guardian* de 24 de fevereiro de 2006, Peter Hook explicou: "Bernard (Sumner) e Stephen (Morris) foram os instigadores. O maior incentivo foi o entusiasmo deles pela nova tecnologia. O padrão da bateria foi tirado de um lado B de Donna Summer. Havíamos terminado o padrão da bateria e estávamos muito satisfeitos, quando Steve por acidente desligou a bateria eletrônica e tivemos que começar do zero, e nunca voltou a ficar tão bom. A tecnologia vivia nos deixando na mão e o estúdio era realmente primitivo. O Kraftwerk o alugou depois de nós porque eles queriam imitar 'Blue Monday'. Desistiram depois de quatro ou cinco dias. Havia diversas partes de sons... isso meio que foi crescendo e crescendo. Quando chegamos ao fim, eu entrei e coloquei o baixo; roubei um *riff* de Ennio Morricone. Bernard entrou e colocou os vocais. A letra não é sobre Ian Curtis; queríamos que fosse neutra. Eu estava lendo sobre Fats Domino. Ele tinha uma música chamada 'Blue Monday' [segunda-feira triste], e era uma segunda e todos nós estávamos nos sentindo na pior, então eu pensei 'Ah, isso é bem adequado'".

Houve muitos outros, mas "Blue Monday" foi, sem sombra de dúvida, o produto mais importante do "Kraftwerk viral". A música em si continha ou um *sample*, ou uma reconstrução muito fiel, de um trecho da faixa "Uranium", do álbum *Radio-Activity*. E a cada reedição ("Blue Monday" entrou nas paradas do Reino Unido em três ocasiões diferentes) havia um lembrete sonoro do Kraftwerk. Em 1983, o próprio Kraftwerk estava em silêncio já fazia dois anos, mas ainda assim sua marca na música moderna era encontrada por toda parte. No entanto eles estavam trabalhando, ao menos em período parcial...

SIEBEN (SETE) • Boing!

7.2 Em melhor forma, mais feliz...

Há algo compulsivo no ciclismo; e isso não se baseia só em evidências não comprovadas cientificamente. Apesar do risco que os ciclistas correm de inalar fumaça de escapamento, ou de serem atingidos pelos fanáticos por carros, que os encaram como pouco mais do que doadores de órgãos ambulantes,[82] os benefícios do ciclismo são diversos: respirar ar puro, praticar exercício, a economia da passagem de ônibus, a redução da emissão de carbono (raramente uma prioridade para a direita populista) e o uso de calças um pouco *sexy* (quando se leva o exercício a sério). Embora seja muito difícil tirar conclusões efetivas com base nas estatísticas, já que muitas pessoas têm bicicletas que nunca usam, e alguns entusiastas tenham mais de uma, usando-as quase diariamente, o que é fato é que a produção de bicicletas excede a de automóveis em termos de unidades. Em 2003, a produção de bicicletas havia chegado a mais de 100 milhões por ano, em comparação a 42 milhões de carros.[83] Quase metade das bicicletas do mundo está na China. É interessante notar que, em 1996, estimava-se haver na Alemanha um total de 62 milhões de bicicletas – mais de três vezes o número de bicicletas no Reino Unido à época.

O Tour de France é, evidentemente, a corrida de bicicleta mais importante do mundo, e ocorre todo ano em julho e agosto, cobrindo 3,5 mil quilômetros, que, em linha reta, seria mais ou menos como pedalar de Paris até Mosul, no Iraque. Para os não iniciados, o Tour é muito mais do que uma corrida. A premiação com as camisetas amarela, verde, de bolinhas e branca, para as várias categorias ou realizações, significa que é um evento de equipe, que também incorpora várias competições individuais, e para muita gente é uma obsessão, pois pedalar em uma etapa do Tour é competir em uma importante prova de resistência. Como nas corridas de Fórmula Um, em determinadas equipes, os companheiros do ciclista líder parecem "deixá-lo" ganhar várias etapas, se ele estiver competindo pela cobiçada camiseta amarela. O Tour também tem sido alvo de escândalos de *doping*, e até de mortes induzidas pelas drogas, apesar de ter um dos regulamentos mais rigorosos dos esportes, visando impedir vantagens desleais. Um ciclista no auge parece ter atingido uma

---

[82] Diz a celebridade da mídia Jeremy Clarkson sobre os ciclistas: "Eles não pagam pedágio, portanto não têm direito de estar na estrada; alguns deles até acreditam que pedalam rápido o bastante para não serem um obstáculo. Passe por cima deles e prove que estão errados". [N.A.]

[83] Fonte: http://www.worldometers.info/bicycles. [N.A.]

KRAFTWERK

forma quase sobre-humana, totalmente em sincronia com sua máquina, um amálgama irrefreável de carne, sangue e titânio. Em 2012, William Fotheringham publicou a biografia de Eddy Merckx, cinco vezes vencedor do Tour e sempre uma ótima referência quando alguém pede que sejam citados três belgas famosos, com o título de *Merckx: Half Man, Half Bike* [Merckx: meio homem, meio bicicleta]. Em meados dos anos 1980, esse apelido teria sido perfeito também para Ralf Hütter, pois o homem-máquina virou a bicicleta humana.

Não há como negar que o ciclismo foi, e ainda é, muito importante para Ralf Hütter. Com muito ar puro, exercício e camaradagem, é um *hobby* saudável, e à primeira vista certamente menos prejudicial ao corpo e à alma do que as atividades recreativas dignas de manchetes na imprensa adotadas por muitos outros astros do rock: a promiscuidade, o abuso do álcool e a propensão a experimentações farmacêuticas. Mas pedalar não é rock'n'roll. Assim como Cliff Richard tem sido ridicularizado por sua paixão pelo tênis, ou Alice Cooper e Iggy Pop pelos prazeres do golfe, o ciclismo, com suas exigências aeróbicas, o fanatismo masculino e os trajes de corrida cômicos, torna-se suscetível a ser classificado como um esporte de *nerds*.

Ralf não era um diletante. De fato, talvez seja incorreto descrever como *hobby* sua paixão pelo ciclismo. À medida que progredia a década de 1980, ele se tornou mais como um segundo emprego (não remunerado). Entretanto foi Florian quem comprou a primeira bicicleta de corrida Kling Klang. "Isso partiu de Florian", recorda-se Wolfgang. "Ele às vezes usava a bicicleta de corrida para ir de sua casa, no norte de Düsseldorf, ao centro da cidade, porque na época não gostava de dirigir. Havia trânsito demais, e era mais rápido de bicicleta. Ralf pegou a bicicleta dele emprestada uma vez, acho que foi no final dos anos 1970, e gostou na hora. Era fácil andar nela. Era muito leve, tecnicamente era boa... fazia um som maravilhoso com a corrente e as marchas."

A introdução do ciclismo no quartel-general do Kraftwerk veio em uma época em que a forma física e a saúde se tornaram o foco editorial de várias revistas recém-lançadas sobre estilo de vida masculino. À medida que os quilos iam sumindo da silhueta de Ralf, uma nova autoestima se instalou. "De repente ele sentiu que tinha um corpo", diagnosticou Wolfgang Flür. "Ele sentiu o sangue em suas veias; sentiu os músculos crescendo, os tendões trabalhando, puxando e retesando e tudo o mais. E este foi o impacto da coisa sobre ele, porque, pela primeira vez,

SIEBEN (SETE) • Boing!

ele se sentiu atraente." Florian também era um ciclista disposto e dedicado, como, a princípio, também Karl. "Na verdade, eu gostava mais de correr", recorda Karl. "Corri uma maratona e cronometrei a mim mesmo. Mas Wolfgang era preguiçoso, ele não fazia questão de manter a forma." O principal problema com o novo regime estrito de boa forma era, primeiro, que ele tomava uma boa parte do dia de trabalho convencional, e, segundo, o efeito da malhação na motivação do indivíduo. "Depois de pedalar a bicicleta por cinco ou seis horas, você volta para o Kling Klang com seus batimentos cardíacos a 60. Só o que quer é comer algo, relaxar e ver TV! Você não quer trabalhar."

À medida que Ralf ficava cada vez mais em forma, ele tentava subir ladeiras cada vez mais difíceis e realizar circuitos cada vez mais longos. Em uma entrevista em 2003, Ralf revelou a real extensão de sua obsessão pelo ciclismo. "Na primavera, eu competi na Amstel Gold Race para ciclistas amadores. Também nunca falto ao Liège-Bastogne-Liège, e todo ano constam de minha agenda algumas viagens pelos Pirineus e pelos Alpes..." Ele então deixou transparecer que subiu o Alpe d'Huez: "[...] várias vezes. O circuito todo: Col de la Madeleine, Col de la Croix-de--Fer, Col de l'Alpe d'Huez, Luz Ardiden também, e o Tourmalet... Fiz o Paris-Roubaix algumas vezes, mas para isso você precisa de uma bicicleta velha, porque naqueles trechos com pedras com certeza você vai quebrar alguma coisa. Fiz também algumas vezes o Tour de Flandres; também é bem difícil". Ralf calculou que, no seu auge, estava pedalando por volta de 200 quilômetros por dia. Foi relatado que, durante as turnês do Kraftwerk, às vezes o ônibus o deixava a cerca de 100 quilômetros do local do show e ele completava o trajeto de bicicleta.

Talvez não tenha sido surpresa que o primeiro novo produto da banda desde *Computer World* tenha sido o *single* "Tour de France". Surpreendentemente, um som de *slap bass* foi recriado eletronicamente e usado em toda a música. A música em si era uma homenagem às delícias daquela que é a mais famosa das competições do ciclismo profissional, à beleza da paisagem ("Les Alpes et les Pyrénées"), e à reconfortante camaradagem masculina ("Camarades et amitié"). Os vocais de Hütter então davam lugar à respiração ofegante de um ciclista numa subida longa, incorporada ritmicamente à batida eletrônica da música. Dá quase para sentir o ácido lático se acumulando nas pernas enquanto a música se desenvolve. Apesar da qualidade da música, pela primeira vez na obra do Kraftwerk ela soava como se a banda estivesse

KRAFTWERK

reagindo em vez de estabelecer o ritmo. A música fazia uma reverência às batidas pulsantes *proto-techno* que vinham de Nova York e Detroit no início dos anos 1980.

Para o filme promocional, Wolfgang teve que comprar uma bicicleta e praticar: "Sim, sim, eu comprei. Durante algum tempo, foi divertido. Era bonita, cinza-escura com quadro de cromo. Uma Raleigh, essa era a marca. Eu treinava ao longo do Reno, sozinho, para ficar em forma para o percurso, para a filmagem. Assistindo ao vídeo, dá para ver que sou o que pedala pior, sabe? Eu não tinha tanta estabilidade quanto os outros, embora eu quase sempre apareça na frente quando pedalamos em direção à câmera".

A capa do *single*, os quatro integrantes do grupo em bicicletas de corrida em uma fila indiana sobreposta à porção central branca da bandeira tricolor francesa, tornou-se outra imagem icônica do Kraftwerk. A música fez um sucesso moderado, alcançando a posição 22 nas paradas do Reino Unido, e, em uma forma remixada em 1984 para o filme *Breakin'* (ou *Breakdance, The Movie*, como ficou conhecido internacionalmente), mais uma vez entrou nas paradas, chegando ao número 24 no Reino Unido.

Porém ainda não havia um novo álbum do Kraftwerk. *Computer World* já tinha agora 3 anos de idade, e a longa turnê mundial era uma lembrança que ia se dissipando. "Tour de France" havia sido escrita para fazer parte de um novo álbum, *Techno Pop*. Karl Bartos diz: "Voltando do Japão em 1981, tivemos a ideia de criar um gênero que imaginamos chamar de *technopop*. 'Tour de France' era só uma das faixas desse disco. A capa original, com nós quatro nas bicicletas, no fim se tornou a capa de 'Tour de France'". De acordo com Wolfgang, porém, o nome original para o álbum era algo inteiramente diferente: "Da forma como me lembro, Ralf e Florian não conseguiam na verdade decidir que nome deveriam dar à música. O álbum *Techno Pop* inicialmente ia se chamar *Technicolor*. Mas o problema era a empresa norte-americana de filmes Technicolor, que tinha o *copyright* do termo. Não tivemos permissão para usá-lo, pelo que me lembro; então ele deveria ser *Techno Pop*... e então?..."

Nada aconteceu. De acordo com Bartos, o LP estava praticamente concluído: "O disco estava quase terminado e Ralf foi para Nova York, para uma sessão de mixagem, e trouxe com ele a fita final, mas nós não o lançamos". As faixas incluíam "The Telephone Call" e "Sex Object", cujo *riff* Bartos havia escrito em uma passagem de som em Londres, durante a

256

SIEBEN (SETE) • Boing!

turnê de 1981, que originalmente tinha quase uma pegada de rock. A capa era a mesma do *single* "Tour de France". Mas então Ralf disse *nein*.

Esta não era a primeira vez, claro, que o Kraftwerk se opunha a um plano de ação com o qual já estava comprometido, ou, inclusive, que recusava o convite de alguém. De fato, em 1982, o Kraftwerk recusou a oportunidade de trabalhar com Michael Jackson. Na época com 25 anos, Jackson era um astro de primeira grandeza, um cantor de sucesso de *soul* e de *disco*, mas ainda estava por tornar-se o autointitulado "Rei do Pop". "O empresário de Michael Jackson entrou em contato conosco", confirma Wolfgang. "Michael era fanático por música eletrônica na época em que lançamos o álbum *Man-Machine* e queria que produzíssemos seu próximo álbum. Mas nós lhe demos um 'chega pra lá'. Foi por isso que ele procurou o produtor Quincy Jones e fez o álbum *Thriller*. Foi uma boa decisão para ele (risos)."

Karl Bartos, no entanto, recorda-se dos eventos de outra forma: "Fiquei com a impressão, mas é importante lembrar que não me envolvi diretamente com qualquer das discussões, de que o pessoal de Michael Jackson fez contato com a EMI porque Michael queria usar as fitas de canais múltiplos do álbum *The Man-Machine* na produção do que teria sido o álbum *Control*, de Janet Jackson. Jovem e ambicioso, eu teria agarrado logo a chance de trabalhar com alguém como Michael Jackson, mas Ralf e Florian, muito acertadamente, estavam hesitantes. Eles achavam que, se trabalhassem com alguém como Michel Jackson, perderiam sua identidade musical. Eles não queriam ser engolidos por ele ou por qualquer outro artista de sucesso. Mas não tenho qualquer indício real; é só algo que ficou no fundo de minha mente".

Outros pretendentes que se sabe que também ficaram desapontados foram Heinz Edelmann, amigo dos Beatles, inventor dos Blue Meanies, da animação *Submarino Amarelo*, e o cineasta italiano Dario Argento. Também houve rumores de que Elton John teria entrado em contato com a banda para negociar uma colaboração. "É a mesma política que eles usam hoje, de fazer tudo absolutamente por conta própria", diz Wolfgang. "Nada de misturar-se com culturas inimigas. Não 'inimigas', mas culturas *alheias*, sabe? Nada que seja completamente influenciado por outros estilos musicais, outras culturas, outros instrumentos e sons, outros países... Tínhamos que estar por nossa conta, *Selbstreferentiel* [guiados apenas por nós mesmos]. Essa era a decisão deles."

Ralf se dispersou e perdeu a confiança. Uma espécie de paralisia de escolhas se instalou. Em 1983, a cena musical internacional parecia

KRAFTWERK

estar repleta do que à época soavam como ótimas produções pop usando sintetizadores, que eram animadas e ficavam perfeitas nas pistas de dança, bem como nas rádios AM e FM: a produção de Arthur Baker para "I.O.U.", do Freeez, um dos primeiros clássicos da *house*; o desvio do Depeche Mode rumo a um som mais industrial, em "Everything Counts"; o New Order com "Blue Monday" e "Confusion". Ralf, em particular, começou a caçar os sons mais recentes, as produções da ZTT – ABC, The Art of Noise, Frankie Goes to Hollywood – em Londres, e as produções de Nile Rodgers – Chic, Madonna, David Bowie – em Nova York. Parecia que eles haviam perdido a coragem. Eles de repente sentiram que o som que eles faziam precisava de uma atualização radical para competir. "A influência de Trevor Horn estava por toda parte", recorda-se Karl Bartos. "Com o Synclavier e o Fairlight, houve o advento da música digital. Até *Computer World*, lembre-se, tudo era tocado com sintetizadores analógicos, e gravávamos em fitas de 16 canais, de um quarto de polegada. Esse material de meados dos anos 1980 soava ótimo e era uma novidade na época. Hoje o som parece um lixo!"

E assim, *Technopop* foi tirado da agenda. A prática regular do ciclismo, no entanto, não foi.

7.3   "Minha bicicleta está bem?"

Você é razoavelmente jovem, você é muito rico, você não sabe bem o que fazer a seguir em termos de música, você já escreveu sua página nos anais do rock'n'roll. Muitos músicos nessa posição ficam preguiçosos, ou lançam discos de qualidade inferior, que maculam seu legado, ou se tornam atores. Ou as três coisas.

Ralf Dörper, naquela época um músico reconhecido, com os grupos Die Krupps e Propaganda, também era um ciclista dedicado nos anos 1980, mas insiste em afirmar que ninguém chegava ao nível do Kraftwerk. "A única chance de encontrar com qualquer um dos membros do Kraftwerk fora de, digamos, algum café nas proximidades do Kling Klang teria sido em alguma loja de ciclismo. Mas então eles começaram a se dedicar mais e mais e passaram a ir às lojas realmente especializadas, fora de Düsseldorf, que vendem equipamento para profissionais. Acho que Wolfgang não fazia parte disso, e creio que Karl também não estava muito nessa. Provavelmente eles percorriam, fácil, 50 a 100 quilômetros por dia. E eu pensava 'tudo bem, vou pedalar, mas ok, estou

SIEBEN (SETE) • Boing!

trabalhando, então há um limite de tempo'. Mas normalmente eu não fazia mais do que 20 a 30 quilômetros por dia, de modo que eles estavam em uma outra categoria!"

Em meados dos anos 1980, havia um grupo de ciclistas que pedalava com Ralf e Florian. "Eles faziam parte de uma turma que ia ficando cada vez mais numerosa. Eles aproveitavam os fins de semana e iam para as colinas dos arredores da cidade", recorda Wolfgang. "Havia um arquiteto amigo nosso, Volker Albus, e um professor de ortopedia, Willy Klein. Também havia o barbeiro que sempre cortava nosso cabelo naquela época, um sujeito ótimo. No total, havia cinco ou seis homens pedalando o terreno montanhoso, a bela *bergisches Land* ao redor de Solingen e Remscheid. Também gosto de lá, mas prefiro caminhar na região com minha esposa."

Wolfgang podia ver que o foco do Kraftwerk ia se afastando da música. Ele estava ficando cada vez mais insatisfeito, isolado. Como não compunha, precisava continuar trabalhando e fazendo turnês. "O efeito colateral disso foi que eles não ficavam no estúdio. Ralf sentia seus músculos se formando, seu corpo se desenvolvendo. O rosto dele adquiriu uma espécie de beleza que não consigo descrever. Veja os ciclistas no Tour de France ou outros ciclistas ou esportistas *high tech* em geral, o olhar deles logo depois que acabam uma disputa ou corrida; eles ficam muito entusiasmados, quase em êxtase. Estou procurando outra palavra que estava na ponta da minha língua: 'fanáticos', ou, melhor ainda, 'insanos'! Foi isso que percebi, e não gosto disso. Não gosto de nenhum tipo de fanatismo, especialmente em relação à política, à religião ou ao esporte. Falando por mim e por Karl, o resultado foi que eles não iam trabalhar o suficiente, e a gente tinha uma sensação ainda pior porque o estúdio estava sempre cheio de montes de correntes de bicicleta, pneus, roupas de ciclismo fedendo a suor. Tínhamos uma pequena oficina onde eu costumava construir coisas para o *design* do estúdio e do palco. Ela foi se tornando cada vez mais uma oficina para preparar e consertar bicicletas. Foi por essa razão que eu ia lá cada vez menos, porque eu não suportava isso. Para mim já não tinha nada a ver com música."

Wolfgang está convencido de que o ciclismo foi muito além de um *hobby*, certamente para Ralf e talvez também para Florian. Ele acha que se tornou um vício. De fato, os ciclistas, como os corredores, podem se tornar "*cardioholics*". Os ciclistas obsessivos de hoje escrevem em seus

KRAFTWERK

blogs sobre como se sentem cansados demais para ir trabalhar de manhã, *a menos* que o façam de bicicleta, e que pedalar é, para eles, como o álcool ou a nicotina. Os corredores falam de um estado de paz, quase como um transe, que pode ser atingido durante o exercício físico prolongado, extremo; algo talvez parecido com um estado de graça. "Ele queria aquilo, mais e mais. Era como uma espécie de droga para ele", diz Wolfgang. "Pedalar, a velocidade, sentir a natureza, o vento, tudo, em vez de ficar sentado em um carro na *autobahn*, vazio por dentro. Agora o corpo dele sentia tudo, e ele se sentia como o aprendiz de feiticeiro de Goethe, que não podia parar de fazer aquilo que recebera ordens para fazer. A bicicleta era o mestre, o feiticeiro que lhe dissera o que fazer, e ele não podia mais parar. É por isso que uso a expressão 'aprendiz de feiticeiro'. Era uma espécie de magia. Karl e eu percebemos que ele nunca iria parar com aquilo. Ele não poderia voltar a ser o músico que era antes, com toda aquela paixão e obsessão e produção musical e criação de sons e viagens e apresentação das músicas conosco como seus amigos."

Seria aquilo errado da parte de Ralf? Que mal haveria em estar em forma e pedalar com os companheiros? Ele deveria ter tido responsabilidade, sobretudo com relação a Wolfgang, de continuar fazendo turnês? É preciso lembrar que o Kraftwerk havia sido concebido originalmente por ele e Florian e que, a seus olhos, em um nível acima de gostos pessoais e de amizades ou animosidades pessoais, o Kraftwerk era uma empresa que eles administravam de forma empresarial. Ralf e Florian criavam música quando – e se – quisessem. Ralf havia se tornado alguém profundamente comprometido com o ciclismo. Ele queria estar saudável. O que, afinal, haveria de errado nisso?

Houve outra alteração no funcionamento interno do Kraftwerk: a importância crescente de Karl Bartos. Recrutado para a turnê de 1974, ele havia sido creditado como cocompositor nos dois últimos discos do Kraftwerk. Uma olhada nos créditos de *The Man-Machine* e *Computer World* indicava que Bartos havia composto uma parte considerável de ambos. Karl e Wolfgang tinham que continuar tocando e fazendo concertos para viver (com o padrão ao qual estavam acostumados, claro). Em 1984 e 1985, tais insatisfações foram manifestadas de forma privada, mas não publicamente. Porém isso mudaria. Um acidente ciclístico sério sofrido por Ralf foi, se não o catalisador, ao menos um passo na direção do estágio seguinte da saga do Kraftwerk – a inatividade que os dominou durante os anos 1980.

SIEBEN (SETE) • Boing!

"Eu não estava com ele, por isso só posso dizer o que me contaram", diz Wolfgang. "Eles estavam na margem direita do Reno, no caminho que saía de um dique, numa superfície dura de cascalhos. Eles não estavam usando capacetes, e iam em alta velocidade. Seguiam em fila indiana, e Ralf... 'Quero ser o melhor, quero ser o primeiro'... acelerou e foi mais e mais depressa, e deixou que seu pneu dianteiro tocasse o pneu traseiro do ciclista que ia a sua frente, borracha contra borracha. Ele caiu de cabeça no concreto, sem capacete. Ficou inconsciente na hora; ele não reagia, pelo que me disseram. Seus amigos ciclistas tentaram fazê-lo voltar a si, mas ele não acordou, e saía sangue de seu ouvido. Eles então ficaram muito assustados. Conseguiram parar um carro. Não sei como conseguiram uma ambulância, porque a estrada não estava aberta ao tráfego. Levaram-no para Krefeld, para um hospital, onde ele passou quatro dias, creio que em coma. Os médicos disseram que era muito grave. Nós e a família de Ralf achamos que ele não escaparia. Mas ele recuperou a consciência e a primeira coisa que perguntou foi 'Minha bicicleta está bem? O que aconteceu com minha bicicleta?'. Isso é verdade! Todos contaram a mesma coisa. Não há razão para mentirem. Sabemos como ele era fanático. Ele ficou no hospital por duas, talvez três semanas, mas voltou a pedalar logo em seguida, acho."

Em entrevistas posteriores, Ralf foi reservado em relação à gravidade de seu acidente, ou fez questão de minimizá-lo: "Não. Foi só uma queda muito normal e alguns dias no hospital. Nada preocupante... Só me esqueci de usar meu capacete. Essa é a história real", é uma de tais respostas despreocupadas. Mas a verdade parece ser que Hütter ficou em coma e em estado crítico por vários dias. No entanto Ralf é categórico em afirmar que a seriedade de seu acidente foi exagerada de forma absurda. Em 2009, ele contou a John Harris: "Aquilo não me afetou. Ganhei uma cabeça nova e estou bem. Foram alguns dias no hospital, só isso. Um acidente muito normal. É uma dessas coisas em que alguém conta uma história, a pessoa seguinte aumenta um pouco e no fim... Como eu disse, passei por uma nova operação e ganhei uma cabeça nova. Só me esqueci de usar o capacete e fiquei no hospital por três ou quatro dias".

Essa parte da história do Kraftwerk parece destinada a permanecer obscura por conta dos depoimentos conflitantes. "Pode soar pretensioso dizer isso hoje, mas, depois do acidente de bicicleta, Hütter não foi mais o mesmo", diz Karl Bartos. "Ele mudou."

KRAFTWERK

7.4 "For Those Who Heed the Call of the Machine. We Salute You..."[84]

Em 1985, o pop eletrônico, *machine music*, *robo-pop*, como quer que fosse chamado, dominava a tal ponto que os sintetizadores pareciam estar por toda parte, e em algumas áreas extremamente improváveis.

Uma hoste de velhos e veneráveis nomes do rock agora estava incorporando sintetizadores em sua paleta de sons. Há diversos exemplos. O Yes havia recrutado Trevor Horn, que remodelou com sintetizadores e *samples* esta que era a mais dedicada das bandas progressivas, ajudando-a a emplacar uma primeira posição nos Estados Unidos com "Owner of a Lonely Heart", no começo de 1984. A isso se seguiu, três semanas depois, o Van Halen, a banda *soft-metal* de *rock arena*, com seu tremendo *single* "Jump", cuja introdução era uma melodia tocada em um sintetizador Oberheim OB-Xa. Neil Young já havia deixado perplexos seu fã-clube e sua gravadora com o *synth-pop vocoderizado* de *Trans*. O Queen, que notoriamente alardeara sua antipatia pelos sintetizadores nos anos 1970, emplacou um sucesso mundial com os *singles* "Radio Ga Ga" e "I Want to Break Free", praticamente só com sintetizadores.

Em um desenrolar paralelo, os grupos originais formados na esteira do sucesso inicial do Kraftwerk pareciam estar perdendo confiança e indo rumo a um terreno mais convencional. Houve uma decepção coletiva quando o Human League lançou um *single* cheio de guitarras, "The Lebanon". O OMD estava entrando em sua "Era Hollywood", a estranheza dos primeiros quatro discos agora refreada em favor de exuberantes baladas pop mais ao gosto do rádio. A estrela de Gary Numan já vinha se apagando havia vários anos, com cada novo disco expondo seu desconforto por tentar compor sucessos comerciais. O Depeche Mode, o patinho feio do bando em 1981, era agora o belo e improvável cisne. A cada álbum, a cada turnê, seu fã-clube aumentava de forma contínua fora do Reino Unido, invadindo a Europa continental, os Estados Unidos e o Japão. À medida que sua música se tornava mais sombria, com mais influência da música *industrial*, menos adequada ao rádio, e na verdade mais próxima ao rock do que ao protótipo eletrônico original, mais alto se elevava seu *status* comercial.

---

[84] ZTT, Propaganda, *A Secret Wish*, encarte. [N.A.] "Àqueles que ouvem o chamado da máquina, nós saudamos..." [N.T.]

SIEBEN (SETE) • Boing!

Nas paradas do Reino Unido, a música eletrônica pura era agora representada por dois duetos: Pet Shop Boys, formado pelo refinado e culto jornalista pop Neil Tennant e pelo gênio dos sintetizadores Chris Lowe, e o Erasure, quarto experimento pop de Vince Clarke em cinco anos, dessa vez junto aos vocais quase operísticos de Andy Bell. Nenhum desses dois grupos tinha qualquer vínculo óbvio com o Kraftwerk. No entanto a maior nova estrela pop de 1984 e 1985 era Madonna, que em sua primeira encarnação tomou como base a ambiguidade sexual e a recriação musical e visual de Bowie. O primeiro concerto a que assistiu foi um show de Bowie: "Fiquei alucinada", ela contou a Paul Du Noyer da *Q*, em 1994. "Ziggy Stardust em Detroit. O que ele fazia no palco era muito inspirador, por ele ser tão teatral. Ele de fato brincava com as ideias, a iconografia e as imagens, e o trabalho dele era provocante. Ele é um homem brilhante." Na mesma entrevista, ela falou sobre a cena pós-punk e revelou: "Um grupo que vi na época e que me deixou pirada foi o Kraftwerk, eles eram incríveis". A música de Madonna, em faixas mais antigas como "Holiday" e "Into the Grove", não se assemelhava ao Kraftwerk, mas com certeza tinha a qualidade mecânica, repetitiva, da música eletrônica. Em 2000, com o sucesso internacional "Music", a influência do Kraftwerk era tão forte que parecia que Maddona estava cantando com um fundo musical do Kling Klang, saído de *Trans-Europe Express*.

O Kraftwerk, que agora já não era mais um pioneiro, mas o primeiro morador da nova eletroaldeia, levou seu novo LP para François Kevorkian e Ron St. Germain, no Right Track Studio, em Nova York. Foi a primeira vez, em muitos anos, que a banda realizava qualquer trabalho significativo fora de sua zona de conforto no Kling Klang. Àquela altura, o álbum havia sido rebatizado como *Electric Café*.

Quando o LP foi finalmente lançado, em novembro de 1986, o momento havia passado. Se tivesse saído quando ficou originalmente pronto, em 1983, poderia ter sido mais bem recebido, mas, com tantos atrasos, reavaliações e remendos, o LP soou estranhamente estéril a muitos ouvidos. Embora à época do lançamento *Electric Café* parecesse carecer de conteúdo melódico e soasse árido e mecânico, poucos discordariam de que os anos que se passaram foram generosos com esse disco. Hoje, ele soa estranhamente adiante de seu tempo. O fato de o Kraftwerk ter aparado tudo até restarem apenas as batidas e melodias mais essenciais dá ao álbum uma qualidade abstrata, sedutora. A peça central do álbum, "Musique Non-Stop", era uma colisão de batidas industriais com

KRAFTWERK

a sobreposição de um quase cômico, e hoje icônico, "Boing, Boom, Tschack!", com um "Ping!" lançado em linha alternadas. Era como se os integrantes do Kraftwerk tivessem se transformado em neandertais eletrônicos, incapazes até mesmo de falar com palavras, e forçados a se expressar em significantes homofônicos dos sons que produziam. Esse foi um aspecto ressaltado, à época, na resenha de Biba Kopf para a *NME*. "Este disco foi testado e testado, de novo e de novo, por todas as pistas de dança de Düsseldorf, até que sua batida foi finamente aperfeiçoada, forçando o ouvinte a responder a seus imperativos. No processo, cada grama de excesso foi removido, reduzindo o caráter do grupo a sua essência mais pura. Sua economia é espantosa como sempre foi... A grande habilidade do K é a de reduzir as palavras a uma imponderabilidade que coloca no ouvinte o ônus do significado. Pode-se investi-las de tanto ou tão pouco sentido quanto se queira. A economia de expressão do Kraftwerk tornou-se sua marca. Em um mundo entregue aos rabiscos ilegíveis de B-Boy Braggards, o modesto autógrafo da banda é algo a ser apreciado."

Como admite Karl, Florian não era apenas um excelente produtor de música, mas o integrante da banda mais interessado no campo da voz sintética. Ele era bem relacionado com pessoas que trabalhavam nessa área e com frequência conseguia protótipos de invenções antes que estivessem disponíveis no mercado aberto. "Às vezes, Florian recebia uma fala de computador que soava muito humana, e nós a modificávamos para que soasse robótica, mais tecnoide", Ralf disse a Simon Witter em 1991. "O truque era conseguir inspirar alguém com ideias artísticas e convencê-lo a trabalhar no fim de semana, criar um interesse em fazer algo que seria diferente do trabalho normal."

A reação discriminativa dos críticos a *Electric Café* foi em parte uma justificada decepção, mas por outro lado foi também como o sacrifício de uma vaca sagrada. Do meio para o final dos anos 1980, poucos artistas do rock ou do pop, de qualquer nível, escaparam da "morte pela classificação de duas estrelas nas resenhas". Andy Gill, na *Q*, com a chamada "CANSADOS: o robo-pop do Kraftwerk precisa de uma revisão", não teve dó: "De repente, um grupo tão pioneiro e inovador que conseguiu alterar o curso da *dance music* negra americana foi reduzido a uma vergonhosa autoparódia". A verdade é que *Electric Café* era o disco mais minimalista e de som mais abstrato do Kraftwerk. Vinte e cinco anos depois de seu lançamento, ele não é de forma alguma o café requentado que muitos à época acharam que fosse. "Sempre se disse que *Electric Café* não valia o que tinha custado, que era meio estéril", diz Kristoff Tilkin, na época um

SIEBEN (SETE) • Boing!

adolescente fã do Kraftwerk, hoje jornalista da revista belga *Humo*. "Quando o escuto de novo, sempre percebo nele uma melancolia bela de verdade; ele tem umas melodias realmente incríveis."

O contagiante sintetizador orquestral de "Sex Object" (um título estranho para um projeto tão assexuado quanto o Kraftwerk) inspirou este comentário levemente sarcástico de Wolfgang: "Por que Ralf escreveu aquela música no álbum *Electric Café*? 'I don't want to be your sex object' [Não quero ser seu objeto sexual]. É claro que ele queria, sim!". O mais surpreendente foi o uso de um sintetizador que soava como um *slap bass*. Foi como se o Kraftwerk estivesse lentamente caindo na mesma armadilha que tantos músicos americanos da época caíram – tentando criar no sintetizador exatamente os mesmos sons que teria sido fácil fazer com um instrumento "real". A melhor música pop do álbum era "The Telephone Call", cantada por Karl (a única música do Kraftwerk em que ele cantava). "A música começa com o som de ocupado", diz Karl, "então vem uma colagem de antigos telefones de disco sendo discados, junto a uma versão digital mais nova, antes que o Moog comece, com a sobreposição de um *riff* bem bolado, com base no som internacional de 'número não disponível'." "The number you have reached, has been disconnected" [O número que você discou foi desativado], diz uma voz feminina de telefonista. A música tem uma melancolia característica: "You're so close but far away/I call you up all night and day" [Você está tão perto, mas tão distante/Ligo para você noite e dia]. No meio da música há uma quebra, um improviso com tons rápidos de discagem e o sussurro chiado do disco do telefone indo de um alto-falante a outro. Mas o clima dessa faixa parecia deslocado. *Vida* parecia uma coisa errada para o Kraftwerk. As linhas telefônicas estavam mudas, desativadas ou ocupadas, as chamadas não eram respondidas.

A reedição de *Electric Café* em 2009, pelo Kling Klang, com seu título original, *Techno Pop*, inclui a instrumental "House Call". Essencialmente uma apropriação dos temas musicais de "Telephone Call", está na tradição de "Metal on Metal", "It's More Fun to Compute" e de toda a segunda metade da versão de LP de "Computer Love". Ralf e Karl estavam interessados em música eletrônica que ia crescendo, um *riff* após o outro, e retomava o corpo principal da música. "Não olhávamos muito para o que estava mais perto de nós quando buscávamos inspiração", diz Bartos. "Por exemplo, estávamos muito interessados em músicas como 'Summer Breeze' e 'Harvest for the World', de The Isley Brothers. Essas músicas eram canções pop bem contidas na primeira metade e então prosseguiam como uma viagem de improvisação na segunda metade, com solos e uma reestruturação dos temas principais da música. Era isso que estávamos tentando fazer em muitas das músicas do Kraftwerk."

Um vídeo da edição do *single* mostra a formação clássica pela última vez. Wolfgang fica pouco à vontade ao assisti-lo. "Olhando com atenção, percebe-se como estávamos distantes uns dos outros: rostos sem emoção, como sempre, mas dessa vez ainda mais. Cada um olha numa direção diferente. Foi algo tão frio na época. Meu coração estava frio. Estava gelado quando nos reunimos."

Outro aspecto de *Electric Café* que também pode levar a algum tipo de reavaliação é a própria faixa-título. Musicalmente, sua melodia nada memorável é uma derivação decepcionante de "Trans-Europe Express". Conceitualmente, é bem mais interessante. Embora a ideia não esteja explícita, teria o Kraftwerk algum tipo de vislumbre, mesmo que oblíquo, tangencial, talvez até subconsciente, do que os anos 1990 trariam? A explosão de cafés elétricos ao redor do mundo, na forma de cibercafés?

Wolfgang e Karl, porém, estavam insatisfeitos. "Não gostei muito desse disco", observa Flür. "Faltava empolgação." Para Karl, o principal problema foi a perda de confiança. Ralf começou a ouvir a concorrência e experimentar outros sons. "Ralf estava inseguro quanto a sua habilidade na mixagem", diz Karl. As regras do jogo haviam mudado profundamente desde *Computer World*, cinco anos antes. A música pop agora era programada, o uso do Fairlight e do Synclavier agora era um lugar-comum.

Ralf Dörper ficou desapontado com o resultado, assim que *Electric Café* foi finalizado: "Foi curioso porque eu tinha ouvido algum material antigo do que teria sido o *Techno Pop* em uma discoteca de Colônia, chamada Morocco, onde eles o testaram. E, se não me engano, o DJ tocou 'Sex Object' na sequência com 'Zauberstab', do Zaza... e este último me causou melhor impressão mesmo na época. Mas não foi lançado, e atrasou. E isso é estranho, pois eu sei que a arte já estava pronta. É bem engraçado porque Jürgen (Engler, do Die Krupps) costumava trabalhar, naquela época, em uma espécie de gráfica... e isso foi no início dos anos 80... ele recebeu a diagramação para *Techno Pop*, e então eles a retiraram. Acho que tiveram que retirá-la porque não estavam satisfeitos com o resultado, e a coisa toda demorou, acho, mais uns três anos ou algo assim. Na época já havia muito mais música eletrônica nos clubes, e estava bem mixada, mas não era nada que, digamos, se destacasse. Porém ao mesmo tempo havia todo aquele som eletrônico novo do Human League e do Heaven 17. Assim, já não era mais uma coisa inédita tocar uma

SIEBEN (SETE) • Boing!

música do Kraftwerk em uma discoteca. Se alguém tivesse tocado, vamos dizer, 'Dignity of Labour', do Human League, ou algo de *Music for Stowaways*, o som instrumental do B.E.F., acho que algumas pessoas poderiam ter pensado 'Ah, essa música é do Kraftwerk!'. Tudo estava ficando muito parecido. Também se aproximava o passo tecnológico seguinte, o passo digital, mas isso não significava necessariamente uma música melhor, em minha opinião, sobretudo para *Electric Café*. Foi a mudança deles do analógico para o digital, porque eles decidiram gravá-lo usando o Synclavier, mas regravaram o que tinham feito antes. Na época, eu achava que The Art of Noise era mais kraftwerkiano que o Kraftwerk".

Electric Café pode ter tido uma resposta discreta tanto do público quanto da crítica, mas foi lançado em uma época em que a chancela do Kraftwerk estava mais forte do que nunca nos clubes americanos. Chicago agora havia se tornado o epicentro da cena da *house music*, outra hibridização de *soul* americano dos anos 1970, *disco* do fim dos 1970, *techno* do início dos anos 1980, *dance* e *hi-NRG*. Por um breve momento, os clubes dos Estados Unidos e da Grã-Bretanha foram povoados por seres jovens dispostos a *"rather jack, than Fleetwood Mac"*.[85] Na Detroit suburbana, Derrick May, Carl Craig, Kevin Saunderson e Juan Atkins eram fanáticos por música *disco*, eletrônica e com influências do Kraftwerk. Sua nova invenção, o *techno*, foi descrita por May como "George Clinton se encontrando com o Kraftwerk em um elevador". De novo, como a explosão do *hip hop* pouco antes, naquela mesma década, a linhagem posta em ação pela música eletrônica europeia também foi fundamental para esse estilo. Escrevendo na *NME*, em agosto de 1986, o crítico Stuart Cosgrove proclamou: *"House music* é uma novidade tão grande quanto o microchip e tão velha quanto as montanhas. Foi dançada em cada cidade grande e finalmente se estabeleceu em Chicago, 'a cidade dos ombros largos': a cidade dos *jacking bodies*...[86] A *house music* é o som do momento. 'Music is the Key', de J. M. Silk, teria vendido 100 mil cópias sem qualquer ajuda de nenhum selo importante, as gravadoras estão na briga para assinar com os melhores de Chicago, os importados estão invadindo a Grã-Bretanha na crista de mais um novo som dos clubes e, como moscas ao redor da proverbial merda quente, os jornalistas

---

[85] Citação ao título do primeiro e único sucesso de The Reynolds Girls; tipo "qualquer coisa menos o rock tradicional". [N.T.]

[86] Técnica que veio de Chicado e que consiste em mover o tronco para a frente e para trás em um movimento ondulante, como se uma onda passasse por ele. [N.E.]

KRAFTWERK

britânicos têm voado para os Estados Unidos todos os dias atrás da origem desse som". Entretanto a *house music* não era um puro som americano, como Cosgrove apontou. "Chicago tem algumas das maiores lojas de discos importados dos Estados Unidos, e cada músico de *house* vai lhe dizer que a música europeia é um dos principais fatores individuais no surgimento desse som: Bowie, New Order, Kraftwerk, Human League, Heaven 17, The Art of Noise, a *disco* italiana, o Munich Sound... A lista é interminável, às vezes constrangedora, sempre cosmopolita e um lembrete de que a *house* não faz questão de sua identidade 'negra' e nem é provinciana em seus gostos."

No final dos anos 1980, a mídia estava a toda com a ideia de "fim da música" e a "morte do rock". A tecnologia do *sampler* havia tanto democratizado quanto descontextualizado a música. Na Grã-Bretanha, a banda de *indie-dance* Pop Will Eat Itself incorporava perfeitamente essa nova estética. Criando em cima do trabalho pioneiro anterior do Big Audio Dynamite, a música deles era uma colagem estridente e delirante de repetições chatas, ruídos e *samplers*. Era o início de uma nova era em que a habilidade de adulterar e falsificar a música era mais importante do que criar um produto novo. A música, agora em sua pura fase pós-moderna, tinha uma curadoria em vez de uma criação. Aqui está Stuart Cosgrove de novo, escrevendo em 1987: "Nos anos 60, usar os *riffs* de R&B era um crime amoral. O pop tolerava a exploração em larga escala enquanto a música negra americana sofria uma pilhagem sistemática por parte dos artistas brancos. O roubo moderno é democrático, um processo de mão dupla em uma pista de dança sem segregação racial: o *hip hop* rouba do *heavy metal*, a *house music* rouba do *europop* e as bandas *indies* britânicas roubam de seus próprios ídolos do passado. O Trouble Funk rouba do Kraftwerk, o JM Silk rouba do Depeche Mode e The Age of Chance rouba de todo mundo. Diferentemente do punk, que protestava contra as estátuas do rock decadente, o *hip hop*, a *house* e o roubo sonoro declararam guerra contra as leis de propriedade".

7.5   *Upgrades* robóticos

"Musique Non-Stop", o primeiro *single* derivado de *Electric Café*, pode não ter impressionado com as vendas no lançamento, mas seu vídeo promocional tem sido uma constante da televisão musical desde a época. O vídeo, complexo e, naquele momento, de ponta, foi feito por Rebecca Allen.

SIEBEN (SETE) • Boing!

Em meados da década de 1980, Allen – hoje artista e acadêmica de renome internacional – era uma jovem artista multimídia e profissional atuante na área, com quem o Kraftwerk entrou em contato. No início estabelecida na Costa Leste dos Estados Unidos, e tendo estudado no Instituto de Tecnologia de Massachusetts e na Rhode Island School of Design, Rebecca hoje está no sul da Califórnia, onde é professora de arte midiática na UCLA. "O Kraftwerk me procurou porque eu trabalhava especificamente com movimento humano, simulação e animação facial para animações 3-D", ela diz. "Naquela época isso foi ótimo, porque ninguém estava fazendo nada igual."

Allen trabalhava no The Computer Graphics Laboratory, em Nova York, onde a equipe estava envolvida com a criação dos primeiros personagens gerados por computador para programas de TV e filmes. Entre as ideias que a equipe de Allen apresentou em uma conferência técnica havia um apresentador de notícias gerado por computador. "Aquilo inspirou Max Headroom", ela recorda. "Estávamos liderando todo aquele movimento e criando, realmente criando, o campo da computação gráfica, colorindo programas, programas de animação 2-D e modelagem e animação 3-D. Eu queria conseguir desenvolver movimento humano e um personagem humano no computador, pois na época tudo era muito geométrico e tinha aparência matemática. Assim, eu estava dando duro para conseguir que um modelo 3-D de um personagem humano se movesse e tivesse vida. Ed Catmull, que hoje é o presidente da Pixar, estava em nosso laboratório. Ele havia desenvolvido o primeiro modelo humano, e tínhamos que descobrir como fazê-lo mover-se."

O trabalho de Allen chamou a atenção da coreógrafa Twyla Tharp, que estava produzindo *The Catherine Wheel*, um filme de dança com trilha sonora de David Byrne e Brian Eno. "Éramos muito ambiciosos", diz Allen, "e estávamos tentando fazer o primeiro personagem gerado por computador, e também os primeiros programas de TV e filmes. Eu era apaixonada pela ideia de arte e tecnologia, e realmente curtia música, também. Além de eu amar a música do Kraftwerk, estava claro que eles eram artistas. Estavam experimentando, e se recusavam a usar qualquer tipo de instrumento analógico. O lance era ser digital. Eu me identificava completamente com aquilo, porque aquela era minha missão: explorar e inventar uma nova tecnologia digital para fazer arte e para compreender como a arte poderia ser parte disso. Em virtude de meu interesse em produzir peças animadas e com movimento, o som também era sempre uma parte importante. Como uma artista visual

KRAFTWERK

explorando a tecnologia digital, eu adorava fazer conexões. Esses primeiros tempos foram muito estimulantes, porque ninguém estava fazendo nada parecido".

O trabalho com o Kraftwerk era, de acordo com Rebecca, "sempre animado, uma diversão constante, com risadas e piadas. Era tudo tão diferente... quando eu os via em público, ou no palco, tinham sempre uma aparência austera, sem sorrisos. Li muita coisa que saía na imprensa quando eu estava começando a trabalhar nisso, e o que se dizia era que eles eram robôs nazistas, sem emoções, só porque trabalhavam com computadores, e isso queria dizer que tiravam toda a emoção de tudo. Diziam que era algo puramente mecanístico, e então conheci aqueles caras engraçados que eram brincalhões e bem-humorados. Ficou bem claro que muitas das músicas deles eram irônicas, tinham senso de humor".

A colaboração com o Kraftwerk começou mais de dois anos antes que o disco final saísse. "Florian era minha ligação principal", prossegue Rebecca. "Inicialmente falei com ele por telefone sobre que rumo tomar com essa ideia, e depois para resolver como começar o trabalho conjunto. Decidimos encontrar-nos quando Florian e Ralf estavam indo a Paris, para uma corrida de bicicleta. Então eu disse 'Ok, por que não vou encontrá-los em Paris e então vamos de carro para a Alemanha?', e foi o que fizemos."

Durante sua estada em Paris, Ralf e Florian se encontraram socialmente com Afrika Bambaataa em um clube. O encontro foi cordial e repleto de respeito mútuo, e pareceu seguir o mesmo padrão de quando o Kraftwerk havia sido indagado sobre sua influência na cena *house* de Chicago. Eles ficaram honrados e fascinados por sua música estar sendo usada (e também se mantiveram empenhados em, como artistas sampleados, receber os devidos créditos e, claro, a remuneração). Ralf e Florian encararam o encontro como uma espécie de fluxo de informação, uma oportunidade para troca e *feedback*. Daquele estágio de sua carreira em diante, o Kraftwerk de bom grado passou a "citar" a música de seus imitadores originais.

Em Düsseldorf, Rebecca Allen discutiu com mais detalhes o tipo de imagem de que eles necessitavam. A conversa tomou um rumo teórico. "Houve aquela afirmação: 'Olha, temos estes instrumentos digitais; e aqui estamos nós, os artistas, e estamos fazendo a mesma coisa toda vez que tocamos. Talvez pudéssemos ter robôs para fazer isso'. Essa era uma

SIEBEN (SETE) • Boing!

declaração muito forte, talvez os humanos pudessem simplesmente ser substituídos por robôs. Acho que eles estavam só tentando demonstrar esse ponto de vista e dizer que, um dia, talvez, possamos ter robôs de nós mesmos... Acho que, cada vez mais, a sociedade está começando a entender o que isso poderia significar, com avatares e outras coisas. Então, depois eles disseram: 'Dessa forma, não temos que tocar o tempo todo'. Nunca os ouvi dizendo que aquele era um objetivo, que eles de fato não iriam mais se apresentar. Sempre pareceu ser uma mistura, em que eles tocariam alguma vezes, e os robôs tocariam outras. É raro que nos lembremos hoje que, principalmente nos anos 1960 e 1970, a sociedade realmente tinha medo dos computadores, porque as pessoas achavam que eles eram muito mais inteligentes e melhores do que realmente eram. Havia um medo de que os computadores fossem dominar tudo, que tirassem os empregos de todo mundo. Esse era um medo concreto naquela época. Provavelmente ele continuou até que o computador pessoal se tornou familiar, em meados dos anos 1980. E agora já vimos que os computadores não são tão inteligentes, mas, sim, eles acabaram com montes de empregos. Por outro lado, eles tornaram mais fáceis certas partes da vida. Era esse o tipo de mensagem mais profunda que tanto o Kraftwerk quanto eu estávamos explorando."

Allen deu uma olhada nos robôs do Kraftwerk que já haviam sido criados anteriormente, observou os rostos moldados com uma estrutura corporal básica e decidiu seguir, para o vídeo de "Musique Non-Stop", um caminho diferente, mais desafiador e, como a história demonstrou, mais revolucionário. "Eu disse a eles 'Não precisamos de robôs físicos. O que quero fazer é criar personagens virtuais, de certa forma criar robôs virtuais. Mas quero fazer representações virtuais de vocês', o que hoje em dia não parece grande coisa. E eu também disse: 'Vamos tirar o molde de seus corpos e de suas cabeças. E vamos dar vida a esses personagens'. Naquela época, animar rostos e corpos era um problema técnico incrivelmente difícil de resolver. Para fazer isso, eles me mandaram as cabeças de manequins que usavam em seus robôs, em vez de digitalizarmos os rostos de verdade. Eu parti de suas cabeças de manequim, que já eram uma espécie de representação artística deles. Também fiz vídeos deles ao vivo, de diferentes ângulos. Assim eu podia misturar a aparência das cabeças de manequins com algumas características das imagens ao vivo. No vídeo, coloquei intencionalmente artefatos de computador, mostrando de propósito a versão do *wire-frame*

KRAFTWERK

[estrutura em arame], em vez das faces sólidas, já renderizadas,[87] realísticas. Eu chamava aquilo de uma espécie de visual cubista, em vez de faces lisas, mais realistas. Eu de fato queria criar uma estética para a arte de computador, da mesma forma como eles estavam pegando instrumentos de música de computador e criando uma estética digital de computador para a música. O motivo pelo qual comecei a trabalhar com computadores como artista era criar toda uma nova estética, e não tentar usar os computadores para obter uma aparência totalmente igual à de uma fotografia. Nós tratávamos aquilo como uma colaboração. Eles queriam aprender por meio desse processo. Eu queria aprender com eles. Inclusive, em 'Musique Non-Stop', aquela é uma simulação de minha voz. Eles disseram: 'Você está construindo modelos físicos nossos com o computador, portanto estamos construindo um modelo de sua voz'. Assim, foi uma espécie de troca. Eles simulam minha voz, eu simulo a aparência visual deles."

Enquanto a maioria dos músicos, e, aliás, a maioria dos artistas, produzia seu trabalho por meio de um processo constante de adição, Rebecca ficou intrigada ao descobrir que o Kraftwerk trabalhava de outra forma. "Lembro-me de Florian me dizendo 'Nós começamos com muito', porque eles trabalham e trabalham e trabalham. Eles colocavam uma camada sobre a outra sobre a outra, e então começavam a tirar coisas. Esse processo era interessante. As pessoas dizem 'Eles demoram uma eternidade para fazer um álbum'. No entanto o processo era explorar um monte de coisas e então procurar a simplicidade daquilo, ir até a essência." Ela logo conseguiu entender a dinâmica do grupo. "Tive a impressão de que Ralf talvez liderasse o grupo, mas que Florian fazia uma grande contribuição em termos do clima da música, ele analisava como os vocais estavam se saindo, a sensação geral de tudo."

7.6 Senhorita Kling Klang

Rebecca Allen ocupa uma posição única na história do Kraftwerk. Ela foi a primeira mulher, desde 1973,[88] a trabalhar com a banda. O Kling Klang era "parte da mística deles", diz Rebecca. "Não que o espaço em

---

[87] Renderização é o processo pelo qual pode-se obter o produto final de um processamento digital qualquer. Esse processo aplica-se essencialmente em programas de modelagem 2 D e 3 D. [N.E.]

[88] A então namorada de Florian, Barbara, tirou a foto de Ralf e Florian que aparece na parte de dentro da capa aberta do álbum *Ralf and Florian*. [N.A.]

SIEBEN (SETE) • Boing!

si fosse tão especial. Era o aposento privativo deles. Acho que, quando começaram a ficar mais famosos e as pessoas quiseram se infiltrar em todos os cantos de suas vidas, eles perceberam que precisavam erguer essa espécie de muro de privacidade se quisessem manter suas vidas particulares e seu espaço privado. Mas eu não havia me dado conta de que nem os membros da família eram admitidos. Acho que era porque eles levavam muito a sério o trabalho. Quando estavam trabalhando no Kling Klang, era isso que queriam fazer, e não queriam misturar com visitas da família, e namoradas à toa por ali, e coisas assim."

Longe de ser formal ou sério, trabalhar no Kling Klang era divertido. Allen tinha pouco contato direto com Wolfgang e Karl, que na época não falavam inglês com a mesma confiança de hoje, mas ela conversava à vontade com Ralf e Florian, que por sua vez conversavam entre si em alemão, discutindo os diversos aspectos técnicos de casar as batidas e o som com os planejados *upgrades* robóticos de Rebecca. "Lembro-me de me divertir muito com eles, rindo e fazendo piadas. Assim, não tinha nada a ver com a imagem pública deles. Eles pareceram muito cordiais, muito educados, dispostos a ajudar, mas também muito sérios com relação a seu trabalho. Quando era hora de trabalhar, era tudo bem sério, mas socialmente nos divertimos muito. Eles passavam muito tempo com todos os aspectos das batidas. Lembro-me deles trabalhando com a parte da percussão e tentando fazer com que tudo ficasse equilibrado, não só as batidas em si, mas o tom e a equalização, para conseguir o tipo certo de sensação. Por isso as batidas têm essa espécie de efeito tipo transe. Eu fui lá inicialmente em parte para ter essa percepção de como eles trabalhavam, e de como a música estava evoluindo. Mas também, uma vez que eu estava fazendo modelos de computador deles, e trabalhando para que ganhassem vida e animação, eu queria ver como eles se comportavam, examiná-los como pessoas, também, para tentar incluir na animação a maneira como eles se comportavam como pessoas." Além da voz que diz "Musique-non-stop, techno pop" [Música sem parar, *technopop*], a voz de Rebecca pode ser ouvida dizendo "Yes, No, Maybe, Perhaps..." [Sim, não, quem sabe, talvez] para a faixa "Sex Object". "Para mim, foi um grande exemplo de colaboração, em que, repito, eu fiz a representação visual deles e eles fizeram uma representação de áudio minha."

O *design* para a capa do álbum *Electric Café* foi cuidadosamente preparado: "Eu diagramei a imagem da capa do álbum para ser uma espécie de retrato clássico dos rapazes, para conseguir uma expressão

KRAFTWERK

com seus modelos de computador que tivesse relação com a personalidade de cada um deles. Se você olhar o álbum, perceberá que eu estava na verdade tentando mostrar o processo de chegar a esse resultado. Essa era a capa da frente. Se você olhar a capa de trás, verá que são as cabeças deles de verdade. Isso mostrava que eles eram realmente os modelos. Na parte interna da capa, você tinha as versões em *wire-frame*, para enfatizar a aparência 'tecnológica' de computador, a aparência da estrutura de arame de frente e também de trás. Havia também belas imagens das cabeças dos manequins físicos cobertas com fita preta fina, que era usada no processo de digitalização. E acho que havia imagens de notas musicais. Eu gostei de verdade da apresentação do álbum. Quando você o abre, vê como foi o processo para fazer as cabeças deles. O processo era entediante na época, mas era bem artístico".

O Kraftwerk enviou as cabeças de seus manequins para Allen em Nova York, e ela foi buscá-las no escritório da alfândega. Ela se recorda: "O pessoal da alfândega disse: 'Você vai ter que vir aqui!'. Eles abriram o contêiner e lá estavam aquelas quatro cabeças olhando para fora! Tive que explicar a ideia e esclarecer que estávamos trabalhando em um projeto artístico".

Para Allen, foi um processo elaborado preparar e filmar as cabeças. "Tive que colocar tudo no computador e juntar para obter os modelos digitais 3-D de cada um deles. Foi um trabalho gigante. Quando os modelos das cabeças foram construídos com estruturas de arame, nós então usamos modelos que tinham sido feitos para outro trabalho comercial realizado em nosso laboratório, porque construir figuras humanas também era um problema complicado de verdade. Os modelos de corpo humano foram modificados para terem mais o estilo de corpo do Kraftwerk (originalmente eles tinham sido modelados para serem jogadores de futebol americano). Então usamos aqueles modelos e pusemos as cabeças sobre eles."

Rebecca foi guiada por seu amor pelo estilo artístico de Tamara Lempicka: "A ideia de ir desnudando as coisas, de expor a qualidade digital, a estética digital das ferramentas, fiquei com essa espécie de aparência cubista, que mais uma vez tem alguma influência do trabalho de Lempicka, assim como o colorido para os rostos. Para mim, o vermelho, eles usavam muito vermelho em seus uniformes e em outros álbuns, me fazia pensar na Bauhaus, com o preto, o branco e o cinza, e então o vermelho, que é uma cor que atrai. Então, usei vermelho nos lábios, não a ponto de parecer que eles estivessem usando batom, mas

SIEBEN (SETE) • Boing!

como parte daquele esquema de cores. Os rostos tinham um tom desbotado de azul, quase roxo, e então o vermelho forte nos lábios. De propósito, fiz com que os olhos fossem a parte mais realista dos rostos, para dar um aspecto de vida".

"No vídeo, usei movimentos mínimos, mais uma vez eu estava tentando trabalhar com o minimalismo. Assisti a apresentações anteriores deles, de quando saíram em turnê, e vi como agiam; eles são propositalmente econômicos em seus movimentos, bem robóticos. De certa forma, eles defendem o conceito de que, se você tem guitarra e bateria, sai gesticulando para todo lado, com os braços se agitando de forma enlouquecida, correndo pelo palco, mas eles escolheram usar os instrumentos eletrônicos e só ficam parados. No vídeo, quando mostro rostos, é só uma breve visão do olho, ou um olhar em determinada direção que seria típico de como eles poderiam estar olhando a distância. Foi realmente muito pensado, cada etapa do caminho, bem diferente da forma como as coisas em geral são feitas, onde você tem 'Depressa, depressa, rápido, rápido, termine logo...'. E isso foi feito de um modo semelhante ao processo pelo qual eles elaboravam cada parte da música. Eu estava atrás desse tipo de produção artesanal enquanto construía algo também intangível, como essa tecnologia digital, mas para obter a sutileza que expressaria o sentido de uma estética digital."

Em 1986, quando, depois de considerável atraso, o vídeo e o álbum foram concluídos, e o lançamento estava para acontecer, Rebecca Allen pôde ver por si mesma o funcionamento interno da relação do Kraftwerk com sua gravadora. "O Kraftwerk tinha um acordo incomum, não sei se ainda tem, com a gravadora, segundo o qual eles têm controle sobre o vídeo deles, a arte deles, a música deles... Assim, com (o Kraftwerk) não havia gente dizendo 'Ei, queremos que vocês façam isso desse jeito. Queremos um álbum assim, um vídeo assim...', o que para mim era ótimo, porque significava que eu estava trabalhando direto com eles."

O Kraftwerk evidentemente havia decidido que o trabalho de Allen se estenderia também à promoção do disco. Nunca tendo gostado das obrigações normais de promoção, de ser entrevistado e fotografado, o grupo levou todo o projeto à sua conclusão natural. "Eles não queriam fotos de si mesmos, só queriam usar os modelos digitais que eu havia criado", diz Allen. "Infelizmente a gravadora não promoveu o vídeo, embora ele tenha se tornado popular por si mesmo. Talvez esse seja o lado ruim de não envolver a gravadora no processo. Ninguém sabia que era eu que havia feito o vídeo, exceto as pessoas que já conheciam meu

KRAFTWERK

trabalho, mas o público de forma geral não saberia quem o fez. O mesmo ocorreu com as fotografias que foram geradas por computador. Por isso a imprensa e o pessoal de marketing não quiseram se envolver tanto."

Para Rebecca Allen, foi um período marcante: "Para mim, esse vídeo foi um ponto alto em meu trabalho, porque ele abordava algumas das coisas que eu queria fazer como artista. Trabalhar com eles influenciou muito meu trabalho, e foi uma oportunidade única poder experimentar daquele modo e trabalhar com músicos que estavam tentando fazer coisas parecidas ao que eu pretendia realizar".

7.7 "Eles estacionaram, e ficaram lá..."

O coração de Wolfgang Flür já não estava no Kraftwerk. Ele começou a passar cada vez menos tempo no Kling Klang, esperando e torcendo para que a bola da criatividade voltasse a rolar. Como ele era o único integrante do grupo que não compunha, seu papel como percussionista eletrônico não podia sequer começar até que as músicas em si estivessem formadas. Cada dia, cada semana, a espera prosseguia. Quando Flür ia ao Kling Klang, quase sempre descobria que Hütter e Schneider estavam fora. Eles voltavam no final da tarde, encharcados de suor depois de mais um extenso percurso de bicicleta.

Os créditos tanto para *Computer World* quanto para *Electric Café* não mencionam Wolfgang Flür como instrumentista. Parece que Wolfgang estava reduzido ao papel de um faz-tudo no Kling Klang, suas inegáveis habilidades em *design* foram desperdiçadas em trabalhos menos urgentes na montagem do cenário nas apresentações ao vivo. "Durante o período em que fiquei no Kraftwerk, eu tinha uma deficiência em autoimagem. Eu era visto como um bom baterista, e só isso. Sempre que eu fazia alguma sugestão a eles musicalmente, sobre a melodia, recebia a mesma resposta: '*Ja, ja, Wolfgang, ja, ja. Machen wir vielleicht. Eine ganz gute Idee*' [Sim, sim, Wolfgang, talvez a gente faça isso. É mesmo uma boa ideia]. Era um pouco arrogante, e se você é sempre tratado assim, sua autoconfiança, sua autoimagem e sua autoestima vão ficando cada vez mais baixas. No fim eu não dizia mais nada sobre a música, só obedecia as instruções para ir a uma sessão de gravação ou sair numa turnê. Os últimos anos foram assim. Eles estavam sempre nas colinas, de bicicleta. O estúdio ficava vazio, só Karl e eu, e esperávamos horas pela volta deles. Era uma frustração sem fim. Karl vai lhe dizer o mesmo. Ele era o único que estava trabalhando. Ele montou seu próprio

SIEBEN (SETE) • Boing!

estúdio na casa onde morava e preparava músicas para os raros encontros que tínhamos na época. E quando ele as mostrava e dizia 'Podemos fazer isto, ou isto?', eles agiam como tinham agido com Konrad Plank, dizendo 'É, soa bem. Vamos aproveitar isto, mas não isto', então 'Até mais', até o encontro seguinte. Karl trabalhou muito na época, nos discos importantes e principais."

No fim, Wolfgang simplesmente parou de ir ao Kling Klang. Parecia que Ralf e Florian não percebiam que ele estava infeliz e aborrecido, nem houve nenhuma tentativa de convencê-lo a voltar. "O amor se tornou frio, como entre um casal que está se separando. Quando há mudanças no estado de espírito, na direção e nos interesses, as pessoas se separam e seguem em direções diferentes. Assim, esse foi o motivo. Eu não me encaixava mais na banda. Eu mudei, não foi o Kraftwerk que mudou. Eles estacionaram, e ficaram lá, e não se desenvolveram. Nada se desenvolveu, até hoje, eu lhe digo, essa é minha opinião. Eles estão só reproduzindo as coisas antigas, de novo e de novo e de novo."

Tudo isso causou em Wolfgang um efeito psicológico, como ele mesmo admite, negativo e duradouro. "Sim. Depois de 1986 e 1987, não fui mais lá. Fui para um estúdio de *design* de móveis onde eu trabalhava com dois outros colegas de *design*. Eles tinham bicicletas. Eu tinha meu salão de móveis, com novos amigos, novos colegas. Entre nós estava tudo frio. Eu não queria mais voltar ao estúdio Kling Klang. Estava acabado. Houve um período, nesse meio-tempo, por alguns anos, em que eu não tinha vontade de fazer nada. Isso se tornou muito deprimente para mim. Eu tinha sonhos ruins à noite, *Alpträume*, pesadelos. Era também um peso em minha relação com Constanze. Como homem, você quer mostrar a sua parceira o que você é, o que pode fazer, o que você vai ser no futuro. Eu não tinha futuro. Eu não sabia o que fazer. Eu discutia isso com frequência com minha namorada, e não sabia o que eu podia oferecer a ela. Para mim isso é um pouco... não é suficiente. Foi um problema para mim, um problema realmente grande durante alguns anos, até que tive a grande felicidade de conhecer esses dois caras, e fizemos esse novo projeto. Até lhe demos um nome. Chamava-se GAF-Atelier – Gerick, Altfeld, Flür. Fomos muito bem-sucedidos como *designers* e fabricantes de móveis. Construímos muitos ambientes para fotógrafos aqui em Düsseldorf. Eles tinham grandes orçamentos de empresas de propaganda, sobretudo da indústria da moda."

De acordo com Wolfgang, "Ralf e Florian não estavam mais interessados em sua própria empresa. É o que se diria se fossem diretores de uma companhia produtora de algum bem de consumo, como a música geralmente também é. Nada mais, é um produto. E você pode vender bem se for um bom produto, como um novo Mercedes, o novo álbum do Kraftwerk. Todo mundo iria correndo comprar se fosse lançado como o novo Mercedes da classe S".

"Talvez eles não estivessem interessados em fazer o Kling Klang ser musicalmente produtivo", diz Karl. "Mas, como uma empresa, o estúdio estava funcionando de forma brilhante; o dinheiro de *royalties* e licenças entrava em quantidades imensas, sobretudo para Ralf e Florian."

Embora Wolfgang com certeza tivesse problemas, como fica claro em sua autobiografia, ele de fato se orgulha de ter feito parte de uma banda tão importante; seu ressentimento pela forma como os colegas do Kraftwerk o trataram foi atenuado com o passar dos anos. "Hoje não sinto raiva por nada disso", diz sobre sua saída da banda. "Comparo tudo com a boa fortuna que tive durante aqueles catorze anos, até um final ruim para mim. Ok, para mim tudo terminou em depressão, claro, porque eu não tinha mais trabalho, e não havia mais futuro em minha profissão. Mas, no fundo, a maior parte daqueles anos foi fantástica, e sempre penso que fui afortunado por ter estado com eles. Isso me deu meios de descobrir meu próprio estilo artístico e meu próprio projeto musical, Yamo, como letrista, compositor, escritor e, mais tarde, autor de livro. Eles nunca teriam acreditado que eu poderia fazer algo por conta própria, com melodias, com letras. Assim, precisei de dez anos para descobrir isso. A maior parte desses anos foi fantástica, e sempre penso, hoje, que tive boa sorte por poder viajar com eles por todo o mundo... viagens que eu não teria condições de fazer como um jovem normal; e isso é o mais importante para mim."

7.8 O Jumbo que nunca decola

Electric Café havia levado quatro anos para ser feito, e Hütter agora estava livre para embarcar em outro projeto de longo prazo, digitalizando e modernizando o Kling Klang Studio. No processo, ele decidiu que o próximo álbum da banda seria uma coletânea de versões novas, melhoradas, de muitas de suas glórias passadas. Dessa forma, teve início um processo demorado de transferência, reinterpretação e, assim, esperava Hütter, aprimoramento.

Bartos desempenhou um papel importante nesse processo, enquanto também fazia *demos* de ideias para novas músicas do Kraftwerk.

SIEBEN (SETE) • Boing!

Mas Hütter estava concentrado – algumas pessoas diriam obcecado – no álbum remix. Na virada de 1988 para 1989, o trabalho no álbum foi interrompido, quando Schneider se envolveu em um acidente de esqui, quebrando as duas clavículas em uma queda na neve.

Trabalhar durante quatro anos limpando, digitalizando e refazendo suas próprias obras antigas não era um projeto pelo qual Karl Bartos tivesse muita simpatia. "Primeiro, a ideia original era fazer um álbum *Best of Kraftwerk* [O Melhor do Kraftwerk], colocando todos os clássicos em um só disco, e sair em turnê de novo. Essa ideia foi bastante apreciada por nós quatro. No entanto, era algo comum demais para ser feito. Um mero *Best of*, de alguma forma, indica o fim da carreira de um artista. E talvez por esse motivo, e talvez por motivos dadaístas, Ralf veio com a ideia de uma recontextualização de toda a música que nós mesmos fizemos antes. Além do mais, você tem que transferir todas as fitas magnéticas de canais múltiplos para uma mídia digital de armazenamento. Ralf comprou um Synclavier que custou uma fortuna, e Fritz Hilpert, o novo integrante da banda, teve que se familiarizar com a máquina e fazer todas as transferências. Fritz é de Augsburgo. Ele é um bom engenheiro. É bom ter uma pessoa como ele na equipe. Eu conhecia Henning Schmitt do Instituto Robert Schumann, e eu na verdade o convidei para entrar para o Kraftwerk, mas ele declinou do convite e sugeriu Fritz."

Tendo se tornado um compositor talentoso, de *The Man-Machine* em diante, Bartos ficou frustrado com a relutância de Ralf e Florian em gravar material novo. Semanas, meses, anos se passavam enquanto eles remodelavam, destilavam e purificavam o passado. "É como ter no jardim um avião jumbo que nunca decola", foi como Bartos expressou sua frustração. De fato, Bartos havia sido um elemento-chave em termos de composição, originando muitos dos ganchos e das melodias do período clássico do Kraftwerk. À época de *Electric Café*, ele assumiu um papel central também na escrita das letras. "Meu primeiro *copyright* oficial (música) foi para 'Metropolis', em 1978", afirma Karl. "Eu trabalhei na sequência e nos acordes do baixo. Percussão eletrônica, nem é necessário dizer. Isso foi seguido por todas as faixas em *Mensch Maschine*, *Computer Welt*, o *single* 'Tour de France', *Electric Café* (aliás, *Techno Pop*). No álbum *Techno Pop*, tenho *copyright* por trechos tanto da música quanto das letras. Suponho que seja o que se chamaria de 'coautoria'; em geral havia dois ou três autores envolvidos na composição de cada faixa." Não seria despropositado suspeitar que, em termos puramente musicais,

KRAFTWERK

Bartos era agora importante de fato para a banda. Ele era, antes de tudo, o músico mais proficiente em termos de habilidade técnica, e, também, havia se tornado o principal compositor de melodias do grupo.

Aborrecido e cansado de ficar sentado fazendo muito pouco, a principal sensação de Bartos era – como Wolfgang antes dele – de tremenda frustração. "Muita gente queria trabalhar conosco, mas não fazíamos sequer uma trilha sonora. Poderíamos ter chegado ao topo e nos tornado uma banda com vendagens fabulosas", contou Karl ao biógrafo do Kraftwerk, Pascal Bussy. "Mas nunca houve nenhuma administração, nem mesmo em pequena escala, tipo duas ou três pessoas. Não havia telefone, fax, nada. E, nesse ramo de atividade, se você precisa de cinco anos para lançar um álbum, as pessoas te esquecem."

Em um mundo no qual os *pop stars* são pressionados por suas gravadoras a fazer turnês para promover seu trabalho, são encorajados a permitir o acesso da mídia e até se comprometem legalmente a produzir novas músicas a intervalos determinados, o Kraftwerk havia simplesmente criado suas próprias leis. "O telefone é uma antiguidade, você nunca sabe quem está ligando, não há imagem, é um produto fora de moda que interrompe o trabalho o tempo todo", disse Ralf em uma entrevista em 1991. Eles tinham controle total sobre o que faziam, e quando faziam, mas o processo de tomada de decisão estava agora quase totalmente nas mãos de Ralf. Dessa forma, à medida que passavam os anos, o Kraftwerk ia se tornando cada vez menos conectado à indústria da música. Eles eram essencialmente autogerenciados, não gerenciados, talvez até impossíveis de gerenciar. A relação deles com a mídia se tornou uma rede labiríntica de assistentes oficiais e não oficiais da banda, na indústria da música, divulgadores, advogados e algumas poucas pessoas seletas em sua gravadora, EMI, em quem eles tinham muita confiança. Com a possível exceção da igualmente midiafóbica Kate Bush, dificilmente qualquer outro artista que atuasse na música pop agiria com semelhante desprezo pelas obrigações e limitações normais que o ramo musical impunha. Ralf e Florian haviam percebido, fazia muito tempo, que sua arma mais potente era o silêncio.

No verão de 1990, Karl confrontou Ralf. "Lembro-me claramente; estávamos em um café perto do Kling Klang e da estação de trem, comendo *Pflaumenkuchen*." Já que Florian detestava tanto fazer turnês, os cronogramas e a mecânica da coisa, e todo o trabalho da viagem, Bartos sugeriu deixá-lo em casa, meio como aconteceu com Brian Wilson e o Beach Boys. Karl queria um plano mais nítido de seu futuro com a

SIEBEN (SETE) • Boing!

música na banda. "Conversamos durante uma hora ou duas. Tive a impressão, por essa e por outras conversas que tivemos por volta daquela época, que Hütter sentia que aquilo não ia funcionar. Hütter disse que Florian Schneider era uma presença importante no palco. As pessoas queriam vê-lo, e o Kraftwerk não estaria completo se ele não estivesse lá. A essa altura, eu e Ralf Hütter tínhamos escrito algumas das melhores músicas do Kraftwerk, e eu queria continuar. Mas Hütter agiu como um perfeito homem de negócios e recusou. Foi uma conversa boa, clara e amigável, e entendi e respeitei o raciocínio dele. Mas hoje, 22 anos depois, sei que teria sido a melhor coisa que Hütter poderia ter feito, deixar Florian Schneider em casa e sair em turnê sem ele. Poderíamos ter feito dois ou três grandes discos, com Schneider ainda na banda. Mas Hütter me deu a impressão de que estava casado com Schneider."

Com "casado", Ralf falava em sentido figurado, claro. Deve ser entendido que Ralf e Florian formavam uma unidade; as implicações em termos de sua parceria comercial eram profundas. Eles simplesmente tinham obrigações demais, contratos demais que haviam assinado juntos.

E assim, algum tempo depois, Bartos saiu da banda, poucos meses antes do lançamento de *The Mix*, um álbum em que ele havia trabalhado intensamente; no encarte, porém, não aparecem seus créditos. Sua última apresentação no palco foi em 11 de fevereiro de 1990, no Psycho Club, em Gênova, Itália.[89]

"Karl é bem pé no chão, tem um senso de humor muito, muito afiado na verdade", diz Andy McCluskey, do OMD. "Ele é um músico muito talentoso e pode tocar qualquer coisa. Claro que estudou em um conservatório, ou algo assim. Era muito novo quando entrou no Kraftwerk, tinha acabado de sair do conservatório. Wolfgang e Karl me deram a impressão de terem saído porque, em 1990, já era bem evidente que não estavam fazendo nada. Eles iam para o estúdio todos os dias, mas nada era lançado. Era como se Ralf já tivesse chegado ao fim da linha. Eles ficaram realmente frustrados. Nada acontecia."

Ainda há quem considere que a parte mais importante do trabalho do Kraftwerk foi composta por Ralf e Florian, de forma parecida com a relação de Lennon e McCartney nos Beatles, e com certeza esse foi o caso nos seis primeiros álbuns. Florian continuou sendo um colaborador e um excelente editor e produtor de ideias no estúdio, mas

---

[89] Uma versão fantástica, anárquica, de "Musique Non-Stop" desses últimos shows na Itália pode ser vista no YouTube. [N.A.]

KRAFTWERK

foi Karl quem emergiu como um importante compositor de melodias da banda. Na verdade, de 1978 em diante, Karl passou a ter o *copyright* de todas as músicas.

Quando o Kraftwerk entrou nos anos 1990, e na meia-idade, havia talvez outra razão para a aparente relutância do grupo em falar. O triunvirato de álbuns revolucionários, *Trans-Europe Express*, *The Man-Machine* e *Computer World*, agora tinha mais de uma década de idade. Alguns críticos (e talvez alguns fãs também) consideravam o Kraftwerk um caso único na música popular. Os discos deles foram tão pioneiros, tão à frente de seu tempo, e tão perfeitos que tentar somar algo ao cânone seria algo perigoso. Assim, como poderiam Ralf e Florian, agora na casa dos 40, estabelecer uma visão realmente nova para a música nos anos 1990?

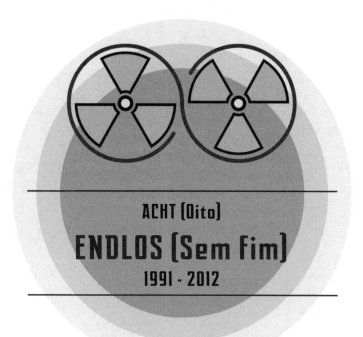

ACHT (Oito)
ENDLOS (Sem Fim)
1991 - 2012

8.1 Misturar tudo e começar de novo

O POP VAI devorar a si mesmo; não é apenas o nome de uma banda,[90] mas um comentário sobre a música no admirável mundo novo pós-moderno. Na música pop do começo dos anos 1990 não era tão importante ser bom em criar quanto ser hábil em rearranjar o passado e fazer citações a partir dele. Em janeiro de 1991, a banda Enigma alcançou o primeiro lugar nas paradas com "Sadeness Part 1". A faixa foi "escrita" por Michael Cretu, F. Gregorian e David Fairstein. Na verdade, ela foi montada a partir de textos em latim e francês e incluía uma citação do Salmo 24. Os cantos gregorianos haviam sido sampleados, sobretudo, a partir do álbum de 1976 *Paschale Mysterium*, pelo coro alemão Capella Antiqua München, ilegalmente, até que uma compensação foi negociada em 1994. No Reino Unido, o CD *single* incluiu um "Radio Edit" [edição de rádio] "Extended Trance Mix" [*mix* estendido de *trance*], "Meditation Mix" [*mix* de meditação] e um "Violent US Remix" [*remix* violento dos EUA]. A tendência rumo à mixagem e remixagem, iniciada no início dos anos 1980, uma década depois garantia o emprego de uma multidão de pessoas e estava em demanda constante. Estaria isso oferecendo ao con-

---

[90] Trocadilho com o nome da banda Pop Will Eat Itself. [N.T.]

KRAFTWERK

sumidor mais opções? Estaria jogando com as noções de autenticidade e originalidade, de um modo inteligente e liberal? Ou estaria apenas explorando os fãs de música?

Naquele mesmo mês, os sucessos do Top 40 no Reino Unido incluíam The Farm, com "Altogether Now" (cuja melodia de acordes descendentes tem forte influência do compositor barroco alemão Johann Pachelbel e seu *Cânone*); "Ice Ice Baby", de Vanilla Ice (linha de baixo tirada de "Under Pressure", de Queen e David Bowie e primeiro lugar no Reino Unido, em 1981); "Mary Had a Little Boy", do Snap! (melodia tirada da canção de ninar "Mary Had a Little Lamb", de Sarah Josepha Hale); as delícias extremamente dúbias de "The Crazy Party Mixes", de Jive Bunny & the Mastermixes (sampleando a abertura de *Guilherme Tell*, parte 2, de Rossini); "The Grease Megamix", de John Travolta e Olivia Newton John (um *medley* ruim de músicas ruins do filme de 1978); "Mercy Mercy Me (The Ecology) – I Want You", de Robert Palmer (uma fusão de duas músicas diferentes de Marvin Gaye, como versão *cover*); "Unbelievable", de EMF (contendo trechos de "Ashley's Roachclip", do The Soul Searchers, e "Mother Goose", de Andrew Dice Clay); "Hippy Chick", do Soho (sampleando o perturbador *riff* de "How Soon Is Now?" dos Smiths); "Always the Sun (Remix)", do The Stranglers (um *remix* de seu sucesso bastante recente, de 1986); "Justify My Love", de Madonna (sampleando a faixa do Public Enemy, "Security of the First World", de dois anos antes); "Can I Kick It?", de A Tribe Called Quest (sampleando "Sunshower", música de Dr. Buzzard's Original Savannah Band, de 1976); "My Definition of a Bombastic Jazz Style", de The Dream Warriors (sampleando "Soul Bossa Nova", de Quincy Jones); "Pray", de MC Hammer (sampleando "When Doves Cry", de Prince); e por fim "X, Y and Z", do Pop Will Eat Itself, que, de forma apropriada e muito radical, sampleou nada menos do que cinco músicas ("For What It's Worth", de Buffalo Springfield, "Slim Jenkins' Place", de Booker T. & the MG's, "The Pusher", do Steppenwolf, "I'm Gonna Love You Just a Little More Baby", de Barry White, e finalmente a número 1 de 1978 no Reino Unido, "Uptown Top Ranking", de Althea & Donna).

Essa lista de músicas feitas com outras músicas também era complementada pelo ressurgimento de antigos sucessos de Patsy Cline ("Crazy") e The Righteous Brothers ("You've Lost That Loving Feeling"), bem como por *covers* de "Fantasy", do Earth Wind and Fire, pelo Black Box; "It Takes Two", de Rod Stewart e Tina Turner, "King of the Road", de The Proclaimers, um *pot-pourri* de sucessos do Status Quo chamada

ENDLOS • Endlos (sem fim)

"Anniversary Waltz Part 2" e, finalmente, um *cover* de "I'm Not in Love", do 10cc, número 1 de 1975, pelo Will To Power. E tudo isso sem contar a entrada, no Top 20, da música de 1983 do Yazoo, "Situation", originalmente lançada apenas nos Estados Unidos, mas agora um sucesso no Reino Unido, oito anos depois de sua criação, e "(I've Had) The Time of My Life", de Bill Medley e Jennifer Warnes, novamente um *hit*, quatro anos depois de seu lançamento original nas paradas, por conta da exibição na TV do filme *Dirty Dancing*, no qual foi apresentada.

O lançamento, pelo Kraftwerk, oito meses depois, de um álbum chamado *The Mix* parecia à primeira vista algo nada criativo. Dez anos depois da acurada visão de bola de cristal em *Computer World*, surgiu um "novo" produto que parecia estar seguindo desesperadamente as tendências do momento.

Essa reação automática ao novo *Kling Klang Produkt* não seria, porém, totalmente definitiva. Na primeira audição ficava claro que o álbum resultante havia recebido um título que confundia, pois as músicas, tecnicamente falando, eram novas versões dos originais, não mixagens, nem sequer remixagens. As onze faixas do álbum eram essencialmente regravações, os originais haviam sido transferidos para a estrutura agora totalmente digitalizada do Kling Klang, e então foram cuidadosamente trabalhados, melhorados, com novas seções, novos vocais, novas ideias. Sem ser essa a intenção, embora no fundo fosse um álbum de tributo ao próprio grupo, havia levado quatro anos para ser feito, quando, poderia se argumentar, teria sido possível preparar em quatro meses um pacote de *greatest hits*. É mérito de Ralf e Florian que tenham considerado que uma compilação de faixas anteriormente lançadas seria uma forma de enganar os fãs, e pode-se suspeitar de que haveria pouquíssimo material não usado para encorpar qualquer pacote de compilação. Nenhum material anterior a 1974 foi incluído no álbum.

Algumas das músicas "reinseridas" soavam muito parecidas com as originais em muitos aspectos, mas todas receberam um verniz de nova produção. Uma versão nova de "The Robots" foi lançada como *single* e alcançou a posição de número 20 nas paradas do Reino Unido; o cartão de visitas do Kraftwerk, "Autobahn", passou a ser suavemente embalado por um rimo *trip-hop*, enquanto "Computer Love" foi estendido, com uma nova seção de abertura. Com as batidas por minuto (bpm) aceleradas, e novos sons digitais, *The Mix* parecia uma música de sua própria época. A maior surpresa foi a nova versão de "Radio-Activity", agora rebatizada como "Radioactivity". Ela vinha com uma nova introdução

KRAFTWERK

vocal alardeando os horrores de um vazamento radioativo e da guerra nuclear com uma recitação ciborgue – "Sellafield", "Harrisburg", "Chernobyl", com as letras finais de cada palavra acentuadas e repetidas em um eco arrepiante, antes do marco final do horror no quarteto, "HIROSHIMA" – entoada por cima de uma batida cada vez mais urgente. O que tornava tão poderosas as palavras era que o ataque deliberado a Hiroshima era colocado junto aos horríveis acidentes em três reatores nucleares "seguros". Ao vivo, a banda projetava o símbolo de "Radioativo" num painel de telas de vídeos. Fazia arrepiar os cabelinhos da nuca.

A nova "Radioactivity" é impactante de ouvir e, até hoje, continua sendo um ponto alto das apresentações ao vivo, seu sentimento expressa bem a postura antinuclear evidente na Alemanha até hoje. O *botton* "*Atomkraft? Nein Danke!*" [Usinas nucleares? Não, obrigado!] é usado com orgulho pelos ecologistas. De fato, o *lobby* antinuclear se tornou tão forte que a Alemanha, a economia mais importante na zona do euro, comprometeu-se a desativar todas as centrais nucleares de força até 2022, uma promessa feita pela chanceler Angela Merkel, do CDU, depois do desastre de Fukushima em 2011.[91]

Quando *The Mix* foi lançado, a Alemanha era o país mais ecológico da Europa Ocidental. Emergindo do movimento conservacionista de décadas anteriores, o Partido Verde Alemão (*die Grünen*) foi fundado em janeiro de 1980, em Karlsruhe, na Alemanha Ocidental. A poluição industrial e agrícola estava entre as principais preocupações dos ativistas; e a adesão da Alemanha Ocidental à energia nuclear também foi uma questão importante. Essa questão foi abraçada por muitos fãs do Kraftwerk (que podem ser vistos em shows, vestidos com roupas de proteção, capacetes envolvendo toda a cabeça e botas brancas pesadas). A arrancada do partido veio com a eleição federal de 1983, quando ele ultrapassou a barreira mágica dos 5% no Bundestag, ganhando assim 27 cadeiras, aparentemente em consequência da reação hostil ao deslocamento da Otan e dos mísseis Pershing e de cruzeiro por solo na República Federal da Alemanha. O desastre de Chernobyl, em 1986, deu mais impulso ao movimento, sobretudo porque a chuva ácida carregada por um vento de sudeste – com as cinzas nucleares da Ucrânia – caiu nas florestas

---

[91] Junto com o *lobby* dos Verdes e da Esquerda, a economia também teve seu papel. Foi a compreensão não apenas na Alemanha, mas também em outras economias desenvolvidas, de que instalações nucleares têm altos níveis (em geral ocultos) de subsídio de financiamento e riscos indefinidos de desativação, que se estendem por séculos no futuro. [N.A.]

ENDLOS • Endlos (sem fim)

alemãs. Sob o rótulo "Verde", uma ampla gama de campanhas é abrangida. Políticas favoráveis a *gays*, lésbicas e transgêneros são, por exemplo, defendidas. Os ecologistas alemães têm sido os precursores dos movimentos verdes no mundo todo, sendo os primeiros a se unirem a movimentos de coalizão em âmbito nacional em um importante país desenvolvido e industrializado.

O compromisso do Kraftwerk com a causa antinuclear foi reforçado em 1992, quando o grupo participou, junto com U2, Public Enemy e Big Audio Dynamite II, do concerto "Parem Sellafield", organizado pelo Greenpeace naquele verão. Sellafield, uma usina de reprocessamento nuclear na Cumbria, Reino Unido, foi construída no local de Windscale, a usina notoriamente insegura. Em um relatório de 2009, uma seção de Sellafield, o Prédio B30, foi chamada de "o edifício industrial de maior risco na Europa Ocidental" por George Beveridge, o vice-diretor administrativo de Sellafield. O edifício vizinho, B38, foi chamado por ele de "o segundo edifício industrial de maior risco na Europa". O mesmo relatório citava o Greenpeace, ao descrever os reatores de plutônio desativados como um "Chernobyl em câmera lenta", e colocava uma etiqueta de preço de 50 bilhões de libras, (valor que seria gasto) para limpar o local no próximo século.[92] Versões ao vivo de "Radioactivity" continham uma nova seção de abertura, um alerta macabro: "Sellafield 2 vai liberar a mesma quantidade de radioatividade no ambiente que Chernobyl, a cada quatro, cinco anos".

O Kraftwerk caiu na estrada e realizou uma grande turnê mundial pela primeira vez desde os empolgantes tempos de *Computer World*, em 1981. Deve ter sido revoltante para Wolfgang e Karl quando caiu a ficha da desagradável ironia da reativação do Kraftwerk ao vivo. Wolfgang tinha sido substituído, nas poucas apresentações ao vivo na Itália, em 1990, por Fritz Hilpert, que havia trabalhado no Kling Klang, em *The Mix*. O recém-saído Bartos foi substituído pelo único não alemão que já se apresentou com o Kraftwerk, Fernando Abrantes, de Portugal. Sua permanência não durou muito. Contratado para toda a turnê europeia, os serviços de Abrantes foram dispensados depois da etapa britânica. O boato era de que seu comportamento animado no palco (isto é, dava para ver que ele até dançava ao ritmo da música enquanto tocava) foi visto como uma espécie de quebra do código não escrito do Kraftwerk

---

[92] http://www.guardian.co.uk/environment/2009/apr/19/sellafieldnuclear-plant-cumbria-hazards. [N.A.]

KRAFTWERK

de não mobilidade. No entanto, outro motivo, discutido em fóruns de fãs, aparentemente foi a interpretação "liberal" de Abrantes da música de encerramento da apresentação, "Musique Non-Stop", no concerto no Sheffield City Hall. Há vídeos no YouTube, e embora não seja possível dizer com total certeza quem está tocando o quê, tem-se a impressão de que Abrantes manipulou as partes com vocais pré-gravados, como um mix de DJ ao vivo. O resultado foi fabuloso, de forma que, se foi essa a razão para a demissão dele, então a situação é incompreensível. Abrantes foi substituído pelo engenheiro de estúdio Henning Schmitz, e essa formação de Hütter/Schneider/Hilpert/Schmitz perdurou pelos dezessete anos seguintes.

Em 1991, os fãs britânicos tiveram a oportunidade de ver a banda em concerto pela primeira vez em uma década, e embora metade da formação clássica tivesse sido descartada, ainda assim ela era confiável e válida. "Eu os vi na Brixton Academy. Estava completamente lotada", diz John Foxx. "A plateia era muito entusiasmada, muito transada... todas as gerações representadas. Som excelente. Boas projeções. Ótimo vê-los sendo aceitos finalmente. Gostei da seção de percussão alegre ao final. Mas saí com um ponto de interrogação quanto a ser melhor vê-los ao vivo ou ouvir os discos com um bom aparelho de som. Ainda tenho uma antiga resenha de jornal que afirmava que esses 'matemáticos alemães' não tinham 'nada a ver com rock'. Enquanto eu guardava o recorte na gaveta, pensei 'Vamos esperar alguns anos e ver, certo?'. Muito satisfatório."

Andy McCluskey também os viu em turnê: "Foi bom ver que eles tinham expandido um pouco mais a produção e conseguiram fazer mais filmes e coisas assim. Wolfgang e Karl tinham saído naquela época, mas pelo menos ainda havia Ralf e Florian. Foi interessante ouvir a banda reinterpretando suas músicas, e foi interessante ouvir a banda mudando de opinião em relação à 'Radio-Activity' e tornando-a mais negativa, com todas as referências a Chernobyl e Harrisburg".

Essa foi a primeira vez que o autor viu a banda ao vivo. No Liverpool Royal Court Theatre, luminares do pop, como Pete Wylie e Ian McCulloch, foram avistados, junto aos integrantes do China Crisis e de outras bandas locais, assim confirmando que o Kraftwerk era, evidentemente, uma "banda de músicos". O *setlist* era quase o mesmo que tinha sido apresentado em 1981, e para muita gente o ponto alto foi a apresentação dos robôs, que exibiram seu "balé mecânico" com o Kraftwerk de verdade fora do palco. Os robôs receberam a maior aclamação da noite,

ENDLOS • Endlos (sem fim)

talvez sugerindo que a presença física do Kraftwerk de verdade não era tão interessante quanto a presença de seus avatares.

Com *The Mix* e a turnê subsequente, o Kraftwerk agora parecia completamente inserido em seu tempo, o que não é uma crítica, tendo em vista que grupos como os Rolling Stones têm feito isso durante toda a sua carreira. Não havia nada extraordinário ou intrigante, apenas uma banda muito admirada basicamente tocando com elegância seus maiores sucessos. Em uma entrevista reveladora no clube londrino Rage, para Simon Witter, seguidor de longa data do Kraftwerk, Ralf falou da atual cena da música enquanto olhava os monitores de TV e escutava a música eletrônica ensurdecedora no clube: "Sabe... se vinte anos atrás as pessoas tivessem feito um filme sobre o inferno, elas poderiam ter imaginado algo como isto... Estamos fazendo coisas assim há muito tempo... e um resenhista escreveu que o Kraftwerk era a morte da música".

Na mesma entrevista, ele explica: "Sim. Nós sempre podemos brincar com os computadores, entrar nos programas e mudá-los, dependendo do clima da situação. Hoje em dia o equipamento musical está chegando perto do que sempre tivemos em mente quando começamos. Antes, sempre havia limitações técnicas. Também, nós substituímos nossos percussionistas Karl Bartos e Wolfgang Flür por engenheiros eletrônicos que sempre trabalham conosco no estúdio, e um músico adicional. Assim, agora há mais som, mais eletrônica, programação e engenharia de som rolando".

Ralf fez questão de contar a Witter que a vida e o trabalho continuavam, e revelou alguns fatos básicos sobre suas vidas reais. Tanto ele quanto Florian eram vegetarianos. Eles mesmos escolhiam as roupas que usavam no palco e tinham um barbeiro habitual. Ralf revelou que ele ainda saía para dançar em clubes, mas que praticamente havia parado de "comprar" música nova, preferindo ouvir música "ambientalmente", nas ruas e em clubes. "Fazemos música o tempo todo, e então vamos dormir. É um emprego em tempo integral."

8.2 O encontro das tribos

Grande parte da música no começo dos anos 1990 carregava dentro de si algo do DNA musical do Kraftwerk. Mas embora o Kraftwerk fosse uma tremenda inspiração, a música feita sob sua inspiração original variava de forma dramática em termos de valor. Bandas importantes

KRAFTWERK

como Orbital, Underworld, The Orb, The Prodigy e The Chemical Brothers faziam música que inegavelmente seguia a tradição criada pelo Kraftwerk. Entretanto, no pop *mainstream*, as sutilezas do som do Kraftwerk estavam sendo violadas. O período 1990-1995 viu a ascensão de um tipo de *techno* que seguia uma fórmula – monossilábico, populista, de extremo sucesso e quase sem qualquer mérito artístico. O brado de 1992 de "No no, no no, no no, no, no, no no, no no, there's no limit" [Não não, não não, não não, não, não, não não, não não, não há limite] dos belga/holandeses do 2 Unlimited com um pano de fundo de uma *eurobeat* pulsante, básica, pode ter sido atraente para pré-adolescentes ou para os sem noção em termos musicais, mas foi um exemplo do que poderia acontecer com a música eletrônica em mãos erradas. O Kraftwerk agora estava sendo louvado como os "Padrinhos do *Techno*". Mas havia limites.

Praticantes legítimos das negras artes da música eletrônica haviam desenvolvido uma nova abordagem. Os anos 1990 viram a ascensão dos festivais. Nos anos 1980, ficar de pé em um lodaçal e tomar chuva o dia inteiro era uma prerrogativa quase exclusiva dos fãs de metal ou de *hard rock*, com o sucesso continuado de festivais no Donington Park, onde os eventos Monsters of Rock apresentavam AC/DC, Iron Maiden e Ozzy, e provavelmente a mais divertida de todas as atrações, a banda de metal humorística Bad News. Os anos 1990, porém, viram um aumento quase exponencial do número e da popularidade dos festivais de rock. No início dos anos 1980, as bandas não tocavam ou não queriam tocar ao vivo, e aquelas que o faziam se apresentavam em auditórios e estádios. Só os maiores nomes, como Stones, U2, The Who, Springsteen, Bowie, Madonna, Michael Jackson ou Genesis[93] tocavam em ambientes abertos. No entanto, com o advento da *acid house*, da cultura *rave* e das festas espontâneas, quase sempre ilegais, em galpões, a *dance music* e a cultura *dance* abraçaram (com a ajuda de uma abundância de estimulantes ilegais) um novo senso de liberdade hedônica, mais próximo da contracultura dos anos 1960 do que da alienação calculada das bandas originais de música eletrônica britânicas. Não demorou muito até que a "tenda de *dance*" passasse a estar sempre presente nos maiores festivais ao ar livre.

Do início a meados dos anos 1990, um grupo de *dance* chamado Underworld desenvolveu uma estética dionisíaca: as batidas eletrônicas

---

[93] Em 1987, o Genesis encheu o estádio de Wembley por quatro noites, e no mesmo verão Madonna tocou três noites, enquanto Bowie se apresentou duas noites no mesmo local. [N.A.]

ENDLOS • Endlos (sem fim)

eram eufóricas. Esta era uma música que fazia querer gritar "cerveja, cerveja, cerveja", era música que "deixava a luz entrar". A música deles era sobre felicidade, euforia, uma avalanche de serotonina e endorfinas. Ficar ao ar livre, no calor de 15 °C de um verão inglês, sob chuva torrencial, não parecia mais ser tão ruim assim, afinal de contas. Quando o decano do bom gosto John Peel passou a fazer a cobertura diretamente de Glastonbury para a BBC, usando botas de borracha e chapéu de pescador, ficou confirmado que, agora, não apenas os festivais haviam voltado a ser parte da trama da cultura popular, mas que inclusive era aceito que as pessoas os desfrutassem.

A aparição pública seguinte do Kraftwerk ocorreu em 24 de maio de 1997, no Tribal Gathering, um festival de *dance music* que naquele ano ocorreu em Luton Hoo, em Bedfordshire. Parecia ilógico que o Kraftwerk, projeto coordenado por dois alemães quarentões bem de vida, fosse a principal atração de um festival como esses, mas o resultado foi um dos melhores shows já apresentados em solo britânico. Ralf e Florian haviam comparecido, anonimamente, no evento do ano anterior, e, ficando satisfeitos o bastante, concordaram ali mesmo em ser a banda principal no ano seguinte. Abrindo com o fogo cerrado de "Numbers", "Computer World" e "Home Computer", o Kraftwerk emergiu de um hiato de cinco anos usando roupas fluorescentes ofuscantes. "Foi algo fenomenal. Na verdade, beirou o inacreditável", diz Ian Harrison, da *Mojo*. "A tenda de Detroit foi fechada para que o pessoal de Detroit pudesse ir vê-los."

"Foi um verdadeiro chamamento aos fiéis", diz Joe Black. "Eu estava chorando, absolutamente assombrado com toda aquela experiência." Um fã colocou no YouTube: "Venho frequentando a cena *clubber* há vinte anos e juro que nunca estive em uma tenda tão lotada. Uma muralha de gente. Éramos levantados do chão pelo movimento da multidão".

"Acho que havia planos de que a reedição do catálogo saísse naquela época", continua Ian Harrison. "Então foram distribuídas fitas cassetes promocionais, algumas em língua estrangeira com faixas extras. Também havia uma caixa preta, que era um *box* de *singles* de 12 polegadas. São quatro 12 polegadas pesados, que estavam em um *box* que saiu, em teoria, para promover a reedição do catálogo antigo. Acho que era para isso. Era um item muito bacana, que eu ainda tenho, um tesouro. Está meio esfolado, o que é uma pena. Veio com uma camiseta, que eu usei, acho que não devia ter feito isso, mas eu ainda a tenho. Daria para vender por uma boa grana."

KRAFTWERK

O show foi gravado pela BBC Radio, mas foi ao ar, infelizmente, em forma editada. A penúltima música tocada naquela noite foi, aliás, a primeira música nova produzida pelo Kling Klang depois de 1986. Com cinco minutos e 56 segundos, era uma faixa instrumental *techno full-on* de batida rápida, com um *beat* pulsante e um *riff* descendente de sintetizador.

Então surgiu um problema, porque essa música nunca recebeu um título oficial. Ela é conhecida pelos *bootleggers* como "Luton", ou "Tribal", que pode ou não ser um título adequado. No entanto o certo é que o recém-reativado Kraftwerk estava incluindo material novo em seus concertos ocasionais. Mais tarde, ainda em 1997, em um show em Karlsruhe, eles tocaram uma segunda nova música, possivelmente intitulada "Lichthof", outro instrumental, mas dessa vez com uma linha de baixo mais *funk* e alguns vocais eletrônicos incríveis, estilo *"scat"*, sem palavras. Uma terceira música nova, que tinha o nome de "Tango", também foi tocada em Karlsruhe. O novo material parecia ter mais energia que uma boa parte de *Electric Café*, mas nenhuma dessas músicas jamais foi lançada.

O jornalista Manfred Gillig-Degrave acredita que o Kraftwerk talvez tenha enviado músicas para a gravadora nos anos 1990, mas elas não viram a luz do dia: "Há um álbum que nunca foi lançado. Eles tocaram as fitas para a EMI em Colônia e não ficaram satisfeitos porque as reações não foram entusiásticas como haviam esperado. Deve ter sido em algum momento no fim dos anos 90. E então eles (Kraftwerk) pegaram as fitas de volta e disseram 'Ok, vamos trabalhar nisso'. Eles foram até a EMI de Londres, a sede, onde negociaram novos contratos. Acho que fizeram isso para que Colônia não pudesse mais dizer-lhes o que deviam fazer. Mas eles não apresentaram o álbum para a EMI de Londres. Estavam esperando por um álbum novo e os boatos circulavam: 'Bem, eles estão quase terminando, estamos esperando a apresentação deles na companhia, ficamos felizes com a possibilidade de eles entregarem um novo álbum'. Porém eles nunca o fizeram". Gillig-Degrave reconhece, porém, que as fitas que eles apresentaram à EMI podem ter sido versões anteriores de faixas nas quais eles continuaram trabalhando, e que podem ter sido lançadas mais tarde de uma forma ou de outra.

8.3 Wolfgang fala, e então é silenciado

Em agosto de 1999, a autobiografia de Wolfgang, *Kraftwerk – Ich War Ein Roboter* [Kraftwerk – Eu Era um Robô], foi publicada por Hannibal Verlag. Fazia mais de uma década que Wolfgang havia deixado o Kraftwerk, e

ACHT (OITO) • Endlos (sem Fim)

ele sentiu que era o momento certo para contar sua história. Nesse meio-tempo, ele havia cedido à tentação de voltar a fazer música, depois de um período em que esteve envolvido com *design* de móveis. O que o levou de volta à música foram as notícias sobre a guerra na Bósnia. "Era 1993. De repente, me vi escrevendo letras e criando melodias em minha cabeça para os órfãos, as crianças de uma *Kinderheim*, uma casa para crianças, em Sarajevo, que era alvejada todos os dias por atiradores e tropas sérvias. Eu não podia suportar, não conseguia acreditar no que víamos na TV toda noite. Aquela era minha chance de escrever sobre isso, de trabalhar com programas musicais, encontrando jovens músicos em Düsseldorf e em Colônia, e gravar algumas *demos*."

O novo projeto musical de Wolfgang era o Yamo. O CD resultante, *Time Pie*, uma colaboração com Andi Toma, do Mouse on Mars, de Düsseldorf, foi lançado em 1997. Ele havia cedido à tentação de voltar à música, mas não cedeu à tentação de voltar para o Kraftwerk. "Ele (Ralf) tentou me 'subornar para que eu voltasse', me ofereceu um bom dinheiro", diz Wolfgang sobre seu encontro com Hütter em 1997. "Eu lhe disse todas as coisas que não tinha sido capaz de dizer-lhe nos anos em que fiz parte da banda. Ele me ofereceu uma grande quantia anual, apenas para ser integrante do Kraftwerk de novo." O encontro ocorreu dez anos depois da saída de Wolfgang da banda, em Kaiserswerth, uma área no norte de Düsseldorf, sob uma castanheira, onde os dois comeram *Pflaumenkuchen* [torta de ameixa] juntos. Wolfgang se sentiu capaz de falar abertamente, livrando-se do peso de boa parte do ressentimento que havia acumulado ao longo dos anos. Algumas frases de que se lembra de ter usado foram: "Du hast alles kaputt gemacht" [Você quebrou tudo] e "Você quebrou tudo com sua bicicleta. Você não estava nem aí para o que poderia acontecer com Karl e comigo".

Apesar do dinheiro que Ralf lhe ofereceu para voltar ao grupo, Wolfgang não se deixou convencer. Ele disse a Ralf: "Você vem aqui hoje, depois de tudo que aconteceu, e usa o dinheiro para conseguir o que quer. Vá e compre bonecos, vá e compre robôs, mas não eu. Mesmo que você hoje me dissesse 'Um milhão!'... os tempos mudaram; muita coisa mudou. Você não acreditaria no quanto eu mudei. Mas acho que você não mudou, e o Kraftwerk como um todo não mudou". Para Wolfgang esse encontro com Ralf foi claramente uma experiência catártica. O que Wolfgang sabia, e Ralf não, era que ele havia conseguido um contrato próprio com a EMI. Isso foi, para Wolfgang, algo que virou o jogo, pois ele agora tinha a chance de seguir uma carreira fora da banda,

KRAFTWERK

e isso significava muito para ele. Ele tinha um ponto de vista a demonstrar. Wolfgang acrescenta: "Eles nunca teriam acreditado que eu poderia ter feito algo por conta própria, com melodia, com letra".

Àquela altura, o livro de Wolfgang não era o único sobre o Kraftwerk. O livro de Tim Barr, *Kraftwerk: From Düsseldorf to the Future (With Love)*, uma leitura excelente, foi publicado pela Ebury Press, em 1998. Antes disso, em 1993, a S.A.F. publicou *Kraftwerk: Man, Machine and Music*, do jornalista francês Pascal Bussy. Bussy havia entrevistado Ralf e Florian, informando-os de que escreveria um livro sobre o Kraftwerk. Ele enviou o manuscrito para o Kling Klang antes da publicação, na esperança de que alguém lá pudesse eliminar qualquer imprecisão factual (um risco inevitável ao escrever sobre uma banda tão rodeada de segredos), mas o pacote foi devolvido sem ter sido aberto. Depois da publicação, tarde da noite, Bussy recebeu um telefonema de um certo senhor Schneider. As primeiras palavras dele foram: "Le livre c'est la merde" [O livro é uma merda]. Não sabemos o que Ralf e Florian acharam de fato. Talvez tivessem permitido acesso a Bussy por ele ser um jornalista interessado, e depois mudaram de ideia quanto ao encontro, quando ficou claro que Bussy estava empenhado em escrever um livro sobre a banda sem necessariamente levar em conta as contribuições e visões que eles consideravam importantes. Ou será que eles realmente não gostaram do livro? Parece que os integrantes do Kraftwerk, como muitos dos artistas importantes da música, têm certo grau de antipatia pelas biografias que eles não autorizaram, ou que ao menos não tiveram a oportunidade de censurar. Os motivos são bem óbvios.

Biografias não autorizadas podem irritar um astro do rock de várias formas, e não só por ser improvável que tenham sido escritas no tom elogioso e respeitoso que é a marca registrada dos livros "autorizados". O livro não autorizado também rouba o espaço de uma autobiografia já planejada, para a qual qualquer livro concorrente é visto como um estorvo mercadológico, ou revela atitudes pessoais ou profissionais da parte do biografado que não necessariamente o mostram sob a melhor luz. O crítico objetivo pode louvar as músicas e elevá-las ao céu, mas na maioria dos casos até mesmo a menor faísca de crítica pode transformar o autor de imediato em *persona non grata*, por se recusar a ser um capacho. Qualquer um que sinta uma conexão com uma obra de arte vai querer, naturalmente, saber quais são as motivações por trás da pintura, da obra musical, da peça de teatro ou do filme; é inevitável que algum detalhe da vida do artista lance luz sobre a questão.

ACHT (OITO) • Endlos (sem Fim)

Tanto Bussy quanto Barr eram obviamente grandes fãs do Kraftwerk. Os livros deles poderiam recrutar novos fãs para a causa da banda. Os tributos deles não eram na verdade ameaça alguma ao Kraftwerk. No entanto a publicação das memórias de um ex-integrante era bem mais ameaçadora e potencialmente embaraçosa.

O livro de Wolfgang é bem escrito e honesto; talvez até honesto demais, por revelar assuntos de natureza íntima em geral não encontrados nas memórias de astros do rock. Houve muito destaque, na mídia, para a descrição que Wolfgang fez de si mesmo como um sujeito normal, com um apetite sexual saudável, como se isso fosse de alguma forma chocante. Teria sido mais chocante, e de fato muito mais marcante, se Wolfgang tivesse revelado que – para corresponder com sua imagem mecanizada – os quatro integrantes do Kraftwerk fossem totalmente celibatários e de fato achassem os robôs mais excitantes do que as mulheres. Também havia a impressão, na mentalidade de muita gente, de que os integrantes do Kraftwerk fossem criaturas míticas; e descobrir que eram meros mortais, com fraquezas humanas, era algo irrelevante ou indigno.

Ao longo do livro, Wolfgang emerge como um homem bom, compassivo e sensível, por vezes surpreendido e consternado pelo que ele considera como frieza da parte de Ralf e Florian. Talvez a lembrança de ter sido membro do Kraftwerk e a forma como saiu do grupo ainda estivessem vivas demais, recentes demais em sua mente, e escrever o livro tenha sido uma forma de catarse.

O livro esteve à venda na Alemanha durante duas semanas, e estava vendendo bem, 6 mil exemplares nessas primeiras duas semanas após a publicação, quando a Hannibal recebeu uma surpresa desagradável, e talvez não totalmente inesperada: uma carta do advogado de Ralf e Florian contendo uma *einstweilige Verfügung* [medida cautelar].

A ideia para o livro partiu do escritor de biografias musicais Dave Thompson, um britânico radicado nos Estados Unidos, autor de muitas biografias do rock desde meados dos anos 1980. A tarefa de editar o livro recaiu sobre Manfred Gillig-Degrave, editor-chefe da revista voltada para o mundo da música *MusikWoche*, de Munique. "Vi a proposta do livro de Wolfgang e disse ao *publisher*: 'Você tem de fazer isso imediatamente. Isso é muito interessante'. Wolfgang é um sujeito ótimo, mas não é um intelectual de fato, então ele mandou algumas amostras e eu disse 'Ok, vou trabalhar nisso', e dei uma forma ao texto, mas sem destruir seu charme especial. Ele tem seu próprio estilo. Ele não é um escritor

KRAFTWERK

profissional, e o texto precisava de algum ajuste, mas achei que era interessante; e era bom. Trabalhamos juntos durante mais ou menos seis meses. Ele ficou muito feliz quando terminou o manuscrito."

Quando chegou a hora de organizar as fotos que entrariam no livro, Manfred perguntou a Wolfgang sobre as imagens. "Foram incluídas fotos tiradas no jardim da mãe de Ralf, por exemplo", diz Manfred, "de quando eles fumavam baseados, e coisas assim. Havia também fotos de integrantes da banda nus debaixo de um chuveiro. E ele disse 'Sim, elas me pertencem, eu as tirei' e coisas assim, porque eu alertei o *publisher* para o fato de que poderia haver problemas com a publicação. Acho que também cortamos coisas do texto. Eu dizia 'É melhor você deixar isso de fora, porque isso deixa seu livro melhor, sabe?'."

"O mandado judicial foi entregue cerca de três ou quatro semanas depois que o livro foi publicado", continua Manfred. "Os advogados levaram talvez duas semanas para ler e checar o livro. Então eles mandaram cerca de 30/40 páginas. Eu não vi o material na época, porque eu era só um editor autônomo, mas liguei para o *publisher*, Robert Azderball, e ele disse: 'Não vou mais vender esse livro! Estou satisfeito. Todos os 6 mil exemplares foram vendidos; mas vou devolver os direitos a Wolfgang Flür. Ele pode tê-los de volta'. Ele havia ficado mesmo assustado, e isso foi... Eu não teria resolvido as coisas daquele jeito, porque daria para mudar algumas coisas, e de qualquer forma a primeira edição estava esgotada. Assim, eu teria feito uma segunda edição aceitando tudo o que eles queriam. Mas ele estava realmente com medo. Posso entendê-lo, porque ele vinha de uma família judaica, e toda a sua família havia sido assassinada, e ele havia sobrevivido escondendo-se em uma caverna, enfim... e agora ele tinha um escritório de advocacia alemão realmente importante caindo em cima dele com um mandado frio e inflexível. Ele não precisava de problemas. O mandado era como uma ordem judicial de cessação da atividade... 'A Hannibal deve parar de vender o livro imediatamente, e se a Hannibal vender mais um exemplar sequer, será uma violação dos direitos de Ralf e Florian, e a Hannibal deverá pagar uma multa de 500 mil marcos por exemplar!', e coisas assim. Dessa forma, Robert Azderball aceitou as exigências deles. Se tivesse havido uma segunda impressão, talvez alterando as coisas que eles queriam, poderia ter vendido com facilidade 40 mil/50 mil exemplares na Alemanha. Então eu disse a Wolfgang que ele estava livre para fazer uma versão em inglês, porque aquele mandado só valia contra a edição alemã. E mais tarde falei também com o advogado dele,

ACHT (OITO) • Endlos (sem Fim)

Rüdiger Plegge. Ele estava de fato defendendo Wolfgang quando os antigos colegas da banda o processaram. As batalhas legais se estenderam por dois ou três anos." Assim como as fotos, um ponto central da disputa foi a afirmação de Wolfgang de que ele havia inventado uma bateria eletrônica que se tornou um componente importante do som do Kraftwerk. "Mas eles (Ralf e Florian) parecem ter a patente dela", prossegue Manfred, "e assim eles disseram que aquilo estava errado, que ele equivocadamente alega ter sido o inventor daquela bateria. Aquilo era algo que eles (Ralf e Florian) definitivamente não queriam no livro, porque, ao menos nos Estados Unidos, Wolfgang Flür, se tivesse... um bom advogado... poderia requerer *royalties* da patente."

Houve três audiências, duas em Düsseldorf, uma em Hamburgo, e Wolfgang, Karl, Florian e Ralf compareceram a todas. Wolfgang precisou reunir informações para refutar inúmeras declarações feitas por Ralf e Florian, incluindo uma negativa de que Wolfgang tivesse tocado percussão no álbum *Autobahn*, que ele de fato não havia projetado e construído a bateria eletrônica usada no palco, e também que ele não havia falado com Ralf desde a saída da banda. Wolfgang negou essa declaração, citando o encontro de 1997 com Ralf, quando foi feita uma tentativa de levá-lo de volta para o grupo.

Desde o litígio, Wolfgang tem recebido muitos convites para realizar leituras do livro em público. Uma edição em inglês, *Kraftwerk: I Was a Robot*, foi publicada no Reino Unido pela Sanctuary Publishing, em janeiro de 2001. Desse texto, boa parte do material considerado ofensivo foi suprimida, mas por outro lado ele agora incluía vários capítulos sobre os processos contra a editora que publicou a edição original em alemão.

8.4 Adrenalina endorfina

A espera por um novo Kraftwerk Produkt sempre foi uma tarefa inglória. "Eu estava conversando com um cara na EMI, anos atrás", diz o consultor de música Joe Black, "e eu perguntei 'E quanto ao Kraftwerk?'. 'Não, não temos notícia.' 'E quanto à Kate Bush?'[94] 'Ah, claro', ele brincou. 'Eles estão produzindo o novo disco dela!'."

A primeira obra musical nova do Kraftwerk saiu no final de 1999, treze anos depois de *Electric Café*. Era, como os jornalistas foram

---

[94] Kate Bush, também na EMI, levou doze anos para produzir *Aerial* (2005), depois de seu álbum anterior, *The Red Shoes* (1993). [N.A.]

rápidos em observar, um *jingle*. A revista *Stern*, entrevistando Hütter em dezembro de 1999, perguntou de forma direta: "O Expo-Jingle, que foi a base para o *single* 'Expo 2000', dura quatro segundos. Vocês receberam 400 mil marcos alemães por ele. Quanto tempo levou para produzi-lo?". "Não se pode medir isso em tempo. Não trabalhamos com um cronômetro. Mas com certeza foi mais do que cinco segundos", foi a resposta.[95,96]

Estava bem evidente que a banda era sensível a qualquer crítica ao projeto. O *jingle* era na verdade parte de uma peça musical estendida, lançada como CD *single*, e chegou às paradas no Reino Unido e na Alemanha. "Escrevi uma resenha curta sobre o *single* 'Expo 2000', perguntando como eles tinham demorado tanto tempo para criar algo tão curto, ou algo assim... um pouco irônico, claro", recorda o editor de revista Manfred Gillig-Degrave. "Uns dias depois, a resenha saiu na revista. Dali a alguns dias, eu recebi um telefonema da EMI de Colônia, de um amigo que tenho lá, Harald Engel. Ele é o assessor de imprensa da EMI de Colônia e tem trabalhado com Ralf e Florian faz uns vinte anos. 'Não achamos muito engraçado isso que você escreveu sobre "Expo 2000"'."

"Expo 2000" seria mais tarde reescrita e rebatizada como "Planet of Visions", e agora faz parte do repertório dos shows do Kraftwerk: "Detroit, Germany/We're so electric" [Detroit, Alemanha/Somos tão elétricos], canta Ralf. Nas entrevistas, Ralf salienta que, para ele, o *feedback* entre influenciados e influenciadores é um *loop*, e não unidirecional.

Desde a saída de Karl Bartos, portanto, o Kraftwerk havia lançado apenas uma nova obra musical. Karl, porém, estava criando uma nova identidade na música. Tendo passado a maior parte de sua vida adulta no Kraftwerk, sua súbita chegada ao vasto mundo como um artista solo, aos 38 anos, exigiu um período de readaptação. Liberto das restrições autoimpostas de não colaboração, Bartos embarcou em uma nova carreira musical como artista solo, professor universitário e colaborador. Interessados em parcerias não faltavam. John Foxx, por exemplo, sondou

---

[95] Stern: Der EXPO-Jingle, aus dem später die *Single* "EXPO 2000" wurde, dauert vier Sekunden. Als Lohn dafür haben Sie 400.000 Mark bekommen. Wie lange haben Sie denn für die Herstellung gebraucht? Hütter: Das ist in Zeit nicht zu messen. Wir arbeiten nicht mit der Stoppuhr. Es hat sicherlich länger gedauert als fünf Sekunden. [N.A.]

[96] O Kraftwerk com certeza não foi o único a produzir *jingles*. Brian Eno foi contratado para compor o som musical de seis segundos de inicialização do sistema operacional do Windows 95. Consta que recebeu US$ 35 mil, de forma que saiu barato (http://www.loosewireblog.com/2006/11/fripp_eno_and_t.html). Ele o compôs em um Mac: "Nunca usei um PC na vida; não gosto deles". [N.A.]

ACHT (OITO) • Endlos (sem Fim)

as águas para uma união Foxx/Bartos: "Eu me reuni com Karl Bartos alguns anos atrás; grande músico, um som excelente. Discutimos fazer alguma coisa, mas nunca conseguimos nos sincronizar. Ele havia acabado de sair da banda".

Haveria outros. "Conheci Karl Bartos no início dos anos 90", recorda-se Andy McCluskey, "porque eu queria uma autorização para tocar 'Neon Lights' (para o álbum do OMD de 1991, *Sugar Tax*), e não tive retorno de Ralf e Florian, mas recebi uma resposta de Karl, então fui para Düsseldorf, e ele veio para Liverpool, e fizemos algum trabalho juntos. Assim, quando eu estava em Düsseldorf, fui gentilmente convidado para jantar no apartamento de Wolfgang, e lá conheci Karl e Emil Schult, e foi maravilhoso, e lembro-me de estar no corredor e ver que Wolfgang tinha um disco de ouro da França por *Radio-Activity*. Por acaso comentei que, ah, 'Radio-Activity', para nós, era a melhor música de todos os tempos. Basicamente 'Electricity' (o primeiro *single* do OMD) éramos nós simplesmente roubando 'Radio-Activity'; e todos eles disseram juntos 'Sim, nós sabíamos!'."

Andy e Karl compuseram músicas para o novo projeto de Karl, o Elektric Music: seu primeiro álbum, *Esperanto*, foi lançado em 1993. Em 1996, Karl juntou forças com o Electronic, o grupo que reunia o ex-guitarrista dos Smiths, Johnny Marr, e Bernard Sumner, do New Order, escrevendo seis músicas em parceria e contribuindo com os teclados. Para Bartos, a experiência foi positiva e libertadora; como resultado, seu segundo LP, lançado em 1998 pela Electric Music, (quase) com este mesmo nome, era uma exploração da guitarra pop dos anos 1960 – tudo impecavelmente feito em computadores, claro.

Quando o novo disco do Kraftwerk foi anunciado, no verão de 2003, houve pouquíssima divulgação. Foi intitulado *Tour de France Soundtracks*, e cópias promocionais do CD foram distribuídas à mídia pouco tempo antes da data de lançamento do disco. O álbum estava planejado para fazer parte da comemoração do aniversário de 100 anos do Tour, em julho daquele ano, mas a data de lançamento não foi cumprida, e o álbum teve lançamento mundial em 4 de agosto, mais de uma semana depois de o evento de 2003 ter terminado.

Embora muitos comentaristas da mídia tenham achado que ele havia sido encomendado pelo Tour em si, na realidade suas origens remontam a 1982 e 1983, quando Ralf e Florian estavam planejando que o passo seguinte depois de *Computer World* seria um álbum temático sobre ciclismo. A ideia no fim foi abandonada, e o novo trabalho (sem a

KRAFTWERK

música "Tour de France") enfim foi lançado como *Electric Café*. Ralf Hütter declarou: "Em 1983 estávamos trabalhando em um conceito para um longa-metragem sobre o Tour de France, e por isso escrevi algumas letras e ideias conceituais para nosso álbum *Tour de France*. Mas então nós só lançamos o *single* com a música-título, de forma que o roteiro do álbum foi colocado de lado e continuamos trabalhando em outros projetos. Então, quando essa turnê musical começou, voltamos ao projeto de terminar o álbum e desenvolver todos os conceitos que tínhamos, como 'Aerodynamik', e todas essas composições diferentes, para os 100 anos do Tour de France".

Alguns seguidores de longa data do Kraftwerk ficaram pouco impressionados, e de fato em alguns pontos o som do sintetizador parecia meio "mosquitoide" em comparação ao *vruuumm* de "Autobahn" ou ao drama viajante de "Trans-Europe Express". "Para mim, parecia apenas que alguém tinha pegado alguns sequenciadores e deixado a coisa rolar", diz Andy McCluskey. "Em minha opinião, não havia nada ali que tivesse qualquer personalidade ou foco", prossegue Peter Saville. "Eu gostaria que *Tour de France Soundtracks* tivesse uma organização mais holística. Eu imaginava que ele fosse a versão ciclística de *Trans-Europe Express*. Não é! É como uma seleção de instantâneos."

Outros foram mais entusiásticos. "Se você (assim como eu) ainda encara o Kraftwerk como uma divindade que deu ao mundo algumas das mais encantadoras e influentes músicas eletrônicas de todos os tempos, então vai amar este disco", escreveu Chris Jones para a BBC, enquanto houve também uma resenha de quatro estrelas na *Mojo*. Joe Black recorda-se do que o jornalista Andy Gill disse quando o álbum saiu: "'Foi realmente decepcionante, eles estavam percorrendo um caminho antigo. Toda a nova geração havia alcançado o Kraftwerk, e parecia que eles estavam começando a ficar um pouquinho para trás'. Mas ele disse também: 'No final das contas, mesmo um álbum medíocre do Kraftwerk é um trabalho de genialidade sublime'".

Tour de France Soundtracks com certeza tinha seus momentos notáveis. "La Forme", mais para o fim do disco, tinha uma deliciosa melodia romântica que remetia aos tempos de "Neon Lights", dessa vez com uma sugestão de orientalismo que é uma inovação para o Kraftwerk. Havia humor, também. Em "Vitamin", Ralf parece estar simplesmente lendo a lista de ingredientes de uma caixa de complexo multivitamínico: "Kalium Kalzium/Eisen Magnesium/Mineral Biotin/Zink Selen L-Carnitin/Adrenalin Endorphin/Elektrolyt Co-Enzym/Carbo-Hydrat Protein/A-B-C-D Vitamin",

ACHT (OITO) • Endlos (sem Fim)

mudando a ordem para colocar ritmo nas palavras. O ex-integrante Wolfgang comenta, de forma generosa, que gostou muito das músicas do álbum, "especialmente 'Vitamin'. Gosto muito dela". "Às vezes, tomamos suplementos", contou Ralf a Simon Witter. "Temos programas de cientistas do ciclismo, da Alemanha Oriental, claro. Ao transpirar, perdem-se muita água e vitaminas, por isso levamos nos bolsos produtos nutritivos para ciclistas e bebidas minerais. Também há uma dieta. Sou vegetariano e tento consumir muito alimento fresco, para poder percorrer as longas distâncias."

Em "Titanium", o Kraftwerk passa de uma música sobre nutrição para uma homenagem ao metal extraforte e resistente à corrosão. O locutor e escritor Andrew Collins perguntou a Ralf se a música era realmente sobre o titânio. "Sim, é algo muito pessoal, porque nossas bicicletas são feitas de titânio e nós usamos partes de carbono, rodas e elementos de alumínio na bicicleta, e esse é um material muito próximo a nós."

Outro ponto alto era "Elektro Kardiogramm", composta por Ralf e Fritz Hilpert, uma exploração sonora da unidade formada por ciclista e bicicleta, homem e máquina. "A batida que se escuta em 'Elektro Kardiogramm' vem de meus batimentos cardíacos enquanto estou pedalando... Ouvem-se ruídos cíclicos, a respiração, a corrente que desliza de forma quase inaudível sobre as engrenagens. Sabe, quando a pedalada vai bem, você não escuta quase nada, só o ambiente, mas na televisão sempre tem aqueles comentários irritantes. Sabe o que você deveria fazer? Assista a um percurso pelas montanhas, desligue o som e toque nosso CD; você vai ficar surpreso."

"No álbum *Tour de France Soundtracks*, pegamos alguns exames médicos que fiz uns anos atrás, gravações do batimento cardíaco, frequência da pulsação, exame da capacidade pulmonar, e usamos esses exames no álbum", acrescentou Ralf. "É percussivo e dinâmico. Nunca sentimos que não havia mais para onde ir."

Boa parte do primeiro terço de *Tour de France Soundtracks* transcorre com ecos de *house music*, *ambient* e, de forma bem adequada, da música *trance* dos anos 1990. "O *Tour* é como a vida: uma forma de transe. E o transe está baseado na repetição. Todo mundo procura o transe em sua vida: no sexo, no prazer, na música, em todo lugar. As máquinas são perfeitas para criar transe." Aqui os timbres são suaves, arejados e tranquilos. "Basicamente, o ciclismo soa como o silêncio-nada, silêncio porque, quando você está realmente pedalando bem, e sua bicicleta funciona bem, você não ouve a corrente, não ouve as rodas, não ouve a

KRAFTWERK

si mesmo, porque você está em boa forma e tudo flui suavemente", declarou Ralf ao jornalista Jim DeRogatis. "Esta é uma das razões pelas quais gostamos tanto dele, para sair um pouco do estúdio, dos sons musicais repetitivos. O silêncio completo deixa espaço para a concentração e a imaginação. Quando trabalhamos neste álbum, tentamos incorporar a ideia de muito suave, ondulante, deslizante." Ouvindo o álbum, "você quase pode ouvir o som do vento em seu rosto", disse DeRogatis. "Em alemão, isso é chamado *fleischentonal*, paisagens sonoras e de espaço, sons muito abertos, amplos. Assim, tentamos trabalhar nesse espírito."

O resto do álbum é notável graças ao tratamento da voz de Ralf. Só na última faixa, uma reconstrução quase nota a nota do *single* original "Tour de France", ouvimos a voz não tratada dele. Florian "é muito bom para conseguir que engenheiros de empresas de computação trabalhem em horas extras noite adentro para desenvolver falas sintéticas e coisas assim", disse Ralf. "Dessa forma, estamos usando muitas vozes sintéticas e todo tipo de entonação." De fato, eles foram os primeiros artistas a usar o TC Helicon VoiceModeler for PowerCore, tendo recebido uma cópia exclusiva de pré-lançamento. Prometendo "transformação vocal instantânea", o VoiceModeler afirma que "pode ser sutil ou extremo: transformar vozes 'masculinas' em 'femininas', aprimorar vozes abafadas, adicionando respiração ou um som 'gutural' ou ir mais além, criando efeitos de voz inéditos."

"É uma ótima ferramenta para transformar vozes completamente", disse Fritz Hilpert em uma rara entrevista. "Usamos o VoiceModeler para criar as vozes sussurrantes no coro da faixa 'Elektro Kardiogramm'."

Pouco se sabe sobre a contribuição de Florian ao Kraftwerk nessa época, e corre o boato de que, em termos de composição, seu papel tenha perdido importância. Ao permitir que Ralf, cujo inglês é praticamente perfeito, desse todas as entrevistas, as aparições de Florian na mídia eram muito limitadas. Um poema eletrônico carregado no YouTube, com pouco mais de trinta segundos, mostra Florian Schneider, com a ajuda de um Vocoder, fazendo homenagem ao sintetizador modular Doepfer A100. O sintetizador é "technisch, logisch, funktionell" [técnico, lógico, funcional] e "leicht, kompakt und transportable" [leve, compacto e portátil], o que o faz ser um objeto de desejo para Florian.

Coincidentemente, mas não sem uma vantagem fortuita, o álbum de Karl Bartos, *Communication*, foi lançado quase ao mesmo tempo que *Tour de France Soundtracks*. "I Am the Message", "Fifteen Minutes of

ACHT (OITO) • Endlos (sem Fim)

Fame" e "Life" estavam entre as mais fortes músicas que Bartos já havia escrito. "Gostei tanto de *Tour de France Soundtracks* quanto de *Communication*", diz o *designer* e fã do Kraftwerk Malcolm Garrett. "Mas se você comparar *Communication* lado a lado com o último álbum do Kraftwerk, bem, qual deles tem as melhores músicas? Todas as letras inteligentes, todos os versos engenhosos. Estão todos no álbum de Karl Bartos; e não há nenhum deles em *Tour de France*. Não há letras inteligentes em *Tour de France*. Há palavras e trocadilhos técnicos, mas não há uma letra convencional. Karl Bartos é obviamente um componente crucial, que agora eles não têm."

O álbum de Bartos fez um sucesso moderado e o manteve em evidência. *Tour de France Soundtracks* teve um bom desempenho, mesmo em um mercado em que as vendas de álbuns e *singles* estavam em declínio, com a revolução dos *downloads* começando a bater com força nas gravadoras bem estabelecidas. A faixa-título, lançada como *single* pela terceira vez, chegou ao Top 20 no Reino Unido. Na Alemanha, o álbum tornou-se o primeiro da banda a alcançar a primeira posição. Ralf disse sobre a façanha: "Incrível. No Tour de France, é a chamada camisa amarela". O Kraftwerk promoveu o álbum com uma série de apresentações ao vivo, incluindo uma no muito conhecido MTV Awards, em novembro daquele ano. Ninguém menos que a princesa do pop, Kylie Minogue (cujo sucesso de 2001, "Can't Get You Out of My Head", tinha um inconfundível aroma de Kraftwerk, tanto na música como no vídeo), os apresentou.[97]

"O ciclismo é o homem-máquina", concluiu Ralf. "Ele tem a ver com a dinâmica, seguindo sempre em frente, adiante, sem parar. Quem para cai. É sempre para a frente..."

8.5 Eletrodeuses na estrada

Quando o Kraftwerk, com seu novo visual, pegou a estrada, havia abandonado os sintetizadores e agora os integrantes ficavam em pé, imóveis e enfileirados, com espaçamento regular, por trás de quatro *laptops*. "É muito mais rápido e dá mais mobilidade", disse Ralf a Jim DeRogatis. "Funciona muito bem, e podemos fazer mais atualizações durante a pas-

---

[97] A coautora da música, Cathy Dennis, revelou em uma entrevista para a revista *PRS* que "Eu tive uma ideia que era tipo meio Kraftwerk" quando estava trabalhando em ideias para a música. [N.A.]

KRAFTWERK

sagem de som... É mais divertido, porque todas as ideias que aparecem durante a tarde podem virar realidade." Em 2005, a banda lançou seu primeiro álbum ao vivo, *Minimum-Maximum*, junto com um DVD que trazia apresentações em concertos. As faixas para ambos foram selecionadas a partir de vários concertos, e embora se possa dizer que a autenticidade fica comprometida ao ter uma coletânea de "melhores momentos" fazendo-se passar por um único show (apresentações em Varsóvia, Moscou, Berlim, Londres, Budapeste, Tallinn, Riga, Tóquio e São Francisco formaram o conjunto sonoro composto),[98] o que não pode ser considerado como uma crítica válida é que a música em si não seja tocada. Ela só não é tocada com instrumentos.

A nova turnê do Kraftwerk estava contida em dez *laptops* Sony. Seis eram usados para a parte visual; quatro, rodando o Cubase, para a música em si. O resultado era curioso e, em certos momentos, estranhamente engraçado. Os quatro *Musik-Arbeiter* subiam ao palco e ficavam quase imóveis durante todo o show. Em certos momentos, quando a música se tornava envolvente demais, e até dançante, era possível discernir primeiro um tremor e então uma flexão de joelho muito sutil, seguida pela marcação do ritmo da música com o pé, por algum dos membros da banda, mas tais tendências bailarinas, uma vez percebidas, eram rapidamente contidas, e uma expressão inescrutável desafiadora era restabelecida. A plateia, de forma geral, era atingida por um soco sonoro bem no estômago. A música era tão pura, e tão alta, que parecia ressoar pelo corpo todo, o pulsar das frequências baixas, fantásticas, ecoando pela caixa torácica, as notas mais agudas com uma beleza penetrante, sem distorções. E por trás dos Quatro Pós-Humanos Fabricados, uma sequência perfeita de imagens aparecia nos telões acompanhando cada música. Para Joe Black, o concerto de 2004 no Royal Festival Hall, em Londres, foi "o melhor show que já vi em minha vida. Foi uma combinação perfeita de diversão audiovisual. Foi realmente visceral. Eles tinham o menor e mais poderoso PA que me lembro de já ter visto. Pelos primeiros quinze ou vinte minutos, seu plexo solar tomava uma surra tremenda". Joe Black ressalta outro ponto que muitos dos seguidores homens do Kraftwerk perceberam (e é axiomático que a maioria dos fãs

---

[98] Em uma entrevista para a revista *Mojo*, Ralf Hütter disse que o melhor show foi gravado tarde demais para inclusão. "Temos gravações excelentes de Santiago, no Chile, mas não pudemos incorporá-las em *Minimum-Maximum* porque já tínhamos mixado o álbum", diz Ralf. "Os chilenos são a única plateia do mundo que bate palmas no ritmo com sincronização perfeita." [N.A.]

ACHT (OITO) • Endlos (sem Fim)

seja masculina): esposas, parceiras, filhas descobriram, muitas vezes para sua própria surpresa, que haviam sido completamente conquistadas. "Levei minha esposa, e ela disse que se sentiu realmente culpada por ter vindo, porque 'Tem gente que mataria para poder vir assistir a isto'." Antes, ela "devia ter ouvido uma meia hora de Kraftwerk em toda a vida". No evento, "ela passou o tempo todo com um sorriso enorme no rosto".

"Eles ainda conseguem nos impressionar, a mim e a minha esposa", diz Kristoff Tilkin. "Se o Kraftwerk vem, ela sempre me acompanha. Ela começou a ouvir com frequência o Kraftwerk. E meio que se ligou, e acabou virando mais fã do Kraftwerk do que eu. Tenho um filho que vai fazer 5 anos. Ele é o maior fã do Kraftwerk no mundo todo. Ele sabe o nome de todos os integrantes e canta junto qualquer melodia." Ainda assim, para alguns dos fãs de longa data do Kraftwerk, eles ali parados daquele jeito, cada um imóvel atrás de um pedestal, não tinha nada de divertido. "Era como ficar olhando quatro caras velhos checando seus e-mails", disse Martyn Ware, do Heaven 17.

Como muitos de seus contemporâneos de todos os matizes do pop e do rock, no fim dos anos 1990, o Kraftwerk havia se tornado uma banda itinerante. A ironia disso deve ter caído mal para Wolfgang e Karl, que haviam passado anos a fio na esperança de que o Kraftwerk voltasse a se apresentar regularmente e assim lhes garantisse uma fonte de renda segura. No entanto a indústria havia mudado. Tocar ao vivo era o que dava dinheiro, e a gravação e a venda de discos foram se tornando cada vez mais marginais. Apesar de Ralf negar com veemência tal afirmação, o Kraftwerk, com seu legado e seu catálogo, sem falar na escassez de oportunidade para vê-los no passado, era talvez o mais importante "nome ancestral" no circuito. Eberhard Kranemann, ex-integrante do Kraftwerk, fez uma estimativa do cachê para uma apresentação do Kraftwerk no século XXI: "Acho que não é possível conseguir que a banda faça uma apresentação por menos de 100 mil euros". Como ele sabe disso? "Conversei com algumas pessoas; e conheço esse ramo. Eles têm muito trabalho a fazer; e há muita tecnologia envolvida. Assim, é algo que custa muito caro para realizar. Ralf e Florian, em anos recentes, conseguiriam talvez 10 mil euros cada um, e eu consigo uns 500, porque eles seguiram na direção da música para um grande número de pessoas... música de massas."

Com a atenção para os detalhes sonoros que é a marca registrada deles, para tocar com eficiência o grupo construiu uma versão em menor escala, totalmente digitalizada, de seu Kling Klang Studio, compacta

KRAFTWERK

e móvel o suficiente para ser transportada ao redor do mundo para as apresentações em concertos. O velho equipamento analógico foi "aposentado", embora ainda seja mantido em condições de trabalho. Em vez de produzir música nova, boa parte da atividade recente no Kling Klang estava centrada em preservar e refinar os sons preexistentes, já desenvolvidos. "Lembro-me de que em Tóquio estávamos tocando em um complexo enorme, onde não havia aquecimento. Fazia tipo 3 °C, mas tudo funcionou muito bem", afirmou Hütter. "E então tocamos em Melbourne, na Austrália, e fazia perto de 50 °C, e tudo ainda estava funcionando muito bem." Claro, uma parte central do show eram os robôs, que lhe davam o elemento não humano durante o primeiro bis, bem como eventuais apresentações promocionais. "Eles fazem uma dança do motorista lenta, que algumas pessoas chamam de Tai Chi", diz Ralf. "Eles têm nossos rostos."

A obrigação de dar entrevistas foi assumida por Ralf. Agora com seus cinquenta e tantos anos, ele ainda tem uma silhueta relativamente jovem. "Sabemos que o tempo é implacável, mas a frase 'bronzeado e em forma' definitivamente se aplicaria", diz Ian Harrison, da *Mojo*, sobre Ralf. "Quando o entrevistei, ele vestia camisa e calças pretas e tinha um aspecto ótimo. Falava um inglês muito bom. Foi muito educado e parecia alguém que era... como posso dizer? Ele não foi antipático, ou ríspido ou duro. Ele foi divertido, sabe? Foi ótimo, porque, como você sabe, neste jogo, você conhece as pessoas e às vezes é chato, porque tem essas expectativas que a gente cria de antemão. Devo admitir que, quando saí de lá, não achei que ele tivesse frustrado nenhuma delas. Ele foi legal; não havia assunto sobre o qual ele não pudesse falar. Eu definitivamente tive a impressão de que ele estava animado com relação ao futuro, que havia coisas que ele ainda planejava fazer."

No entanto outros jornalistas tiveram uma visão de Ralf bem diferente, de que era um homem que falava com sentenças cuidadosamente preparadas, planejadas para não deixar transparecer nada importante. "Tive a oportunidade de entrevistá-lo por telefone", diz Kristoff Tilkin, que entrevistou Ralf para a revista *Humo*. "Ele foi muito gentil, mas era como um ditafone[99] ... na verdade não prestou atenção a minhas perguntas, achei que eu tinha algumas perguntas interessantes, mas ele não

---

[99] Ditafone é uma espécie de gravador no qual se gravam fonograficamente cartas ditadas ou qualquer outro texto oral, para que sejam posteriormente transcritos, datilografados ou digitados. [N.E.]

ACHT (OITO) • Endlos (sem Fim)

estava prestando atenção. Ele começou a falar e pensei 'Ah, meu Deus, faz quinze anos que venho lendo essa história em entrevistas'. Ele simplesmente diz o que quer dizer, e não escuta de fato as outras pessoas. Ele é muito gentil, é muito charmoso, mas acho que de uma forma distante. Não chegamos a ter uma conexão. Era só mais um jornalista com quem falar, e ele só ficava repetindo 'É, você sabe tudo isso, você sabe tudo isso'. Eu pensava 'sim, você está absolutamente certo, eu de fato sei tudo isso'; e não consegui mais nada."

Ocasionalmente, o Kraftwerk assumia um papel secundário, abrindo o show para, por exemplo, o Radiohead e, em um festival, para incredulidade do próprio Moby: "Quatro anos antes, toquei em um festival incrível na Sérvia, chamado The Exit Festival, e os shows de abertura que tive, isso foi tão estranho, e tão errado, foram três de minhas maiores influências: Patti Smith, Grandmaster Flash e Kraftwerk. Mas pareceu tão errado... Se você me visse quando eu tinha 15 anos, eu teria ficado feliz em entrar no camarim do Kraftwerk, três horas depois de terem indo embora, e ficar lá e olhar em volta... Ou se alguém tivesse me pedido para sair para comprar café para o Kraftwerk, aquilo teria sido suficiente para mim. Mas estar no programa junto com eles, e bizarramente eles tocarem antes de mim, dava uma sensação surreal e estranha. Quer dizer, foi incrível estar nos bastidores vendo-os tocar, mas eu sentia, de verdade, que tinha muito mais que ser o servo humilde deles e não um músico eletrônico presunçoso qualquer que ousava dividir o palco com eles".

Um concerto do Kraftwerk era, agora, um evento importante. Qualquer um com um mínimo de interesse por música eletrônica sabia que ver a banda ao vivo seria para ele tão importante quanto seria para um fã de *reggae* ver Bob Marley & The Wailers, ou para um fã do pop ver os Beatles, ou para um fã do *blues* comprar ingressos para um show do Muddy Waters. Havia algo sagrado na visão da banda em concerto. Jim DeRogatis, do *Chicago Sun Times*, em uma entrevista com Ralf, perguntou-lhe: "Para toda uma geração de músicos jovens voltados para a música eletrônica, o Kraftwerk é mais influente do que os Beatles. Esse legado alguma vez foi um peso?". E Ralf respondeu: "Na verdade, não, porque ele dá a todos nós a energia e o ânimo para seguir em frente. Porque começamos no fim dos anos 60, mas ainda estamos olhando para a frente. Quando olhamos a plateia, e ela inclui desde garotos que usam computadores até professores universitários de eletrônica ou física, ficamos muito, muito satisfeitos".

KRAFTWERK

Embora alguns críticos discordassem, cada show do Kraftwerk era diferente, ainda que às vezes de forma imperceptível. As músicas podiam ser prolongadas ao vivo, e equívocos podiam ocorrer. "Até aqui os computadores funcionaram muito bem", Ralf disse em 2003. "Pequenas falhas aqui e ali, mas em geral eles têm sido bem amigáveis conosco e nós temos sido amigáveis com eles, de modo que as coisas estão funcionando muito bem."

Em uma ocasião, houve uma perturbação muito humana para um show. O Kraftwerk foi forçado a cancelar seu concerto em Melbourne, no Global Gathering Festival, em 22 de novembro de 2008, quando Fritz Hilpert desmaiou nos bastidores apenas vinte minutos antes do início do show. Um Ralf visivelmente perturbado, já em seus trajes de palco, teve de anunciar isso para a plateia decepcionada. Mas isso era um sinal de que o Kraftwerk não era composto apenas de mímicos glorificados ou robôs. Dizem que Hilpert sofreu um ataque do coração, mas, depois de uma breve internação no hospital, a turnê pôde prosseguir no dia seguinte.

O Kraftwerk fez concertos pelo mundo todo, não apenas nas grandes cidades europeias, mas também nas Américas do Norte e do Sul, e no leste. "Temos nos apresentado em diferentes contextos culturais", afirmou Ralf. "Tocamos no Tribal Gathering, na Inglaterra, que era no campo, em tendas. Na Itália, vamos tocar ao ar livre, no centro antigo da cidade. Tocamos no Lido, em Veneza. Em Moscou, no Sports Palais. É como se uma navezinha pousasse em algum lugar e nós fizéssemos nossa apresentação."

Um dos maiores motivos para o sucesso deles em tantos territórios diferentes foi o fato de sua música ser tão prontamente adaptável e compreendida. Com textos curtos, o Kraftwerk podia adaptar seu show para qualquer grupo linguístico, mudando do inglês para o alemão sempre que necessário. No Japão, uma música como "Pocket Calculator" se tornou "Dentaku", com um texto em japonês. "Numbers" podia, também, facilmente ser alterada conforme o local. Como mímicos, para quem a barreira da língua nunca é um problema para suas aspirações globais, o Kraftwerk havia criado uma unidade de sons e imagens que não se prendia a uma única cultura, ou geração. Um robô, uma autoestrada, uma sequência de números, uma tela de computador, um trem em alta velocidade, o sinal amarelo de alerta de radioatividade são todos símbolos bem conhecidos em países desenvolvidos. O Kraftwerk podia ser interpretado, em outras culturas, por intermédio de um Esperanto semiótico.

ACHT (OITO) • Endlos (sem Fim)

8.6 Auf Wiedersehen. Herr Klang!

A última apresentação de Florian com o Kraftwerk, cujo vídeo foi carregado posteriormente no YouTube, dada sua importância para os fiéis, ocorreu em 11 de novembro de 2006, em Zaragoza. O "11 de novembro" marca não apenas o Armistício, mas, na Alemanha, o início da época de carnaval e, no sul do país, do *Fasching*, um longo período de (diriam alguns) alegria forçada, com festas e bailes, fantasias e consumo considerável, que vai até a Quaresma, mas apenas, claro, nos dias preestabelecidos e em locais oficialmente autorizados. Porém não havia alegria no comportamento do senhor Klang naquela noite no palco, na Espanha. Uma execução brilhante de "Musique Non-Stop" fechou a apresentação, com cada integrante da banda fazendo um solo antes de deixar o palco. Quando chegou a vez de Florian, ele praticamente saiu correndo.

Florian esteve ausente dos concertos da banda na Irlanda, em 2008, e em uma entrevista para o *New Zealand Herald*, em 27 de setembro de 2008, antes dos shows em que o Kraftwerk abriria para o Radiohead, Ralf declarou: "Sim, ele não gosta de fazer turnês, por isso nos últimos anos ele está trabalhando em outros projetos, coisas técnicas. Então, estamos viajando com nossa formação ao vivo como na última turnê americana e agora na Europa. Estamos eu, o senhor Henning Schmitz, o senhor Fritz Hilpert e o senhor Stefan Pfaffe, que faz nossa programação visual". Ralf estava nos vocais e nos teclados, Henning controlava as linhas de baixo e a equalização do som, e Fritz controlava os ritmos e os sons percussivos.

Estava evidente, já fazia muitos anos, que era árduo para Florian fazer turnês. Ele era, afinal de contas, um inventor, satisfeito com o trabalho de laboratório no Kling Klang em técnicas avançadas para moldar e modular o som do Kraftwerk, particularmente em termos de expressão vocal. Mas parecia haver algo inerentemente errado quando o Kraftwerk subiu ao palco sem ele. Seu substituto era Stefan Pfaffe, na época com 29 anos de idade, empregado do Kling Klang, um homem alto e adequadamente inescrutável, décadas mais jovem que os demais e descrito por algum jornalista como um "gostosão".

Por mais competente que ele pudesse ser, seu recrutamento parecia confirmar a ideia que estava na cabeça de muitos fãs de que o Kraftwerk era simplesmente o projeto de estimação de Ralf. Ralf *era* o Kraftwerk agora. Já fazia tempo que era ponto pacífico que, em termos de composição, nos últimos anos a contribuição de Florian não era decisiva, e assim sua

KRAFTWERK

partida não constituía, para Ralf, um obstáculo intransponível. No entanto a ausência de Florian, com sua calvície e seu nariz aquilino, seu ar superior, sua aparência de professor maluco, sua postura estatuesca, seu sorriso que sempre parecia prestes a irromper a qualquer momento, tirava do Kraftwerk sua figura mais icônica. Mostre a qualquer pessoa uma foto do Kraftwerk feita por volta de 1977 e pergunte de que país era o grupo, e seria Florian quem entregaria o jogo. Florian também trouxe ao Kraftwerk uma boa dose de seu humor, um toque fora do comum e insólito; aquele sorriso amplo de charme peculiar e ao mesmo tempo levemente sinistro. Em uma banda que sempre havia se apresentado como a corporificação da eficiência mecânica, Florian recordava os fãs de que o Kraftwerk era humano no final das contas.

O Kraftwerk agora tinha só um componente original. Isso importava? Alguém se importava com o fato de que o repertório ao vivo deles fosse agora apresentado, em maior ou menor grau, por pessoas que já não estavam no Kraftwerk? A década de 2000 foi um período em que muitos grupos do passado se refizeram sem seus vocalistas icônicos. Tivemos Slade sem Noddy; tivemos The Undertones sem Fergal; tivemos até mesmo Queen sem Freddie. Também tivemos o espetáculo das bandas de tributo; a popularidade, por exemplo, do Australian Pink Floyd, uma diversão de alta produção composta por substitutos habilidosos, lotando grandes estádios por toda a Europa; e Bjorn Again, clones do ABBA que implantaram uma política de franquias, com diferentes Bjorn Agains atuando em diferentes regiões ao redor do mundo. No entanto era sempre difícil manter o equilíbrio. Onde estava o ponto de virada, onde o valor de uma banda ficava tão desvalorizado que o público decidiria que não havia autenticidade suficiente para que fosse viável? Poderiam os Stones tocar sem Keef Richards? Poderia haver um U2 sem Edge? Teria o Kraftwerk agora se tornado uma banda de tributo a si mesma? Ou, simplesmente, uma banda solo – *Ralfwerk*? Ou seria a realidade final uma inevitabilidade? O Kraftwerk havia previsto um futuro onde qualquer coisa – um robô, uma projeção, um substituto, um tributo – poderia executar a mesma função que os originais para uma comunidade de fãs de música desinteressados, preguiçosos, mas endinheirados. O que era mais fácil, uma noitada com um tributo a Pink Floyd ou o grande esforço de escutar de verdade a nova música de uma nova era?

Talvez isso fosse uma cobrança dura demais ao Kraftwerk. Ralf sempre havia sido o líder reconhecido. Já fazia vinte anos que Fritz e Henning se apresentavam nos palcos com a banda, e talvez fosse hora de vê-los

ACHT (OITO) • Endlos (sem Fim)

como integrantes reais, e não como substitutos de Wolfgang e Karl, atores do Kling Klang. No entanto, para muitos fãs, o Kraftwerk sem Florian foi um golpe fatal. "Foi ele que até mesmo pôde ser o Kraftwerk no curto período em que Ralf estava longe, sabe? Aquele período em que ele trabalhou com Michael Rother", diz Ralf Dörper. "Para mim, sempre foi Ralf e Florian. Mas para mim era Florian que sempre foi o *Robotnik*. Eu o acho ótimo!"

Indagado sobre qual ele achava que teria sido o motivo da saída de Florian, a resposta de Wolfgang Flür foi seca, mas provavelmente acurada: "Velho demais, não mais necessário, com dinheiro suficiente, e, sobretudo, não precisar mais voar de avião; ele estava cansado de tudo aquilo. Acho que ele devia ter feito isso muito, muito antes".

De acordo com Eberhard Kranemann, a separação não foi tão amigável quanto se teria esperado. "Eu gostaria de tocar com Florian de novo, porque ouvi dizer que Florian e Ralf agora, eles... há grandes problemas entre ambos. Eles não gostam mais um do outro; e eles têm problemas com tudo. Ontem recebi um telefonema de um amigo e ele me contou que há problemas sérios entre Florian e Ralf. Ralf está tocando a banda sozinho sem Florian, e Florian agora quer fazer sua própria música, sem Ralf, mas Ralf não permite que ele o faça. Eles estão com advogados. Um advogado diz isso, o outro diz aquilo, e o Kraftwerk tem um acordo com a EMI Elektrola para fazer mais um disco, e quando ele estiver pronto, Florian estará livre, ele poderá deixar o grupo e fazer sua própria música, mas não antes disso. Eu gostaria de fazer música de novo com Florian Schneider, porque nós começamos tudo em 1967 e agora estamos uns anos mais velhos, e eu gostaria de voltar ao começo da coisa toda. Florian tem acordos com gravadoras junto com Ralf, e assim é proibido para ele fazer sua própria música. Ele é um escravo da indústria da música. Como um músico trabalhando no circo dos grandes negócios você não pode fazer o que quer. Escrevi a música 'Say No!' sobre essa situação: a capacidade plenamente desenvolvida de dizer NÃO é também o único contexto válido para o SIM, e apenas por meio dos dois a verdadeira liberdade toma forma. Quando Florian estiver livre da escravidão do negócio da música, vou gostar de me juntar a ele de novo. Ele é um bom sujeito e um músico muito bom, e sempre foi divertido fazer música com ele."

A declaração acima é, evidentemente, uma leitura individual da situação, em uma entrevista dada em 2009. No entanto a probabilidade de Florian estar legalmente impedido de lançar músicas como artista

KRAFTWERK

solo está longe de ser fantasiosa. Também existe a hipótese de que, como parte do acordo financeiro com Ralf que permitiu a Florian deixar a banda, ele teve de abrir mão de qualquer direito legal que tivesse a marca registrada Kraftwerk. De fato, seria estranho se não tivesse sido feito nenhum tipo de pacto legal entre Ralf e Florian, posto que todos os discos, de *Autobahn* em diante, foram designados como "Kling Klang Produkt: Ralf Hütter/Florian Schneider". "Eu imagino que Ralf e Florian devem ter tido uma grande e longa briga e discutido muito sobre o futuro do Kraftwerk", diz Wolfgang. "Acho que no fim foi Florian que teve de baixar as armas e dizer 'Ok, Ok, eu abro mão, então. Faça o que você quiser. Pode ficar com o nome'. Talvez ele tenha tido que pagar uma boa grana por isso; tenho certeza de que Ralf teve que tirar muito dinheiro do banco e entregar a Florian. Florian não tem mais nada a ver com o Kraftwerk. Talvez não tenha direito ao nome, mas creio que ele mantém os direitos autorais sobre as músicas. Não sei qual o acordo que fizeram, mas houve um acordo. Florian queria se desvincular de tudo."

Agora ficava óbvio que, para Ralf, o Kraftwerk era o trabalho de sua vida. Agora com mais de 60 anos, ele não mostrava absolutamente nenhuma inclinação a desistir. De fato, no negócio da música, praticamente não há casos de músicos de sucesso que se aposentam no sentido de deixar totalmente de tocar. Quase todo mundo reforça sua aposentadoria entrando na turnê dos festivais, no circuito de *pubs* ou mesmo de boates. Alguns fingem que fazem isso por motivos "artísticos"; outros destacam a euforia que toma conta das plateias, sobretudo quando tocam seus maiores sucessos. Paul McCartney se apresenta em shows que têm como base principalmente as músicas clássicas dos Beatles, todas interpretadas da forma mais parecida possível ao original, com apenas uma pincelada dos Wings e material solo. Keith Richards observou que os velhos pioneiros dos *blues* continuam tocando até cair, então por que ele não poderia fazer o mesmo? Chegando aos seus 70 anos, Roger Waters tem feito turnês com uma interpretação solo do clássico do Pink Floyd, *The Wall*. No palco, Neil Young soa tão furioso e agressivo aos 70 como soava aos 50, assim como Pete Townshend e Roger Daltrey, à frente de uma formação do The Who à qual faltam Keith Moon e John Entwistle. Ian Anderson solo e Jethro Tull no Natal se dão muito bem. Até "Laughing Len" Cohen podia ser visto no palco, e valorizado, especialmente desde que sua faixa "Hallelujah", ignorada nos anos 1980, passou a ser objeto de inúmeras *covers*, e foi reabilitada como um clássico. A hibernação da mídia de David Bowie, depois de seus problemas cardíacos em

ACHT (OITO) • Endlos (sem Fim)

2004, assim como o anúncio de Phil Collins sobre sua intenção de se aposentar como compositor ao completar 60 anos são, na verdade, exceções à regra. Na segunda década do século XXI, há muitos astros do rock ainda compondo, gravando e se apresentando com mais de 70 anos. Ian Hunter, Bob Dylan, Yoko Ono, Aretha Franklin, Seasick Steve, David Crosby, Bill Wyman, Ringo Starr, Paul Simon e Lou Reed saltam de imediato à mente, e há muitos outros, alguns que merecem, a maioria não. Os nomes da velha guarda se tornaram um patrimônio; a necessidade de ser jovem e belo passou a ser irrelevante exceto para aqueles cuja existência em si só é significativa em virtude de sua capacidade de parecer sobrenaturalmente jovem. Ralf e o Kraftwerk estavam em uma posição totalmente diferente. Ele não cantava com um pedestal de microfone tendo como único acessório uma guitarra acústica. Ele não subia ao palco com o acompanhamento de um fluxo piroclástico de barulho de uma banda de rock bem ensaiada. Não. Ele logo seria o primeiro pioneiro do pop eletrônico a completar 70 anos. Pareceria ele ridículo como um septuagenário produzindo batidas em vez de tocar uma velha melodia de *blues*?

Talvez a resposta para o desejo inabalável de Ralf de prosseguir fazendo música possa ser encontrado trinta anos atrás, em uma entrevista que ele concedeu a Chris Bohn, da *NME*. Indagado sobre computadorizar o Kling Klang Studio, ele revelou muito claramente um traço psicológico que estava entranhado nele: "Porque somos alemães, e há uma qualidade alemã fatalista de ir até o fim. Nunca há a questão de talvez usar um computadorzinho aqui e conectá-lo no sintetizador ali e deixar o resto do grupo como antes. Nós fechamos a porta por três anos e não abrimos. Tentamos fazer a coisa completa, impondo o processo como uma disciplina para nós, de fato indo até o fim e então saindo da sala para ver aonde aquilo nos leva. Acho que isso é muito alemão". *Ir até o fim*... Aposentar o Kraftwerk era impensável. Como canta um dos atuais discípulos do Kraftwerk, Hot Chip: "Over and over and over and over and over/Like a monkey with a miniature cymbal/The joy of repetition really is in you" [De novo e de novo e de novo e de novo e de novo/Como um macaco com pratos em miniatura/O prazer da repetição de fato está dentro de você].

O Kraftwerk, de fato, estava se tornando muito mais do que uma espécie de destino traçado para Ralf. Ficção e realidade estavam aproximando arte e vida real, que iam ficando indistintas à medida que se fundiam. "Em alemão, os nomes muitas vezes são profissões, como

KRAFTWERK

Müller (moleiro) e Bauer (fazendeiro). Não me sinto mais como o senhor Hütter, mas como o senhor Kraftwerk. Sinto-me como um robô."

As notícias oficiais sobre a saída de Florian foram divulgadas em janeiro de 2009. Um jornalista especulou bem-humorado que só em um grupo como o Kraftwerk as diferenças artísticas poderiam pôr fim a uma parceria... depois de quarenta anos. No estilo tipicamente kraftwerkiano, nenhuma explicação foi dada para a saída. Outro *Arbeiter* havia simplesmente partido; um autômato que poderia facilmente ser substituído, parecia ser a impressão que eles queriam passar. "Alguns fãs, sem sombra de dúvida, acharão uma lástima que Schneider não dividirá o palco com Hütter nos concertos do aniversário de 40 anos (a banda foi formada em 1970)", escreveu o repórter Andrew Eaton em *The Scotsman*. "Vendo por outro lado, sua saída discreta, sem escândalos, às vésperas de uma grande turnê (incluindo shows com o Radiohead, fãs de longa data), é muito Kraftwerk. Seus anos mais criativos – de 1974, com *Autobahn*, a 1981, com *Computer World* – podem ter ficado bem no passado, mas a banda continua, de forma inspirada, deslocada em nossa cultura obcecada por celebridades. Como Kate Bush, eles são rotulados como excêntricos em parte porque não têm interesse em participar do turbilhão da mídia. Eles simplesmente não querem ser famosos."

Depois da partida de Florian, Ralf revelou muito pouco, mas parecia haver certo grau tanto de empatia quanto de surpresa de sua parte: "Que posso dizer? Trabalhamos juntos por muitos anos, mas ele tem outros projetos. Sou um artista livre, então posso continuar". E acrescentou: "Nós não entendemos, mas é uma decisão particular dele. Ele fez alguns outros projetos, dando palestras na universidade, coisas assim. Às vezes na vida você toma um rumo diferente". Ralf também revelou: "Ele trabalhou por muitos, muitos anos, em outros projetos: síntese da fala e coisas assim. Fazia muito, muito tempo que ele não estava de fato envolvido com o Kraftwerk".

Antes da saída, a coisa era muito diferente. Questionado sobre a importância de Florian, alguns anos antes, Ralf disse ao *Chicago Sun Times*: "É como um casamento eletrônico (risos) – senhor Kling e senhor Klang. É em estéreo, de forma que dá à música uma dimensão mais ampla: Yin Yang, Kling Klang". "Sendo assim, você não pode imaginar fazer um disco do Kraftwerk sem Florian?", perguntou o jornalista. "Não, não. Não é possível. Essa é a base do Kraftwerk. É estéreo."

A primeira aparição pública de Florian depois do anúncio de sua partida aconteceu na MusikMesse, em Frankfurt, em 2009. Usando um

ACHT (OITO) • Endlos (sem Fim)

boné, parecendo relaxado e mascando chiclete, ele estava em boa e lacônica forma; primeiro deu uma entrevista curta e, depois, com um *timing* brilhante e divertido, enfiou a cabeça no visor da câmera, em uma entrevista com Sebastian Niessen, *designer* de instrumentos estabelecido em Munique e um colaborador de longa data da banda. Florian parecia um homem aliviado.

8.7 O Kraftwerk hoje

Em 2009, com Florian agora fora do grupo, Hütter & Cia. abandonaram o Kling Klang Studio original e se mudaram para o "novo" complexo Kling Klang, na Lise-Meitner-Strasse, em Meerbusch-Osterath, mais ou menos 10 quilômetros a oeste de Düsseldorf. Com um escritório que coordena a venda dos produtos Kling Klang (CDs, camisetas, equipamento de ciclismo, *mouse pads*, skates e coisas assim) e um espaço para gravação e ensaios, a nova localização pode irradiar a aura *high-tech* que o Kraftwerk sempre exibiu; mas, até o momento, o novo estúdio não conseguiu tornar-se um templo para os fiéis.

No mesmo ano ocorreu a tão adiada reedição do catálogo do Kraftwerk ou, mais precisamente, todos os oito discos de estúdio de *Autobahn* a *Tour de France Soundtracks*. Eles foram disponibilizados individualmente ou num *box*, *The Catalogue* (*Der Katalog*), divulgado por meio de um curto vídeo promocional, *1-2-3-4-5-6-7-8*, uma voz *vocoderizada* anunciando cada número em sequência e revelando a capa original e a nova de cada álbum. De fato, para a maioria das capas, a arte foi retrabalhada e simplificada, e o *box* trazia agradáveis livretos de 12 polegadas, com a arte da época de cada álbum lançado, mas não havia nada novo, exceto pelo fato de *Electric Café* ter sido rebatizado como *Techno Pop* e pela inclusão, nesse álbum, do instrumental "Housephone". Houve até controvérsias quanto à qualidade do som. *The Catalogue* foi fartamente resenhado na mídia. As resenhas foram, no geral, muito favoráveis, mas, apesar da elegância, ele deixou de trazer o que os fãs realmente queriam – material novo, comentários de Ralf, algo fora do comum que fizesse dele uma aquisição essencial.

O Kraftwerk continuou em turnê, sempre aprimorando as apresentações ao vivo. A mais recente redefinição veio com o 3-D e teve sua estreia britânica na segunda metade de uma das mais espetaculares apresentações da banda, no Velódromo de Manchester, em julho de 2010. Para promover o concerto, o Kraftwerk, ou, antes, Ralf, ou na verdade um

KRAFTWERK

Ralf robótico, ou "Ralfbot", deu uma "entrevista" à jornalista Miranda Sawyer, que usava uma camisa vermelha e gravata preta em homenagem a um de seus heróis de adolescência. Ela questionava o motivo de existirem tão poucas mulheres fãs do Kraftwerk (algo que não fica evidente na mistura de gêneros vista na maioria dos concertos), antes de tentar arrancar respostas de um entrevistado que era um tanto mais mecânico do que a maioria.

Em 2003, Ralf havia exaltado as virtudes de seu equivalente robótico, afirmando "Onde estou dando uma entrevista, os robôs podem fazer uma sessão de fotos, uma filmagem, de forma que é um processo de arte industrial". Em uma conversa descontraída com o *San Francisco Chronicle*, Ralf foi indagado: "Incomoda a você que os robôs ainda recebam mais amor que a banda?". E ele respondeu: "Não. Eles têm viajado conosco já faz algum tempo. Quando começamos esta turnê, em setembro de 2002, os robôs estavam no Musée de la Musique, em Paris, por isso não puderam estar conosco. E então, quando viajamos para a Austrália e para o Japão, eles não foram junto. Ficaram no museu por um ano, em exibição. Agora eles estão de novo conosco... Eles querem viajar conosco". Então lhe foi perguntado: "Quem consegue mais garotas depois do show, você ou seu androide?". E Ralf Hütter respondeu: "Ah, isso é segredo".

"Foi incrivelmente emocionante", diz Ian Harrison sobre a apresentação no Velódromo de Manchester, "muito calorosa... e quente. Quando tocaram 'Tour de France', a equipe olímpica britânica percorreu o circuito em suas bicicletas, e foi um momento fantástico, hilariante, incrível. Dava vontade de rir alto." Foi de fato um momento totalmente surreal. Quando os ciclistas se foram, Ralf contribuiu com o divertido clima cômico, ao acrescentar: "Da próxima vez, traremos nossas bicicletas".

Andy McCluskey também estava no show e ficou devidamente surpreso: "Foi a excentricidade multimídia mais inacreditável. Eles tinham a música, eles tinham os robôs e tinham as roupas reflexivas. Tinham o telão gigante. Todo o fundo do palco, 15 por 6 metros, era ocupado pelo telão. Toda a segunda metade do show foi em 3-D; e nós usamos nossos óculos 3-D. Eles continuam levando o show a outro nível de multimídia. Se você presta atenção nos *designs*, na forma como eles se apresentam, a arte, tudo o que se refere a eles, se os Futuristas tivessem computadores, teriam feito música como a do Kraftwerk. Também me peguei dançando, embora seja difícil dançar muito. Comecei a tocar *air synth* durante 'Radio-Activity', e parei na hora.

ACHT (OITO) • Endlos (sem Fim)

Minha mão estava suspensa no ar e eu pensei 'Não fica com a mão assim, tocando as notas, seu idiota!'".

Para Andy, porém, aquele foi mais do que um show incrivelmente inovador; foi uma declaração de sua própria identidade em som e visão, e de como o Kraftwerk a havia moldado. "Falei com Peter Saville depois do show, liguei para ele e disse 'Peter, por acaso você não estava no show desta noite, estava?', e ele disse 'Sim, sim, sim'. Ele havia tido a mesma experiência, porque nós dois fomos transportados de volta para nossa juventude, para uma época em que estávamos inventando a nós mesmos. E o que recebemos do Kraftwerk e o que aprendemos com eles foram alguns dos elementos mais importantes na construção de nossa visão de nós mesmos. Assim, foi muito, muito nostálgico e muito emocionante para nós."

"Foi bem apropriado terem aberto com 'The Man Machine'", continua Peter Saville. "Foi um momento muito surpreendente para mim. Era um monte de pontos pelos quais você podia traçar uma linha; e a linha era um *loop* infinito. Foi algo bem incrível. Senti lágrimas nos olhos desde o começo."

Saville viu um profundo simbolismo no evento. "Houve um momento de conclusão... de pessoas, tempo e lugar, que foi o momento em que a equipe olímpica de ciclismo apareceu. Aquele foi um momento convergente de 'evolução recíproca'. A ideia de o Kraftwerk tocar no Velódromo foi de Alex Poots. O Velódromo é um símbolo da 'nova Manchester'."

"Assim, o edifício no qual tudo aconteceu não teria sequer existido se não fosse por algo que o próprio Kraftwerk inspirou. Esse velódromo é citado com frequência como um momento de virada na evolução da equipe de ciclismo da Grã-Bretanha. Portanto, sem o Velódromo, falando de forma geral, não haveria equipe olímpica medalha de ouro. Então, quando você finalmente vê aquela equipe naquele edifício com o Kraftwerk, percebe que foi um movimento circular completo. O próprio Festival Internacional deve algo ao Kraftwerk. O convite ao Kraftwerk para o Festival nunca teria acontecido sem a Factory. Além do mais, creio que o papel de Manchester na Revolução Industrial é bem compreendido na Alemanha; e Manchester é conhecida como a primeira cidade industrial do mundo. Creio que Ralf não deixou de perceber isso. Acho que aquela abertura com 'The Man Machine' na primeira cidade industrial foi um momento apropriado."

KRAFTWERK

Em outubro de 2011, em Munique, e em abril de 2012, em Nova York, o Kraftwerk fez uma jogada audaciosa; concertos ao vivo em auditórios relativamente pequenos, combinados com uma instalação de arte separada, com entrada paga. Os concertos de Munique foram apresentados no Alter-Kongresshalle, e o vídeo 3-D era reproduzido na Lenbachhaus. Àquela altura, todo o show ao vivo era em 3-D; Ralf deve ter se divertido muito vendo toda a plateia usar óculos ridículos. O público era surpreendentemente variado – homens e mulheres dos 17 aos 70 anos, e alguns vestidos com o vermelho e o preto que eram a marca registrada da época de *The Man-Machine*. Visualmente, a apresentação era de encher os olhos. Os braços dos robôs pareciam estender-se para além de você, números saltavam para nos perseguir; visitávamos uma estação espacial em órbita com gravidade zero e experimentávamos a sensação de viajar de carro por uma *autobahn* com Ralf. Durante um clipe de "Numbers" no YouTube, um fã claramente emocionado pode ser ouvido gritando "Ah, meu Deus!... Ah, sim!... Uau!... U-hu!".

A pulsação eletrônica de "Musique Non Stop" era, inevitavelmente, a música de encerramento, com cada membro da banda deixando o palco após um "solo", mais uma cutucada proposital na autenticidade do rock. Que o indivíduo encarregado da parte visual possa fazer um solo é um triunfo de fato do simulado sobre o real. Ralf, o último a sair, em geral checava seu relógio, em uma divertida alusão à pontualidade alemã. Esse é também um lembrete de que os membros do Kraftwerk são *Arbeiter* [trabalhadores] – eles já cumpriram seu turno (o show), já deram a hora extra (o bis), e agora é hora de bater o cartão e ir embora.

Se Munique foi um sucesso, a residência do Kraftwerk no Museu de Arte Moderna de Nova York (ou MoMA, como também é conhecido) garantiu provavelmente a maior publicidade que a banda já teve em toda a sua carreira. Foi a primeira apresentação na cidade desde 2005, no entanto, mais do que isso, o plano era que todos os oito álbuns, de *Autobahn* a *Tour de France Soundtracks*, fossem tocados em noites consecutivas. Em vista da natureza ambiciosa dos concertos e do *status* agora legendário do grupo, independentemente de sua formação, foi talvez inevitável que a venda de ingressos para o evento se tornasse algo como uma catástrofe total. Primeiro, cada solicitante estava restrito a dois ingressos. Em teoria, esta era uma tentativa de agradar a todos os clientes em potencial, mas na realidade afastou fãs devotados, uma situação que foi satirizada de forma hilariante em "Hitler reacts to Kraftwerk MoMA ticket limit" [Hitler reage ao limite de ingressos do Kraftwerk

ACHT (OITO) • Endlos (sem Fim)

no MoMA], que usou uma cena do filme alemão de 2004 *Der Untergang* (*A Queda: As Últimas Horas de Hitler*), um meme bem conhecido na internet, colocando Hitler como um fã ávido do Kraftwerk furioso ao descobrir que não poderia assistir a todos os oito concertos: "Talvez eu veja *Techno Pop* e *The Mix*? *Techno Pop*, aliás, *Electric Café*, é ligeiramente subestimado, o que significa que não é tão completamente horrível quanto a maioria das pessoas diz que é (longa pausa). Soa como se eles estivessem mandando mensagens de *pager* por meio de *pre-sets* no DX 7".[100]

Segundo, praticamente nenhum fã conseguiu ingresso. O que os fãs não sabiam era que a capacidade para cada concerto seria, supostamente, de cerca de 450 lugares (e a quantidade de ingressos que foi disponibilizada para o público geral é desconhecida). A companhia responsável pelas vendas ao menos teve a gentileza de emitir uma explicação e um pedido de desculpas, observando que seus procedimentos normais de venda de ingressos foram inadequados para a imensa demanda. "Embora não possamos revelar o número de ingressos que estavam disponíveis para essas apresentações, o que posso dizer é que, apesar de dezenas e dezenas de milhares de fãs ardorosos do Kraftwerk, do mundo todo, terem acessado o site exatamente ao meio-dia de ontem para comprar ingressos, as restrições de capacidade do local permitiram que apenas aproximadamente 1,20% do espaço fosse de fato reservado", afirmou o presidente da companhia responsável pelas vendas. "Como podem imaginar, esse foi um tremendo obstáculo técnico, particularmente por conta da pequena fração de oferta *versus* demanda... Sei que muitos de vocês passaram horas diante do computador olhando um círculo girar – ou vendo a página ficar em branco." Há relatos de que um cambista, ou *scalper*, como são conhecidos nos Estados Unidos, estava oferecendo um único ingresso a 41 mil dólares.

Enquanto a maior parte da cobertura do Kraftwerk na mídia britânica em épocas recentes tendeu à reverência, nos Estados Unidos foi diferente, com uma piadinha transparecendo em muitos momentos de adoração. Mike Rubin, da *Rolling Stone*, resenhou todos os oito concertos do que ele chamou de "Kraftweek".[101] Sobre a noite de abertura, ele escreveu: "No átrio do segundo andar, o pano foi erguido na hora marcada para revelar o quarteto – liderado pelo cofundador Ralf Hütter, de 65

---

[100] http://www.youtube.com/watch?v=b4yohA0ZVt4. [N.A.]
[101] Trocadilho com *week*, "semana". [N.T.]

KRAFTWERK

anos, responsável por todos os vocais *vocoderizados* –, eles estavam espremidos como salsichas em macacões de corpo inteiro de *spandex*, estilo Tron. Abriram a noite com sua música-tema *de facto*, 'The Robots' (basicamente uma versão cibernética de 'hey, hey we're the Monkees')".

As resenhas de Rubin pintam uma semana irregular para o Kraftwerk – muitos momentos memoráveis, mas também algumas decepções, entre elas a versão de "Radioactivity", de *The Mix*, de 1991, tocada de forma anacrônica na noite reservada para o próprio álbum *Radio-Activity* – uma foi estridente e tecnoide; a original, frágil e desanimada, e muito diferente. Outra reclamação foi que algumas das obras clássicas foram encurtadas. No entanto a maioria dos críticos saiu satisfeita e impressionada. "Ao assistir à hipnótica apresentação do Kraftwerk na noite de sábado – os quatro homens tocaram, sem um sorriso, diante de uma projeção gigante de animações 3-D –, cheguei a duas conclusões interligadas", opinou Michael Hogan, do *Huffington Post*. "A primeira é que o Kraftwerk realmente tem razão (assim como, para ser justo, muito mais gente): com a influência da tecnologia, a raça humana está se transformando em algo novo e estranho. Já estamos percorrendo esse caminho, mas meu palpite é de que a viagem apenas começou. A segunda é que não estou assustado com isso. Na verdade, acho emocionante."

"Nós não caímos no sono", disse Ralf ao *New York Times*, prometendo o próximo disco do Kraftwerk para "logo". "A semana de 168 horas ainda prossegue, desde o início, desde 1970."

Ver Ralf no palco, e a continuação do Kraftwerk, não é algo que empolgue Wolfgang Flür: "Nós éramos o Kraftwerk. Vivíamos o Kraftwerk. Não havia nada mais além daquilo. Era nosso tema principal. É por isso que sei tanto, talvez muito mais do que os músicos de hoje, ou os robôs que foram contratados, pois não há mais nada de novo para inventar hoje. Tudo parou quando Karl e eu saímos; e a bicicleta parou tudo, de qualquer modo. Assim, não havia mais nada para inventar, para renovar e sobre o que falar. Talvez desse para deixar tudo maior, tornar mais alto, tornar 'mais', fazer telas maiores e o som mais digital. Isso é fácil de fazer, sabe? Não tem que inventar nada para fazer isso. Tudo o que você faz é pegar uns engenheiros e aumentar as coisas, como eles estão fazendo hoje no palco".

Embora para Wolfgang Flür o prazo de validade do projeto Kraftwerk já tenha vencido há muito tempo, ele se recorda com sentimentos mistos de seu envolvimento com o grupo, de seu papel como o "baterista do Kraftwerk". Ele certamente tem orgulho de ter sido parte dessa

ACHT (OITO) • Endlos (sem Fim)

iniciativa notável, mas também há tristeza e pesar, talvez até amargura e ressentimento. Ouvir Wolfgang é como ouvir uma ferida aberta falante: "Ralf devia fazer o mesmo que Florian e substituir a si mesmo por um robô contratado. A coisa toda se tornaria intelectual! Ele concluiria sua ideia (equivocada) de que todos são substituíveis. A ideia dele era colocar robôs para fazerem turnês, e nós ficaríamos em casa. Mas agora ele *não pode* deter isso. Acho que é um triste fim para o Kraftwerk... Como de toda a coisa original, só sobrou ele. O Kraftwerk está morto. Ele está aberto a qualquer coisa que o ajude a ficar mais tempo no palco, sempre de novo, e de novo, e de novo, para tocar 'Autobahn', na idade dele! Ele está com 65 anos agora".

Wolfgang faz uma pausa para pensar nas palavras antes de continuar. "Acho isso triste. Estou começando a pensar 'O que aconteceu depois de seu acidente? Será que ele ficou doente?'. Eu acho que ele não está mais saudável. Repare nas fotos da turnê em *close*, acho que foram tiradas em Wolfsburg, no ano passado, quando ele deu algumas entrevistas. Fiquei horrorizado de verdade com a aparência dele e a forma como falava. O rosto dele... Céus... Pensei 'Eu não gostaria de me aproximar dele, de ficar perto dele'. Tenho uma sensação ruim quando o vejo hoje. Não há mais vida no rosto dele. É só trabalho, como um escravo. Acho que, para ele, o Kraftwerk é a vida dele e seu *Lebensprojekt* [projeto de vida]. Parece tudo tão obsessivo... Ele não percebe que ele mesmo já está quase minando seu próprio projeto. Todos querem estar com ele, 'Sr. Hütter, sr. Hütter, sr. Hütter'... mas é só por causa do dinheiro, sabe?"

Wolfgang hoje mora com sua parceira em um apartamento cheio de estilo, embora um tanto modesto, em Düsseldorf. Ele é charmoso e ainda tem um senso de humor adorável, mas em seus olhos também há, fugazmente, uma certa tristeza. Imagens do passado às vezes se intrometem – uma fotografia aqui, um disco de ouro ali. Ele continua a compor, e parte de seu material tem alto potencial comercial, e ele lamenta que o estado atual da indústria da música torne tão difícil o lançamento de seus trabalhos. Wolfgang também desenvolveu uma segunda carreira como romancista. Seu livro *Neben Mir: Rheinland Grotesken* foi escrito com sua parceira, igualmente charmosa, Zuhal Korkmaz. Ele também é solicitado no circuito ao vivo. Seu novo projeto, uma extensão da ideia do Kraftwerk como "Robotniks", é o *Musik Soldat* [soldado da música], no qual Wolfgang se exibe para cima e para baixo totalmente paramentado como um soldado da Primeira Guerra Mundial!

KRAFTWERK

Karl Bartos mora em Hamburgo com a esposa Bettina, jornalista, com quem é casado há mais de 35 anos, e em 2013 vai lançar um novo álbum, *Off the Record*, ao qual dará suporte com um show audiovisual ao vivo. Karl retornou à música em período integral depois de algum tempo trabalhando na academia. Em 2004, ele foi cofundador do programa de mestrado "Estudos do Som – Comunicação Acústica" na Universidade de Artes de Berlim, onde até 2009 era professor visitante, dando aulas de *Design* de Mídia Auditiva. "A convergência de imagem e som é central em meu trabalho", diz ele.

Teremos de esperar pela publicação de sua autobiografia para conhecer seus reais sentimentos quanto aos anos que ele passou no Kraftwerk, período que ele admite achar problemático discutir. Apesar disso, Bartos ainda toca, ao vivo, clássicos do Kraftwerk, embora compreensivelmente apenas as músicas que ele mesmo compôs ou ajudou a compor. Relembrando a carreira do grupo, Bartos gentilmente classifica o álbum revelação, de 1974, como o melhor. "Em minha opinião, o álbum mais importante do Kraftwerk é *Autobahn*. O legendário Conny Plank esteve envolvido. Entrei no grupo em 1975 e no começo fui contratado para a turnê ao vivo nos Estados Unidos, que estava para começar. Na época, eu não fazia ideia de que faria parte do Mensch Maschine durante os quinze anos seguintes."

Florian Schneider hoje mora em Meerbusch-Büderich, perto de Düsseldorf, e tem uma filha chamada Lisa. Ralf Dörper diz: "Do jeito que ele é, mesmo que você se encontrasse com ele por acaso, enquanto estivesse nos arredores do Kling Klang, porque às vezes dá para encontrá-lo em algum bar por lá, ou em um café, mesmo assim ele poderia não estar preparado para conversar com alguém! De certa forma, ele é ainda mais imprevisível do que os outros no jeito de se relacionar com as pessoas. Mas eu o acho incrível. Para mim, ele de alguma maneira era o Kraftwerk". Os pais de Florian, Eva-Maria e Paul, faleceram recentemente. Sua irmã, Claudia, descrita como uma "figura", mora em Monte Carlo.

Houve outros membros do grupo, ainda, apesar de ter-se fixado na percepção pública que o Kraftwerk era Ralf, Florian, Wolfgang e Karl. A pessoa que primeiro tocou com Florian, Eberhard Kranemann, teve (e ainda mantém) uma longa carreira, trabalhando fora do *mainstream*. Ele montou a banda Fritz Mueller e fez turnês com um show de multimídia, combinando artes – teatro, literatura, cinema e música. Na reedição, o álbum *Fritz Mueller Rock*, de 1977, foi descrito pela *Mojo* como "agradavelmente enlouquecedor", e pela *Record Collector* como "uma

ACHT (OITO) • Endlos (sem Fim)

mistura anárquica, desconcertante, de paródia zappaesca e um rock'n'roll honesto e *trash*". Quando perguntam a ele se alguma vez desejou ter estado na banda quando Ralf e Florian fizeram sucesso, ele ri e diz, com honestidade característica: "às vezes, sim!". Hoje, Eberhard continua ativo como sempre, misturando arte e música em galerias e museus. Em abril de 2012, ele escreveu: "No outono deste ano vai haver uma exposição de Joseph Beuys em Nova York com três contribuições Kranemann. Em 1968 eu fiz uma apresentação com Joseph Beuys no Cream Cheese Düsseldorf, *Beuys = Handaktion*, e criei um terror acústico com minha banda PISSOFF. Gravei tudo, e isso será mostrado na exposição. Fiz um cartaz que está sendo exibido, e me pediram que escrevesse algo sobre ele para a exposição".

Tristemente, dois ex-integrantes da banda já faleceram.[102] O baterista Charly Weiss morreu em 2009, com 69 anos, e Klaus Dinger, que mais tarde ficou famoso como 50% do Neu!, morreu no ano seguinte, aos 62. "Ele se orgulhava de ter feito mais de mil viagens de LSD", diz Michael Rother sobre seu antigo parceiro musical; Dinger chegou a postar essa informação em seu próprio *site*, nos anos 1990. "Ele achava que tomar todas aquelas drogas clareava sua mente e lhe dava uma visão mais nítida do que realmente estava acontecendo no mundo, e aquilo só fez com que ele se alienasse de quase todo mundo. E no fim dos anos 1980 ele começou a se afastar de muitas pessoas à sua volta, amigos e pessoas que tentavam ajudar com seus projetos, ajudá-lo e ajudar o Neu!... No final ele ficou muito solitário. Bem, é claro, ele também fez coisas malucas com as gravadoras, destruindo escritórios e, sim, exigindo quantias absurdas. Dessa forma, ele estava começando a virar uma piada no ramo. É uma história muito triste."

Os últimos anos de Klaus Dinger foram assolados pela pobreza e por privações, de acordo com Eberhard Kranemann: "O que ouvi da namorada dele... ela esteve com ele durante trinta anos... ela quis falar comigo a sós. Nós nos encontramos em Düsseldorf para conversar sobre tudo isso. Ela disse que, no final, ele tinha muitos inimigos, por ter pegado muito dinheiro emprestado, e os músicos não tinham dinheiro e coisas assim. Nos estágios finais, ele não foi ao médico porque não tinha

---

[102] De fato, pode ter havido mais; peço desculpas se for assim. De acordo com a Wikipédia, há quinze ex-integrantes da banda, indo desde aqueles que, como Wolfgang e Karl, tocaram com a banda por mais de uma década àqueles que podem ter tocado em apenas algumas sessões, nas diversas configurações do começo. [N.A.]

KRAFTWERK

dinheiro. Ele não tinha sequer um seguro de saúde. Todo mundo na Alemanha tem um *Krankenversicherung* [seguro médico, cobertura por doença], mas não Klaus! Eu não entendo. Talvez, se ele tivesse ido a um médico, tudo poderia ter ficado bem. No entanto ele morreu porque não tinha dinheiro e não tinha plano de saúde".

Michael Rother não tem contato com os fundadores do Kraftwerk faz mais de 35 anos: "Não os vejo, nem falo com eles, desde 1975, creio. Nessa época eles entraram em contato comigo pela última vez e pediram que eu voltasse, para fazer a turnê de *Autobahn*, mas eu estava ocupado e muito satisfeito com o Harmonia, e preparando o lançamento de *Neu! 75*. Na época não fiquei interessado, entretanto tenho amigos de Düsseldorf que os conhecem mais ou menos bem. E essa é relativamente toda a informação que tenho quanto aos últimos trinta e tantos anos".

Michael continua sendo um amigo próximo de Karl Bartos, porém, e, claro, permanece ativo e bastante admirado como um músico pioneiro. Em 2010, ele ajudou a coordenar a *Neu! Vinyl Box*, uma retrospectiva de toda a carreira executada como parte do Hallogallo 2010, com o baterista Steve Shelley (Sonic Youth) e o baixista Aaron Mullan (Tall Firs). Sobre a apresentação deles no Barbican Theatre, em Londres, em outubro daquele ano, Andy Gill escreveu: "O som é como um bombardeiro sobrecarregado avançando pela pista, lutando para decolar e levantando voo pouco antes do fim do asfalto, quando Rother lança no ar a primeira de suas linhas de guitarra, características e tensas. Uma onda de euforia varre o auditório quando o balanço *trancerock* contagiante de 'Hallogallo' faz seu papel".

Ao deixarem o Kraftwerk em 1971, Dinger e Rother nos deram dois grupos bem diferentes. Embora não tenha a visibilidade imediata do Kraftwerk, e nem seja tão icônico no *mainstream*, o Neu!, sem dúvida, teve um impacto na música popular dos últimos quarenta anos. Isto é, o material interessante. O Kraftwerk, em comparação, invadiu o próprio coração da música pop. Quase toda a música atual que é produzida eletronicamente, com batidas e sequenciamento repetitivos, mas que ao mesmo tempo transmite respeito pelo romantismo da máquina, pode ter sua origem traçada até o Kraftwerk.

"Eles não parecem com ninguém nem nunca pareceram. Eles abandonaram todos os clichês do rock e trabalharam com o que restou", diz John Foxx. "Eles estavam cientes de suas limitações no início e lidaram com elas até chegarem a um estilo sólido, com grande perícia e tenacidade. Eles investiram muito tempo em aperfeiçoar seus instrumentos e

ACHT (OITO) • Endlos (sem Fim)

os sons que eles produziam. Cada som é um espantoso evento escultural e está sempre perfeitamente posicionado em seu espaço arquitetônico. Você sente como se pudesse andar ao redor desses sons em três dimensões. O resultado é um puro prazer sonoro. Sinestesia. A imagem visual é um trabalho de arte igualmente poderoso. Ela alterou a trama do espaço-tempo para gerações de músicos e discretamente fez o resto da música popular parecer com o Spinal Tap."[103] "O Kraftwerk é como um artesão", disse David Bowie à *Rolling Stone* em 1987. "Eles decidiram que vão fazer um modelo específico de cadeira de madeira que eles projetaram, e cada uma terá uma elaboração primorosa, mas vai ser a mesma cadeira."

O comentário de Bowie sugere que a música do Kraftwerk pode ser vista como elitista, e em alguns aspectos tem sido o caso. Compreender as camadas de ironia na música, e a economia e a beleza em praticamente tudo que fazem, significa que o Kraftwerk nunca foi uma música para o ouvinte "comum". Uma vez que tanta música nos dias de hoje é consumida de forma quase passiva, ouvida de modo acrítico, e degustada por ser inofensiva, o Kraftwerk é um anacronismo pelo fato de ter mantido sua imensa reputação enquanto ia contra essa tendência. A música deles nunca pode ser música de fundo; em vez disso, é uma música que se impõe sonoramente – e de forma incisiva. E se ela não está presente, seu melhor substituto é absolutamente nada; é melhor não ter música do que ter música que brutaliza o som. É melhor escutar o som da indústria, uma porta de carro batendo, o mecanismo silencioso de uma bicicleta bem calibrada. "É belo estar sozinho... o silêncio é importante..."

"Quando alguém me pergunta sobre meus discos Top 10, eu sempre incluo o silêncio", opinou Ralf em 1992. "Desligue o toca-discos, e esse será um dos sons mais importantes. E eu odeio toda essa música tranquilizante, estilo zumbi, que condiciona as pessoas em lojas e elevadores e em tudo quanto é lugar, é só poluição. Nós sempre a chamamos de poluição musical, e ela precisa desaparecer, porque queremos ouvir os sons verdadeiros... eu quero ouvir o som da escada rolante, quero ouvir o som do avião, o som do trem. Trens com um bom som são instrumentos musicais em si. Aquela *muzak*, música desinteressante de gente desinteressante, temos que detê-la. Sempre que podemos, nos Estados

---

[103] Banda de rock humorística e fictícia, supostamente britânica, mas criada nos Estados Unidos em 1979. [N.T.]

KRAFTWERK

Unidos, temos esse pequenos alicates, para cortarmos os fios sempre que conseguimos vê-los... Queremos tornar as pessoas conscientes da realidade, incluindo em nossas composições os sons de carros e de trens, e ideias da beleza dos sons em si."

A carreira do Kraftwerk tem sido ditada pelo amor à gravação de sons, e a transição de seu trabalho inicial (até, e incluindo, a maior parte de *Computer World*), tocado de forma analógica, para as paisagens sonoras digitais muito mais elaboradas, iniciadas em meados dos anos 1980, é uma história de como a música eletrônica abraçou novas tecnologias. Mas não havia algo encantador e libertador em trabalhar da forma antiga? "As limitações são na verdade as paredes de sua construção", diz John Foxx. "Tudo se tornou ainda mais limpo na época de *Computer World*. Antes disso, eles haviam usado alguns instrumentos acústicos, como um clavinete Hohner e até um ou outro instrumento de sopro. Eu gostava dos sons originais de *Radio-Activity*... baterias eletrônicas primitivas de verdade e sintetizadores e *vocoders* de uma bonita imperfeição. Agora podemos ter tudo aperfeiçoado, e estamos começando a perceber que na verdade são as falhas e as imperfeições que nos deliciam. Em outras palavras, o que era considerado imperfeição pode agora ser visto como qualidade. Dá para reconhecer a verdadeira marca. Conny Plank fez grandes gravações de tudo isso. Você sente como se tivesse acesso a um momento no tempo, enquanto nas gravações posteriores o espaço está mais desprovido de textura, com todas as marcas cuidadosamente apagadas. Eles parecem ter atingido um pico sonoro na gravação com sintetizador por volta da época de Conny, e então mais tarde alcançaram um pico de eficiência ao cooptarem sistemas de som, em *The Mix*. E, claro, ambos têm suas respectivas qualidades. Talvez o Kraftwerk represente uma trajetória da história sonora, da imperfeição analógica à perfeição digital. Eles ainda não incorporaram a nova estética do prazer na imperfeição."

Pode-se supor que a relutância, ou, antes, a recusa em trabalhar com outros músicos explicaria o ritmo lento de progresso no novo Kling Klang. Mais uma vez, não haveria falta de pares de mãos e ouvidos à disposição. "Seria ótimo fazer alguma coisa junto com eles", disse John Foxx, em 2010. "Penso que eles precisam de alguém para dar uma de Rick Rubin, aparar alguns excessos. O único problema é que a formação original se dispersou, tem algo de verdadeiro naquela noção de química. É fácil de perder, mesmo com a melhor das intenções."

ACHT (OITO) • Endlos (sem Fim)

Ralf e a banda que ele lidera ainda retêm sua aura mítica. Com certa perversidade que combina com a natureza contestadora da banda, o *site* oficial do Kraftwerk, www.kraftwerk.com, é algo de tecnologia relativamente baixa. O conteúdo escrito é mínimo, não há histórico da banda, informações para contato e nenhuma seção de notícias, seguindo a atitude de manter sua mística. "Nunca explique" – o princípio de qualquer artista *cult* – é seguido à risca. Um espaço para mensagens ou um fórum de fãs seria impensável, pois o convite à discussão levaria à desmitificação e a críticas. O *site* está voltado unicamente à divulgação de eventos e concertos, e à venda de obras do catálogo e de produtos. E podemos ver como o próprio Ralf reage quando está fazendo compras *on-line* e se depara com o mecanismo antifraude: "Por favor, confirme que você não é um robô".

De forma reveladora, Ralf confessa ser um cético quanto à internet. Pode-se suspeitar de que ele ache que a World Wide Web tornou as coisas fáceis demais para as pessoas, com certeza fácil de "poluir" o mundo com o que é sem sentido e inconsequente. "Não sou fã da internet, acho que está superestimada. Informação inteligente ainda é informação inteligente e um excesso de bobagens não ajuda nada. Na Alemanha isso é chamado de *Datenmüll*: informação lixo."

Ralf é igualmente cético quanto às redes sociais. A sociedade de vigilância que a banda descreveu trinta anos atrás em *Computer World* apertou o cerco. Falando ao jornalista John Harris em 2009, ele disse: "Todo mundo está se tornando como... um agente da Stasi, constantemente observando a si mesmo ou a seus amigos". Em 2009, Ralf não tinha um tocador de mp3 ou um iPod, e afirmava: "Eu componho música, não costumo escutar muito".

Já em 1983, Ralf Hütter disse à imprensa: "Vocês jornalistas vão ficar espantados. Um dia serão os robôs que vão responder a suas perguntas". O mundo segundo Hütter não se materializou totalmente. Não temos ciborgues inseridos na sociedade e capazes de se comunicar com a inteligência humana. Mas, por outro lado, de uma forma mais cotidiana, Hütter mostrou estar completamente correto. Agora podemos comprar passagens de avião, reservar lugar em um restaurante ou comprar quase qualquer coisa que quisermos sem ter de falar com um ser humano. Quando queremos reservar ingressos para o cinema, renovar uma assinatura ou falar com alguém em uma grande organização, quase sempre somos saudados não por uma voz humana, mas pela automação.

KRAFTWERK

Aliás, a impressão que em geral se tem é que, qualquer que seja a organização para a qual liguemos, ela não quer se apresentar na forma humana, ou parece que seus funcionários não querem mais falar com seus clientes. Hoje, estamos acostumados a falar com "robôs", mesmo que esqueçamos que é isso, na verdade, o que estamos fazendo. Como será o desenvolvimento da sociedade global nos próximos vinte, trinta ou cinquenta anos é impossível dizer, mas o aumento das incursões do que é criado pelo homem parece inevitável.

Com o devido respeito aos três integrantes que, além de Ralf, agora tocam e gravam com o Kraftwerk, dois dos quais têm se apresentado com a banda por duas décadas, é a formação clássica de RFWK que, para a maioria das pessoas, *é* o Kraftwerk. Se Ralf telefonasse hoje e pedisse para trabalhar de novo com você no Kraftwerk, o que você diria? Karl Bartos responde: "Ele nunca me telefonaria. Acho que, se chegasse a ficar nostálgico quanto aos velhos tempos, o máximo que faria, sendo o sujeito tranquilo que é, seria instruir seu advogado ou me mandar um e-mail formal. Pensando bem, uma vez que ele tem direitos à marca registrada Kraftwerk, ele simplesmente esperaria até suas emoções passarem. Mas, falando sério, enquanto o público estiver preparado para acreditar que ele e seus colaboradores/colegas representam o Kraftwerk, para Ralf vai estar tudo bem. No entanto fiquei sabendo que, algum tempo atrás, ele queria que a banda abrisse para o Depeche Mode, mas o Depeche Mode não estava interessado, porque não era o Kraftwerk de verdade (original?). Seja como for, há um tempo para tudo na vida. De minha parte, tudo que quero é ser independente e poder trabalhar como e quando quiser".

Talvez faça igualmente sentido que a banda sequer apareça no palco. Esta seria a conclusão lógica para a história do Kraftwerk, à medida que o grupo se metamorfoseia em pura apresentação de palco, uma experiência musical e visual, sem músicos de verdade tocando em tempo real. Como Sun Ra e sua Arkestra, poderia o Kraftwerk continuar pelos séculos que virão? Serão eles mais uma ideia, um conceito, uma invenção do que uma banda real – a banda que buscou substituir a si mesma, fundir-se com os símbolos tecnológicos de modo que homem e máquina sejam uma única entidade entrelaçada? Irá o Kraftwerk tornar-se um pensamento, uma informação, em vez de uma entidade humana viva de 70 anos?

ACHT (OITO) • Endlos (sem Fim)

8.8 Kraftwerk para sempre

Imagine-se sentado diante de uma TV, mudando de canal aleatoriamente, passando pelas dezenas de canais de música disponíveis. Alguns oferecem uma seleção de música nova, outros voltam-se para certos nichos musicais, e muitos exploram a nostalgia, seja dos anos 1990, da *dance music*, ou dos anos 1980, ou ainda de uma época mais remota, quando tudo o que importava eram guitarras e baterias. O vaguear a esmo de um gênero ou período a outro, com pouca ou nenhuma atenção ao contexto histórico ou à origem da música, é, hoje em dia, a experiência musical da maioria das pessoas. Com a música disponível de forma tão fácil e abundante, nós simplesmente repetimos, misturamos e apreciamos.

Grande parte da música moderna que existe nesse contínuo descontextualizado de som exibe o toque do Kraftwerk.[104] Ele está presente nos astronautas robôs marchantes no vídeo do Daft Punk para "Around the World", de 1997; no *beat* de sintetizador do Röyksopp apresentando Robyn e sua canção de amor, "The Girl and the Robot", de 2009; nas alegrias de permanecer no mesmo lugar que é o clássico da *dance* "Stuck on Repeat", de 2008, do Little Boots; nas batidas nervosas e nos vocais *vocoderizados* do *single* de 1999 dos Chemical Brothers, "Music: Response". Alguns grupos pegam temas emprestados, outros se apossam da melodia em si. Chris Martin, do Coldplay, escreveu uma carta a Ralf Hütter, em seu melhor alemão de nível básico, para pedir, com muita educação, permissão para usar a melodia de "Computer Love" em uma música chamada "Talk" do álbum *X & Y*. Ralf disse sim, uma das poucas vezes em que se deu o trabalho de fazê-lo.

A apropriação pelo Coldplay é significativa. Isso mostra que o alcance do Kraftwerk estende-se muito além dos gêneros de *dance* e *techno*. Ecos do Kraftwerk (assim como do Can, do Harmonia, do Cluster e do Neu!) podem ser encontrados na música de muitos nomes do rock. Por quê? Porque é uma música que ainda não esgotou seu potencial. Ela ainda soa estranha e, mais importante, termina em aberto. A pulsação da batida "Motorik" e a pureza de uma melodia do Kraftwerk carregam em si um grau de credibilidade e uma importância que representam aventura e modernidade. É uma música que não soa completa (ao contrário de boa parte do rock, do *blues*, do *folk* e da *country music*, que

---

[104] Seria necessário um livro com três vezes a extensão deste para explorar por completo a miríade de maneiras pelas quais o Kraftwerk influenciou o trabalho de outros. [N.A.]

KRAFTWERK

soam como se fossem o fim, e não o começo de uma história), e por isso é fácil entrar na dela, construir a partir dela e seguir rumos novos e empolgantes. O Primal Scream fez isso com "Autobahn 66", em seu álbum *Evil Heat*, de 2002. A canção "Auf Achse", do álbum de estreia do Franz Ferdinand, de 2004, também tem o espírito "Motorik". As melodias e os ritmos estranhos encontrados em *OK Computer*, *Kid A* e *Amnesiac*, do Radiohead, também estão nessa tradição de assumir riscos.

Nos primeiros meses de 2012, a rádio continua a soar como o Kraftwerk. O *single* "Genesis", de Grimes, ressuscita o som de Conny Plank em uma abertura que soa como um pedaço de *Autobahn*. Até mesmo o Cornershop, famoso por seu *hit* número 1 no Reino Unido, "Brimful of Asha (Norman Cook Remix)", promoveu seu álbum de 2012, *Urban Turban*, com a seguinte tirada de relações públicas: "É uma brisa de verão com uma *autobahn* de som eletrônico". O *single* que foi o carro-chefe do álbum, "Non-Stop Radio", cantado em francês por Celeste, não poderia ter sido feito sem o *single* do Kraftwerk quase de mesmo nome, de 1986, ou, na verdade, sem "Aero Dynamik", de 2003. Tanto o *single* de Grimes quanto o do Cornershop, apesar de serem referentes, são muito bons. Quantos ouvintes, porém, sequer saberiam de onde veio a inspiração original?

Alguns grupos exibem sua admiração abertamente, com orgulho. Veja-se o Client, descrito pelo *The Guardian*, em 2003, da seguinte forma: "Imagine o Kraftwerk, mas feminino, meio safado, de Halifax". Ainda que isso em si não fosse atraente, a música do grupo era muito boa. Com faixas como "Köln", "Leipzig" e "Drive", e seu álbum mais recente intitulado *Command*, com certeza elas foram influenciadas. Nos concertos e em ensaios fotográficos, elas usavam roupas coordenadas, como uniformes de aeromoça ou trajes de fetiche. A formação também era inegavelmente kraftwerkiana: consistindo de "Client A", "Client B" e "Client C", e mudava quase a cada novo lançamento, com Kate Holmes sendo a única integrante sempre presente, como se fosse seu Ralf Hütter. Ou tome como exemplo a dupla Komputer. Tendo originalmente assinado com a Mute Records sob o nome I Start Counting, igualmente influenciada pelo Kraftwerk, eles têm produzido músicas que, sem serem pastiches ou paródias, de alguma estranha forma são muito parecidas com o som do Kraftwerk. É uma música que parece usar instrumentos, efeitos, progressões de acorde e técnicas vocais quase idênticos aos utilizados pelo Kraftwerk. Por exemplo, a canção "Bill Gates", que consiste no nome do chefe supremo da Microsoft repetido e multiplicado usando

ACHT (OITO) • Endlos (sem Fim)

vocoder em uma melodia que soa como uma "Man Machine" para o novo século, ou a canção "We Are Komputer", um clone de "The Robots": "Pressing keys and having fun/So many things to be done" [Apertando teclas e curtindo/Tantas coisas a fazer], antes de um refrão de seis palavras, "Work is pleasure/Pleasure is work" [Trabalho é prazer/Prazer é trabalho]. É preciso ser bem espirituoso e hábil para fazer uma música que é tão pré-moldada, mas ainda assim divertida.

Tributos à banda têm sido feitos de muitas maneiras.[105] Um dos melhores foi na forma de uma paródia feita pelo comediante e músico britânico Bill Bailey em sua turnê Part Troll. Sua versão em alemão de "The Hokey Cokey", apresentada de um jeito sério, com uma roupagem de Kraftwerk, tendo ao fundo uma tela mostrando um vídeo em preto e branco de aposentados idosos dançando ao som da música capta a essência do apelo do Kraftwerk; tomando algo trivial ou do dia a dia, e apresentando-o com total naturalidade, a letra leva a paródia a um nível verdadeiramente absurdo: "Man streckt den linken Arm ein, den linken Arm aus/Ein, aus, ein, aus, Man schüttelt alles rum". [Estica-se o braço para a frente, abaixa-se o braço/Para a frente, para baixo, para a frente, para baixo/Gira-se tudo]. A música do Kraftwerk sempre atraiu as crianças também, não só pela simplicidade e pureza de suas melodias, mas também pela temática. Com músicas sobre robôs, trens, carros, bicicletas e computadores, sem falar de estações espaciais, contagens e os "Boing!", o repertório do Kraftwerk é fascinante para quem tem menos de 5 anos.

A música do Kraftwerk, em sua simplicidade, sua pureza, desconstruiu os valores ultrapassados do rock e do pop. Um relatório sobre a MTV afirmava que 92% de todas as músicas Top 10 das paradas da *Billboard* americana em 2009 continham o que eles chamavam de "mensagens reprodutivas". O pop e o rock tradicionalmente têm sido obsessivos com amor, romance, namoro e sexo. O Kraftwerk não. "Mesmo em seu máximo, há uma delicadeza, até uma ingenuidade na música do Kraftwerk. Eles não tratam das preocupações tradicionais do pop/rock com sexo e drogas e angústias criptoadolescentes", escreve Kiran Sande. "Ao longo de sua carreira, eles escolheram cantar prazeres mais inocentes, e declaradamente mais *nerds*: viagens de trem, ciclismo, sintonizar uma rádio de ondas curtas – esse tipo de coisa. Mesmo nos estágios embrionários da banda, a música deles exibia uma qualidade dessexualizada e não

---

[105] Veja o Apêndice para obter mais informações sobre tributos ao Kraftwerk, assim como dados sobre os *samples* do Kraftwerk em uso. [N.A.]

KRAFTWERK

carnal que se tornaria mais entranhada e codificada à medida que crescia o interesse deles pelos computadores. Vendo seus primeiros discos, é quase como se tivessem conjurado a era digital, com toda a virtualização e a impessoalidade que ela trouxe."

O Kraftwerk, agora com apenas um integrante original, tornou-se mais uma ideia do que uma banda. Deve ser dito que o responsável pelas bases conceituais, o gênio por trás de tanta coisa do Kraftwerk, a pessoa de Ralf Hütter, tem sido, sozinho, o que manteve o desenrolar da história do Kraftwerk. Como resultado, é compreensível que existam agora ciúmes e problemas. Nenhum grupo dura 45 anos sem ser assim.

"Um ponto fundamental me chamou a atenção em Manchester, onde havia quatro vultos indistintos por trás de uma tela no começo da apresentação no Festival. Pensei 'Quem são essas pessoas?'. Porque eu sabia que Ralf era o único original, mas então pensei 'Tem mesmo importância?'. Não poderia haver sempre alguém que fosse o Kraftwerk? A IBM não morreu com o falecimento de seus fundadores. A Apple não fechou com a morte de Steve Jobs. A Microsoft não vai sumir quando Bill Gates se aposentar e depois morrer. Por que não pode haver sempre alguém que seja o Kraftwerk? Eles têm seu próprio cânone de música, não pode alguém sempre ser o Kraftwerk? Bem, eu gosto dessa ideia."

Em 2003, perguntaram a Ralf se ele achava que o Kraftwerk havia se tornado imortal. Sua resposta foi clara e talvez até um pouquinho assustadora: "De certa forma, sim. Em alemão há um ditado: *Ewig währt am längsten* – o para sempre é o que dura mais".

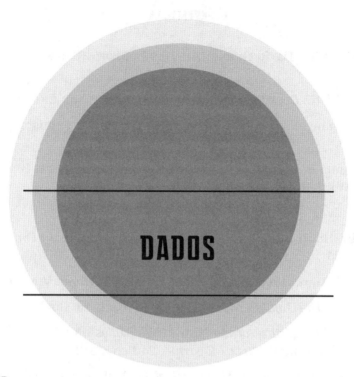

DADOS

FONTES

LIVROS

Albiez, Sean e David Pattie (orgs.). *Kraftwerk: Music Non-Stop*. Continuum, 2011.

Barker, Hugh e Yuval Taylor. *Faking It: The Quest for Authenticity in Popular Music*. Faber & Faber, 2007.

Barr, Tim. *Kraftwerk: From Düsseldorf to the Future (with Love)*. Ebury Press, 1998.

Beckett, Francis. *What Did the Baby Boomers Ever Do for Us?* Biteback Publishing, 2010.

Bussy, Pascal. *Kraftwerk: Man, Machine and Music*. S.A.F., 3ª edição, 2005.

Bangs, Lester. *Psychotic Reactions & Carburetor Dung: Literature As Rock'n'Roll, Rock'n'Roll As Literature*, Greil Marcus, org., Mandarin, 1991.

KRAFTWERK

Dellinger, Jade e David Giffels. *"Are We Not Men? We Are Devo!"*. S.A.F., 2003.

Fletcher, Keith. *Dear Boy: The Life of Keith Moon*. Omnibus Press, 1998.

Flür, Wolfgang. *Kraftwerk: I Was a Robot*. Sanctuary Publishing, 2ª edição, 2003.

Frith, Simon e Andrew Goodwin (orgs.). *On Record: Rock, Pop and the Written Word*. Routledge, 1990.

James, Oliver. *Affluenza*. Vermilion, 2007.

Kureishi, Hanif e Jon Savage (orgs.). *The Faber Book of Pop*. Faber & Faber, 1995.

Kurlansky, Mark. *1968: The Year that Rocked the World*. Vintage, 2005.

Leroy, Dan. *The Greatest Music Never Sold*. Backbeat Books, 2007.

Long, Pat. *The History of the* NME: *High Times and Low Lives at the World's Most Famous Music Magazine*. Portico, 2012.

Longhurst, Brian. *Popular Music & Society*. Polity Press, 2ª edição, 2007.

Morley, Paul. *Words and Music: A History of Pop in the Shape of a City*. Bloomsbury, 2003.

Moy, Ron. *An Analysis of the Position and Status of Sound Ratio in Contemporary Society*. Edwin Mellen Press, 2000.

Palm, Carl Magnus. *Bright Lights Dark Shadows: The Real Story of ABBA*. Omnibus Press, 3ª edição, 2008.

Prendergast, Mark. *The Ambient Century: From Mahler to Moby – The Evolution of Sound in the Electronic Age*. Bloomsbury, 2003.

Reynolds, Simon. *Blissed Out: The Raptures of Rock*. Serpent's Tail, 1990.

Reynolds, Simon. *Energy Flash*. Picador, 1998.

Reynolds, Simon. *Rip It Up and Start Again: Postpunk 1978-1984*. Faber & Faber, 2005.

Reynolds, Simon. *Retromania: Pop Culture's Addiction to Its Own Past*. Faber & Faber, 2011.

Dados

Reynolds, Simon e Joy Press. *The Sex Revolts: Gender, Rebellion and Rock'n'Roll,*. Serpent's Tail, 1995.

Shuker, Roy. *Understanding Popular Music Culture.* Routledge, 3ª edição, 2008.

Shuker, Roy. *Popular Music Culture: The Key Concepts.* Routledge, 3ª edição, 2012.

Winder, Simon. *Germania: A Personal History of Germans Ancient and Modern.* Picador, 2010.

ARTIGOS

Consultei mais de 200 artigos das seguintes publicações e destes *websites*:

Afisha Magazine, The Arts Desk, BBC.co.uk, Chicago Sun Times, Clash Music, Creem, The Daily Note, The Daily Telegraph, De Morgen, DJ History.com, Dummy Magazine, Humo, Electronic Musician, Electronics and Music Maker Magazine, Fact, Fast Forward Magazine, Frieze, The Guardian, MTV.com, The Independent, Icon, Interview, Keyboard Magazine, LA Weekly, Mojo, NME, New Zealand Herald, Now Toronto, Pitchfork, Q, The Quietus, Record Mirror, Rock And Folk Magazine, Rolling Stone, San Francisco Chronicle, The Scotsman, Sounds, Sonntagszeitung, Der Spiegel, Stern, Synapse Magazine, TC Electronics, Techno Pop, The Telegraph, The Times, Triad, Uncut, Waxpaper, Wired.

KRAFTWERK

ON-LINE

O *site* Techno Pop (http://www.technopop-archive.com) tem uma excelente coleção *on-line* de artigos, incluindo muitos textos traduzidos de outros idiomas para o inglês. A influência do Kraftwerk no DNA da música moderna foi decisiva e única. O *site* The Kraftwerk Influence (http://www.cuug.ab.ca/~lapierrs/creative/kraftwerk) contém seções sobre *covers* (de artistas tão variados quanto The Divine Comedy, Rammstein, Orchestral Manoeuvres in the Dark, U2 e Siouxsie & the Banshees), tributos, *samples* e uma seção final, de referências, com uma lista de menções na mídia, e de outros músicos.

Outro *site* de fãs, I Believe the Truth Is Out There (http://www.cheebadesign.com/perfect/kraftwerk/index.html), tem uma excelente seção de *samples*, *covers* e tributos ao Kraftwerk (listando artistas como Fatboy Slim, Coldplay, Depeche Mode, Prodigy, Beck, Devo, Destiny's Child e Madonna).

The Quietus (http://thequietus.com), uma revista musical *on-line* relativamente nova, tem feito uma cobertura extensa e instigante de Kraftwerk, Neu! e música eletrônica em geral. O melhor site devotado especificamente à música eletrônica, tanto antiga quanto nova, é Electronically Yours, encontrado em http://www.league-online.com, enquanto This Is Not Retro (http://www.thisisnotretro.com) traz notícias, entrevistas e resenhas de grande variedade de artistas cuja carreira abarcou a década mais legal da música, os anos 1980. Por fim, meu muito obrigado a Barney Hoskyns e a todo mundo na Rock's Backpages (http://www.rocksbackpages.com), uma mina de ouro de informações.

Outros sites úteis para os interessados em Kraftwerk são:

Afrika Bambaataa (*site* oficial) (*http://www.zulunation.com/afrika.html*)

Aktivität online (*site* de fãs) (*http://www.aktivitaet-fanzine.com/index. html*)

Antenna (*site* de fãs) (*http://kraftwerk.hu/antenna*)

Boing (*site* de fãs) (*http://www.kraftwerk.kx.cz/en/news*)

DJhistory.com (*http://www.djhistory.com*)

Dados

Eberhard Kranemann (*site* oficial) (*http://www.e-kranemann.de/index.htm*)

Emil Schult (*site* oficial) (*http://www.emilschult.eu*)

Giorgio Moroder (*site* oficial) (*http://www.giorgiomoroder.com*)

Karl Bartos (*site* oficial) (*http://www.karlbartos.com*)

Keep Werking (*site* de fãs) (*http://www.keepwerking.co.uk/index.php*)

Kraftwerk Information (*site* de fãs) (*http://www.elektrodaten.com*)

Kraftwerk (*site* oficial) (*http://www.kraftwerk.com*)

Michael Rother (*site* oficial) (*http://www.michaelrother.de/en*)

Rebecca Allen (*site* oficial) (*http://rebeccaallen.com*)

The Blitz Club (*http://www.theblitzclub.com*)

Twingo Kraftwerk (*site* de fãs) (*http://twingokraftwerk.com/index.html*)

DVD

Para uma análise excelente e detalhada do Kraftwerk e da música eletrônica moderna alemã, o DVD *Kraftwerk and the Electronic Revolution* (Chrome Dreams, 2008), produzido por Rob Johnstone, é essencial. Ele não apenas contém um excelente arquivo de vídeos do Kraftwerk e de seus contemporâneos, como também inclui depoimentos valiosos de autores, acadêmicos e músicos. O documentário da BBC, de 2009, *Synth Britannia*, dirigido por Benjamin Whalley, dá uma visão mais ampla da cena da música eletrônica dos anos 1970 e 1980. E, claro, muitos momentos clássicos do Kraftwerk, tais como a apresentação de 1975 no *Tomorrow's World*, podem ser encontrados no YouTube.

O Kraftwerk ainda não lançou um DVD com a retrospectiva de toda a sua carreira, da mesma forma que ainda não existe uma caixa de *Greatest Hits*. No entanto o DVD da turnê de 2004, *Minimum-Maximum* (EMI, 2005), dá uma amostra do impressionante espetáculo visual dos concertos do Kraftwerk.

DISCOGRAFIA SELECIONADA

ÁLBUNS

O álbum de maior vendagem do Kraftwerk ainda é *Autobahn*, de 1974, aquele com o qual estouraram; em seguida vem *The Man-Machine*, de 1978, que recebeu disco de ouro no Reino Unido, em fevereiro de 1982. As posições nas paradas Top 75 são dadas somente para Reino Unido, Alemanha, França e Estados Unidos.

Kraftwerk
Novembro de 1970
Philips/Vertigo – 30 (Alemanha)

Kraftwerk 2
Janeiro de 1972
Philips/Vertigo – 36 (Alemanha)

Ralf and Florian (Ralf und Florian)
Outubro de 1973
Philips/Vertigo

Autobahn
Novembro de 1974
Philips/Vertigo – 7 (Alemanha), 4 (Reino Unido), 5 (Estados Unidos)

Radio-Activity (Radio-Aktivität)
Outubro de 1975
Kling Klang/EMI-Electrola/Capitol – 22 (Alemanha), 1 (França)

Trans-Europe Express (Trans-Europa Express)
Maio de 1977
Kling Klang/EMI-Electrola/Capitol – 32 (Alemanha), 49 (Reino Unido), 2 (França)

The Man-Machine (Die Mensch-Maschine)
Maio de 1978
Kling Klang/EMI-Electrola/Capitol – 12 (Alemanha), 9 (Reino Unido), 14 (França)

Dados

Computer World (Computerwelt)
Maio de 1981
Kling Klang/EMI-Electrola/Warner Bros – 7 (Alemanha), 15 (Reino Unido), 72 (Estados Unidos)

Electric Café
Dezembro de 1986
Kling Klang/EMI/Warner Bros – 23 (Alemanha), 58 (Reino Unido)

The Mix
Junho de 1991
Kling Klang/EMI/Elektra – 6 (Alemanha), 15 (Reino Unido)

Tour de France Soundtracks
Agosto de 2003
Kling Klang/EMI/Astralwerks – 1 (Alemanha), 21 (Reino Unido)

Minimum-Maximum
Junho de 2005
Kling Klang/EMI/Astralwerks – 26 (Alemanha)

The Catalogue (Der Katalog)
Outubro de 2009
Kling Klang/EMI/Mute/Astralwerks – 34 (Alemanha)

KRAFTWERK

SINGLES

Nota: apenas *singles* que alcançaram o Top 40 em um ou mais territórios foram incluídos. A posição nas paradas é dada somente para Reino Unido, Alemanha, França e Estados Unidos.

"Computer Love" foi originalmente lançado como o segundo *single* tirado do álbum *Computer World* e chegou à posição 36 nas paradas do Reino Unido. Em dezembro de 1981, o *single* foi relançado, usando o lado B, "The Model", do álbum anterior, *The Man-Machine*, como lado A, e o *single* chegou a número 1 no Reino Unido em fevereiro de 1982, o primeiro *single* de um artista alemão a chegar ao topo das paradas do Reino Unido. "Tour de France" entrou no Top 75 do Reino Unido não menos do que quatro vezes, em vários remixes e regravações, o que o torna, pela longevidade nas paradas, o *single* de maior sucesso do Kraftwerk, com um total de 24 semanas nas paradas de *singles*. "The Model"/"Computer Love" ficou 21 semanas nas paradas britânicas.

Na Grã-Bretanha, o *single* de maior vendagem é "The Model"/"Computer Love", com venda total de cerca de 550 mil cópias. "Radio-Activity" vendeu por volta de 500 mil cópias na França. No entanto o *single* que chegou às paradas na maior parte dos países ao redor do mundo é "Autobahn".

"Autobahn"
Maio de 1975
Philips/Vertigo – 9 (Alemanha), 11 (Reino Unido), 25 (Estados Unidos)

"Radio-Activity"
Maio de 1976 – 1 (França)

"The Robots"
Junho de 1978
Kling Klang/EMI-Electrola/Capitol – 18 (Alemanha)

"Pocket Calculator"
Maio de 1981
Kling Klang/EMI-Electrola/Warner Bros – 39 (Reino Unido)

Dados

"Computer Love"
Julho de 1981
Kling Klang/EMI-Electrola/Warner Bros – 36 (Reino Unido)

"The Model"/"Computer Love"
Dezembro de 1981
Kling Klang/EMI-Electrola/Warner Bros – 7 (Alemanha), 1 (Reino Unido).

"Showroom Dummies"
Fevereiro de 1982
Kling Klang/EMI-Electrola/Capitol – 25 (Reino Unido)

"Tour de France"
Julho de 1983
Kling Klang/EMI/Warner Bros – 22 (Reino Unido)

"Tour de France" (remix)
Agosto de 1984
Kling Klang/EMI/Warner Bros – 24 (Reino Unido)

"Musique Non Stop"
Outubro de 1986
Kling Klang/EMI/Warner Bros – 13 (Alemanha)

"The Robots" (1991 remix)
Maio de 1991
Kling Klang/EMI – 20 (Reino Unido)

"Expo 2000"
Dezembro de 1999
Kling Klang/EMI/Astralwerks – 35 (Alemanha), 27 (Reino Unido)

"Tour de France 2003"
Julho de 2003
Kling Klang/EMI/Astralwerks – 20 (Reino Unido)

"Aerodynamik"
Março de 2004
Kling Klang/EMI/Astralwerks – 33 (Reino Unido)

KRAFTWERK CLÁSSICO EM 20 BITS

O Kraftwerk pertence mesmo a uma raça rara; em uma carreira que se estende por quarenta anos, este é um grupo que nunca gravou um disco ruim sequer. Os dois primeiros álbuns do Kraftwerk são excelentes amostras da Cosmic Music do início dos anos 1970, embora apenas indiquem a grandiosidade do que estava por vir. De 1973 em diante, o Kraftwerk desenvolveu um estilo eletrônico único e completamente sedutor, alcançando seu auge em três álbuns essenciais, *Trans-Europe Express*, *The Man-Machine* e *Computer World*, este último sem dúvida sua melhor definição. Não havendo uma compilação oficial de maiores sucessos no mercado, eis a seguir meu guia para as vinte músicas essenciais do Kraftwerk.

1	"Computer Love"	do álbum	*Computer World* (1981)
2	"Autobahn" (edição *single*)	"	*single* (1975)
3	"Europe Endless"	"	*Trans-Europe Express* (1977)
4	"Numbers"	"	*Computer World* (1981)
5	"Trans-Europe Express"	"	*Trans-Europe Express* (1977)
6	"Radio-Activity"	"	*Radio-Activity* (1975)
7	"Computer World"	"	*Computer World* (1981)
8	"Kometenmelodie 2"	"	*Autobahn* (1974)
9	"The Hall of Mirrors"	"	*Trans-Europe Express* (1977)
10	"The Model"	"	*The Man-Machine* (1978)
11	"Tour de France"	"	*single* (1983)
12	"Neon Lights"	"	*The Man-Machine* (1978)
13	"Music Non Stop"	"	*Minimum-Maximum* (2005)
14	"La Forme"	"	*Tour de France Soundtracks* (2003)
15	"Radioactivity" (1991)	"	*The Mix* (1991)
16	"Pocket Calculator"	"	*Computer World* (1981)
17	"Spacelab"	"	*The Man-Machine* (1978)
18	"Kristallo"	"	*Ralf and Florian* (1973)
19	"Airwaves"	"	*Radio-Activity* (1975)
20	"The Telephone Call"	"	*Electric Café/Techno Pop* (1986)

Concorda? Discorda?

Diga-me o que pensa, escrevendo para *info@david-buckley.com*

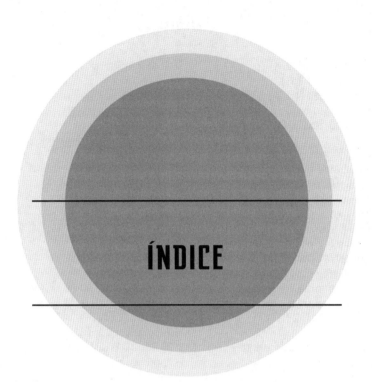

ÍNDICE

ABBA 58, 155
ABC 258
Abrantes, Fernando 287-8
"Aerodynamik" 300, 341
Afrika Bambaataa and the Soul Sonic Force 244, 245-46
Age of Chance, The 268
"Airwaves" 128
Albus, Volker 259
Alice Cooper 70
Allen, Rebecca 268-75
Alomar, Carlos 173
Amon Düül 65, 67, 155
"Ananas Symphonie" (Pineapple Symphony, sinfonia do abacaxi) 94
Ant, Adam 224
"Antenna" 128
Anyway, The 98
Argento, Dario 258
Arizuno, Lee 139-40
Art of Noise, The 258
"Atem" 92
Atkins, Juan 267
"Autobahn" 51, 103-04, 112
Autobahn (álbum) 90-92

Azderball, Robert 296

Baader-Meinhof, grupo 159-60, 184
Babe Ruth 146
Bailey, Bill 331
Baines, Paul 48
Baker, Arthur 244, 258
bandas tributo 310
Bangs, Lester 119
Banks, Tony 175
"Barbara Ann" (Beach Boys) 103, 108
Barr, Tim 294
Bartos, Karl:
  composição de músicas 180, 212, 221, 265, 279;
  desacordo quanto à imagem da banda 148;
  entrada no Kraftwerk 110;
  formação musical formal 111;
  habilidade como baterista 217;
  primeiras influências 63-64, 111;
  projetos pós-Kraftwerk 298-99, 302-03;
  relação com membros do Kraftwerk 111, 229, 260, 278-79;

KRAFTWERK

saída do Kraftwerk 281;
vida pessoal 233-83;
Bassment Jaxx 251
BBC, Oficina Radiofônica da 96
Beach Boys 90, 104, 109
Beathovens 98
Beatles 17, 30, 58, 96, 108
Bell, Andy 263
Bell, Archie (& the Drells) 249
Bellotte, Pete 183
Benn, Tony 162
Berners-Lee, Tim 213
Berry, Chuck 58, 104, 110, 197, 204
Beuys, Joseph 72-73, 323
Beveridge, George 287
Big Audio Dynamite 268
Big Audio Dynamite II 287
Black, Joe 109, 291, 297, 300, 304
Blacker, Ira 111
Blitz Club, The, Londres 206-09
Blondie 185
Blue Cheer 120
Boone, Pat 59
Booth, Connie 152
Boulez, Pierre 64
Bowie, David:
  amizade com o Kraftwerk 135-36, 165;
  apoio ao nazismo 153-54;
  aposentadoria 312;
  apresentação visual 69, 157-58
  colaboração com Michael Rother, 174-75;
  contribuição à *pop music*, 107-08, 133-36, 184, 206;
  fã do Kraftwerk 90, 324;
  influências alemãs 154, 173-74;
  mudança de imagem 148, 171-72;
  sampleamento de música 96;
Brecht, Bertolt 82, 173
Brown, Arthur 98
Bruce, Lenny 120
Buckmaster, Paul 134
Buñuel, Luis 135
Burnel, Jean Jacques 121
Burrell, Kenny 78
Bush, Kate 172, 232, 297
Bussy, Pascal 136, 280, 294

Cabaret Voltaire 177, 211
Cage, John 28
Campino 52
Can 69, 106, 120, 139, 154, 155, 175
Capella Antiqua München 283
Captain Sky 146
Carlos, Walter 96
Carol, René 59
Casale, Bob (Bob 2) 185
Casale, Jerry 185
Catalogue, The (*Der Katalog*) 315
Catmull, Ed 269
Cavanagh, David 132
Celeste 341
Cerrone, Marc 187-88
Chemical Brothers, The 290, 341
Chic 187, 258
Chicory Tip 96, 183
Churchill, Winston 43
Clapton, Eric 151, 249
Clark, Petula 59
Clarke, Vince 263
Cleese, John 152
Cohen, Leonard 312
Colacello, Bob 229
Colditz 44
Coldplay 173, 329, 341
Communication (álbum de Bartos) 302-03
computadores, desenvolvimento dos 164-5, 216
"Computer Love" 221-22, 235-36
"Computer World" 215-16
Computer World (álbum) 213, 215-18, 220, 224-26
Cooper, Martin 234
Cornelius, Don 249
Cornershop 341
Cosgrove, Stuart 267-68
Craig, Carl 267
Cream 89, 90, 120
Cretu, Michael 283
Cross, Chris 223
Crouch, Peter 181
Currie, Billie 207
Curtis, Ian 251

Índice

Dad's Army 44, 194
Daft Punk 329
Davis, Dennis 173
Dedekind, Henning 56, 66, 138
Dehmann, Joachim 227
Denny, Martin 247
Depeche Mode 204, 212, 223, 236, 258, 263, 328
Devo 173, 184-85
Die Krupps 84, 259, 267
Dietrich, Marlene 51
Diliberto, John 83
Dinger, Klaus 83, 84, 139, 174, 323
Dolby, Thomas 208, 220
Doors, The 93
Doran, John 108, 139
Dörper, Ralf:
  celebridades em Düsseldorf 84-85, 147-48;
  Computer World 224, 228;
  Electric Café 267;
  Florian Schneider-Esleben 323;
  influências culturais 194;
  Kraftwerk e o ciclismo 259;
  Kraftwerk, imagem 149, 194;
  papel de Karl Bartos 217;
  parceria Ralf/Florian 310
Dorthe 59
Dr. Who 44, 96, 155-56, 190
Duran Duran 66, 184, 195, 205, 224
Dylan, Bob 96, 107, 120, 169, 197

Egan, Rusty 205
Electric Café 263-68, 276, 278
"Elektrisches Roulette" (Electric Roulette, roleta elétrica) 94
"Elektro Kardiogramm" 301
Engler, Hartmut 51
Engler, Jürgen 267
Eno, Brian 94, 173, 184, 185, 224
Erasure 212-2, 263
"Europe Endless" 162-63
Eurythmics 173
"Expo 2000" (Planet of Visions) 298-99

Factory Records 96, 212, 251
Fairstein, David 283

Fast, Christa 117-18
Faust 67
Flür, Wolfgang: biografia controversa 170-71, 201, 292;
  como baterista 130-31, 228;
  contribuição de Conny Plank 117-18;
  convite para voltar à banda não é aceito 293;
  criação 100-01
  entrada no Kraftwerk 99-100;
  nascimento 100;
  papel dentro do Kraftwerk 132, 233, 276;
  primeiras bandas 98-99;
  projetos pós-Kraftwerk 293;
  reação ao terrorismo 161;
  relação com membros do Kraftwerk 197-98, 201-02, 233, 259, 276;
  status de ex-símbolo 230;
  vida pessoal 163, 277;
Focus 82
Foxx, John: "Autobahn" 109-10;
  Autobahn (álbum) 107;
  colaboração com Bartos 298-99;
  imagem do Kraftwerk 51, 167;
  influência do Kraftwerk 132, 288, 324, 325-26;
  influências musicais 196-97;
  "Neon Lights" 196-97;
  "Radio-Activity" 126
  reinvenção da cultura alemã 153-54, 194;
"Franz Schubert" 166
Frankie Goes to Hollywood 258
Franz Ferdinand 330
Fricke, Florian 66, 107
Friedrich, Caspar David 102-03
Fripp, Robert 173
Frith, Simon 175
Froesse, Edgar 173
Fröhling, Günter 167
Fruit, The 98
Fuchs, Paul e Limpe 107

Gabriel, Peter 95, 148
Garrett, Malcolm 95, 212, 302-03
Gates, Bill 330, 332

345

KRAFTWERK

Geiger, Rupprecht 72
"Geiger Counter" 126
Genesis 97, 106, 175, 228
geração *baby-boomer* 43-44
Gibson, William 211, 218
Gilbert & George 95, 164-69
Gillig-Degrave, Manfred 292, 295, 298
Glass, Philip 223
Grandmaster Flash 245
Gregorian, F. 283
Grimes 341
Grönemeyer, Herbert 51

Hackett, Steve 175
Hagen, Nina 51
"Hall of Mirrors" 165-66
Harmonia 154
Harpo 155
Harrison, Ian 222, 236, 306, 316
Hawkwind 155
Heaven 17 235, 267
"Heimatklang" (The Bells of Home, os
  sinos do lar) 94
Hendrix, Jimi 87, 89
Hilpert, Fritz 279, 287, 302, 308, 309
Hitler, Adolf 42-43, 151
Hockney, David 127
Hodgkinson, Tim 171
Hofland, Jaap (and the Moonliners) 179
Hohmann, Andreas 83
Holmes, Kate 331
Holmes, Malcolm 210, 234
"Home Computer" 214, 220, 291
Hook, Peter 252
Hooker, John Lee 204
Horn, Trevor 258, 262
Hosono, Haruomi 146, 249
"House Call" 265
house music 267-68
"Housephone" 315
Human League 173, 177, 212, 223,
  228, 263
Human League [Versão 1] 132
Humphreys, Paul 131, 210, 234-35
Hütter, Ralf: acidente de ciclismo 260-61;
  apresentação em palco 228;
  aversão pela Internet 326-27;

composição de músicas 126, 258;
contribuição vocal 163, 217, 220;
criação 199;
fixação no projeto de remixagem
  278-79;
formação musical 65;
homem de negócios 84, 112-13, 258,
  277-78, 280-81, 311-12;
influências musicais 67, 93;
Kraftwerk remodelado 309-10, 315-16;
membro "líder" 102, 197-98, 236-37,
  281;
membro fundador 70-71, 78-79;
nascimento 75;
paixão pelo ciclismo 254-55, 259,
  259-60, 301-02, 303;
paixão por carros 103, 147-48,;
parceria com Florian 53-54, 91,
  280-81;
personalidade retratada 304-05;
reação ao terrorismo 161;
relação com membros do Kraftwerk
  265-66, 276-77;
sons experimentais 91, 325;
timidez 150;
trabalho e lazer 199-200

Isley Brothers, The 265
instrumentos eletrônicos: caixa de
  ritmos (customizada) 93, 100, 110;
  Lichtschranke (barreira de luz) 130-31;
  Sequenciador Synthanorma 130, 161;
  sintetizadores 93, 103, 126;
  Synclavier 279;
  Vako Orchestron 127, 128, 163;
  vocoder 93, 104, 127-28, 302;
  VoiceModeler 302

Jackson, Dee D. 187
Jackson, Leanard 184
Jackson, Michael 249, 257-58
Jackson 5 181
Jarre, Jean-Michel 186, 241
Jesus and Mary Chain 244
Jethro Tull 82, 312
Jobs, Steve 332
John, Elton 258

346

Índice

Jones, Quincy 257
Joy Division 210-11, 251-52

Kagel, Mauricio 83
Kent, Nick 183
Kerouac, Jack 104, 120
Kevorkian, François 263
Kingdom Come 98
Kingston Trio, The 59
Kinks, The 89
Kirkham, Stuart 48
Klefisch, Karl 194
Klein, Willy 259
"Kling Klang" 92
Kling Klang Studio 49, 79, 141, 159,
  202, 218, 221, 234, 278, 305
Kluster (Cluster) 65, 154
"Kometenmelodie 1" (Comet Melody 1,
  melodia do cometa 1) 106
"Kometenmelodie 2" (Comet Melody 2,
  melodia do cometa 2) 106
Komputer 331
Kosmische Musik (música cósmica) 66-68
Kraftwerk: apresentação no palco 69,
  129, 158, 194, 227-28, 228-59,
    304, 315-18;
  apresentações em festivais 291, 303;
  apresentações na TV 100, 236, 303;
  artigo de Lester Bangs 120-22;
  autoadministração 86-87, 280;
  aversão à cultura anglo-estadunidense
    217-18;
  celebridades em Düsseldorf 145-48,
    149-50;
  colaboração com arte digital 270-76;
  como uma empresa 70, 105, 224, 260,
    277, 311;
  escolha da imagem da banda 82, 95,
    148-49;
  fervor dos fãs 304-05, 307;
  formações iniciais 70-71, 75-78, 87-88;
  imagem estereotipada 120-22;
  influência de sua arte 95-96, 104-05,
    167-68, 194-95;
  influência de sua música 129-30,
    134-36, 154, 170-71, 175-76,
    251-52, 324-25, 328-31;

instalação no MoMA 218-20;
  interação seletiva com a mídia 52-53,
    122, 157-58;
  movimento como tema central 103-04;
  pioneiros da música eletrônica 68-69,
    85-86, 92, 100, 126, 196;
  plateias negras 238;
  postura antinuclear 287;
  primeiras influências 63;
  produção industrial como tema 196;
  promoção controlada 188-89, 275;
  rejeição à colaboração 135, 256-57,
    326;
  relação com David Bowie 134-38;
  relação entre homem e máquina 180,
    189-90, 327;
  sampleamento por outros artistas
    244-45, 251-52;
  shows no Reino Unido 129-30, 288-89,
    315-16;
  trabalho no Kling Klang 143-46;
  turnê estadunidense 113-14;
  turnês mundiais 227-30, 287-89,
    303-04
  valores da banda 70, 93, 165;
  website 326;
Kraftwerk 80-81, 83, 85
Kraftwerk 2 91-92
*Kraftwerk: From Düsseldorf to the Future
  (With Love)* 294
Kraftwerk: Man Machine and Music 294
*Kraftwerk – Ich War Ein Roboter
  (I Was A Robot)* 292
Kranemann, Eberhard 48, 72-73, 84, 87,
  305, 311, 323-24
Kraus, Peter 52
Krautrock 56, 64, 65, 154-55
"Kristallo" (Crystals, cristais) 94
Krüger, Hardy 44
Kurlansky, Mark 63

La Düsseldorf 154
"La Forme" 300
Lang, Fritz 182, 188
Laranja Mecânica (filme) 96, 194
Lear, Amanda 184
Lempicka, Tamara 274

347

KRAFTWERK

Lennon, John 133
"Lichthof" 292
Lindenberg, Udo 52
Lissitzky, El 194
Little Boots 341
Little Richard 58
Lovens, Paul 77-78
Lowe, Chris 263
Lydon, John 138, 175

Madonna 135-36, 258, 263-64
Maffay, Peter 52
The Man-Machine 181, 184-85, 194-95
Marley, Bob (and the Wailers) 236
Marr, Johnny 299
Marsh, Ian Craig 204
May, Derrick 267
Mayr, Jakob 161
McCluskey, Andy:
   apresentação ao vivo 288, 316;
   colaboração com Bartos 299;
   encontro com seus heróis 234-35
   fã do Kraftwerk 60 110-11, 132,
     169, 300;
   Grã-Bretanha no pós-guerra 56-57;
   imagem do Kraftwerk 149, 194;
   influência do Kraftwerk 208-07;
   separação do Kraftwerk 281;
McLaren, Malcolm 153
McNaught-Davis, Ian 216
McRobbie, Angela 175
"Megaherz" 85
Merckx, Eddie 254
Merkel, Angela 286
"Metal on Metal" 170-71
"Metropolis" 183
Metropolis (filme) 115, 172
Michael, Bettina 233-34
Milligan, Spike 153
Minimum-Maximum 304
Minogue, Kylie 303
Mitford, Nancy 166
"Mitternacht" (Midnight, meia-noite) 106
Mix (álbum), *The* 127, 281-82
Moby (Richard Melville Hall) 240-41, 307
Moon, Keith 152, 153
Moore, Mark 206

"Morgenspaziergang" (Morning Walk,
   caminhada matinal) 106
Morley, Paul 212
Moroder, Giorgio 96, 173, 182-85
Morricone, Ennio 252
Morris, Stephen 252
Mosdell, Chris 248
Mosley, Oswald 42
Mothersbaugh, Bob (Bob 1) 185
Mothersbaugh, Mark 185
Motorik 82, 341
Mouse on Mars 293
Mulcahy, Russell 223
Mullan, Aaron 324
músicos que não se aposentam 312-13
Musique concrète 65, 128, 171
"Musique Non-Stop" 263, 269
Myers, Alan 185

nazismo, apoio e paródia 152-55
Néjadepour, Houschäng 87
Nena 52
"Neon Lights" 196, 198
Neu! 73, 116, 139-40, 154, 155, 206, 324
New Musick (tendência musical)
   185-86, 238
New Order 128, 210-11, 253-54, 258
Niemöller, Barbara 201
Nietzsche, Friedrich 119
Nirvana 236
Numan, Gary 132, 152, 154, 204, 205,
   251, 263
"Numbers" 216-18

Oakey, Phil 173, 183, 228
O'Brien, Glenn 199-200
O'Grady, Anthony 133
"Ohm, Sweet Ohm" 128-29
Ohnesorg, Benno 63
Oldfield, Mike 96, 106
Orb, The 290
Orbital 249, 290
Orchestral Manoeuvres in the Dark
   (OMD) 132, 208, 234-35, 263
Organisation 65, 77

Partridge, Andy 232

Índice

Peel, John 67, 69, 154, 206
Perry, Lee "Scratch" 83
Pertwee, John 155
Pet Shop Boys 212-13, 244, 263
Pfaffe, Stefan 309
Phillinganes, Greg 249
Piaf, Edith 59
Pink Floyd 85, 96, 175, 228
Plank, Konrad (Conny): catalista
    musical 83, 109, 173;
    contribuição ao som do Kraftwerk
        116-18, 341;
    influências musicais 83-84;
    papel como produtor 70, 77-78, 83,
        94, 104
    separação 112, 115-16
Plegge, Rüdiger 296
"Pocket Calculator" (Taschenrechner)
    220
Pop, Iggy 154, 173
Pop Will Eat Itself 268
Popol Vuh 65
Poots, Alex 317
Presley, Elvis 59
Primal Scream 341
Prince 173
Prodigy, The 290
Propaganda 85, 259
Psychedelic Furs 206
Public Enemy 287
punk, música 175-77
Pussycat 155

Queen 196, 263
Quietus, The (revista) 139-40
Quinn, Freddy 59

"Radio Stars" 128
"Radio-Activity" 126-27
"Radioactivity" 286
Radio-Activity (álbum) 125-30, 132
Radiohead 172
"Radioland" 127-28
Ralf and Florian 92-93, 94-95
Ramones, The 128
Redhead, Steve 207, 210
Reed, Lou 120

R.E.M. 236
Residents, The 187
Rheinhardt, Max 173
Rhodes, Nick 205
Rindlaub, Herr 149
robôs, percepção dos 192-93
Röder, Klaus 106
Roedelius, Hans-Joachim 55, 65, 107
Roeg, Nic 134
Rolling Stones, The 58
Rother, Michael 72, 87-91, 98
Roxy Music 45, 95, 108, 206
Röyksopp 341
"Ruckzuck" 82, 84-85, 139
Rushent, Martin 224
Rutherford, Mike 236

Sachs, Andrew 44-45
Sadistic Mika Band 146
Sakamoto, Ryuichi 146, 247, 248
sampleamento e mixagem, expansão
    280-82
Saunderson, Kevin 267
Saville, Peter: arte influente 95-96,
    104-05, 212;
    conceito do Kraftwerk 332;
    fã do Kraftwerk 300, 317;
    Grã-Bretanha no pós-guerra 59-60;
    influência do Kraftwerk 208, 225-26,
        251-52;
    música punk 175
    resenha de álbum 166;
Schaeffer, Pierre 65, 171
Schlager 58-59
Schlippenbach, Trio 77
Schmidt, Irmin 56, 58
Schmidt, Maxime 136, 139
Schmidt, Peter 87
Schmidt, Uwe 196
Schmitz, Henning 279, 288, 309
Schneider-Esleben, Claudia 100, 323
Schneider-Esleben, Florian: aversão a
    turnês 232, 308-09;
    carro de luxo 146-47;
    ciclismo 202, 259;
    composição de músicas 126;
    criação 73-75, 101-02;

349

KRAFTWERK

entrevista brasileira (1998) 53;
formação musical 65;
homem de negócios 84, 260, 277-78;
imagem de professor 201, 309;
interesse na síntese de voz 263-64, 302;
membro fundador 70-71, 75-76, 78-79, 87;
nascimento 73;
papel no Kraftwerk 302, 309-10;
parceria com Ralf 53-54, 91, 281-82, 311-12;
personalidade retratada 201;
pós-Kraftwerk 323;
relação com membros do Kraftwerk 201, 276-77, 279-80;
saída do Kraftwerk 311-12, 313-14;
Schneider-Esleben, Lisa 323
Schneider-Esleben, Paul 71, 72, 323
Schneider-Esleben, Tina 100
Schnitzler, Conrad 65, 107
Schubert, Frank 166, 199
Schult, Emil 55, 104, 201, 221, 323
Schulze, Klaus 154
Searle, Chris 216
"Sex Object" 256, 265, 273
Sex Pistols, The 130, 176, 188
S-Express 206
Shelley, Steve 324
"Showroom Dummies" 131, 156-570, 180
Silk, J.M. 268
Simon & Garfunkel 45
Simple Minds 95, 198, 206
Sioux, Siouxsie 153
Slade 45
Smith, Jimmy 77
Sociedade alemã: postura antinuclear 286-35;
reação ao grupo Baader-Meinhof 159-60;
representação pelos britânicos 43-45;
uso de automóveis e recreação 102-03;
música e cultura 57-61, 60-63, 65-68, 153-54;
vergonha pós-guerra 54-57
Soft Cell 204

Space 186
"Spacelab" 182
Spachtholz, Günter 227
Spandau Ballet 224
Sparks 45, 184, 244
Spirits of Sound, The 89, 98
St. Germain, Ron 263
Stanshall, Viv 152-53
Stara, J. 167
Starr, Freddie 153
Stein, Seymor 167
Steiner, Rudolf 199
Stockhausen, Karlheinz 61-62, 64, 85
Stone, Sly 245
Stone Roses, The 130
"Stradivarius" 37
Strange, Steve 206
Strauch, Patrick 52
Strauss, Richard 134
Strummer, Joe 186
Styx 181
Sugagbabes 251
Summer, Donna 173, 184
Sumner, Bernard 252, 299
Sun Ra e sua Arkestra 328
Switched-On Bach 96

Takahashi, Yukihiro 146, 249
Take Client 331
Talking Heads 185
Tangerine Dream 69, 120, 154
"Tango" 292
"Tanzmusik" (música de dança) 93
Taylor, John 65-66, 156-57, 196, 205, 224
tecnologia, dependência da 190-91
Techno Pop 256, 265, 267
Temple, Julian 224
Tennant, Neil 263
Tharp, Twyla 269
Thatcher, Margaret 251
"The Man-Machine" 181-82
"The Model" (Das Modell) 56, 182
"The Robots" (Die Roboter) 181, 189
"The Telephone Call" 256, 265-66
"The Voice of Energy" 128
Thomas, Chris 183
Throbbing Gristle 177

Índice

Tietchens, Asmus 107
"Titanium" 301
Toma, Andi 293
Tone Float 65, 76
"Tongebirge" (Mountain of Sound, montanha de som) 94
"Tour de France" 255-56
Tour de France Soundtracks 299-303
Townshend, Pete 43-44, 213
"Trans-Europe Express" 130, 162-64, 166-67
Trans-Europe Express (álbum) 161, 163-64, 170-71
"Transistor" 128
Trenkler, Winfried 84-85
Trouble Funk 268

U2 172, 198, 287
Ultravox 127, 132, 206, 207, 223
Underworld 290-91
"Uranium" 128
Urlaub, Farin 52

Van der Graaf Generator 175
Van Halen 262
Vance, Tommy 218
Vangelis 206
Velvet Underground 69, 84, 96, 107, 120, 224, 244
Villa, Alvaro 229
Vine, Richard 248
Visage 132, 204, 222-23
Visconti, Tony 173

"Vitamin" 300
"Vom Himmel Hoch" 85
Voormann, Klaus 258

Ware, Martyn 177, 305
Warhol, Andy 82, 84, 228-29
Wayne, Jeff 206
Wayne, John 153
Weiss, Charly (Karl) 84, 87, 323
Wenders, Wim 57
Wentzell, Barrie 152
Westwood, Vivienne 153
Whitfield, Norman 184
Who, The 96, 236, 312
Wiechers, Hajo 130
Wilson, Brian 93
Wilson, Harold 153
Winder, Simon 54, 56, 63
Wizzard 45
Wolf, Heinz 45
Wonder, Stevie 96
Wright, Adrian 228

XTC 232

Yamo 278, 293
Yazoo 173
Yellow Magic Orchestra 146-50
Yes 106, 262
Young, Neil 262-63, 312

Zappa, Frank 63

PRÓXIMOS LANÇAMENTOS

Para receber informações sobre os lançamentos da Editora Seoman, basta cadastrar-se no site: www.editoraseoman.com.br

Para enviar seus comentários sobre este livro, visite o site www.editoraseoman.com.br ou mande um e-mail para atendimento@editoraseoman.com.br